高等学校创新性数智化应用型经济管理规划教材（审计系列）

总主编 / 李雪　主审 / 徐国君

内部审计

李雪◎主编

洪宇◎副主编

立信会计出版社
LIXIN ACCOUNTING PUBLISHING HOUSE

内 容 提 要

《内部审计》以《中国内部审计准则》中的20条具体准则为依据，阐述了内部审计的基本理论，详细介绍了内部审计在不同阶段涉及的业务流程，以及内部审计在促进市场经济发展的过程中涉及的业务拓展，如风险管理、内部控制、公司治理、信息系统等。本教材具有安排内容科学、注重案例引入、突出实务操作和立体交互等特色，既适用于应用型高等院校学习相关专业的学生，也适用于正在从事审计实务的工作人员。

图书在版编目(CIP)数据

内部审计 / 李雪主编. —上海：立信会计出版社，2022.8(2024.1重印)
ISBN 978-7-5429-7123-4

Ⅰ. ①内… Ⅱ. ①李… Ⅲ. ①内部审计—教材 Ⅳ. ①F239.45

中国版本图书馆CIP数据核字(2022)第123275号

策划编辑　方士华
责任编辑　方士华
助理编辑　窦乔伊
美术编辑　吴博闻

内部审计
NEIBU SHENJI

出版发行	立信会计出版社		
地　　址	上海市中山西路2230号	邮政编码	200235
电　　话	(021)64411389	传　　真	(021)64411325
网　　址	www.lixinaph.com	电子邮箱	lixinaph2019@126.com
网上书店	http://lixin.jd.com		http://lxkjcbs.tmall.com
经　　销	各地新华书店		

印　　刷	上海万卷印刷股份有限公司		
开　　本	787毫米×1092毫米	1/16	
印　　张	18.5		
字　　数	442千字		
版　　次	2022年8月第1版		
印　　次	2024年1月第2次		
书　　号	ISBN 978-7-5429-7123-4/F		
定　　价	48.00元		

总　序

教材是高校实现人才培养目标的重要载体，教材及教材建设对高校发展具有举足轻重的作用。与培养模式相对应的教材是培养合格人才的基本保证，是实现培养目标的重要工具。由于历史的原因，在财经类教材的出版方面，相关出版社出版研究型本科或者高职高专、中等职业等层次的教材较多，应用型本科教材较少。虽然近年来一些应用型本科教材也陆续出版，但总体而言，这些教材还是缺乏权威性、普适性、实用性、创新性。造成这种状况的原因主要在于：出版社对财经类应用型本科教材的出版还不够重视，没有进行有效的组织；财经类应用型本科院校多为新建院校，教材建设相对滞后，主观上也较愿意使用研究型本科教材；在教材使用中存在比较严重的混用现象，教材目标读者群不明确，如不少教材既适用于研究型本科院校又适用于应用型本科院校，或者既适用于本科院校又适用于高职高专院校。

由于目前财经类应用型本科教材种类和数量匮乏或质量欠佳，财经类应用型本科院校不得不沿用传统研究型教材。这些教材本身的质量很好、级别很高，但是并不适用于应用型本科院校的教学，教师和学生普遍反映不好用。即使在全国范围看，也还没有相对成套、成熟的适合财经类应用型本科院校的教材。现有教材存在的主要问题包括：①教材的定位和要求过高；②教材的内容偏多、难度偏大；③教材着重于理论解释，相关案例、实训等内容较少，缺乏普适性、实用性。

与此同时，信息技术的快速发展使学生的学习习惯和阅读习惯发生了改变，不断朝个性化、自主学习的方向发展，传统的单一纸质教材已经无法适应这种变化。翻转课堂、慕课、微课等网络课程的兴起，混合式教学的不断推进，也对立体化教材建设提出了新的要求。教材作为一种课堂上的教学工具、一种传播媒介，理应顺势而为，随课堂形式、学生学习方式的改变而改变，朝着数字化、立体化、可视化的方向发展。因此，需要编写适应学生水平、便于学生接受的立体化财经类应用型本科教材。

我们组织具有多年应用型人才培养经验的优秀教师和实务界专家编写了这套教材。本系列教材有《会计基本技能》《出纳实务》《基础会计》《中级财务会计》《成本会计》《管理会计》《会计信息系统》《财务管理》《审计学》《高级财务会计》《商业分析》《税法》《经济法》《金融学》等品种。为了保证教材的质量，本系列教材聘请了知名高校的专家教授进行专门指导和审核。每本教材至少有一名本学科的知名专家或学科带头人提出审核指导意见，至少有一名高等院校教学一线的高级职称教师组织编写，至少有一名行业协会、实务界专家或教学研究机构人员提出编写建议。

本系列教材的特色如下。

1. 应用性

应用型本科的教材建设应坚持培养应用型本科人才的定位，充分吸收和借鉴传统的普通本科教材与高职高专类教材建设的优点和经验，以就业为导向，做到理论上高于高职高专类教材、动手能力的培养上高于传统的本科院校教材。本系列教材体现了应用型本科的定位，体现了素质教育和"以学生发展为本"的教育理念，遵循了高等教育教学基本规律，重视知识、能力和素质的协调发展，根据应用型人才培养模式对学生的创新精神、实践能力和适应能力的要求，在内容选材、教学方法、学习方法、实验和实训配套等方面突出了应用性特征。

2. 针对性

本系列教材的编写符合会计学、财务管理和审计学等专业的培养目标、培养需求、业务规格和教学大纲的基本要求，与各专业的课程结构和课程设置相对应，与课程平台和课程模块相对应。教材在结构纵横的布局、内容重点的选取、示例习题的设计等方面符合教改目标和教学大纲的要求，把教师的备课、试讲、授课、辅导答疑等教学环节有机地结合起来。

3. 立体化

本系列教材为立体化教材，实现了由传统纸质教材向"纸质教材＋数字资源"的转变，通过技术手段将晦涩难懂的理论知识转变为直观的具体知识，以立体化、数字化的方式呈现，包括图文、动画、音频、视频等多种形式，生动、有趣且易懂，不仅可以激发学生的学习兴趣，还有利于教学效果的提升。

4. 趣味性

本系列教材注重趣味性，使用了大量的例题和案例，每章都加入了"思政育人""相关思考""延伸阅读"等内容，使读者能够加深理解，便于掌握相关内容。在案例、例题等的设计选用上重点突出趣味性，易于引发读者的共鸣。

5. 先进性

本系列教材反映了应用型会计人才教育教学改革的内容，能够反映学科领域的新发展。教材的整体规划、每一种教材的内容构建等均体现了创新性。教材还强调了系列配套，包括了教材、学习参考书、教学课件等。立体化教材在内容修订上更具有明显优势，线上资源可以随时根据政策法规、理论知识或工作实务等的变化进行调整，更有利于保持教材内容的先进性。

6. 基础性

本系列教材将打破传统教材自身知识框架的封闭性，尝试多方面知识的融会贯通，注重知识层次的递进，体现每一门科目的基本内容，同时在具体内容上突出实际运用能力，做到"教师易教，学生乐学，技能实用"。

7. 易于自学

自学能力是大学生的一项基本能力。学生只有具备了自主学习的能力，才能最终建立起终身学习的保障体系，这也是应用型本科人才培养的客观要求。应用技术型高校的生源素质与普通高校相比存在一定的差距，除了一部分是高考发挥失误的学生，还有一部分学生在学习习惯、基础知识等方面存在一定的欠缺，这就要求教材能够调动这部分学生的学习积极性，在理论方面尽量通俗易懂，在实践方面尽量采用案例式教学。为了有利于学生课后自主学习，本系列教材配套了学习指导书和教学课件。

因此，本系列教材的定位准确，特色明显，适用于应用型本科院校教学，容易得到学生和市场的认可，便于学生的自学和教师的教学。

“十四五”高等学校创新性数智化应用型经济管理规划教材凝聚了众多领导、教授和专家多年来的经验和心血。当然，由于我们的经验和人力有限，教材中难免存在不足，我们期待着各位同行、专家和读者的批评指正。我们将伴随着经济发展和会计环境的变迁不断修订教材，以便及时反映学科的最新发展和人才培养的最新变化。

本系列教材自 2014 年出版后，得到市场的认可，深受广大高校师生的欢迎。为了更好地回馈读者，本系列教材从 2017 年起启动第二版的修订工作，2019 年启动第三版的修订工作，2021 年启动第四版的修订工作。各种教材的修订版将陆续出版。我们会一如既往地做好教材修订和相关服务工作，希望广大读者对本系列教材继续给予支持。

李　雪

2022 年 8 月

前 言

内部审计通过评价和改善组织的治理过程，扮演着完善组织治理的重要角色，发挥着提高组织治理效率和效果的重要作用。内部审计通过评价和改善组织的风险管理活动，扮演着优化组织风险管理的重要角色，发挥着促进组织风险管理有效和高效的重要作用。为此，明确内部审计在组织治理、组织风险管理和组织内部控制中的角色和作用，探索如何充分树立内部审计的角色和如何发挥其作用，是我们更好地开展内部审计工作的前提。

在这一背景下，编写一本讲解内部审计理论与实务的教材是非常有必要的，有助于帮助正在从事审计实务的工作人员和正在学习且将从事审计学等相关专业的学生了解并掌握我国内部审计的准则。

在本书的编写过程中，我们力求突出以下特色。

1. 安排内容科学

本书旨在帮助学生熟悉现代内部审计理论与实务，了解国际、国内内部审计发展与研究动态，在已有的专业基础上，进一步明确内部审计理论体系和应用要求。内部审计内容涉及面广。从审计对象上看，涉及所有组织和单位，包括政府机关、事业单位、国有企业、私营企业等；从审计内容看，涉及国际内部审计前沿、内部审计理论、内部审计程序、技术和方法、经营活动审计、内部控制审计、风险管理审计、经济责任审计、舞弊审计、信息系统审计、内部审计管理以及内部审计人际关系等。

2. 注重案例引入

本书在内容讲解上，注重内部审计基本知识的传授和内部审计思维的培养。通过对问题导入式案例、案例讨论等的学习，读者将对内部审计的特点、模式、方法以及内部审计流程等有一定的认识，能够理解内部审计的作用，掌握内部审计的思维。

3. 突出实务操作

本书以内部审计对象为主线，结合实际案例分别学习并掌握经营活动审计、内部控制审计、风险管理审计、经济责任审计、舞弊审计及信息系统审计等常用的程序与方法，以帮助学生更好地理解内部审计学科理论知识，并提高学生的实际工作能力。

4. 立体交互

本书通过植入二维码形式融入案例库等多种资源，为学生提供更加便利的学习体验，为教师提供更加丰富的教学资源，从而建立起纸质教材与移动终端交互立体可视化的现代教学生态模式。

本书既有理论探讨，也有案例解读，更有经验总结，适合会计学、财务管理、审计学、资产评估等专业的本科生和企业内部培训使用。

本书由李雪教授担任主编，洪宇担任副主编，董明珠、隋雪、高金清、李艳花参与编写。具体分工如下：李雪编写第一章、第二章、第三章、第四章；洪宇和李艳花编写第五章；洪宇和董明珠编写第六章；高金清编写第七章；洪宇和隋雪编写第八章和第十一章；张文娟编写第九章；洪宇和张文娟编写第十章。

本书在编写的过程中参考了大量的相关教材和论著，在此向有关作者致以深深的谢意！

本书的编写先后经过多次讨论研究，力求内容编排合理、避免错误，书中如还有疏漏、不足之处，敬请读者批评指正。

编　者

2022年3月

目 录

第 1 章　内部审计概述

内容提要

本章分为三节课，主要讲解了国内外内部审计的发展历史、内部审计的主客体、内部审计的特征和目标以及国内外的内部审计准则。

重点难点

本章重点为内部审计的产生和发展，难点为内部审计的本质。

学习目标

通过本章学习，学生应掌握内部审计的主客体、本质、特征和目标、国内外有关内部审计的准则；明确内部审计的定义；了解国际、我国内部审计的发展历程和趋势。

知识框架

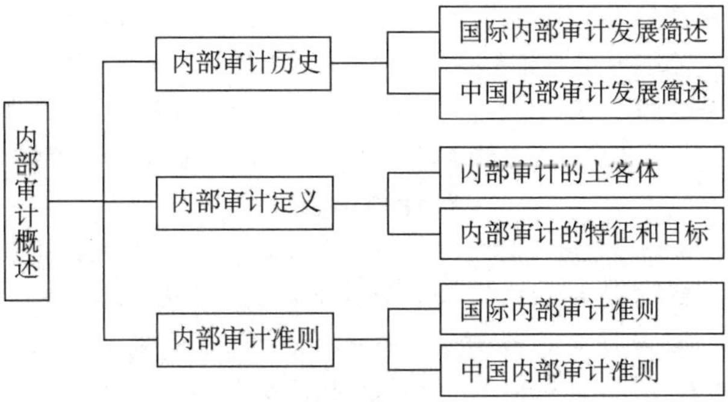

引入案例　联合利华内部审计案例[①]

联合利华是全球消费品巨头，它拥有跨 14 个类别的上百个消费品牌。2005 年，联合利华对其业务模

① 邱伟文. 联合利华集团的内部审计[EB/OL]. (2010-02-10)[2022-07-08]. http://www.docin.com/p-489378851.html.

式进行了重组，以将其三个业务地区（欧洲、亚洲/非洲和美洲）更加紧密地联合在一起，同时创建了全球类别。该举措促使由艾伦·约翰逊领导的公司内部审计团队也将全球类别纳入其审计对象，从而可以从较高的层面来审视整个企业的风险和控制。

联合利华在其每个国家的分部都拥有自己的控制职能，对运营控制进行监督也成了一线管理层职责的一部分；他们是公司的“第一道防线”，公司的审计职能与这些业务运营相互独立。区域及类别领导团队则与联合利华的执行管理团队一起，共同构成了公司的“第二道防线”，而公司的内部审计和外部审计被视为公司的“第三道防线”。“在2002年，我们拥有132名内部审计师”，约翰逊说，“如今这个数字已被大幅削减，主要是因为我们对于审计的业务采取了以风险为基础的方法。这一数字的下降同时也反映出，我们已在业务层面改善了公司的内部控制框架，包括管理层的自我评估和积极的保证流程，以及萨班斯法案的相关工作。利用稳健的自我评估流程，可以考虑和判断我们需要在财务报告领域开展的工作量”。约翰逊向联合利华的首席执行官及审计委员会报告，其中审计委员会由四名独立非执行董事组成。公司内审团队的82名专业人员分布在欧洲、亚洲/非洲和美洲，他们都向约翰逊进行审计报告。“我们的人员从不在这三个中心以外的地方开展审计工作。我们的内审师全都是来自业务领域的专业经理，他们可以选择在他们本国的公司工作，但需要经常出差，出差时间可达到工作时间的70%。”

内审团队代表了25个民族，混合了30多种语言，并且来自各种领域，包括金融、供应链、人力资源、信息技术、法律、市场和客户管理等。“我们是一个非常多样化的小组，业务背景涵盖了公司的各个职能。”

变化背后

2005年，联合利华集团开始采纳三大区域的运营模式，这一公司结构的转变与全球类别的创立共同导致了市场和客户开发流程方面审计工作量的增加。不过，公司内部审计职能发生的最大变化，是由单一的职能资源（尤其是财务）转换至一种多职能的资源结构，同时吸引了众多来自公司重组后各个领域的经理。“刚入职时，我们超过90%的人力资源都来自财务领域，”约翰逊说，“联合利华在2005年发生了巨大变革，这要求我们的内审团队重新调整职能专家组合。我们需要反映出新的全球结构，并提高我们的能力，尤其是在品牌管理、市场营销和客户管理方面。”另外一个重要变化则具有进步意义：我们在全球业务领域的风险评估都实现了逐步提高。“我们运用更好的工具和流程，同时提高了这些工具和流程在整个集团内部审计工作中的一致性，”约翰逊说，“我们在开始现场审计之前先界定审计工作范围，这样在减少现场工作时间的同时可以让工作更加集中和有效。我们的审计程序包括深入的单位风险评估，这在我们开展现场工作后的两个月内便可以完成。这使得我们能够更有效、更快速地界定审计范围和审计事项，而且我们发现，这对于用更少的员工来提供相同或者更高级别的保证是非常有必要的。”此外，联合利华还于两年前成立了一个公司内部审计团队俱乐部，汇集了众多近年来曾任职公司内审团队的专业人员，包括以前的联合利华同事。“我们现在拥有的一切都是由先于我们加入公司的人一手创立的，”约翰逊说，“我们在这里管理他们传递下来的财产，而我们也意识到，团队中存在着许多优秀的‘业务领域使者’，我们应该利用这些伟大的才能。”

审计领导团队

由约翰逊领导的六人审计领导团队，位于对联合利华的审计及业务变化进行管理的第一线。审计领导成员负责审计方法论及流程，包括审计报告和全球的审计资源。“我们不断挑战自我，”约翰逊说，“我们定期与其他审计部门进行比较，取得了可喜的进步。去年，我们聘请了一家外部独立机构对我们的有效性进行了评估，相关评估结论也非常令人满意。评估结果也提交给了联合利华的执行管理层和审计委员会。”此外，公司审计部还为审计经理推出了一项“福利计划”，以确保他们能够很好地平衡生活和工作，避免其对工作产生抵触情绪或者为其家庭生活带来过大的压力。“我们帮助他们管理飞行计划，安排飞行后的休息，调整其饮食，确保我们的人员能够在开展高效率工作的同时，享受平衡的家庭生活”，约翰逊说。过去15个月内加入公司审计团队的每个人都已经参加了为期三天的培训计划，该计划由一家名为TIGNUM的公司负责，该公司可以提供特定的培训和持续的协助、支持。“这项计划非常全面，涵盖了身体和心理素质两个方面。”约翰逊说，“我们于2007年开始实施这项计划，参加者是我们扩张后的审计领导团队，约有20人，后来我们请我们的区域副总裁在其各自的地区也开展了这项计划。TIGNUM对这项计划进行了改进，并且为我们经常在全球各地出差旅行的人员特别制订了一个两日计划。我们的目标是向加入我们部门的每位成员提供这项福利计划。”

约翰逊表示，无论是从每位审计师的工作质量还是从其工作态度来说，福利计划都给审计团队带来了“绝对的改变”。“我现在更加留意自己的饮食，同时抽时间锻炼身体，长时间出差旅行后也会给自己安排充分的休息时间，”约翰逊说，“人才难觅，给予他们真正的关心很重要。我们需要斗志昂扬、热爱自己工作的员工。按照我们的资源配置模式，我们90%的人员都来自业务领域，工作两到四年后也会返回业务团队。我们希望他们在审计团队的工作经验可以锻炼和提升他们的能力，他们也将其视为发展和培养自身领导力的一部分。”

亲爱的读者，从该案例的学习中，您对内部审计有什么认识？

1.1 内部审计历史

1.1.1 国际内部审计发展简述

内部审计是在受托经济责任关系下发展起来的，其本质在于受托，是确保受托责任履行的控制机制。以内部审计的产生和发展作为研究的切入点，对于理解内部审计的本质和发展规律具有重要意义。

1. 远古时代的内部审计

对内部审计的需求和内部审计出现的迹象可以追溯到公元前3500年的美索不达美亚文明，当时的记录中就显示了人们对财务交易进行验证的记载，即在与财务交易有关的数字旁边有标记。这些点、记号和对钩的标记很好地描述了一个审计验证的过程和制度。当时的记录还显示一名书记员编制简要的交易汇总表，另一名书记员对该汇总表进行验证。这一过程充分体现了在内部牵制制度中的独立检查和职责分离的理念和做法。

同一时期，古埃及奴隶主阶级的最高统治者也设置了具有较强独立性的监督官，并具体设置了记录监督官、谷物仓库监督官及从事国家财政监督和行政监督的监督官，他们负责对政府的会计账簿、谷物税的征收及财政、行政等具体行为进行审查和监督。监督官的职责实际上就是审计。

2 000多年前，古希腊的雅典城邦建立了官吏卸任经济责任审计制度。该制度由审计官具体执行，以“听证”(audit)的方式，对掌控国家财务和赋税的官吏进行审查和考核，成为具有审计性质的经济监督工作。

到了公元前510年左右的古罗马时期，人们已经在元老院下设置了审计机构。该审计机构负责监督行政官吏，并设财务官和监督官协助元老院处理国家财政事务，其中财务官负责国库记录和审计，监督官具有一定的独立审计职能，他们采取“账户听证”的方式来检查财务官员有无欺诈和舞弊的行为。审计一词的拉丁文为Auditus，即“听账人”，英文Audit也来源于此。

2. 中世纪时代的内部审计

进入中世纪后，内部审计有了进一步的发展，其主要标志是出现了独立的内部审计人员。这一时期的内部审计继承和发展了远古时代的内部审计思想，产生了寺院审计、城市审计、行会审计、银行审计和庄园审计等多种内部审计形式，其审计的目的是查错防弊。

1）寺院审计

寺院审计的产生是由于西欧寺院兴办了各种类型的手工作坊，其拥有大量资产，交易十分频繁。为了加强管理，减少和防止管理人员舞弊，并监督检查管理人员的履责情况，寺院配备了各种管理人员，负责经营土地、管理作坊、商品贸易、会计核算等经济活动；寺院在总务长下设置了审计人员，负责对管理人员的经济责任和会计账目进行审查。

2）城市审计

城市审计的产生是由于中世纪的西欧商业得到极大的复兴，在西欧的原土地上出现了以手工业和商业为中心的城市。最初，城市仍然是由封建领主管辖，进入11、12世纪以后，城市居民不堪忍受封建领主的剥削和压迫，普遍展开了要求自治权的斗争，并在不同程度上获得了自治权。自治城市由市民选出市长、法官以及市议会，他们受市民的委托，负责管理城市。那些负责城市财政管理的官员被要求定期在作为市民代表的审计人员面前朗读会计账目，审计人员通过听取账户记录（hearing the accounts），对他们的受托经济责任进行审查。

3）行会审计

行会审计产生于英国，是由一些生产者和商人出于共同的商业目的按产区或地区结合在一起而组成的，其作用是为会员提供产品制造或商业贸易方面的优惠，并对发生的经济纠纷进行仲裁。行会每年开1～4次会员大会，其主要任务是选举理事和审计人员。理事是行会的执行机构，负责征收会费和罚款、记录会计事项、对经济纠纷进行仲裁等事务。而审计人员则定期检查理事报送的会计账簿，并在大会上向全体会员报告审查结果。

4）银行审计

银行审计产生于13世纪的意大利，十字军的东征给意大利的商业和金融均带来了极大的繁荣。而金融业的巨大发展催生了银行的内部审计。佛罗伦萨是当时意大利的金融中心，当地的巴尔迪银行、佩鲁齐银行和阿恰伊渥奥利银行曾被誉为“基督教世界的支柱”。在西欧各地，这些银行到处都设有佛罗伦萨总行的代理分行。为了加强对这些分行的控制，银行家们就采用了某些内部审计的审查和控制形式。

5）庄园审计

中世纪的庄园审计被认为是现代内部审计的先驱，庄园既是封建社会的政治单元，同时也是独立的经济单位。庄园主自己不亲自管理庄园事务，而是将直接管理庄园的责任委托给数名管理人员。庄园主配备的审计人员负责对财务总管编制的庄园会计账簿进行定期检查，其中“收支”账簿是审查的主要对象。审计人员根据审查结果提出审计意见，以书面或口头形式向庄园主汇报。

3. 近代的内部审计

18世纪60年代至19世纪初爆发的英国工业革命，使英国演变为机器大工业占统治地位的国家，同时出现了由股东融资的股份制公司。股份制公司的股东和债权人为了维护自己的利益，客观上需要由审计人员对其企业的会计资料进行审查，并陈述审计意见。1844年，由英国国会颁布的《合股公司法》明确规定公司董事会负有登记账簿的义务，必须每年向股东提供“详细而又真实的资产负债表”，并且为了保证所提供资料的真实性，还要求董事会以外的第三者（监事）对资产负债表和账务处理的准确性、合理性作出报告，从而确立了内部审计制度。

19世纪中叶至20世纪初，资本主义进入垄断阶段，托拉斯、康采恩等垄断组织获得迅速发展。这些垄断企业经营规模庞大、经营地点分散、经营业务复杂，高层管理人员再也不能像以前那样亲自观察和控制企业所有的经营活动，只有实行分权管理和多级控制。管理职责的履行状况如何、各部门的经营活动是否合规合理、各分支机构的经营目标能否实现，在客观上需要由一个专门的职能部门去审查、评价和报告。这个时期，外部审计已经取得了巨大发展，但是由于职业的限制，外部审计人员不可能像企业期望的那样对其经营管理和财务状况作深入的审查，并提出切实可行的建议和方案，同时审计费用也比较高，因此，外部审计无法满足企业管理的需要。在这种情况下，企业管理者便将眼光转向企业内部，从职工中挑选出具有经营管理知识和能力的特殊人才，让他们从企业的利益出发，对分支机构或分公司进行经常性的监督，由此形成一个与业务控制并列的、相对独立的控制系统——内部审计。这些特殊人才就是内部审计人员，由他们组成的机构就是内部审计机构。例如，1875年，德国集采煤、冶金、机器和军火生产的康采恩—克如朴公司(Krupp)开始设置内审部门，开展财务合规性审计。19世纪中叶，美国具有显著规模经济性的铁路行业开始配备内审人员，巡视各路站，他们被冠以"旅行审计师"的头衔。这些内审人员不仅检查公司财务制度的遵守情况和有关会计记录的真实性、正确性，还开展经营审计。1844年，英国通过《合股公司法》初步确立了内部审计制度，以规范股份公司的运作，保护投资者的利益，促进了内部审计制度的广泛实行。

专职审计机构和专职审计人员的出现是近代内部审计区别于古代内部审计的显著标志。近代内部审计的主要目标在于保护企业资产的安全与完整，检查和揭示舞弊或其他不规范行为，其工作范围主要是审查反映经济活动的财务会计资料，主要功能是查错防弊。

4. 现代的内部审计

1941年是现代内部审计发展的一座重要里程碑。这一年，发生在美国的两件重大事件成为现代内部审计的转折点：一是维克多·布林克(Victor Brink)出版了论述内部审计的首部著作《内部审计——程序的性质、职能和方法》。该书从理论和实践上建立了内部审计体系，宣告了内部审计学的诞生。同年，北美公司的内部审计部门负责人约翰·瑟斯顿(John Thurston)撰写了一本名为《内部审计原理和技术》的专著，其标志着内部审计的系统理论在20世纪40年代已经开始形成。二是在约翰·瑟斯顿的倡议下，24位美国内部审计人员根据纽约州的社团法，成立了内部审计师协会(The Institute of Internal Auditors, IIA)，它标志着内部审计已成为引人注目的职业，有着自己的群体。内部审计师协会是目前世界上唯一致力于推动内部审计和内部审计人员向前发展的国际性组织，因此，其通常被称为国际内部审计师协会。与此同时，企业运营和政府运作的日益复杂化使得管理层更加关注有效监控的重要性，内部审计职业也得到了前所未有的重视。由此可见，现代内部审计的发展并不是自发地开始的，而是管理人员和内部审计人员为了适应管理现代化和控制高效化的要求，自觉地追求和倡导的结果。

1) 企业内部审计的发展

自20世纪40年代以来，在企业管理层要求提供优质审计服务的压力和内审部门自身希望改善审计效果的动力的作用下，西方国家的企业内部审计事业获得了巨大发展，其主要表现在以下几个方面。

第一，内部审计机构的组织地位大大提高。为了独立、及时地开展审计工作，在第二次世界大战后，西方许多企业都建立了专门的、延伸至重要职能部门和国内外分支机构的内部审计组织系统，配备了数量充足的审计人员。同时，为了保证内部审计工作的独立性和权威性，顺利拓展审计范围并有效地落实审计结论和实施审计建议，越来越多的内审部门转为直接隶属于高层管理人员。

第二，审计领域大大扩展。20 世纪初，由于企业管理层主要关心的是分支机构会计资料的真实性和财务收支的合规性，因而授权内审人员执行的是会计账目审计和财务收支审计，以查错防弊，并评价各附属单位履行受托经营责任的状况。这种事后审计只能查处问题，不能有效地消除错弊、隐患。第二次世界大战后，随着科学技术日新月异的发展和经济国际化的发展趋势，为了增强国内外市场的竞争能力，企业迫切需要对影响管理水平和经营业绩的一切因素都进行深入分析、客观评价和严密控制，要求内审部门顺应潮流，将财务审计的范畴向企业生产经营活动的广阔领域扩展，以协助管理层改善企业管理、提高企业经济效益。

1971 年，国际内部审计师协会第二次修订《内部审计师职责说明书》(Statement of Responsibilities of the Internal Auditors)时指出，“内部审计作为对管理当局的一种服务，是组织内部审核经营活动的独立评价行为”，并为内部审计师增加了一项新的职责，即“提出改善经营的建议”；1981 年，再次修订《内部审计师职责说明书》时又更明确地指出，内部审计师应评价所在企业各方面的经营与管理活动，从增强企业整个内部控制系统的效能着眼，为董事会和经理人员提供实现其企业经营目标所需的顾问服务。美国的内审部门在 20 世纪 70 年代已广泛开展了企业发展战略和经营决策审计、投资效益审计、物资采购审计、生产工艺审计、产品促销审计等。在日本，内审部门甚至很少开展财务收支审计，而是将其工作重点放在改进管理效率、增加企业利润的建设性审计上。

第三，参与性审计成为主流。想要有效地开展内部控制和经营审计、提供建设性服务，就要深入调查企业内控制度和经营管理的现状，找出企业薄弱环节和经营不善之处，并寻求改进或改正的措施，这需要取得被审计部门和人员的理解、参与及合作。参与性审计是指在整个审计过程中努力与被审计人员维持良好的人际关系，共同分析错误和问题的实质及其潜在的影响，并探讨改进的可行性和应采取的措施，从而充当经营管理人员加强内部控制、改善经营管理、实现企业经营目标的热心顾问和得力助手。

第四，内部审计已成为一种职业。20 世纪 40 年代后，内部审计很快发展成一种成熟的职业，成立了职业团体。如由约翰·瑟斯顿、维克托·布林克等人领头，于 1941 年创建了美国内部审计师协会；1944 年和 1948 年多伦多分会和伦敦分会的先后加入标志着该协会发展为一个国际性组织。据统计，1991 年内部审计师协会就已拥有 4.2 万名会员，分布于 196 个国家和地区。内部审计师协会制定了一系列职业规范，如 1947 年、1968 年和 1978 年相继颁布了《内部审计师职责说明书》《内部审计师职业道德规范》和《内部审计职业实务准则》；自 1972 年起，推行了注册内部审计师(CIA)考试和授证制度，CIA 考试现已演进为一种国际性的职业水平考试，在遴选和造就优秀的内审人员方面中发挥了重要作用。

2) 政府部门内部审计的发展

在企业内部审计的发展方兴未艾之时，一些国家政府部门的内部审计也得到了长足的发展。政府部门内部审计的发展主要基于两个方面的原因：一方面，随着政府职能的扩大，特别是在凯恩斯主义的冲击下，政府部门的经费开支迅速增长，政府部门领导人的经济责任也出现了不断扩展的趋势，社会各界开始关心政府部门经费的管理和使用情况。政府部门领导人为了更好地履行自己扩大的经济责任，便开始建立和强化政府部门内部审计。另一方面，为了管理和控制经费支出，使其真正达到预期的社会效益和经济效益，政府部门的领导人积极地将内部审计作为内部控制的一部分，他们也将内部审计部门培育成为政府管理人员的助手。在澳大利亚，自1945年开始，连续几任审计长均提到政府部门的内部审计工作发展不够，需要进一步发展。1964年，澳大利亚财政部要求各部门严格检查内部审计人员的工作，以确保内部审计工作由具备资格和能力的人员来实施。进入20世纪70年代以后，虽然大部分政府部门都对内部审计机构进行了反复的评价和检查，但是审计长还是不断地埋怨内部审计部门的工作效率不高。为适应各部门的急需，公共服务委员会（the Public Service Board）在与审计署和财政部磋商以后，制定了《内部审计标准说明书》（Statement of Internal Audit Standard）。这些标准吸取了澳大利亚会计师协会、英国特许注册会计师协会和美国会计总署审计标准的内容。

1.1.2 中国内部审计发展简述

1. 古代的内部审计

我国内部审计的发展历史可谓源远流长，早在3 000多年前的西周时期就出现了内部审计的萌芽。据《周礼》记载，“宰夫之职，掌治朝之法。以正王及三公，六卿、大夫、郡吏之位，掌其禁令。”可见，宰夫实施的正是政府内部审计的职责，其负责政治监察、掌管治理朝政之法，并监督官吏严格遵守和执行朝法。

秦汉时期是我国封建社会的建立和成长时期。秦朝实行御史制度，御史大夫是全国最高的监察长官，辅佐皇帝实行对国家政治和财政的监督工作。此外，秦朝还实行上计制度，即由皇帝亲自参加听取和审核各个地方官吏的财粮收支情况报告以决定赏罚，由御史大夫主持上计工作，这实际上就是掌管全国的民政、财政及财粮收支的审计工作。另外，秦朝还设置了“少府”，用于掌管皇室的财计工作、行使内部审计的权力。汉承秦制，仍由御史大夫兼上计的职责，行使监察职权；汉朝还设立了“计相”“司隶校尉”“刺史”等官职，建立了多层次的监察体系。尤为重要的是，汉朝还制定了《上计律》，使上计制度有法可依，其标志着我国审计立法的开始。

隋唐两朝是我国封建社会的鼎盛时期。隋朝开始设置“比部”，隶属都官或刑部之下，掌管国家财计监督，行使审计职权且具有司法监督的性质。唐朝将“比部”置于“刑部”之下，开展审计的权力覆盖到国家财经的各个领域，而且一直延伸至州、县。唐朝在发展政府内部审计的过程中还建立了一些审计制度，规定了各种审计程序、送审时间和审计处理要求等重要事项，尤其是制定了考核审计官员的标准。

宋代专门设置了“审计司（院）”，隶属太府寺（属内部审计性质），南宋初年还设置了“审计院”。宋朝“审计司（院）”的建立，标志着我国“审计”的正式定名，从此“审计”这个概念成为我国财政、经济监督的专门用语。宋代的审计监督制度非常严格，审计范围也很广泛。

元明清时期的君主专制制度日益强化，这一时期我国审计制度的发展基本处于停滞、衰落的状态。元朝逐渐强化了御史检查机构的审计职能、户部监管财计报告的审查工作，独立的审计机构已告消亡。明朝设置“都察院”，以左右督察史的长官审查中央财计。清承明制，继续设置“都察院”，执掌对君主进行规谏、对政务进行评价、对大小官吏进行纠弹，成为当时国家最高的监察、监督、弹劾和建议的机构。尽管明清两代实施的都察院制度使审计工作有所加强，但其审计缺乏了独立性，特别是取消了“比部”这种独立的审计机构，使政府内部审计职能受到了严重的削弱。

2. 近现代内部审计

到了19世纪后半期，随着我国民族资本主义工商业的产生和发展，一些按照西方企业管理模式建立的银行、造船厂、矿山和兵工厂开始在企业内部设立稽核职位或部门，实行内部审计制度，进而近代内部审计在我国开始出现。辛亥革命后，北洋政府于1914年设立审计院，颁布了《民三审计法》。1928年，南京国民政府设立审计院，后改为审计部，隶属检察院。同一时期，在中国共产党领导下的革命根据地成立了苏维埃政府审计委员会，颁布了《审计条例》，实行审计监督制度。该《审计条例》对战争年代节约财政支出、保障战争供给、树立廉洁作风，都起到了积极的作用。

中华人民共和国成立以后，我国很长一段时间没有实行专门的审计监督制度。1982年，第五届全国人民代表大会第五次会议通过了现行的《中华人民共和国宪法》，由此决定了我国实行审计监督制度，并于1983年成立中华人民共和国审计署（以下简称审计署）。1983年8月，国务院转发了审计署《关于开展审计工作几个问题的请示》，首次提出建立内部审计监督制度问题，从而标志着我国现代内部审计正式启动。几十年来，我国内部审计取得了巨大发展，总体上可以分为以下三个阶段：

1）初步建立（1983—1994年）

1983年，根据国务院转发审计署的指示精神，我国的有关部门和单位开始边组建、边开展内部审计活动。同年9月，中国石化总公司率先成立审计部，开展了内部审计监督活动。此后，在审计署的组织、推动和指导下，许多部门、单位根据国家的要求，相继成立了内部审计机构。

1985年8月，国务院发布了《国务院关于审计工作的暂行规定》，为内部审计工作的开展提供了法律依据。《国务院关于审计工作的暂行规定》要求政府部门和大中型企事业单位实行内部审计监督制度，根据审计业务的需要，分别设立审计机构和审计人员，在本部门、本单位主要负责人的领导下，负责对本部门、本单位的财务收支及经济效益进行审计。同年12月，审计署发布了《审计署关于内部审计工作的若干规定》，具体规定了内部审计的机构、任务、职权以及其他相关事项。这样一来，内部审计就开始在国家各级行政机关、大中型企事业单位中全面展开，并成为我国社会主义审计监督制度中的重要组成部分。1989年12月，审计署发布了《关于内部审计工作的规定》，对内部审计机构的隶属关系、审计范围、主要职权、工作程序、干部任免、职责要求等作了具体的规定。这一时期，我国主要是通过行政立法确立了审计的基本制度，促使我国内部审计走上了依法审计的轨道。

这个阶段是我国内部审计的起步阶段，审计的侧重点是包括揭露错误和舞弊行为在内的财务会计事项的审计，属于消极的防弊功能。我国现代内部审计的产生和建立不同于西方国家，并非起源于内部受托责任，而是强制性建立，从属于国家审计，是国家审计职能的延伸。此时，我国内部审计的主要职责就是监督控制，对部门、单位的财务收支、财务决算进行审计，即通过稽核单位财务状况和经营成果，评价内部控制效果，履行监督职能，维护本部门和本单位的合法经济效益，维护国家经济利益。另外，内部审计也开展经济效益审计，但这种经济效益审计更注重减少损失和浪费，防止国有财产流失，而非促进企业管理。

在审计组织方面，1987 年 4 月，中国内部审计学会成立，并于同年加入国际内部审计师协会，成为该协会的国家分会。

2）稳步发展(1995—2003 年)

随着我国社会主义市场经济初步确立和改革开放进一步深入，政治、经济、法律等审计环境发生了很大变化。为了适应环境的变化，我国内部审计进入了一个稳步发展的时期，也可以说是由消极防弊向积极兴利发展过渡的阶段。这个阶段的内部审计已由财务审计逐步扩展为包括财务事项和非财务事项在内的业务审计，该业务审计除了具有传统的防弊功能外，更具有积极的兴利功能。我国的内部审计虽然还是从属于国家审计，但这种从属关系正在变淡。

1995 年 7 月，审计署发布了《审计署关于内部审计工作的规定》，对内审定义、机构设置、职责、权限、审计程序、职业道德以及审计机关对内部审计的指导、监督职责等作了全面、具体的规定。该规定中增加了一条：“非国有经济组织开展内部审计工作，可参照本规定的有关条款执行。”虽然只有区区几十个字，但其意义非同小可。这说明当时非国有经济组织也开始注重内部审计，内部审计作为国家审计辅助力量的职能在退化，逐渐成为真正意义上的内部审计——对单位内部的活动进行监督审计并提出建议。相应地，内部审计的职责也扩大了，其不再局限于“对财务收支有关的经济活动及其经济效益”的审计监督，而是变成对整个部门、单位的经济效益、经济责任进行审计监督，注重提出改进管理的建议，提高单位的经济效益。这标志着我国内部审计由消极防弊走向积极兴利。

2002 年 5 月，中国内部审计学会正式更名为中国内部审计协会，成为对企事业单位、行政机关和其他组织的内部审计机构进行行业自律管理的全国性社会团体组织，其主要职能是管理、服务、宣传、交流，即对内部审计实行行业自律管理，为内部审计机构和内部审计人员提供业务服务和开展各种交流活动。内部审计协会的成立，意味着我国内部审计开始实行国际上通行的行业自律管理，从而推动了我国内部审计走向职业化。

3）全面振兴(2003 年以后)

2003 年 3 月，审计署发布了修订后的《审计署关于内部审计工作的规定》，明确规定：“国家机关、金融机构、企业事业组织、社会团体以及其他单位，应当按照国家规定建立健全内部审计制度。法律、行政法规规定设立内部审计机构的单位，必须设立独立的内部审计机构。法律、行政法规没有明确规定设立内部审计机构的单位，可以根据需要设立内部审计机构，配备内部审计人员。”2006 年 2 月，由第十届全国人民代表大会常务委员会第二十次会议修订后的《中华人民共和国审计法》中第二十九条规定：“依法属于审计机关审计监督对象的单位，应当按照国家有关规定建立健全内部审计制度；其内部审计工作应当接受审计机关的业务指导和监督。”2008 年五部委联合发布的《企业内部控制基本规范》、2004 年国务院国有资产监督管理委员会发布的《中央企业内部审计管理暂行办法》、2006 年中国银行业监督管理委员会发布的《银行业金融机构内部审计指引》、中国证券监督管理委员会分别于 1997 年和 2002 年发布的《上市公司章程指引》和《上市公司治理准则》、2007 年中国保险监督管理委员会发布的《保险公司内部审计指引(试行)》，以及农业农村部、交通运输部等部委制定的本部门、本行业的内部审计的规定，都对内部审计工作作了具体规定。

为推动内部审计在本地区的发展，一些地方还制定了地方性内部审计法规、规章，如《安徽省内部审计条例》《河北省内部审计规定》《浙江省内部审计工作规定》等。目前，已有河北、湖南、山东、辽宁、甘肃、内蒙古、陕西、浙江、安徽等 18 个省、自治区、直辖市和计划单列市出台了内部审计条例、办法或规定。这些法律、法规、规章的颁布实施，为内部审计均提供了制度保障。

2003 年至 2005 年，中国内部审计协会陆续颁布了内部审计基本准则、20 项具体准则和若干内部审计实务指南，其既对我国内部审计的基本概念，内部审计活动的目标、宗旨、范围、性质与功能等皆有所指导，也对我国内部审计活动和工作的有效开展提供了一套完整、科学、权威的准则。2013 年，为了适应内部审计的最新发展，更好地发挥内部审计准则在规范内部审计行为、提升内部审计质量方面的作用，中国内部审计协会对自 2003 年以来发布的内部审计准则进行了全面、系统的修订。新修订的内部审计准则体现了我国内部审计的转型和发展，内部审计的理念、目标以及定位已经从“查错纠弊”向防范风险和增加价值转变。

目前，我国已经建立了包括《中华人民共和国审计法》和相关法律、行政法规、地方性法规、部门规章、地方政府规章、内部审计准则等在内的内部审计法律制度体系，形成了内部审计行业的组织架构，以及与我国国情相适应的、相对成熟的内部审计类型和方法，初步构建了一支规模较大、素质较高的内部审计队伍。这些都标志着我国现代内部审计的发展模式初步形成，内部审计已经成为社会主义市场经济建设中一支不可或缺的重要力量。

内部审计未来发展之路

1.2 内部审计定义

1.2.1 内部审计的主客体

从内部审计的发展历程可以看出，内部审计的发展经历了从简单到复杂、从低级到高级的过程，内部审计职能也由最初的财务审计发展到经营审计，再到现在更加丰富的审计内容。内部审计的这一演进过程在内部审计概念的不断发展中得到了充分的体现和验证。

1947 年 5 月，国际内部审计师协会正式发表了《内部审计师职责说明书》。该职责说明首先对内部审计做出了第一次的概念界定：“内部审计是在审查财务、会计和其他经营活动的基础上的独立评价活动。它为管理者提供保护性和建设性的服务，处理财务与会计问题，有时也涉及经营管理中的问题。”内部审计师协会对内部审计概念所作出的首次界定就已经暗示内部审计并不是只与财务记录有关，这代表了内部审计职业在发展理念上的巨大飞跃，它带领内部审计从财务领域向经营领域迈进。此后，国际内部审计师协会对内部审计的定义不断做出修改和完善。1957 年，国际内部审计师协会对第一版说明进行修订，将内部审计定义为：“内部审计是组织内部审核会计、财务和其他经营业务的独立评价活动。它为管理提供服务，是一种衡量、评价其他控制有效性的管理控制。”第二次的定义首次提出内部审计是一种衡量、评价其他控制有效性的管理控制，进而大大提高了内部审计在组织中的地位。1971 年，国际内部审计师协会对第一版说明进行第二次修订，这次修订彻底割裂了内部审计与会计账簿的联系，将内部审计定义为：“内部审计作为一种对经营管理部门的帮助，是组织内部审核经营业务的独立评价活动。它是一种管理控制，其作用是衡量和评价其他控制的有效性。”此次的内部审计概念使用了“经营业务”一词来概括一个组织所进行的全部活动，说明内部审计人员应该全面了解被检查的业务，不能仅仅局限会计记录。1978 年，国际内部审计师协会又将内部审计的定义修改为："内部审计是以检查、评价组织为基础的独立评价活动，并为组织提供服务。"新的定义将为管理服务修改为为组织服务，并将内部审计服务的范围进一步扩大。1993年，内部审计师协会将内部审计的概念再次修订为："内部审计的目的是协助该组织的管理成员有效地履行他们的职责。"这次修订解决了"为组织服务"是为谁服务的问题，明确了内部审计服务的具体对象。1999年6月，国际内部审计师协会理事会通过了对内部审计的全新概念界定，并于2001年将其写入了《内部审计实务标准》，该定义指出："内部审计是一种独立、客观的确认和咨询活动，其目的在于为组织增加价值和提高组织的运作效率。"这是国际内部审计师协会第一次赋予内部审计"确认和咨询"的双重服务内容。

2004年，国际内部审计师协会发布了内部审计的新定义，将内部审计的服务范围进一步扩大，其不仅为增加组织价值提供服务，还为组织的所有利害关系人，诸如政府、股东、债权人、客户和委托人创造价值和利益服务。该定义突出强调了内部审计范围包括确认和咨询，内部审计为确认和咨询服务的统一体，内部审计应当积极主动，以客户为中心，并关注内部控制、风险管理和治理过程的关键问题。2013年，由国际内部审计师协会修订的《国际内部审计专业实务框架》中将内部审计定义为："内部审计是一种独立、客观的确认和咨询活动，旨在增加价值和改善组织的运营。它通过系统的、规范的方法，评价风险管理、控制和治理过程的效果，帮助组织实现其目标。"上述内部审计的概念将内部审计确定为集风险管理、内部控制和公司治理等要素于一体的综合性审计，并且将为组织增加价值的目标列为其首要的职能定位。

对我国而言，审计署于1985年12月5日发布的《审计署关于内部审计工作的若干规定》，是我国审计署第一次提出关于内部审计的定义："内部审计是部门单位加强财务监督的重要手段，是国家审计体系的组成部分。国家行政机关、国有企业事业组织应建立内部审计监督制度，以健全内部控制，严肃财政纪律，改善管理，提高效益。"从上述定义可以看出，内部审计主要是针对国家行政机关和国有企事业单位，其主要职责是财务监督。1995年，审计署发布了《审计署关于内部审计工作的规定》，再一次将内部审计定义为："内部审计是部门、单位实施内部监督，依法检查会计账目以及相关资产，监督财政收支和财务收支真实、合法、效益的活动，以及法律、法规、规章规定的其他单位，依法实行内部审计制度，以加强内部管理和监督，遵循国家财经财规，促进廉政建设，维护单位合法权益，改善经营管理，提高经济效益。"审计署的这一定义，提出了内部审计执行的主体，丰富了内部审计的职责，强化了其对于公司治理、国家治理的作用。2003年，中国内部审计协会颁布了《中国内部审计准则》，该准则将内部审计定义为："内部审计，是指组织内部的一种独立客观的监督和评价活动，它通过审查和评价经营活动及内部控制的适当性、合法性和有效性来促进组织目标的实现。"2013年，中国内部审计协会发布了《第1101号——内部审计基本准则》，其中对内部审计的定义为："内部审计是一种独立、客观的确认和咨询活动，它通过运用系统、规范的方法，审查和评价组织的业务活动、内部控制和风险管理的适当性和有效性，以促进组织完善治理、增加价值和实现目标。"

国资监管新规下企业角色定位的再思考

国内外对内部审计定义的逐步演化，体现出内部审计定义是不断随着实践和理论的发展而发展的。早期内部审计的功能局限于查错防弊，这是和当时的经济发展水平相一致的，随着经济的发展、公司规模的不断扩大，内部审计不再仅仅为处理财务与会计问题服务，而更多地承担着提高公司经营管理水平的职责。内部审计的职能不断丰富，是符合公司发展需要的。从国内外关于内部审计职能的表述中可以发现，我国对内部审计的定义已经与国际内部审计师协会的定义趋同，即内部审计是为促进组织完善治理、增加价值、帮助组织实现目标服务；内部审计必须保持其独立性和客观性；内部审计是一种确认和咨询活动；内部审计采用系统和规范的方法实施；内部审计的主要任务是对组织的业务活动、内部控制和风险管理进行评价和改善。

综合上述，本书认为，内部审计既是各个组织内部进行的一种独立的确认和咨询活动，旨在保障各个组织的各项经营管理活动的真实性、合法性、效率性和效益性，又是能够提高组织的经营管理水平的增值服务。该定义体现在，执行内部审计的主体是各个组织内部的相关机构，同时也强调执行主体的独立性，保障了独立性才能保证确认活动的真实、有效。内部审计的客体是企业的各级经营管理者及员工。

1.2.2 内部审计的特征和目标

1. 内部审计的特征

通过上述对内部审计定义的分析，可以发现内部审计是不同于外部审计的，内部审计有着它应该有的特征。本书认为内部审计具有如下特点：

(1) 相对独立性。外部审计是被审计单位委托完全独立的第三方对其受托经济责任进行审计，与被审计单位没有任何关系。然而，对于内部审计而言，它是被审计单位自己组织的审计活动，受被审计管理层领导，只是相对于被审计的部门是独立的。因此，对于内部审计而言，独立性是相对的，其并不具有外部审计完全的独立性。

(2) 对内提供服务。根据内部审计的定义可以看出，内部审计的执行主体是各个单位自身，然而内部审计的审计对象也是各个单位内部的各个机构，因此，内部审计是对各个单位自身提供确认和咨询服务，只需要对本单位领导部门负责，不需要对外提供其审计结果。

(3) 职能的广泛性。国家审计是审计单位对国家行政单位、国有企事业单位的财务、财政收支活动的真实性、合法性和公允性发表意见。而社会审计是审计单位对被审计单位财务报告的合法性和公允性发表意见。然而，对内部审计而言，虽然也要对被审计单位的财务活动发表意见，但是，内部审计更重要的职能是对本单位经营管理情况提供建议，其作为公司治理的一部分，有着提升公司业务质量和价值的责任。因此，与外部审计相比较，内部审计的职能更加广泛，不仅仅局限于对财务报告发表意见。

(4) 服务具有增值性。从以上对内部审计职能的分析可以看出，内部审计更多的是为本单位的经营管理活动进行确认和咨询服务，通过评价本单位的经营管理活动，提出改进意见，从而实现本单位的目标。因此，内部审计不是一项重复、没有价值的工作，它具有增值功能，能够为一个组织带来效益。

(5) 对内部控制进行审计。内部审计与内部控制是相互联系的，两者不是割裂的关系。内部审计是内部控制的重要组成部分，而内部控制又是内部审计必须进行审计的对象。无论是我国审计署还是国际内部审计师协会在对内部审计的定义中，都提及需要对本单位内部控制进行审查。

(6) 审查程序的简化性。基于现代风险导向审计理论，审计机构实施审计程序之前，需要对被审计单位的环境及其情况进行了解，在识别、评估风险之后，才能执行具体的审计程序。但是，对于内部审计而言，则是被审计单位自己组织的审计活动，内部审计执行机构已经足够了解本单位的经营环境和重要风险，因此，内部审计可以简化审计程序，从而提高审计的效率。

2. 内部审计的目标

根据我国审计署发布的《中华人民共和国审计准则》的规定，国家审计的目标是通过监督被审计单位财政收支、财务收支以及有关经济活动的真实性、合法性、效益性，维护国家经济安全，推进民主法治，促进廉政建设，保障国家经济和社会的健康发展。然而，自审计署原党组书记、审计长刘家义提出国家审计的“免疫系统”功能后，公众对国家审计的功能又有了新的认识。其主要体现在：一是国家审计能强化对公共资源整体性、公共责任落实情况、公共政策执行情况、国际竞争导致的公共风险的监督，保障公共资源和宏观经济等方面的安全。二是国家审计是国家治理的一个重要组成部分，其起到保障我国经济安全运行的作用。对于社会审计而言，根据我国注册会计师审计准则的规定，注册会计师审计的目标为：为财务报表整体不存在重大错误和舞弊提供合理保证；对财务报告的合法性和公允性发表审计意见。从内部审计的定义中可以看出，内部审计的目标主要是帮助组织实现其目标，因此对于不同的组织而言，内部审计的目标是不一样的。内部审计的目标分为总体目标和具体目标。

1）内部审计的总体目标

内部审计的总体目标和具体目标是相互联系的，总体目标是内部审计要实现的最终目标，而具体目标又是实现最终目标的保障。结合当前的实际情况来看，内部审计的总体目标是指能够有助于实现一个组织的战略目标，使公司价值得到增值。任何一个组织都有其各自的战略目标，而要实现这样一个战略目标，需要组织各个机构、各个职能部门协调地发挥作用。内部审计作为组织治理的一个重要组成部分，存在的意义就在于帮助本组织实现其战略目标，从而增加组织价值。

2）内部审计的具体目标

结合内部审计的总体目标，内部审计的具体目标应该包括以下几个方面。

第一，保障财务报告的合法性、公允性。保障财务报告符合相关的会计法规和政策，以及财务报告的真实性，既是内部审计的最基本职能，也是内部审计的传统职能。在早期的内部审计中，内部审计的主要职能是针对财务报告进行查错防弊，因此，保障财务报告的合法性和公允性应该属于内部审计的最基本职能。其中，保障财务报告的合法性是指，保证本组织的财务报告符合相关的法律和法规，以及符合会计准则；保障财务报告的公允性是指，保证本组织的财务报告真实、公允地反映本组织的财务状况和经营成果。

第二，维护资产的安全、完整。从内部审计的产生来看，内部审计源于经营权与所有权的分离，内部审计的实质是受托责任。在受托责任关系中，委托人需要了解受托的财产和权力的使用情况，因此委托人委派审计人员对受托人的经营管理情况作出评价。对于受托责任的履行情况，最基本的职责应该是保障受托财产的安全和完整，因此，内部审计的基本目标之一是保证资产的安全、完整。

第三，保障经营管理的合法性、合规性。对于任何一个组织而言，经营的合法性、合规性是其持续经营、完成目标的基本前提。既然内部审计的总体目标是帮助实现一个组织的战略目标，那么，内部审计首先要保证组织经营管理活动符合相关的法律、法规，才能实现其总体目标。保障经营管理的合法、合规包括以下三个方面：首先，组织从事的经营活动要符合相关法律规范的规定，不能有任何违规违纪的行为。其次，组织的所有成员不得有串通舞弊的行为。组织中一旦出现串通舞弊的行为，将会伴随着侵占组织财产、财务造假等行为的发生，所以内部审计人员应该发现和防止本组织的舞弊行为。最后，发现并阻止管理层违背委托人利益的行为。由于存在委托人与管理层之间的代理问题，管理层会违背委托人的利益，追求自己利益的最大化，如装修豪华的办公室、超高的在职消费、不努力工作等，因此，内部审计应该及时发现并阻止管理层做出违背组织利益的行为。

第四，保障经营管理的效益性、效率性。任何组织处于社会中都面临着有限的资源，那么一个重要的问题就是一个组织如何优化配置自己所拥有的资源，使其实现效益最大化。内部审计机构非常了解自己所处的组织，再利用绩效审计，可以明确所处组织经营管理的问题，从而实现其战略目标。因此，内部审计有职责发现组织经营管理中的问题，从而实现组织资源的最优化配置，提高组织经营管理的效率。

1.3 内部审计准则

1.3.1 国际内部审计准则

国际内部审计师协会于 1941 年在美国成立。1947 年协会颁布了《内部审计师职责说明书》，1978 年颁布了《内部审计实务标准》，经过多年的不断修订和完善，《内部审计实务标准》已经成为具有国际权威性、代表世界各国内部审计先进经验的、具有普遍指导意义的内部审计准则体系。

1.《国际内部审计专业实务框架》的框架结构和主要内容

国际内部审计师协会对《国际内部审计专业实务框架》（IPPF）的最近一次修订是在 2012 年 10 月，修订后的准则自 2013 年 1 月 1 日起开始实施。它整合了国际内部审计师协会发布的权威性指南的概念框架，并由强制性指南和强力推荐指南两部分构成。遵循强制性指南建立的原则对于内部审计专业实务而言，既是必需的，也是重要的，强制性指南是依据既定的“应有的勤勉过程”形成的，包括向社会公众广泛地征求意见。强制性指南包括三个组成部分：内部审计的概念界定、职业道德规范和国家内部审计专业实务标准。强力推荐指南是通过正式的批准程序、取得国际内部审计师协会认可而形成的，它具体说明了在实务中对内部审计的概念界定、职业道德规范和国际内部审计专业实务标准的具体执行。强力推荐指南包括立场公告、实务公告和实务指南三个组成部分。表 1-1 具体说明了《国际内部审计专业实务框架》的框架结构和主要内容。

表 1-1 **《国际内部审计专业实务框架》的框架结构和主要内容**

框架结构		主要内容
强制性指南	内部审计的概念界定	阐明了内部审计的基本宗旨、性质和工作范围。
	职业道德规范	阐明了开展内部审计活动的个人或机构需要遵循的原则和行为规范，表明了对执业行为规范的最低要求，而不是具体活动。

（续表）

框架结构		主要内容
强制性指南	国际内部审计专业实务标准	内部审计在目标、规模、复杂程度和组织架构各异的组织内部开展工作，其所涉及法律和文化环境丰富多彩，而其从业人员既可以来自组织内部，也可以来自组织外部。虽然这些差异可能会影响各种不同环境下开展的具体内部审计实务，但是遵守标准是内部审计师和内部审计机构履行职责的基本要求。在法律或法规禁止其遵守标准的某些内容时，内部审计师或内部审计机构应当遵守标准的其他所有内容，并对无法遵守其中各部分内容的情况予以披露。 标准的宗旨包括： 描述反映内部审计实务的基本原则； 为开展和推动各类具有增值效应的内部审计业务提供框架； 建立评估内部审计业绩的依据； 促进组织流程和运营的改善。 标准是原则导向的强制性要求，为内部审计的实施和推动提供了框架，其中包括： 对内部审计专业实务基本要求和评价其工作成果的效果的说明，这些要求普遍适用于全球范围内的组织和个人； 揭示，对说明中涉及的术语和概念进行释义； 词汇表。 有必要将说明以及对它们的解释一起考虑以正确地理解和应用标准。标准所使用的术语的特定含义在词汇表中给出了具体的说明，因此也是标准的组成部分。 标准的审视和发展是一个持续的过程。
强力推荐指南	立场公告	立场公告有助于了解各个感兴趣的方面，包括让那些并未在内部审计职业工作的人们了解重大的质量、风险或控制问题，以及界定内部审计在其中扮演的角色和所承担的责任。
	实务公告	实务公告帮助内部审计师应用内部审计的概念界定、职业道德规范和国际内部审计专业实务标准，并倡导对最佳实务的推动。实务公告主要涉及内部审计的方式、方法和需要考虑的因素，但是不包括详细的过程或程序。它们包括与国际、国内或所处行业特定问题、特定类型的业务及法律或监管问题相关的实务。
	实务指南	实务指南提供开展内部审计活动的详细指南。它们包括过程和程序、工具和技术、方案和逐步实施的办法，以及可交付成果的范例。

国际内部审计师协会发布的《职业道德规范》的目的是促进内部审计职业道德文化的发展。《职业道德规范》对于内部审计职业既必要又适用，它是内部审计对治理、风险管理和控制做出的客观确认之所以被信任的基础。《职业道德规范》延展了内部审计的定义，包括以下两个基本部分。

第一部分是与内部审计职业和实务相关的原则（共4条原则：诚信、客观、保密和胜任）。其中，诚信是指内部审计师的诚信确立信用，从而为信任其判断提供基础；客观是内部审计师在收集、评价和沟通有关被检查活动或者过程的信息时，要显示出最高程度的职业客观性，并在作出判断时，内部审计师不受其个人喜好或他人的不适当影响，对所有相关环境作出公正的评价；保密是指内部审计师所获取信息的价值和所有权，没有适当授权就不能披露信息，除非是在有法律或职业义务的情况下；胜任是指内部审计师在执行内部审计实务时能够使用其所需要的知识、技能和经验。

第二部分是描述内部审计师预期行为规范的行为规则（在4条原则下共有12条行为规则）。这些规则有助于将上述原则运用于实践中，其目的在于指导内部审计师的行为。具体规则包括以下几点。

1）诚信。

内部审计师：

（1）应当诚实、勤恳并负责地开展工作。

(2) 应当遵守法律,按照法律和职业要求进行披露。

(3) 不得蓄意参与非法活动,或参加有损于内部审计职业或其所在组织的行为。

(4) 应当遵守并协助实现组织的法律和道德目标。

2) 客观

内部审计师:

(1) 不应参加可能损害或被认为会损害其公正评价的活动,包括参与与组织利益相冲突的活动。

(2) 不能接受可能损害或被认为会损害其职业判断的任何物品。

(3) 应当披露已知,如果不予披露,可能会歪曲检查工作报告的所有重大事实。

3) 保密

内部审计师:

(1) 应当谨慎利用和保护履行职责过程中获取的信息。

(2) 不应当利用该信息牟取私利,或者以任何有悖法律规定、有损组织法律和道德目标的方式使用该信息。

4) 胜任

内部审计师:

(1) 应当只从事与其所具备的知识、技能或经验相适应的服务活动。

(2) 应当依据《国际内部审计专业实务标准》的规定,开展内部审计服务。

(3) 应当持续提高专业能力和服务的效果、质量。

2012 年,国际内部审计师协会对《国际内部审计专业实务框架》中的《国际内部审计专业实务标准》进行修订的主要目的包括:确保标准能够以最及时、最相关的方式体现内部审计职业的最新发展;确保依据《国际内部审计专业实务框架》,对标准进行至少三年一次的审核要求;确保对《国际内部审计专业实务框架》的持续改进成为其持续发展的关键组成部分。

2012 年,国际内部审计师协会对《国际内部审计专业实务框架》的修订主要体现在以下几个方面:

(1) 进一步澄清遵循准则的责任。

为了进一步澄清遵循准则的责任,国际内部审计师协会在标准的引言中增加了下列措辞:"标准适用于内部审计师个人和内部审计活动。所有的内部审计师都有责任遵循与个人的客观性、专业胜任能力和应有的职业审慎相关的标准。另外,内部审计师也负有遵循与他们工作责任的履行相关的责任。首席审计官负有遵循准则的完全的责任。"

(2) 增加了对质量保证和改进的重视。

修订后的准则增加了对质量保证和改进的重视,其主要体现在:强调了主动的内部质量评估和改进方法,全面包含了外部质量标准的精神和措辞,建立了允许质量工作的执行和成果报送的实务,通过了在审计报告中包括对遵循性的声明以支持外部质量评估,从而改善内部审计等。

(3) 澄清首席审计官就不能接受的风险进行沟通的职责。

修订后的准则将第 2600 号准则改成了《就风险的接受进行沟通》,它规定如果首席审计官得出管理层已经接受了对于组织而言不能接受的风险的结论,首席审计官必须与高级管理层进行讨论。如果首席审计官确定事情仍然没有得到解决,他/她必须将此事项与董事会进行沟通。对于管理层已经接受的风险的识别可以通过确认或咨询项目、作为以前项目的结果对管理层采取行动的监督过程或其他的方式来实现。但是，首席审计官并不负责解决风险。

(4) 明确对审计计划进行及时调整的要求。

标准要求首席审计官必须建立一个风险导向的计划以确定内部审计活动的当务之急，并与组织目标保持一致。为了明确对审计计划进行及时调整的要求，修订后的标准进一步强调在没有框架的情况下，首席审计官应当在考虑了高级管理层和董事会提供的信息之后运用他(或她)的判断。在必要的情况下，首席审计官必须复核和调整计划以应对组织业务、风险、经营、方案、系统及控制的变化。

(5) 强调对战略目标的风险覆盖。

为了强调对战略目标的风险覆盖，修订后的标准将组织战略目标的实现情况纳入内部审计活动对于组织治理、经营和信息系统相关的控制的充分性和有效性进行评价的内容之中，并置于评价内容的首位。具体的措施还包括内部审计对关键战略倡议的参与，并占有一席之地，对组织关键战略风险进行应对，以及服务于信息技术开发团队等。

(6) 对部分专业术语进行了全新的界定。

将委员会重新界定为："负有指导和/或监督组织活动和管理的最高治理层。通常包括一个独立的董事团队(如董事会、监督委员会或理事会)。如果这样的团队并不存在，委员会也可以是组织的领导。委员会也可以是审计委员会，如果治理层将某些职责委托给审计委员会的话。"

将项目意见界定为："与项目的目标和范围所包含的那些方面相关的，对单个内部审计项目结果的评价、结论和/或其他说明。"

将总体意见界定为："由首席审计官提供的用以在委员会层面应对组织的治理、风险管理和控制过程的对结果的总体评价、结论或其他说明。"

1.3.2 中国内部审计准则

我国内部审计准则框架体系是一个由不同层次和部分组成的严密结构体系，在不同层次之间、不同部分之间相互作用、相互影响，因此，应该相互配合、相互促进。当前，中国内部审计准则是中国内部审计公告规范体系的重要组成部分，由内部审计基本准则、内部审计人员职业道德规范和20个内部审计具体准则共同组成的。我国内部审计准则框架体系如图1-1所示。

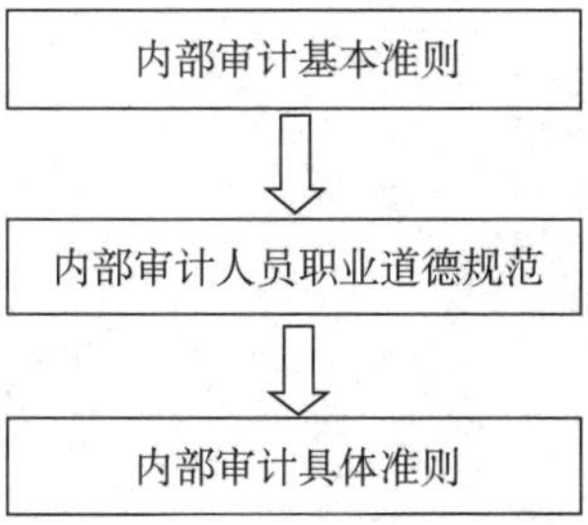

图1-1 我国内部审计准则框架体系

1. 层次一:内部审计基本准则

内部审计基本准则

内部审计基本准则既是内部审计准则的总纲,也是内部审计机构和人员进行内部审计时应当遵守的基本规范,还是指导和制定内部审计人员职业道德规范和内部审计具体准则的基本依据。于2013年颁布的、并于2014年1月1日开始实施的《中国内部审计准则》在2003年颁布的《中国内部审计准则》的基础上,基本准则由原来的27条调整为33条,内容包括一般准则、作业准则、报告准则和内部管理准则。

一般准则对内部审计机构和内部审计人员的基本资格条件和工作方式进行了规范,是内部审计人员合理确定审计目标、设计审计程序、形成审计结论的前提保证。

作业准则是内部审计准则的核心,它按照审计目标、评估程序、选择审计证据、实施适当审计程序、测试等程序,从而实现对整个审计证据收集过程的技术性规范。

报告准则的规范重点在内部审计的结论上,它既规范了内部审计结论的表现形式,包括内部审计报告的编写要点和内容,也规范了内部审计人员在形成审计结论过程中的具体要求。

内部管理准则是对内部审计机构构建内部管理制度和质量控制体系的具体规范,其目的在于确保内部审计目标的实现。

2. 层次二:内部审计人员职业道德规范

内部审计人员职业道德规范是内部审计职业规范体系的重要组成内容。它从职业道德行为的角度对内部审计人员的职业素质、品质、专业能力等各方面提出严格的要求,以保证内部审计人员能够独立、客观地进行内部审计活动,从而确保内部审计作用的发挥,促使组织目标的实现。其内容主要包括一般原则、诚实正直、客观性、专业胜任能力、保密等具体原则。

3. 层次三:内部审计具体准则

内部审计具体准则是根据内部审计基本准则制定的,是内部审计机构和人员在进行内部审计时应当遵循的具体规范。内部审计具体准则包括20条准则,涉及审计计划、审计通知书、审计证据、审计工作底稿、结果沟通、审计报告、后续审计、审计抽样、分析程序、内部控制审计、绩效审计、信息系统审计、对舞弊行为进行检查和报告、内部审计机构的管理、与董事会或最高管理层的关系、内部审计与外部审计的协调、利用外部专家服务、人际关系、内部审计质量控制、评价外部审计工作质量。中国内部审计具体准则的主要内容简介如表1-2所示。

表1-2 **中国内部审计具体准则的主要内容简介**

内部审计具体准则	准则名称与内容说明
第2101号内部审计具体准则——审计计划	
第2102号内部审计具体准则——审计通知书	
第2103号内部审计具体准则——审计证据	
第2104号内部审计具体准则——审计工作底稿	
第2105号内部审计具体准则——结果沟通	
第2106号内部审计具体准则——审计报告	
第2107号内部审计具体准则——后续审计	
第2108号内部审计具体准则——审计抽样	
第2109号内部审计具体准则——分析程序	
第2201号内部审计具体准则——内部控制审计	
第2202号内部审计具体准则——绩效审计	

（续表）

内部审计具体准则	准则名称与内容说明
第2203号内部审计具体准则——信息系统审计	
第2204号内部审计具体准则——对舞弊行为进行检查和报告	
第2301号内部审计具体准则——内部审计机构的管理	
第2302号内部审计具体准则——与董事会或最高管理层的关系	
第2303号内部审计具体准则——内部审计与外部审计的协调	
第2304号内部审计具体准则——利用外部专家服务	
第2305号内部审计具体准则——人际关系	
第2306号内部审计具体准则——内部审计质量控制	
第2307号内部审计具体准则——评价外部审计工作质量	

中国内部审计基本准则和具体准则充分考虑了“风险评估”“内部控制”“公司治理”和“成本效益”等现代组织经营管理中的概念。这些概念使内部审计准则既具有理论上的科学性，又具有事务上的先进性。

本章小结

本章主要介绍了国际、国内内部审计的产生和发展。内部审计是在受托经济责任关系下发展起来的，其本质在于受托，是确保受托责任履行的控制机制。国际内部审计始于远古时代，历经几千年的发展在理论和实务上都形成了较完备的体系，且其范围不断扩大；我国内部审计始于西周，中华人民共和国成立后，随着党和国家的不断重视，内部审计已经成为社会主义市场经济建设中一支不可或缺的重要力量。此外，本书认为内部审计既是各个组织内部进行的一种独立的确认和咨询活动，旨在保障各个组织的各项经营管理活动的真实性、合法性、效率性和效益性，也是能够提高组织的经营管理水平的增值服务。内部审计具有相对独立性、对内提供服务、职能广泛性、服务增值性、程序简化性和对内控进行审计这六个特征。内部审计的目标有两个层次：总体目标和具体目标。总体目标是有助于实现一个组织的战略目标，使公司价值得到增值。具体目标是对总体目标的保障和细化。最后，本章介绍了内部审计准则，国际上主要介绍了《国际内部审计专业实务框架》(IPPF)，中国则从内部审计基本准则、内部审计人员职业道德规范和20个内部审计具体准则来介绍。

重要概念

内部审计本质　内部审计特征　内部审计目标　内部审计准则

阅读资料

[1] 国际内部审计师协会制定，国际内部审计专业实务框架[M]. 北京：西苑出版社，2013.
[2] 中国内部审计协会. 中国内部审计准则[Z]. 2013.
[3] 沈征. 内部审计学[M]. 北京：电子工业出版社，2015.
[4] 赵建平. 现代内部审计理论与实践[M]. 江苏：江苏大学出版社，2007.

[5] 王宝庆,张庆龙.21世纪高等教育审计精品教材:内部审计[M].大连:东北财经大学出版社,2013.

本章练习

单选题

1. (　　)时期的宰夫是我国内部审计的最初萌芽。

A. 东周　　B. 西周　　C. 春秋　　D. 战国

2. 在内部审计开展的审计类型中,一般不包括(　　)。

A. 经营审计　　B. 财务报表审计

C. 财务审计　　D. 专项审计

3. (　　)年,中国内部审计师协会成立。

A. 1986　　B. 1987　　C. 1988　　D. 1989

4. 下列审计中,独立性最强的是(　　)。

A. 国家审计　　B. 内部审计

C. 注册会计师审计　　D. 外部审计

5. 属于内部审计活动的是(　　)。

A. 保证服务　　B. 咨询服务

C. 保证服务和咨询服务　　D. 既不是保证服务也不是咨询服务

多选题

1. 内部审计职业道德基本原则包括(　　)。

A. 客观　　B. 诚信　　C. 胜任　　D. 保密

2. 中国内部审计基本准则包括(　　)。

A. 一般准则　　B. 作业准则

C. 报告准则　　D. 内部管理准则

简答题

1. 影响内部审计产生和发展的因素有哪些?
2. 国际内部审计的发展趋势如何?
3. 如何理解内部审计的定义?
4. 与外部审计相比,内部审计的主要特征是什么?
5. 中国内部审计准则体系包括几个层次?每个层次具体规范的内容是什么?

第 2 章　内部审计机构与内部审计人员

内容提要

本章分为三节课，主要讲解了内部审计机构的设置与选择、内部审计机构的职责与权限以及内部审计人员的职业道德标准和执业能力要求。

重点难点

本章重点为内部审计机构设置的基本原则，难点为内部审计机构设置的主要形式及其优缺点。

学习目标

通过本章学习，学生应明确内部审计机构与内部审计人员是承担内部审计任务、履行内部审计职责的主体；了解内部审计机构设置的基本原则；了解内部审计机构的职责和权限；重点掌握内部审计机构常见的设置模式；熟悉内部审计人员的职业道德标准和执业能力要求。

知识框架

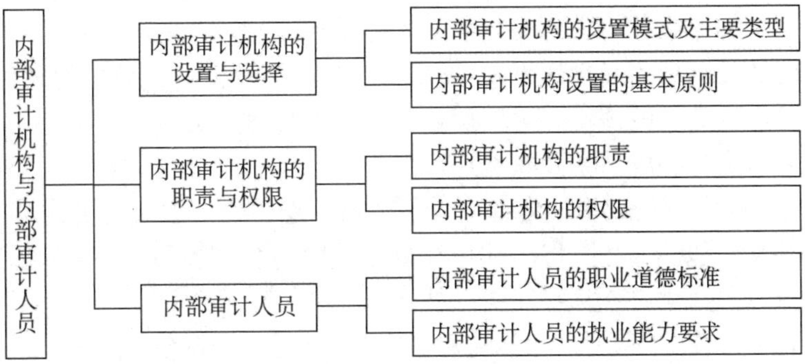

2.1 内部审计机构的设置与选择

2.1.1 内部审计机构的设置模式及主要类型

内部审计机构是指在部门、单位内部从事组织和办理审计业务的专门机构。由于内部审计机构是组织治理结构中必不可少的组成部门,内部审计机构在组织内部的设置将直接体现组织治理层和高级管理层对内部审计职能重要性的认识,直接影响内部审计职能在组织中的地位及其权威性,直接关系到内部审计为组织增加价值功能的充分发挥。根据国内外的实践经验,内部审计机构的设置主要有两种模式:外包模式和内置模式。

1. 内部审计机构的外包模式

内部审计外包又称内部审计外部化,是指聘请会计师事务所或其他专业人员来执行内部审计工作,将内部审计的职能部分或全部通过契约委托给组织外部的机构来执行。内部审计外部化源于迈克尔·波特的竞争理论,最先是由安达信、安永、毕马威等全球知名的咨询机构提出的。20 世纪 90 年代开始,内部审计外包引起了越来越多的关注,有为数不少的企业或事业单位实行内部审计外包。

内部审计外包一般有两种形式:一是内部审计整体业务外包,即企业不设置内部审计机构,将内部审计的全部职能外包给中介机构;二是内部审计部分业务外包,主要有补充与审计管理咨询两种形式。补充是企业将特定部分的内部审计职能赋予有专业胜任能力职称的第三方,通常是工程、法律、计算机等方面的专家,以获得所需的专业技能。在这种模式下,外包承包人与企业内部审计部门一起完成短期内需要大量时间或需要专门技术的工作。审计管理咨询是对会计师事务所现有咨询或审计项目的延伸和扩展,其目的是帮助企业确定内部审计机构的设置、人员数量以及配备情况,从而促进内部审计计划的形成和改进、帮助企业管理层定义主要风险领域、帮助企业招聘内部审计人员等。

内部审计外包模式有以下主要优点:

(1) 有利于保证内部审计的独立性。不同于受雇于企业的内部审计人员,注册会计师等外部审计人员是根据与企业签订的契约开展内部审计工作的,与企业其他职能部门没有内在的利益冲突和联系,从而能提供更具独立性和客观性的评价结果。

(2) 有利于获得高水准的服务。作为内部审计的外包机构,会计师事务所拥有大量管理咨询、资产评估、税务服务等方面的专业人才,其服务领域遍布各行各业,其执业人员注册会计师熟悉不同的经营理念和管理方式,能根据自身经验及被审计单位的经营过程、风险控制和管理等活动进行客观的评价并提出切合管理者需要的建议。

内部审计外包模式有以下主要缺点:

(1) 降低了公司治理的效果。内部审计在公司治理中扮演着独特的内部监督与信息传递角色,其作用十分重要。因此,将内部审计外包,使得高级管理层和董事会失去一个重要的信息反馈来源,势必影响公司治理的有效性。

(2) 放弃了内部审计自身的资源优势。与熟悉公司管理政策、业务程序、经营活动、人事状况以及了解企业组织文化、业务过程、风险控制特点的内部审计人员不同,外部咨询机构只能凭借一些公开的资料,通过询问和观察来确定服务的重点,被审计企业因保密的需要不可能向他们提供完整的资料，这势必影响到外部咨询机构的判断和对企业的进一步的了解，从而影响审计的质量。虽然内部审计外包会确保内部审计更加独立，但同时也使内部审计更加边缘化。

2. 内部审计机构的内置模式

内部审计内置是指在企业内部设立专职的内部审计机构，执行内部审计机构的职责。自20世纪80年代审计工作在我国恢复以来，内部审计机构的内置模式主要有单一领导模式及双重领导模式。

1）单一领导模式

（1）财务总监领导模式。

财务总监领导模式是在内部审计较早阶段普遍采纳的一种内部审计模式，该模式符合内部审计初级阶段财务收支审计的目标。在财务总监领导模式下，内部审计机构在组织治理结构中的层次较低，由财务总监领导，向财务总监报告工作，其独立性也较差。财务总监领导模式通常只能开展针对各个职能部门的日常检查工作，很难针对高级管理层实施监督职能，也不能直接为高级管理层的经营决策提供服务。这种模式一般仅适合于组织规模较小、股权结构简单的组织。

（2）总经理或高级管理层领导模式。

在总经理或高级管理层领导模式下，内部审计通常是接受总经理的委托，对下属单位的各项经营活动进行检查、监督和评价。总经理作为股东的代理人，承担着为股东财产保值、增值的职责，并将股东财富最大化作为企业的发展目标。在管理过程中，总经理要将自身承担的责任和目标在企业内部层层分解，逐步落实。内部审计机构隶属于管理层，其职能定位立足于“服务导向型”，力图通过内部审计机构和管理层的良好沟通，帮助改善经营管理，提高管理水平。内部审计机构由总经理管理和负责，是基于总经理与下属部门之间的委托代理关系而产生的，有效的内部审计可减少下属部门的逆向选择和道德风险，降低总经理对下属的监督约束成本。所以，总经理或高级管理层领导模式下的内部审计机构在组织内部的地位要高于财务总监领导模式，由总经理或高级管理层领导，向总经理报告工作，除履行日常的审查职责之外，也可以直接为管理层提供日常经营的决策服务。虽然总经理或高级管理层领导模式有利于发挥内部审计在提高经营管理水平方面的作用，但是这种模式的内部审计机构还难以对包括总经理在内的高级管理层的受托管理责任的履行情况进行独立的监督和评价。

（3）监事会领导模式。

在现代组织治理结构中，股东大会及各利益相关方作为委托人，分别将各自的资源交由董事会代为管理，并委托与董事会平行的监事会对其进行监督。在监事会领导模式下，内部审计机构由监事会领导作为监事会的具体办事机构，向监事会报告工作。监事会由股东代表和职工代表组成，是企业内部与董事会相互制衡的机构，其主要职权是对董事、经理执行公司职务时违反法律、法规或公司章程的行为进行监督。因此，监事会领导模式下的内部审计机构在组织的地位较高，也具有较好的独立性，有利于履行内部审计的检查、评价和鉴证职能，同时这种模式也可以确保监事会能够更好地利用内部审计的工作成果履行其自身职能。但是，由于监事会属于组织高层制约机制的组成部分，它并不参与组织的日常经营管理，致使隶属于监事会的内部审计机构很难直接服务于组织的经营决策，组织也难以通过内部审计改善经营管理、提高经济效益，从而内部审计为组织增加价值的职能就很难实现。

(4) 董事会或董事会下设的审计委员会领导模式。

董事会是公司的经营决策机构，其职责是执行股东大会的决议，确定公司的生产、经营、财务决策等重大事项，其在公司治理结构中地位较高。审计委员会作为隶属于董事会的一个专门委员会，代表董事会对管理层进行监督，同时制衡董事会的内部董事。董事会或董事会下设的审计委员会领导模式下的内部审计机构能够保持较高的独立性、权威性和组织地位，其更强调完成董事会的责任，有利于内部审计的检查、评价、鉴证和咨询功能的发挥。但是，董事会或董事会下设的审计委员会不能及时地召开会议对内部审计工作进行集体讨论决议，从而难以对内部审计工作进行日常监督和指导。内部审计在遇到意外情况时也常常缺乏及时和充分的指示和反馈，从而既导致了内部审计工作效率的降低，也削弱了内部审计作用的发挥。

2) 双重领导模式

上述内部审计机构的设置模式都很难同时平衡、充分发挥内部审计职能与保持内部审计独立性要求之间的关系，因此一种新的内部审计机构的设置模式应运而生，即双重领导模式。双重领导模式是指在业务上向审计委员会报告业绩，在行政上向经理层负责并报告工作。

目前来看，这种双向负责、双轨报告、保持双重关系的内部审计机构的设置模式既是最优的设置模式，也是国际内部审计师协会最为推崇的设置模式。双重领导模式能够最大限度地体现内部审计的独立性和权威性，有利于保证在现代企业制度下内部审计职能的发挥。但是在实践中，内部审计机构的设置模式会直接受到企业管理理念、企业规模、内部治理结构、人员水平和胜任能力等各方面因素的影响。尤其是针对我国股权结构、治理模式的不同现状，在构建内部审计机构时，还要遵循科学性、适应性和可操作性的原则。对于一些特殊类型或管理上有特殊要求的企业，可以根据自己的实际情况，灵活设置。无论选择何种内部审计机构的设置模式，企业都要兼顾内部审计的独立性、专业性、高效性和权威性。

2.1.2 内部审计机构设置的基本原则

内部审计机构的设置模式必须遵循一定的机构设置的原则，明晰不同机构设置的利弊，才能更好地将其发挥作用。总体来讲，内部审计机构的设置应遵循法定性原则、独立性原则、权威性原则、适应性原则和实效性原则。

1. 法定性原则

国有资产管理机构对国有企业内部审计机构的设置有明确的规定，如国务院国资委要求所属企业应设置独立的内部审计机构，并在公司董事会领导下开展工作。《中外合资企业法》实施细则要求非小型企业建立内部审计师制度。《上市公司治理指引》对设置独立的内部审计机构和在董事会领导下开展工作都进行了规范。不过一般来讲，内部审计毕竟是企业自己的事情，是股东完全可以独立决定的，所以本书强调的法定性原则主要是指应该在公司章程中明确对内部审计机构的设置、领导关系、人力资源计划、预算安排等进行规定，从而维护内部审计发挥作用的环境。

2. 独立性原则

独立性是指内部审计机构和人员在进行内部审计活动时，不存在影响内部审计客观性的利益冲突的状态。独立性一般是指内部审计机构的独立性。独立性是内部审计的灵魂，内部审计活动只有具备应有的独立性，才能作出公正的、不偏不倚的鉴定和评价。

内部审计机构的独立性主要受内部审计机构与董事会或最高管理层关系的影响，并需要依靠规范的机构管理工作得以保证。具体而言，内部审计机构的独立性受到以下因素的影响：①董事会获最高管理层的支持；②内部审计机构的管理体制；③内部审计机构负责人的权责范围；④内部审计活动受到的外在压力和干涉程度；⑤其他可能影响内部审计机构独立性的因素。

为确保内部审计机构的独立性，根据我国内部审计准则的相关规定，内部审计机构应隶属于董事会或最高管理层，接受其指导和监督并取得其支持；内部审计机构应通过制定内部审计章程明确其职责和权限范围，并报经董事会或最高管理层批准，以确保内部审计活动不受组织内其他部门的干涉和限制；内部审计机构应向董事会或最高管理层提交审计报告及工作报告，并在日常工作中与其保持有效的沟通；内部审计机构负责人的任免应由董事会或最高管理层经过适当的程序确定；内部审计机构负责人应直接向董事会或最高管理层负责；内部审计机构负责人有权出席或参加董事会或最高管理层举行的与审计、财务报告、内部控制、治理程序等有关的会议，并积极发挥内部审计的作用。

3. 权威性原则

权威性是指具有使人信服的力量和威望的性状。内部审计的权威性主要体现在内部审计机构的组织地位和设置层次上，组织地位和设置层次越高，内部审计的权威性越大，内部审计作用的发挥也就越充分。

为确保内部审计机构的权威性，内部审计机构的设置必须独立于各职能部门，内部审计人员必须与被监督对象毫无利益关系，并且在审计过程中得到董事会或最高管理层的充分支持。

4. 适应性原则

内部审计机构的设置要与国家政策环境、公司历史改革、公司管理层对内部审计的认知、公司从股东到基层职工对内部审计的期望相适应。滞后会削弱内部审计的作用，而超前又会造成一定程度上的管理混乱，进而会阻碍内部审计的发展。

5. 实效性原则

与企业其他部门相比，表面上看，内部审计机构不是直接产生效益的部门，但在现代企业，尤其是在内部审计制度比较健全的西方市场经济国家的现代企业中，内部审计在企业价值增加的过程中，作用非常明显。如果内部审计机构的设置只是增加了公司的管理费用，就违背了实效性原则。

2.2 内部审计机构的职责与权限

2.2.1 内部审计机构的职责

职责是指为了在某个关键成果领域取得成果而完成的系列任务的集合，它常常用任职者的行动加上行动的目标来加以表达。

《审计署关于内部审计的工作的规定》明确了内部审计机构的职责。内部审计机构按照本单位主要负责人或者权力机构的要求，履行下列职责：

(1) 对本单位及所属单位(含占控股地位或者主导地位的单位，下同)的财政收支、财务收支及其有关的经济活动进行审计；

(2) 对本单位及所属单位预算内、预算外资金的管理和使用情况进行审计；

(3) 对本单位内设机构及所属单位领导人员的任期经济责任进行审计；

(4) 对本单位及所属单位固定资产投资项目进行审计；

(5) 对本单位及所属单位内部控制制度的健全性和有效性以及风险管理进行评审；

(6) 对本单位及所属单位经济管理和效益情况进行审计；

(7) 法律、法规规定和本单位主要负责人或者权力机构要求办理的其他审计事项。

内部审计机构每年应当向本单位主要负责人或者权力机构提交内部审计工作报告。

2.2.2 内部审计机构的权限

权限是指为了保证职责的有效履行，任职者必须具备的、对某事项进行决策的范围和程度。

《审计署关于内部审计的工作的规定》明确了内部审计机构的权限。单位负责人或者权力机构应当制定相应规定，确保内部审计机构具有履行职责所必需的权限，其中主要包括：

(1) 要求被审计单位按时报送生产、经营、财务收支计划、预算执行情况、决算、会计报表和其他有关文件、资料；

(2) 参加本单位有关会议，召开与审计事项有关的会议；

(3) 参与研究制定有关的规章制度，提出内部审计规章制度，由单位审定公布后施行；

(4) 检查有关生产、经营和财务活动的资料、文件和现场勘察实物；

(5) 检查有关的计算机系统及其电子数据和资料；

(6) 对与审计事项有关的问题向有关单位和个人进行调查，并取得证明材料；

(7) 对正在进行的严重违法违规、严重损失浪费行为，作出临时制止决定；

(8) 对可能转移、隐匿、篡改、毁弃会计凭证、会计账簿、会计报表以及与经济活动有关的资料，经本单位主要负责人或者权力机构批准，有权予以暂时封存；

(9) 提出纠正、处理违法违规行为的意见以及改进经济管理、提高经济效益的建议；

(10) 对违法违规和造成损失浪费的单位和人员，给予通报批评或者提出追究责任的建议。

单位主要负责人或者权力机构在管理权限范围内，授予内部审计机构必要的处理权、处罚权。

2.3 内部审计人员

2.3.1 内部审计人员的职业道德标准

1. 内部审计人员职业道德的必要性和目的

1) 内部审计人员职业道德的必要性

内部审计是组织内部一种独立、客观的监督和评价活动，它的目的是通过对组织的经营活动及内部控制的适当性、合法性和有效性进行审查、评价，促进组织目标的实现。内部审计是专业性较强的职业，这一职业的复杂性使外部人员难以对内部审计过程及内部审计人员的工作作出评价。因此，企业有必要针对内部审计人员制定职业道德规范，对他们在工作中的操守、品质进行约束，促使他们认真工作。同时，职业道德规范的建立是内部审计职业取得外界理解与支持、增加外界对内部审计职业信赖的必然要求。

链接 2.3-1

中国内部审计学会(2002年更名为中国内部审计协会)自1984年组建以来，一直非常重视内部审计的道德标准建设和道德教育。2000年年初，在审计署的领导下，中国内部审计协会专门设计了一个准则委员会来负责内部审计准则的起草、修改和论证工作。2003年，中国内部审计协会依据《中华人民共和国审计法》《审计署关于内部审计工作的规定》及相关法律、法规，经审计署批准，印发了《内部审计人员职业道德规范》。2013年8月，中国内部审计协会对自2003年以来发布的内部审计准则进行了全面、系统的修订，以便更好地发挥内部审计准则在规范内部审计行为、提升内部审计质量方面的作用。其中，《中国内部审计准则第1201号——内部审计人员职业道德规范》对内部审计人员职业道德进行了规范。

2）内部审计人员职业道德的目的

制定内部审计人员职业道德的目的，具体概括为以下三个方面：

(1) 确立衡量内部审计人员行为的道德标准，约束内部审计人员职业行为，促使内部审计人员恪守独立、客观、正直、勤勉的原则，以应有的职业谨慎态度提供各种专业服务，有效发挥内部审计的监督、评价与服务作用。

(2) 明确内部审计人员的职业要求和职业纪律，促使内部审计机构和内部审计人员遵守内部审计准则及相关的职业准则，不断提高技术技能和道德水准，维护和提高内部审计人员的职业形象；取得外界的理解与支持，增加外界对内部审计职业的信赖。

(3) 明确内部审计人员的职业责任，维护内部审计人员的正当权益，维护国家利益、组织利益、员工利益，保护投资者和其他利害关系人的合法权益，促进社会主义市场经济的健康发展。

2. 内部审计人员职业道德的含义和基本要求

1）内部审计人员职业道德的含义

内部审计人员的职业道德是内部审计人员在开展内部审计工作中应当具有的职业品德、应当遵守的职业纪律以及应当承担的职业责任的总称。

(1) 职业品德。职业品德是指内部审计人员应当具备的职业品格和道德行为。它是职业道德体系的核心部分，其基本要求是独立、客观、正直、勤勉。

(2) 职业纪律。职业纪律是指约束内部审计人员职业行为的法纪和戒律，尤指内部审计人员应当遵循执业准则及国家其他相关法规。

(3) 职业责任。职业责任是指内部审计人员对国家、组织、员工和其他利害关系人所应当履行的责任。

2）内部审计人员职业道德的基本要求

内部审计人员职业道德的基本要求，包括以下两个方面：

（1）内部审计人员在履行职责时，应当严格遵守中国内部审计准则及中国内部审计协会制定的其他规定。我国内部审计准则的制定是在参考了国际内部审计师协会颁布的内部审计实务标准的基础上，结合我国的经济情况及内部审计工作的实际情况制定的，其具有一定的科学性、现实性和前瞻性。中国内部审计准则体系由内部审计基本准则、内部审计人员职业道德规范、20 个具体准则、5 个实务指南构成。内部审计基本准则和内部审计人员职业道德规范是准则体系的第一层次，内部审计基本准则既是内部审计准则的基础，也是制定具体准则和实务指南的依据；内部审计具体准则作为准则体系的第二层次，对内部审计人员实施内部审计活动过程中的具体问题进行规范；内部审计实务指南作为准则体系的第三层次，是针对内部审计过程中具有典型意义或特殊业务制定的规范性操作指南。内部审计基本准则和内部审计具体准则针对内部审计工作各个环节中的重大问题提出原则性的指导，既具有操作性，又具有一定的灵活性，它是内部审计人员在实施内部审计时必须遵循的执业标准，内部审计人员应认真遵守内部审计准则等规定；内部审计实务指南则只是起到提供一个示范和模板的作用，不要求内部审计人员在执业过程中强制执行。

（2）内部审计人员不得损害国家利益、组织利益以及内部审计职业声誉。内部审计人员作为组织经营活动和内部控制的评价者与监督者，在从事内部审计活动时，应保持自身的诚实、正直，忠于国家，忠于组织，维护职业荣誉，认真履行职责，不得损害国家利益、组织利益和内部审计职业声誉。

3. 内部审计人员职业道德的一般原则

内部审计人员职业道德的一般原则有以下几点：

（1）内部审计人员在从事内部审计活动时，应当保持诚信正直。

内部审计人员在实施内部审计业务时，应当诚实、守信，不应歪曲事实、隐瞒审计中发现的问题，进行缺少证据支持的判断，作误导性的或者含糊的陈述。内部审计是组织经营管理过程中的一个重要环节，是为了促进组织目标的实现而进行的。内部审计人员隶属于组织，是组织的成员，其工作目标应该是促进组织目标的实现。因此，内部审计人员应当尽职尽责、诚实地为组织服务，不能违反诚信原则，从事有损于组织的活动。

内部审计人员在实施内部审计业务时，应当廉洁、正直，不应利用职权牟取私利，不应屈从于外部压力，违反原则。廉洁是指内部审计人员在履行职责时不得从被审计单位获得任何可能有损职业判断的利益，其中包括内部审计人员自身或其亲属可能从被审计单位获取的各种直接和间接的利益。正直是指内部审计人员应当将国家、组织、员工利益置于个人利益之上，明辨是非，坚持正确的行为、观点，按照法律及职业要求，不偏不倚地对待有关利益各方，不以牺牲一方利益为条件而使另一方收益。

（2）内部审计人员应当遵循客观性原则，公正、不偏不倚地作出审计职业判断。

内部审计人员实施内部审计业务时，应当实事求是，不得由于偏见、利益冲突而影响职业判断。换言之，内部审计人员对有关事项的调查判断、意见表述和分析处理时，不应受外来因素的影响，如掺杂个人的好恶、成见、主观愿望或者为委托单位或第三者的意见所左右等，而应当在执业过程中基于客观的立场，以客观事实为依据，一切从实际出发，注重调查研究。

客观性和独立性密不可分，是审计人员在进行内部审计活动时应坚持的一种精神状态。独立性是指内部审计人员在执行内部审计业务时，应当在形式上和实质上独立于审计对象。

形式上的独立，也称面貌上的独立，是针对第三者而言的。内部审计人员必须在第三者面前显现出一种独立于审计对象的身份，即在他人看来，内部审计人员是独立的，这样才能使内部审计结果为使用者所信任。实质上的独立，也称事实上的独立，它要求内部审计人员与审计对象之间必须、确实毫无利害关系，与审计对象之间不存在任何可能的潜在利益冲突，不能负责被审计单位的经营活动和内部控制的决策与执行，这样才能够使其专业判断不受影响；审计人员要公正执业，保持客观和职业怀疑，以公正的态度发表意见。实质上的独立包括计划、实施和报告三个环节的独立性。

内部审计机构负责人应当采取下列措施，以保障内部审计的客观性：①提高内部审计人员的职业道德水准；②选派适当的内部审计人员参加审计项目，并进行适当分工；③采用工作轮换的方式安排审计项目及审计组；④建立适当、有效的激励机制；⑤制定并实施系统、有效的内部审计质量控制制度、程序和方法；⑥当内部审计人员的客观性受到严重影响且无法采取适当措施降低影响时，应停止实施有关业务，并及时向董事会或者最高管理层报告。

(3) 内部审计人员应当保持并提高专业胜任能力，按照规定参加后续教育。

其一，专业知识、职业技能和实践经验。内部审计人员要提供高质量的专业服务，除了必须具有良好的职业道德外，还应当具备下列履行职责所需的专业知识、职业技能和实践经验：审计、会计、财务、税务、经济、金融、统计、管理、内部控制、风险管理、法律和信息技术等专业知识，以及与组织业务活动有关的专业知识；语言文字表达、问题分析、审计技术应用、人际沟通、组织管理等职业技能；必要的实践经验及相关职业经历。

专业胜任能力拓展阅读

其二，职业后续教育。内部审计人员应当通过后续教育和职业实践等途径，了解、学习和掌握相关法律法规、专业知识、技术方法和审计实务的发展变化，保持和提升其专业胜任能力。

其三，职业谨慎和职业判断。内部审计人员在实施内部审计业务时，应当保持职业谨慎，合理运用职业判断。

职业谨慎是内部审计人员应该具备谨慎态度。内部审计人员在实施内部审计活动时，应具备一丝不苟的责任感，秉持应有的职业谨慎，注意评价自己的能力、知识、经验和判断水平是否胜任所承担的责任，严格遵守职业技术规范和道德准则，对其所负责的各项业务妥善规划与监督。

职业判断是审计工作的重要组成部分，它贯穿于整个审计工作的全过程，从对被审计单位的选择、内部控制制度测试结果的评估、重要性原则的运用、审计抽样方法的选择及其结果的评价，直至决定审计意见的表述，都离不开审计人员的职业判断。职业判断水平的高低直接影响着审计工作的成败。因此，合理使用职业判断、提高职业判断的准确性是降低审计风险、实现审计目标的一个重要途径。职业判断除了依据专业标准外，在较大程度上还依赖于审计人员的自身经验，通过审计人员的职业判断，可以将审计风险降低到一个合理的、可接受的水平。职业判断的准确程度越高，审计风险水平越低，反之则反是。职业判断能力是内部审计人员学识、经验、能力和道德水平的综合反映。

(4) 内部审计人员应当遵循保密原则，按照规定使用其在履行职责时所获取的信息。

内部审计人员应当对实施内部审计业务时所获取的信息保密，非因有效授权、法律规定或其他合法事由不得披露。一般来讲，内部审计人员在以下情况可以披露被审计单位的有关信息:①取得被审计单位的授权;②根据法规要求,为法律诉讼准备文件或提供证据,以及向有关机构报告发现的违反法规的行为;③向组织适当管理层报告有关信息。在决定披露客户的有关信息时,内部审计人员应当考虑以下因素:①是否了解和证实了所有相关信息;②信息披露的方式和对象;③可能承担的责任和后果。

内部审计人员在社会交往中应当履行保密义务,警惕非故意泄密的可能性。内部审计人员在内部审计机构及外勤工作处所以外的任何场所均不应谈论可能涉及被审计单位机密的情况,要防止因为这些信息与资料的泄露给组织带来损失。内部审计机构应制定严格的审计档案管理制度,限制无关人员对审计档案资料的接触,还应当采取措施,以确保协助内部审计人员工作的业务助理人员和专家信守保密原则。

内部审计人员不得利用其在实施内部审计业务时获取的信息牟取不正当利益,或者以有悖于法律法规、组织规定及职业道德的方式使用信息。

2.3.2 内部审计人员的执业能力要求

内部审计人员应具备的能力

1. 内部审计人员执业能力的基本要求

培养造就精通审计业务、掌握审计发展规律、熟练运用现代审计技术方法的高层次、高技能审计人才,是实现审计工作适应时代发展、与时俱进、保持长久生命力的根本途径。内部审计人员要提供高质量的专业服务,必须具备较强的执业能力。内部审计人员执业能力的基本要求包括政治素质、职业道德、职业作风、业务素质及综合素质。

1) 政治素质

内部审计人员的政治素质主要包括以下几个方面:

(1) 要有高度的责任感和使命感,认真履行法律赋予自己的神圣职责,始终保持坚定的政治立场,不断增强政治意识、政治敏锐性和政治责任感,依法履行审计监督职责,努力做一名人民利益的忠诚捍卫者,为经济建设保驾护航。

(2) 要有正确的世界观、人生观和价值观,这是每个内部审计人员必须具有的最基本的政治素养。内部审计人员应当坚持自尊、自重、自律原则,牢固树立正确的世界观、人生观、价值观、荣辱观,实现自我完善。在审计工作岗位上,诚实守信,勇于开拓,积极进取,严格执法,依法审计,规范审计行为,提高审计质量,认真履行审计职责,高质量地完成本职工作。

(3) 要有坚定的职业理念。内部审计人员要有热爱本职、献身审计的职业理想。强调敬业爱岗,提倡干一行、爱一行、钻一行,正确地调整个人和职业、审计工作服务对象之间的关系,自觉地按照职业要求规范自己的行为,忠实地履行自己的职责。内部审计人员作为组织经营活动和内部控制的评价者与监督者,应保持其自身的诚实、正直,忠于国家,维护职业荣誉,不能从事有损国家利益、组织利益和内部审计职业荣誉的活动。

2) 职业道德

优良的职业道德是任何一个内部审计人员执业能力的基础。审计人员是审计活动的主体,拥有行使审计监督的权力。这种职责在本质上决定了审计职业具有独立性、权威性、规范性等特点。审计人员只有保持良好的职业道德,才能不为他人意志所左右,才能充分发挥审计监督的作用。审计人员只有具备优良的职业道德,在审计过程中保持独立性,才能做到客观公正、实事求是。良好的职业道德既是审计人员依法审计的重要保证,也是审计权威性的重要保证。

职业道德主要有以下三点具体要求：

(1) 依法审计，坚持原则。审计人员在实施审计任务时，要按照国家的法律、法规和审计程序办事。对问题的处理，要坚持以事实为依据，以法律为准绳，做到不徇私情，不拿原则做交易，不被干扰所影响，不被人际关系所左右，正确行使审计职权，严格进行审计执法，努力维护法律、法规的严肃性和审计监督的权威性。

(2) 实事求是，客观公正。审计人员在办理审计事项时，要以严肃认真的态度、严谨扎实的作风，从严实施审计，力求掌握最真实可靠的审计证据。审计人员对获取的信息资料要认真加以归纳分析，对问题不掩盖、不夸大，如实反映情况，慎重作出审计评价，确保审计质量，尽力避免审计风险，力争使每一个审计结论都能经得起法规和历史的检验。

(3) 廉洁奉公，保守秘密。审计人员只有做到廉洁奉公，才能树立良好形象；只有做到保守秘密，才能赢得被审计单位的信任。因此，审计人员一定要自觉遵守各项规定，严守工作纪律，依法行使职责和权力。

3) 职业作风

职业作风是指内部审计人员的敬业精神及对待审计工作的态度。

(1) 工作作风。

审计工作的特殊性决定了内部审计人员必须具有以下扎实的工作作风。

一是要严肃认真。在日常工作中，内部审计人员要严格落实各项规章制度，坚持按照审计程序办事；在实施具体审计任务时，要潜下心来，真抓实干，切实把问题查深、查细、查透，做到不留死角、不走过场。

二是要准确无误。内部审计人员对审计数据要准确统计，对审计查出的问题要如实反映，对问题的处理要提出合理合法、切实可行的解决办法和建议。

三是要严谨细致。审计工作是一项既细致又烦琐的工作，稍有疏忽，就会出现差错。因此，内部审计人员一定要注意磨炼自己的细心和耐性，做到不马虎、不厌烦，努力把工作中可能出现的差错降到最低。

四是要实事求是。内部审计人员要敢于说真话，不欺上瞒下，不弄虚作假，做到诚实、本分、公正、可靠。

(2) 进取精神。

审计工作面临许多的困难和矛盾，客观上既要求内部审计人员必须具有创新意识和顽强拼搏的精神，顺应形势，跟上时代发展的步伐，也要求内部审计人员不断更新其知识结构，加强学习和研究，提高消化新知识和新思想、挑战新技术的能力和水平。因此，内部审计人员一定要知难而进，树立有所作为的思想，消除畏难情绪，勇于向困难挑战，变压力为动力，不断增强使命感、责任感。此外，内部审计人员要勇于创新，敢于同陈腐的意识决裂，实现思维方式、思想观念和行为模式的转变，在实践中探索出一套内部审计工作的新思路、新方法，以适应未来审计的需要，实现审计工作的跨越式发展。

(3) 团队意识。

审计工作是一项集体性工作，需要依靠审计人员的集体智慧，分工协作去完成，这就要求审计人员必须牢固树立其团队意识。因此，在审计工作中，审计人员要明确自己所承担的角色和任务，充分发挥自己的主观能动性，努力做好本职工作，力争在团队中实现自己的价值。审计工作的专业性强，每个审计人员都有自己的专业特长，所以，审计人员相互之间要注意协调配合，取长补短，齐心协力，共同为团队的整体利益与目标的实现而努力。

4）业务素质

审计人员业务素质的高低是影响审计工作质量好坏的一个重要因素。具有良好的业务素质是审计人员得以从事审计工作的基本的要求。内部审计人员必须拥有实施内部审计活动所必需的专业知识、职业技能和其他能力。内部审计人员应当具备的业务素质通常包括以下几点：

（1）专门知识。

专门知识主要是指审计人员应当具备的会计、审计、税收、管理、相关法规等专门知识。审计人员应当具备与其从事的审计工作相适应的专业知识，这也是对审计人员最基本的技术要求。现代社会信息量大、知识更新快、新生事物不断涌现，这就对审计人员的业务技能提出了更新、更高的要求，广大审计人员必须拥有严谨的治学态度、锲而不舍的拼搏精神，博览群书，广泛积累知识，以适应时代发展的需要。

法规制度是审计人员判断审计项目是非曲直的一把尺子，依法审计是审计人员必须遵循的基本原则，这就要求审计人员不仅要熟悉会计制度和会计准则，而且要掌握相关的法律条文和行业规章等，并准确理解其基本精神，从而客观公正、实事求是地对审计事项作出正确的判断和评价。

审计是一个综合性很强的领域，客观上需要审计人员的知识结构层次呈现多学科、多领域的状态，因此，审计人员必须随着时代的发展，不断学习、深钻细研，尽快实现知识更新换代，在相关专业上成为复合型人才，达到一专多能、精益求精的要求。

（2）职业经验。

职业经验主要是指实践经验。审计是一项实践性很强的工作，如何以敏捷的思维和眼力发现问题并找出问题的根源，以较高的政策和法律知识去准确无误地定性和处理，需要审计人员不断地通过审计工作的实践，积累职业经验。一位职业经验丰富的审计人员可以更敏锐地透过纷繁的经济活动发现和解决问题，达到事半功倍的效果。

（3）专业训练。

内部审计人员的执业环境（包括法律、社会、经济等因素）是不断变化的，因此，对审计人员的专业胜任能力和执业水平的要求也是在不断变化的。因此，内部审计人员只有不断接受专业训练，不断提高其专业能力和执业水平，才能满足执业需要，保证执业质量。

（4）业务能力。

审计人员要完成审计工作，实现审计目标，必须具备相应的业务能力。审计人员应当具备的业务能力主要包括：宏观思维能力、职业敏感和洞察能力、分析和综合判断能力、口头和书面表达能力等。

其一，宏观思维能力。审计工作要发挥宏观监督职能，这要求审计人员具备宏观思维能力。审计作为组织内部独立的经济监督活动，应当从组织的宏观角度来审查、分析、解决问题，要抓住主要矛盾和问题的要害，不能就事论事，切忌只从某一个部门或某一个问题来考虑，应当为组织管理层提供相应的服务。

其二，职业敏感和洞察能力。审计人员面对特定的审计材料，为什么有的人能迅速找到切入点，从蛛丝马迹中发现问题？其中很重要的原因就在于个人对问题观察的敏锐程度，这种敏感性需要经过长时间的知识和经验的积累。审计人员在具备职业敏感性的基础上，要进一步解决问题，关键要有敏锐的洞察力。敏锐的洞察力可以帮助审计人员找到解决问题的着眼点，即从哪方面着手可以有效地取得对问题正确判断的依据。

其三，分析和综合判断能力。这不是简单的分析判断，而是在统筹分析基础上对所掌握的材料进行高度的概括和总结，对被审计单位的现状进行深入的研究，从而把握审计所涉及的方方面面。审计人员既需要从问题的微观层面进行甄别，也需要从问题的宏观层面进行剖析，分析问题的产生和发展脉络，提出有价值的意见和建议，以便恰当处理问题。

其四，口头和书面表达能力。审计是与人打交道的工作，要做到良好的交流与沟通，充分运用审计询问等工作方法发现被审计单位存在的问题并提出相应的意见和建议，审计人员就必须有良好的口头表达能力。审计计划、审计工作底稿是安排和记录审计工作的书面文件，是审计人员必须掌握的基本文书；审计调查报告、审计报告和审计信息是审计成果的载体，其集中反映了审计工作的整体水平和审计人员的业务水平。要让更多的审计报告、审计信息进入领导决策，提高审计地位，审计人员就必须要有良好的文字表达能力。此外，审计人员对审计中发现的问题，能以小见大、由表及里地分析问题的根源，围绕组织的中心工作和经济形势，归纳、提炼出具有本质性、规律性的东西和管理制度中的薄弱环节，进而从机制上提出解决和预防问题的办法，使审计报告可供管理层进行决策参考。

5) 综合素质

审计是一项综合性很强的工作，因此需要审计人员具备相应的综合素质。综合素质主要包括：沟通能力、协调能力、应变能力。

(1) 沟通能力。

内部审计人员要与不同审计对象打交道，因此应该具备建立良好人际关系的意识和能力，要与他人建立协调、融洽的人际关系。在处理人际关系时，内部审计人员应当积极主动地与相关主体进行沟通，尤其是在发现问题或者需要相关信息时，应避免由于时间拖延带来的误会，从而提高工作效率。在沟通时，内部审计人员应当注意沟通的有效性，注意语言、形体、表情的恰当运用，以促进良好人际关系的形成。审计人员的工作贯穿于整个组织，需要审计人员与组织内部的各个部门打交道，进而测试和评价他们的工作，并将审计中发现的问题和改进建议向适当管理层报告。沟通是为了保证审计结果的客观、公正，并取得被审计单位、组织适当管理层的理解。内部审计机构在与被审计单位、组织适当管理层进行结果沟通时，可以与对方交流看法，听取对方的意见，从不同角度检验审计结论和建议，对可能存在的错误或不当之处进行修正，以保证审计结果的客观、公正。同时，审计人员在与被审计单位、组织适当管理层的交流中，应争取对方的理解和支持，以确保审计结论和建议的落实与贯彻。

(2) 协调能力。

审计工作需要协调处理好审计与被审计对象、各有关部门、组织适当管理层的关系。这些关系协调处理的好坏，将直接影响审计组织的形象与威信、审计工作的开展以及审计效果。审计人员要充分发挥自己的主观能动性，把各方面的力量吸引到关心、支持审计工作上来，努力形成领导重视、各方协同的良好审计氛围。

(3) 应变能力。

审计工作中经常会遇到一些突发事件。审计人员在遇到突发事件时，应当保持沉着冷静的心态,并应及时采取有效的控制措施。

2. 内部审计人员的后续教育

内部审计人员的职业后续教育是指内部审计人员为保持和提高其专业胜任能力,根据其职业发展需要而进行的相关新知识、新技能和新法规的学习与研究。内部审计人员接受职业后续教育既是提高其专业胜任能力与执业水平的重要手段,也是造就一支业务过硬、素质合格的内部审计队伍的有效途径。内部审计人员只有不断接受职业后续教育,广泛涉猎,掌握和运用相关的新知识、新技能和新法规,才能胜任内部审计工作。这不仅是内部审计人员自身职业发展的需要,也是社会各方面对内部审计人员的必然要求。因此,内部审计人员的职业后续教育应当贯穿于内部审计人员整个职业生涯。

1) 内部审计人员后续教育的组织领导

内部审计协会应履行审计机关赋予的业务指导和监督职责,提供适当的后续教育方式,使内部审计人员了解和掌握内部审计的相关知识与技能。

2) 内部审计人员后续教育的主要内容、层次与形式

内部审计人员的后续教育应当不断适应内部审计事业的发展需要,学以致用,讲求实效。

(1) 后续教育的主要内容。

后续教育的主要内容包括:①国家颁布的有关法律法规和规章制度;②行业发布的内部审计规定和办法;③中国内部审计准则;④现代内部审计理论与实务;⑤国内外具有前瞻性的内部审计理念;⑥其他相关专业知识与技能。

(2) 后续教育的层次。

后续教育应当区分内部审计机构负责人和一般内部审计人员两个层次,具体内容包括:

第一,内部审计机构负责人应当学习和研究组织领导本单位(部门)的内部审计人员开展内部审计工作的知识和技能,其中包括:相关法律法规和规章制度,内部审计准则,内部审计在组织治理、内部控制、风险管理等方面的流程、作用,审计关系处理与协调,审计管理案例,组织文化与政策,自我控制与评价,开展咨询服务业务的有关理论和实务等。

第二,一般内部审计人员应当学习和研究实施审计项目所需要的知识和技能,其中包括:相关法律法规和规章制度,内部审计准则,财务管理、经济管理等方面的知识,审计方案编制、审计取证、审计评价、审计报告撰写、审计案例分析、人际关系等方面的技术和方法。

(3) 后续教育的形式。

内部审计人员的后续教育形式主要包括参加有组织的后续教育和其他形式的后续教育。

有组织的后续教育主要包括:参加现场培训,参加网络培训,参加专业会议和经验交流活动等方式。

其他形式的后续教育主要包括:参与省级以上内部审计(师)协会组织的课题研究;公开出版审计类专业著作或在中文核心期刊上发表审计类专业论文;翻译内部审计专业著作或学术文章,并公开出版或发表;参加中国内部审计协会、省级内部审计(师)协会组织的理论研讨;获得专业资格;在内部审计协会任职;成为国际内部审计师协会或省级以上内部审计(师)协会个人会员;其他中国内部审计协会认可的方式。

3) 内部审计人员后续教育的学时标准

后续教育学时的标准按照内部审计人员接受后续教育的时间计算。内部审计人员每年

参加后续教育的学时数累计不得少于40学时。

内部审计人员取得的后续教育学时只在当前年度内有效。后续教育学时数可以减半或免除的情形有以下几点：①年度内在境外工作的；②年度内休病假的；③年度内休产假的；④其他中国内部审计协会认可的特殊情形。内部审计人员当年后续教育需要减半或免除的，应当提供卫生部门或所在单位人事、外事部门的证明。

3. 内部审计人员的考核与激励

为了确保内部审计人员更好地履行自身的职业责任，组织必须建立和健全针对内部审计人员的考核和激励机制，明确业绩评价的政策、方法和考核标准，全面评价内部审计人员的工作能力和发展潜力，制定科学、合理的奖惩激励措施，物质奖励与荣誉激励相结合、榜样激励与感情激励相结合，以促进内部审计人员提升其综合业务能力，进而达到内部审计为组织增加价值的目标。组织对内部审计人员进行评估，应当考虑业绩因素和个性因素。业绩因素包括工作量、工作质量、完成审计工作的复杂程度、工作能力、书面和口头表达能力、自上次评估以来是否有进步、参加继续教育情况等内容；个性因素包括创造性、判断力、说服能力、工作态度和与他人一起工作的能力等内容。组织通过对内部审计人员进行定期评估，为内部审计人员提供不断改进和提高业绩的有效帮助。

我国政府部门及行业监管部门对内部审计人员的考核与激励形式已经作出了明确的规定。

审计署颁布的《审计署关于内部审计工作的规定》要求，对认真履行职责、忠于职守、坚持原则、做出显著成绩的内部审计人员，由所在单位给予精神或物质奖励。对滥用职权、徇私舞弊、玩忽职守、泄露秘密的内部审计人员，由所在单位按照有关规定予以处理；构成犯罪的，移交司法机关追究刑事责任。

国务院国有资产监督管理委员会颁布的《中央企业内部审计管理暂行办法》要求，企业对认真履行职责、忠于职守、坚持原则、做出显著成绩的内部审计人员，应当给予奖励。对于滥用职权、徇私舞弊、玩忽职守、泄露秘密的内部审计人员，由所在单位依照国家有关规定给予纪律处分；涉嫌犯罪的，依法移交司法机关处理。

原中国银行业监督管理委员会颁布的《银行业金融机构内部审计指引》要求，董事会应建立激励约束机制，对内部审计相关各方的尽职、履职情况进行考核评价，建立内部审计工作问责制度，内部审计责任追究、免责的认定标准和程序。董事会应对具有以下情节的内部审计机构负责人和直接责任人追究责任：未执行审计方案、程序和方法导致重大问题未能被发现；对审计发现问题隐瞒不报或者未如实反映；审计结论与事实严重不符；对审计发现的问题查处整改工作跟踪不力；未按要求执行保密制度；其他有损银行业金融机构利益或声誉的行为。

原中国保险监督管理委员会颁布的《保险公司内部审计指引(试行)》要求，保险公司内部审计人员应当严格遵守审计职业道德规范。滥用职权、徇私舞弊、隐瞒问题、玩忽职守、泄露秘密的，应当按照国家和公司有关规定给予处分；涉嫌犯罪的，依法移交司法机关处理。保险公司董事长、总经理和审计负责人在组织实施内部审计工作中有重大失职行为的，中国保险监督管理委员会将依照相关规定给予处罚。保险公司对坚持原则、忠于职守、认真履行职责并做出显著成绩的内部审计人员，应当给予奖励。

本章小结

本章主要介绍了内部审计机构常见的设置模式、内部审计机构的设置原则、内部审计机构的职责与权限、内部审计人员的职业道德标准和执业能力要求。内部审计机构常见的设置模式主要有外包模式和内置模式，其中内置模式又包括单一领导模式和双重领导模式两大类。内部审计机构的设置要遵循法定性原则、独立性原则、权威性原则、适应性原则和实效性原则等。内部审计机构的职责与权限主要由《审计署关于内部审计工作的规定》给出了明确的规定。内部审计人员的职业道德部分主要讲述了内部审计人员职业道德的必要性和目的，内部审计人员职业道德的含义和基本要求，职业道德的一般原则，即诚信正直、客观性、专业胜任能力、保密等。内部审计人员的执业能力部分主要阐述了内部审计人员执业能力的基本要求，其中包括政治素质、职业道德、职业作风、业务素质及综合素质。此外，本章还就内部审计人员后续教育的组织领导和范围、内容与方式、学时标准、内部审计人员的考核与激励等进行了说明。

重要概念

内部审计机构　设置模式　设置原则　职责与权限　内部审计人员　职业道德　执业能力

阅读资料

[1] 王宝庆，张庆龙. 内部审计(第二版)[M]. 大连：东北财经大学出版社，2017.

[2] 沈征. 内部审计学[M]. 北京：电子工业出版社，2015.

[3] 尹维劼. 现代企业内部审计精要(第3版)[M]. 北京：中信出版社，2011.

[4] 贝利，等. 内部审计思想[M]. 王光远等，译. 北京：中国时代经济出版社，2006.

[5] 叶陈云. 公司内部审计[M]. 北京：机械工业出版社，2009.

本章练习

多选题

1. 内部审计机构的设置原则包括(　　)。

A. 法定性原则　　B. 独立性原则

C. 权威性原则　　D. 适应性原则

E. 实效性原则

2. 内部审计人员职业道德的一般原则主要有(　　)。

A. 诚实正直　　B. 客观性

C. 专业胜任能力　　D. 保密

判断题

1. 内部审计人员每年参加后续教育的学时数累计不得少于30学时。 （ ）
2. 内部审计人员职业道德的含义包括职业品德、职业纪律和职业责任。 （ ）

简答题

内部审计机构的设置模式主要有哪几种？各种设置模式的优缺点分别是什么？

第 3 章　内部审计程序、技术和报告

内容提要

本章分为四节课，主要讲解了内部审计程序的框架、具体内容、技术以及报告。

重点难点

本章重点为内部审计程序的具体内容、内部审计技术的应用以及内部审计报告的内容、格式和编制过程；难点为审计抽样技术、分析性技术、内部控制自我评估技术的应用，以及内部审计报告的编制过程。

学习目标

通过本章学习，学生应掌握内部审计人员在审计准备阶段、审计实施阶段、审计终结阶段以及后续审计阶段需要开展的主要工作；了解审计抽样技术、分析性技术、内部控制自我评估技术的具体应用方法；熟悉内部审计报告的内容、格式以及编制过程。

知识框架

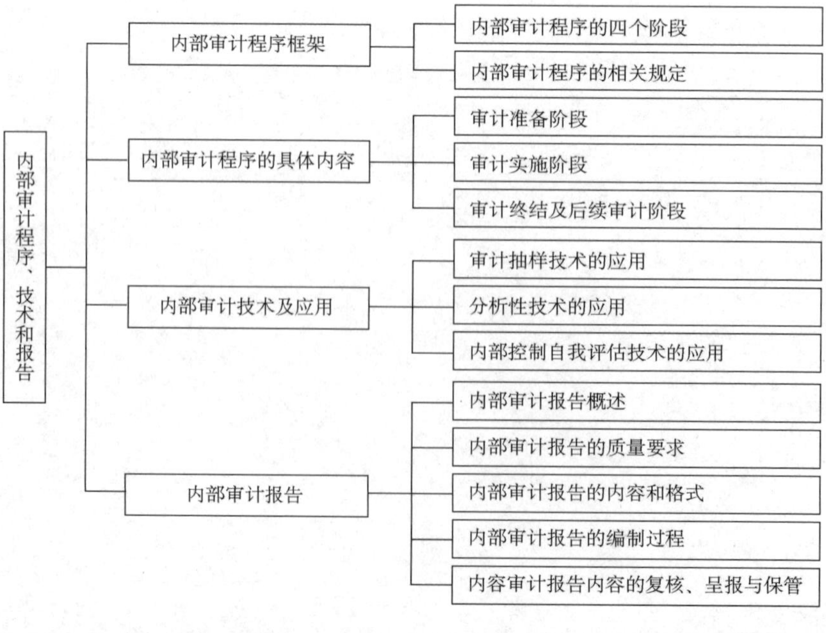

引入案例　哪些属于审计证据？

如果你被要求整理审计证据，你拿到了以下资料。

1. 初步计划和调查记录、审计方案以及外勤工作结果。

2. 审计师记录整理的信息和通过观察情况、与人员面谈和检查记录所取得的信息。

3. 一个中间事实或一组事实，审计能够通过它们来断定某一审计结论的合理性。

4. 对没有实现的预计目标、不适当的行为和应采取却没有采取的行动的相关系统所做的详细记录。

你认为上述资料哪些属于审计证据的范畴？

3.1 内部审计程序框架

3.1.1 内部审计程序的四个阶段

内部审计案例

内部审计程序是指内部审计机构有计划、有秩序、有目的地对被审计单位进行审查的工作次序、具体步骤和工作方法，即从确定内部审计项目开始到审计结束的整个审查过程的工作步骤。设计与执行恰当、合理的内部审计程序，既有助于内部审计机构与人员依法独立行使内部审计监督权，也有助于提高内部审计工作的效率和质量，还有助于内部审计人员提高其业务素质和工作能力。

我国内部审计协会于 2014 年颁发的第 1101 号《内部审计基本准则》和第 2101 号至第 2109 号《内部审计具体准则》分别从总体审计程序规定和具体程序环节要求方面规范了内部审计程序的具体做法。内部审计程序一般分为审计准备阶段、审计实施阶段、审计终结阶段和后续审计阶段四个阶段。内部审计程序和主要审计步骤如表 3-1 所示。

表 3-1　内部审计程序和主要审计步骤

内部审计程序	主要审计步骤
审计准备阶段	初步了解被审计单位；编制年度审计计划；编制项目审计方案；编制审计方案；下达审计通知书
审计实施阶段	进一步了解被审计单位情况；进行审计测试；取得和分析审计证据；提出审计结论或审计意见；编制审计工作底稿；编写并出具审计报告
审计终结阶段	编制审计报告；整理审计资料；建立审计档案等
后续审计阶段	制定后续审计政策；编制后续审计工作底稿；撰写后续审计报告；开展扩散审计

1. 审计准备阶段

内部审计准备阶段是指内部审计工作从拟定内部审计项目计划到内部审计实施前的过程，以及明确该过程中各项工作的先后次序。内部审计工作能否顺利开展并取得满意结果，在很大程度上取决于内部审计人员准备是否充分、周密。

2. 审计实施阶段

内部审计准备工作完成以后，即进入审计实施阶段。审计实施阶段主要是依据审计计划的要求，采取适当的审计技术和方法，对调查中确定的缺陷或问题进行深入、细致的分析研究，获取充分、可靠的审计证据，揭示审计发现的原因和结果，作出初步审计结论和意见，并提出有价值的审计建议。内部审计的大部分工作都是在该阶段完成的，它是内部审计工作的核心阶段。

3. 审计终结阶段

审计终结阶段主要是对内部审计工作进行总结的阶段。内部审计人员经过准备、实施这两个阶段的工作后，应对审计中发现的问题加以评价，与被审计单位进行商榷，提出改进建议和处理意见，作出审计结论，并将这些内容以书面形式出具内部审计报告，提请单位负责人审批。

4. 后续审计阶段

为了使内部审计的作用最大化，由内部审计机构对每一个审计项目进行追踪就成为内部审计的必要程序。在社会审计中，出具审计报告就意味着审计结束，与此不同的是，现代企业内部审计的后续审计报告程序是非常重要和关键的。整改是企业管理当局应当的作为，而不是内部审计人员的责任。但后续整改调查则是提高审计结果利用率的重要手段。后续审计既是为了追踪审计结论的纠正及实施情况，也是在内部审计报告发出后的一定时期内，为检查被审计单位对内部审计报告提出的审计问题及建议是否已采取适当措施而进行的审计活动。

3.1.2 内部审计程序的相关规定

我国内部审计协会于2014年颁发的第1101号《内部审计基本准则》和第2101号至第2109号《内部审计具体准则》分别从总体审计程序规定和具体程序环节要求方面规范了内部审计程序的具体做法。其中，九项具体准则分别是《第2101号内部审计具体准则——审计计划》《第2102号内部审计具体准则——审计通知书》《第2103号内部审计具体准则——审计证据》《第2104号内部审计具体准则——审计工作底稿》《第2105号内部审计具体准则——结果沟通》《第2106号内部审计具体准则——审计报告》《第2107号内部审计具体准则——后续审计》《第2108号内部审计具体准则——审计抽样》《第2109号内部审计具体准则——分析程序》。

同时，审计署关于《内部审计工作规定(征求意见稿)》第四章内部审计程序中关于内部审计程序的有关规定、《审计署关于内部审计工作的规定》中对于内部审计程序的有关规定需结合部门、单位的自身的实际情况。

3.2 内部审计程序的具体内容

3.2.1 审计准备阶段

内部审计工作往往是根据内部审计工作计划来进行的。非特殊情况下，内部审计人员进入内部审计工作实施阶段前，对每个内部审计事项都要做好必要的准备工作。一般来讲，内部审计工作的准备阶段应做好以下几项工作。

1. 编制审计计划

审计计划，是指内部审计机构和内部审计人员为完成审计业务、达到预期的审计目的，对审计工作或者具体审计项目作出的安排。根据《第2101号内部审计具体准则——审计计划》的相关规定，内部审计计划一般包括审计机构编制的年度审计计划和审计人员按照年度审计计划编制的项目审计方案。

审计计划不是一成不变的，其也没有固定的格式，审计人员需根据实际需要进行编制。审计项目负责人可以根据被审计单位的经营规模、业务复杂程度及审计工作的复杂程度确定审计计划工作的繁简程度，合并或省略某些步骤或采取以前审计工作的成果。

《第2101号内部审计具体准则——审计计划》中的相关规定

1）年度审计计划

年度审计计划，是对年度预期要完成的审计任务所做的工作安排，是组织年度工作计划的重要组成部分。内部审计机构应当在本年度编制下年度审计计划，并报经组织董事会或者最高管理层批准。

一般情况下，年度审计计划的编制程序如下：①自上而下逐级下达审计工作要求；②自下而上逐级编报审计工作计划草案；③自上而下逐级核定下达审计工作计划。

内部审计机构负责人负责年度审计计划的编制工作。编制年度审计计划应当结合内部审计中长期规划，在对组织风险进行评估的基础上，根据组织的风险状况、管理需要和审计资源配置情况，确定具体审计项目及时间安排。

内部审计机构在编制年度审计计划前，应当重点调查了解下列情况，以评价具体审计项目的风险：①组织的战略目标、年度目标及业务活动重点；②对相关业务活动有重大影响的法律、法规、政策、计划和合同；③相关内部控制的有效性和风险管理水平；④相关业务活动的复杂性及其近期变化；⑤相关人员的能力及其岗位的近期变动；⑥其他与项目有关的重要情况。

一个完整的年度审计计划一般须有文字说明和数字表格两部分，即审计计划书和审计计划表。文字说明部分主要说明年度审计计划工作的指导思想、方针、重点、主要任务和编制依据，以及实现计划任务的主要措施。年度审计计划应当包括下列基本内容：①年度审计工作目标；②具体审计项目及实施时间；③各审计项目需要的审计资源；④后续审计安排。

知识拓展 3-1

××集团公司2017年度内部审计工作计划表

序号	项目	工作目标与内容	时间安排	负责人□参加人
1	年度审计	审核各企业年度经营情况、年度考核目标完成与预算执行情况	2017年2—6月	傅×× 罗×× 梁×× 张××等
2	预算审计	半年度预算执行情况审计	2017年8—12月	傅×× 梁×× 张××等
3	经营审计	确保实现保费结余与奖金计提，修理材料成本专项审计	2017年2—6月	罗×× 梁×× 李××
4	审计制度	完成《集团公司预算执行情况审计办法》《集团公司内部控制制度审计办法》《集团公司合同管理审计办法》三项内部审计制度	第一项制度： 2017年1—3月； 第二项制度： 2017年5—7月； 第三项制度： 2017年9—11月	傅×× 罗×× 梁××

（续表）

序号	项目	工作目标与内容	时间安排	负责人□参加人
5	内部控制审计评价	配合集团营收流程改造，对收入、合同签订内部控制的健全、有效进行评价，配合相关部门完善内部控制制度（修理材料成本等）	不定期穿插进行	傅×× 罗×× 李×× 张××
6	后续审计	审计问题整改	不定期穿插进行	罗×× 梁××
7	工程审计	工程建设合同、工程决算造价、监督工程验收、付款	2017年1—12月	傅×× 黎××
8	其他	领导交办责任审计	不定期穿插进行	罗×× 梁×× 李××
9	审计沟通	组织财务人员沟通年度审计中存在的问题，防范风险	2017年7月	傅×× 罗××
10	后续教育	组织审计人员学习内部审计准则与税法	不定期穿插进行	

内部审计机构负责人应当根据具体审计项目的性质、复杂程度以及时间要求，合理安排审计资源。

2）项目审计方案

项目审计方案是对实施具体审计项目所需要的审计内容、审计程序、人员分工、审计时间等作出的安排。审计项目负责人应当在审计项目实施前编制项目审计方案，并报经内部审计机构负责人批准。内部审计机构应当根据年度审计计划确定的审计项目和时间安排，选派内部审计人员开展审计工作。

审计项目负责人应当根据被审计单位的下列情况，编制项目审计方案：①业务活动概况；②内部控制、风险管理体系的设计及运行情况；③财务、会计资料；④重要的合同、协议及会议记录；⑤上次审计结论、建议及后续审计情况；⑥上次外部审计的审计意见；⑦其他与项目审计方案有关的重要情况。

编制项目审计方案的过程通常分为以下几个步骤：

（1）查阅被审计单位以往的审计档案。被审计单位多数情况下并不是第一次接受审计。虽然即将进行的审计与以往的审计的工作目标和范围可能不尽相同，但审计项目负责人却可以通过查阅档案获得被审计的背景资料，并为审计工作开始前的初步调查做好准备。

（2）与被审计单位的管理层进行沟通。内部审计人员应在审计工作开始前与被审计单位管理层进行沟通。沟通既可以采用非正式的形式，然后再用备忘录加以确认；也可以召开会议，讨论审计项目的关键事项。

（3）初步调查及调查总结。审计人员在审计项目开始前可根据需要进行初步调查，以熟悉被审计单位的营运活动、内部控制系统及风险，确定审计重点并征求被审计单位的意见。

（4）初步评估重要性与审计风险。内部审计人员在整个审计过程中都应充分考虑重要性与审计风险的问题。

（5）编制项目审计方案。在初步调查以及对重要性、审计风险的评估完成后，审计项目负责人应根据取得的材料编制项目审计方案。

项目审计方案应当包括下列基本内容：①被审计单位、项目的名称；②审计目标和范围；③审计内容和重点；④审计程序和方法；⑤审计组成员的组成及分工；⑥审计起止日期；⑦对专家和外部审计工作结果的利用；⑧其他有关内容。

项目审计方案既可以按照被审计单位的业务循环来编制，也可以按照业务部门来编制，还可以按照财务报表的项目来编制。对于某些类型的审计，则可以按照被审计事项的特定内容划分审计范围、编制项目审计方案。例如，合同审计就可以分为内容审计、合同手续审计、合同执行审计等。审计项目负责人可根据被审计单位的经营规模、业务复杂程度以及审计工作的复杂程度，确定项目审计计划和项目实施内容的繁简程度。

在内部审计实务中，项目审计方案的范例如下。

项目审计方案

审计依据					
审计目标					
审计范围					
审计方式	就地审计（　　）		送达审计（　　）		
审计组	组长		主审		
	成员				
被审计项目基本情况					
项目性质		项目负责人		财务负责人	
所属单位情况					
单位地址					
邮政编码			联系电话		
执行何种财务会计制度					
项目概况					
重要性水平及风险评估					
审计内容及分工（含运用计算机审计的内容）					
对专家和外部审计结果的利用要点					
研究问题及信息要点					
审计步骤、起讫时间					
内部审计机构负责人意见					
主管领导意见					

编制人：　　　　　　　　　　　　　　　　　　编制时间：　　年　　月　　日

2. 初步收集审计资料

审计组在实施项目审计之前或开始时应该通过收集审计资料对被审计项目的基本情况作初步了解。具体而言，审计组应充分收集与被审计单位所处行业的相关资料，了解被审计单位的情况及特点；对被审计单位所处行业的相关知识进行强化学习，同时广泛收集该行业可能涉及的法律、法规以及行业准则；参考以前年度的审计资料，确定被审计单位的内部控制薄弱点。审计组通过对以前年度审计资料的查阅和对案卷的分析，往往可以发现该单位的内部控制薄弱点，进而确定审计重点，从而节省审计实施时间，提高工作效率。

内部审计的范围可大可小，可简单可复杂。例如，审计人员既可以对企业的整个内部控制进行评价，也可以对内部控制的一个具体环节进行评价，不同的审计目标决定了不同的审计范围。此外，对待不同类型的审计，它们具体的审计目标和范围也不一样。因此，初步搜集审计资料、对被审计单位作初步了解，有利于审计人员确定审计目标和范围，从而进行后续的审计工作。

3. 下达审计通知书

本书所称的审计通知书，是指内部审计机构在实施审计之前，告知被审计单位或者人员接受审计的书面文件。在实施审计前，内部审计机构向被审计单位发出审计通知书，正式通知被审计单位，提供有关文件、会计凭证、账册和报表等资料，并为审计组提供必要的工作条件。

内部审计机构应当根据经过批准后的年度审计计划和其他授权或者委托文件编制审计通知书。内部审计机构应当在实施审计三日前，向被审计单位或者被审计人员送达审计通知书。特殊审计业务的审计通知书，如突击审计、违规违纪审计等审计中发现需要启动特殊审计程序的，可以在实施审计时送达。其原因在于如果预先通知被审计单位，管理层可能会有意隐瞒一些真相。在这种情况下，审计人员会预先通知高级管理层和审计委员会，但不会预先通知被审计单位。

审计通知书应当包括下列内容：①审计项目名称；②被审计单位名称或者被审计人员姓名；③审计范围和审计内容；④审计时间；⑤需要被审计单位提供的资料及其他必要的协助要求；⑥审计组组长及审计组成员名单；⑦内部审计机构的印章和签发日期。

审计通知书的形式包括纸质化和电子化，在很多制度不完善、不注重管理的书面化和程序化的企业中，内部审计通知书仅由审计部门发一份电子邮件或打一个电话就算通知了，但这些操作是不恰当的，审计通知书应以纸质通知书发放。其所发放的形式既可以是信件送达，也可以是当面送达。审计通知书送达被审计单位，必要时可以抄送组织内部相关部门。经济责任审计项目的审计通知书送达被审计人员及其所在单位，并抄送有关部门。

如要求被审计单位提前进行自查工作，审计人员应在审计通知书中写明自查的内容、要求以及事件，并适当提前发出审计通知书时间。审计通知书的范例如下。

审计通知书

×审［××××］×号

××关于审计××（审计项目名称）的通知

×××（被审计单位）：

根据我××××年度审计工作计划安排，决定派出审计组，自××××年××月××日起，对你单位（××××时段）（×××内容）（审计目的及范围）进行审计。接此通知后，请予以积极配合，并提供有关资料和必要的工作条件。

审计组组长：

审计组成员：

（内部审计机构公章）

审计机构负责人签字：

签发日期：

抄送：（必要时可抄送组织内部相关部门。涉及组织内个人责任的审计项目，应抄送被审计者本人。）

3.2.2 审计实施阶段

内部审计项目实施流程

内部审计实施阶段是审计工作过程中最重要的阶段，起承前启后的作用，是对审计准备阶段过程所制订方案的全面执行。在这一阶段中，审计组主要是通过对审计项目进行测试，进而取得审计证据、编制审计工作底稿以及作出审计评价等方式来进行审计项目总体控制制度评价。

审计组在审计实施过程中，为全面、深入地了解被审计单位业务活动的具体规定和内部控制制度的执行情况，需要进驻被审计单位，更深入地了解被审计单位的情况。

审计测试包括控制测试和实质性测试。控制测试是指测试控制运行的有效性，对被审计单位与生成会计信息相关的内部控制设计和执行的有效性进行了解，并对该内部控制是否得到一贯遵循加以审计的过程。实质性测试是指在控制测试的基础上，为取得直接证据而运用检查监盘、观察、查询及函证、计算、分析性复核等方法，对被审计单位会计报表的真实性和财务收支的合法性进行审查，进而得出审计结论的过程。

1. 控制测试

内部控制的有效性测试是指内部审计通过调查，了解被审计单位内部控制的设置和运行情况，并进行相关测试，对内部控制的健全性、合理性和有效性作出评价，以确定是否依赖内部控制和实质性测试的性质、范围、时间和重点的活动。建立健全的内部控制，并保证其有效实施是被审计单位的责任，内部审计师的责任是对内部控制的健全性和有效性进行评价，其主要包括以下四个步骤：

（1）对企业内部控制进行调查、了解，并作相应记录。

内部审计师应考虑被审计单位的经营规模及业务复杂程度、数据处理系统类型及复杂程度、审计重要性、相关内部控制类型、相关内部控制记录方式、固有风险的评估结果等因素，对内部控制的程序、控制环境、会计系统采取有效的方法进行审计。

（2）对企业内部控制进行初步评价，评估控制风险。

初步评价实际上就是评价企业会计与内部控制，防止、发现错误并纠正错误的有效性的过程。通常出现下列情况之一时，内部审计师应将重要账户或交易类别的某些或全部认定的控制风险评估为高水平：①企业内部控制失效；②难以对内部控制的有效性作出评价；③不打算进行复核性测试。对某项会计报表认定而言，如果同时出现以下情况，内部审计师则不应评价其控制风险处于高水平：①相关内部控制可能防止、发现、纠正重大错弊；②拟进行符合性测试。

（3）对企业内部控制的执行情况进行符合性测试。

实施内部净值符合性测试，目的是证实企业内部控制制度的实际执行程度，确认企业内部控制制度是否发挥了预期作用，并以此为依据判断企业内部控制制度的有效性，以便为综合评价企业内部控制制度的可信水平提供依据。内部审计师只对那些准备信赖的内部控制进行符合性测试，并且只有当信赖内部控制而减少的实质性测试的工作量大于符合性测试的工作量时，符合性测试才是必要的和经济的。

（4）利用测评结果确定实质性测试的范围、重点及方法。

内部审计师在对内部控制执行情况作测评后，应当综合分析被审计单位内部控制的健全性和有效性，提交内部控制测评结果，并据此确定实质性测试的范围、重点以及方法，适当安排、实施审计工作。

内部审计师应当将调查、了解、测试以及评价被审计单位内部控制的过程及结果记录在审计工作底稿中，并将在测评中发现的内部控制的重要缺陷与被审计单位进行沟通。内部审计师对被审计单位内部控制的测评不能代替实质性测试，无论被审计单位的内部控制制度如何健全和有效，内部审计师都应当选择适当的方法对被审计单位重要的财务收支活动进行实质性测试。

2. 实质性测试

实质性测试，是指审计项目组及其内部审计师为了检查被审计单位会计数据的真实性、合法性、正确性以及完整性，运用检查、观察、查询、监盘、重新计算、分析性复核以及函证等审计方法，对被审计单位会计报表项目金额进行的证实性审查。审计项目组应当抽取适当样本量进行实质性测试，样本量抽取的数量应当依据审计目标的要求、审计对象的特征以及承担的审计风险来确定。在审计时，审计项目组可运用审阅、核对、复算和分析性复核等方法，同时可结合被审计单位的业务特点，适当运用观察、查询、函证等方法。

(1) 确定实质性测试的方法。

确定实质性测试的具体方法时，内部审计师应当针对企业内部控制缺陷和可能产生的后果提出对应的检查措施，以核实相关的财务收支和会计处理是否真实、合法。其具体方法有：盘存法、鉴定法、查询法、核对法、复核法。

(2) 合理安排实质性测试的时间。

在实质性测试开始前，内部审计师要决定在何时执行已经选择的实质性测试程序，即是在期中还是期末。一般来说，内部审计师通常是在资产负债表日执行月细节测试(如应收账款的函证、存货和固定资产的监盘、银行存款的调节等)，在期中或期后执行交易业务的实质性测试(如固定资产的增减变动和有价证券的买卖等)。

(3) 选择实质性测试的范围。

实质性测试开始前的另一项工作，就是确定将要执行的实质性测试的种类和应用某种测试所审计项目的数量。实质性测试范围取决于检查风险的高低。检查风险越低，所需的审计证据就越多，相应地，内部审计师执行的实质性测试的范围就越大；反之亦然。

(4) 确定实质性测试的重点。

实质性测试的具体审计目标有很多，但内部审计师并不是对每个账户都要针对每一个具体的审计目标实施实质性测试。在审计过程中，内部审计师要考虑复式记账的基本原理和审计风险的实际情况，合理确定实质性测试的重点。对于借方账户，以检查高估，如存在性、所有权、高估以及截止期推后等类型的差错为主；对于贷方账户，以检查低估，如完整性、低估以及截止日提前等类型的差错为主。

(5) 实质性测试包括以下几个步骤：①获取并编制会计报表项目明细表，复核其加总数，并与总账和会计报表记录核对；②根据掌握的资料，对明细表进行分析性复核，从而对总体合理性作出判断；③如果是实物资产和有价证券则进行监盘，如果是应收账款，则实施函证，其目的是验明真实存在性；④从被审计单位的明细账中抽取一定数量的项目，追踪至原始凭证，采取检查、计算、查询等取证方法，查明相关业务是否真实、合法，记录是否完整，计算是否正确，计价是否合理合规，会计处理是否正确；⑤对一些性质特殊和金额巨大的项目实施检查。内部审计师根据以上步骤的检查，评估检查结论，进而得出审计结论。

3. 分析审计证据

审计证据，是指内部审计人员在实施内部审计业务中，通过实施审计程序所获取的，用以证实审计事项，支持审计结论、意见和建议的各种事实依据。只有取得充分适当的审计证据，才能形成合乎要求的审计工作底稿，并为得出审计结论和建议提供合理依据。由此可见，如何收集并鉴别审计证据是影响审计质量的关键。

内部审计人员应当依据不同的审计事项及其审计目标，获取不同种类的审计证据。审计证据主要包括下列种类：①书面证据；②实物证据；③视听证据；④电子证据；⑤口头证据；⑥环境证据。

内部审计人员获取的审计证据应当具备相关性、可靠性和充分性。相关性，即审计证据与审计事项及其具体审计目标之间具有实质性联系。可靠性，即审计证据真实、可信。充分性，即审计证据在数量上足以支持审计结论、意见和建议。审计证据的标准如图 3-1 所示。

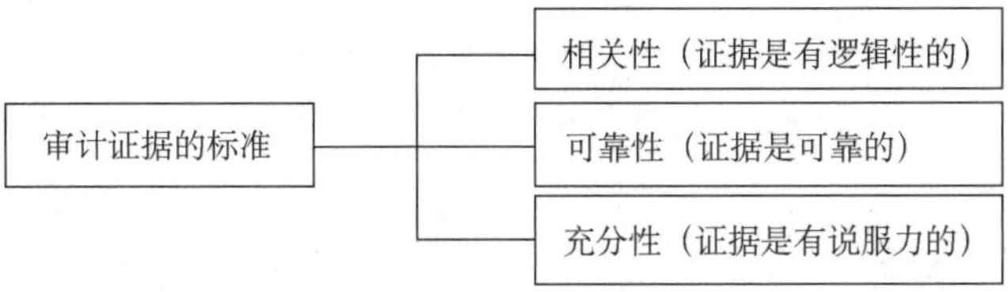

图 3-1　审计证据的标准

审计项目的各级复核人员应当在各自职责范围内对审计证据的相关性、可靠性和充分性予以复核。

内部审计人员在获取审计证据时，应当考虑下列基本因素：①具体审计事项的重要性。内部审计人员应当从数量和性质两个方面判断审计事项的重要性，以作出获取审计证据的决策。②可以接受的审计风险水平。证据的充分性与审计风险水平密切相关。可以接受的审计风险水平越低，所需证据的数量越多。③成本与效益的合理程度。获取审计证据应当考虑成本与效益的对比，但对于重要审计事项，不应当将审计成本的高低作为减少必要审计程序的理由。④适当的抽样方法。

内部审计人员向有关单位和个人获取审计证据时，可以采用（但不限于）下列方法：①审核；②观察；③监盘；④访谈；⑤调查；⑥函证；⑦计算；⑧分析程序。

内部审计人员应当将获取的审计证据名称、来源、内容、时间等完整、清晰地记录于审计工作底稿中。采集被审计单位电子数据作为审计证据的，内部审计人员应当记录电子数据的采集和处理过程。

内部审计机构可以聘请其他专业机构或者人员对审计项目的某些特殊问题进行鉴定，并将鉴定结论作为审计证据。内部审计人员应当对所引用鉴定结论的可靠性负责。对于被审计单位有异议的审计证据，内部审计人员应当进一步核实。内部审计人员获取的审计证据，如有必要，应当由证据提供者签名或者盖章。如果证据提供者拒绝签名或者盖章，内部审计人员应当注明原因和日期。

内部审计人员应当对获取的审计证据进行分类、筛选和汇总，以保证审计证据的相关性、可靠性和充分性。在评价审计证据时，应当考虑审计证据之间的相互印证关系及证据来源的可靠程度。

引例解析

哪些属于审计证据

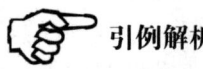

通过对审计证据的定义及分类等的学习，应该将下述资料确定为审计证据。

1. 初步计划和调查记录、审计方案以及外勤工作结果均是审计工作底稿的内容。其中，初步计划和审计方案不是审计证据。

2. 审计师记录整理的信息和通过观察情况、与人员面谈和检查记录所取得的信息是审计证据。内部审计人员向有关单位和个人获取审计证据时，可以采用（但不限于）下列方法：①审核；②观察；③监盘；④访谈；⑤调查；⑥函证；⑦计算；⑧分析程序。

3. 一个中间事实或一组事实，审计师能够通过它们来断定某一审计结论的合理性，该事实属于审计证据。

4. 对没有实现的预计目标、不适当的行为以及应采取却没有采取的行动的相关系统做详细记录，这些负面的发现属于审计证据。但是审计证据不应该仅仅包括这些负面的发现，而应该包括全面的信息。

4. 编制审计工作底稿

审计工作底稿，是指内部审计人员在审计过程中所形成的工作记录，是联系审计证据和审计结论的桥梁。审计工作底稿既是撰写审计报告的基础，也是检查审计工作质量的依据，还是行政复议乃至再度审计时需要审阅的重要资料。

审计工作底稿在内部审计过程中起着非常重要的作用，因为它不仅记录了审计人员所执行的每一个审计程序和收集的每一份原始资料，而且记录了对这些原始资料的整理、加工、综合的分析过程，以及记录了审计结论、审计意见、建议的形成过程。

审计工作底稿既可以由内部审计人员在审计过程中自行取得，也可以由被审计单位或第三方提供，并经内部审计人员审核后归并于审计工作底稿中。

内部审计人员在审计工作中应当编制审计工作底稿，以达到下列目的：①为编制审计报告提供依据；②证明审计目标的实现程度；③为检查和评价内部审计工作质量提供依据；④证明内部审计机构和内部审计人员是否遵循内部审计准则；⑤为以后的审计工作提供参考价值。

审计工作底稿记录了审计人员在审计过程中所执行的审计程序和收集的各种资料。一般而言，内部审计的工作底稿包括年度审计计划、项目审计方案、分析性复核表、问题备忘录、重大事项说明、询证函回函、审计核对表、有关重大事项的往来信件（包括电子邮件）以及对被审计单位文件记录的摘要或复印件等。但是，已被取代的审计工作底稿的草稿或财务报表的草稿、对不全面或初步思考的记录、存在印刷错误或其他错误而作废的文本以及重复的文件记录等不应包括在审计工作底稿中。

内部审计人员编制的审计工作底稿，其总体要求是应当使未曾接触该项审计工作的、有经验的专业人士清楚了解以下几个方面：①按照内部审计准则的规定实施的审计程序的性质、时间和范围；②实施审计程序的结果和获取的审计证据；③就重大事项得出的审计结论。

审计工作底稿应当内容完整、记录清晰、结论明确，客观地反映项目审计方案的编制、实施情况，以及与形成审计结论、意见和建议有关的所有重要事项。

对于由被审计单位、其他第三者提供或代为编制的审计工作底稿，审计人员必须做到以下几点：①注明资料来源；②实施必要的审计程序；③形成相应的审计记录。

审计工作底稿主要包括下列要素：①被审计单位的名称；②审计事项及其期间或者截止日期；③审计程序的执行过程及结果记录；④审计结论、意见以及建议；⑤审计人员姓名和审计日期；⑥复核人员姓名、复核日期以及复核意见；⑦索引号及页次；⑧审计标识与其他符号及其说明等。

项目审计方案的编制及调整情况应当包含于审计工作底稿中。在审计工作底稿中，审计人员可以使用各种审计标识，但应当注明含义并保持前后一致。审计工作底稿应当注明索引编号和顺序编号。相关审计工作底稿之间如存在勾稽关系，应当予以清晰反映，相互引用时应当交叉注明索引编号。

审计工作底稿的通用格式和审计工作底稿汇总表，分别如表3-2和表3-3所示。

表3-2 **审计工作底稿**

<table>
<tr><td colspan="2">被审计单位名称</td><td colspan="2"></td></tr>
<tr><td colspan="2">审计事项</td><td colspan="2"></td></tr>
<tr><td colspan="2">会计期间或截止日期</td><td colspan="2"></td></tr>
<tr><td>审计人员</td><td></td><td>编制日期</td><td></td></tr>
<tr><td colspan="4">审计过程记录：</td></tr>
<tr><td colspan="4">审计结论或者审计查出问题摘要及依据：</td></tr>
<tr><td colspan="4">处理处罚建议及法律法规依据：</td></tr>
<tr><td colspan="4">科目调整要求：</td></tr>
<tr><td colspan="4">复核意见</td></tr>
<tr><td colspan="2">复核人员</td><td>复核日期</td><td></td></tr>
</table>

共　页　　第　页　　附件(共　页)

表3-3 **审计工作底稿汇总表**

第　页(共　页)

<table>
<tr><td>项目名称</td><td colspan="3"></td></tr>
<tr><td>编制人</td><td></td><td>编制时间</td><td></td></tr>
<tr><td colspan="2">底稿反映的问题或重要事项</td><td>底稿顺序号</td><td>审计结果类文书顺序号</td></tr>
<tr><td colspan="2"></td><td>1</td><td></td></tr>
<tr><td colspan="2"></td><td>2</td><td></td></tr>
<tr><td colspan="2"></td><td>3</td><td></td></tr>
<tr><td colspan="2"></td><td></td><td></td></tr>
<tr><td colspan="2"></td><td></td><td></td></tr>
</table>

（续表）

审核意见：

审核人：　　　　　　　　　　　　　　　　审核日期：

内部审计项目质量控制包括复核审计工作底稿。内部审计机构应当建立审计工作底稿的分级复核制度，明确规定各级复核人员的要求和责任。内部审计机构应根据组织的具体情况建立审计工作底稿的分级复核制度。内部审计机构负责人对审计工作底稿的复核负完全责任。

审计工作底稿的复核工作应当由比审计工作底稿编制人员职位更高或者经验更为丰富的人员承担。如果发现审计工作底稿存在问题，复核人员应当在复核意见中加以说明，并要求相关人员补充或者修改审计工作底稿。在审计业务执行过程中，审计项目负责人应当加强对审计工作底稿的现场复核。

内部审计人员在审计项目完成后，应当及时对审计工作底稿进行分类整理，按照审计工作底稿相关规定进行归档、保管和使用。审计工作底稿归组织所有，由内部审计机构或者组织内部有关部门具体负责保管。

审计工作底稿一般分为永久性档案和当期档案。永久性档案，是指那些记录内容相对稳定、可以长期使用的、对以后期间的内部审计工作仍有利用价值的档案，如一些法律文件、合同、协议或内部审计报告的副本等。当期档案，是指那些与当期的内部审计项目密切相关、对以后期间的内部审计工作没有直接借鉴作用的底稿资料。内部审计机构可以根据组织的具体情况，制定合适的工作底稿分类管理办法，规定适当的档案保管期限，对审计工作底稿进行妥善保管，以保证工作底稿的安全和完整。

内部审计机构应当建立审计工作底稿保管制度。如果内部审计机构以外的组织或者个人要求查阅审计工作底稿，必须经内部审计机构负责人或者其主管领导批准，但国家有关部门依法进行查阅的除外。

5. 沟通审计结果

在完成审计工作后，为了保证审计结果的客观、公正，《中华人民共和国审计法》规定审计机关在出具审计报告前应当征求被审计单位意见，因此在审计实施阶段与被审计单位的沟通是法定程序。

沟通审计结果，是指内部审计机构与被审计单位、组织适当管理层就审计概况、审计依据、审计发现、审计结论、审计意见和审计建议进行的讨论和交流。沟通审计结果的目的，是提高审计结果的客观性、公正性，并取得被审计单位、组织适当管理层的理解和认同。

内部审计机构应当建立审计结果的沟通制度，明确各级人员的责任，进行积极、有效的沟通。内部审计机构应当与被审计单位、组织适当管理层进行认真、充分的沟通，听取其意见。沟通审计结果一般采取书面或者口头方式。内部审计机构应当在审计报告正式提交之前进行审计结果的沟通。内部审计机构应当将沟通的审计结果的有关书面材料作为审计工作底稿并归档保存。

审计结果沟通主要包括下列内容：①审计概况；②审计依据；③审计发现；④审计结论；⑤审计意见；⑥审计建议。

如果被审计单位对审计结果有异议，审计项目负责人及相关人员应当进行核实和答复。内部审计机构负责人应当与组织适当管理层就审计过程中发现的重大问题及时进行沟通。内部审计机构与被审计单位进行结果沟通时，应当注意沟通技巧。

3.2.3 审计终结及后续审计阶段

1. 审计终结阶段

审计终结阶段，是指审计实施阶段结束后，审计人员根据审计工作底稿编制审计报告，并将有关文件整理归档的全过程。

实际上，内部审计终结阶段的工作是围绕内部审计结果展开的。内部审计结果是内部审计工作的成果。

1）编制内部审计报告

《第2106号内部审计具体准则第——审计报告》规定，内部审计人员应在审计实施结束后，以经过核实的审计证据为依据，形成审计结论与建议，出具审计报告。审计报告，是指内部审计人员根据审计计划对被审计单位实施必要的审计程序后，就被审计事项得出审计结论，提出审计意见和审计建议的书面文件。审计报告既是审计工作和结果的综合反映，也是体现审计成果的主要形式。审计报告包括终结审计报告和中期审计报告。

内部审计人员应当在审计实施结束后，以经过核实的审计证据为依据，形成审计结论、意见以及建议，出具审计报告。如有必要，内部审计人员可以在审计过程中提交中期审计报告，以便及时采取有效的纠正措施，改善业务活动、内部控制和风险管理。

审计报告的编制应当符合下列要求：①实事求是、不偏不倚地反映被审计事项的事实；②要素齐全、格式规范，完整反映审计中发现的重要问题；③逻辑清晰、用词准确、简明扼要、易于理解；④充分考虑审计项目的重要性和风险水平，对于重要事项应当重点说明；⑤针对被审计单位业务活动、内部控制和风险管理中存在的主要问题或者缺陷提出可行的改进建议，以促进组织实现目标。

内部审计机构应当建立健全审计报告分级复核制度，明确规定各级复核人员的要求和责任。复核人员应对审计工作底稿进行综合、全面的复核。复核的内容包括以下几点：①检查是否实施所有必要的审计程序，运用的审计方法是否恰当有效，是否遗漏重要的事项；②所搜集的审计证据是否达到标准，审计依据是否恰当，审计判断是否准确，是否支持最终的审计结论、审计决定、审计建议；③审计报告中的审计结论、审计决定、审计建议是否明确、恰当，是否存在错误表述。

审计报告主要包括下列要素：①标题；②收件人；③正文；④附件；⑤签章⑥报告日期；⑦其他。

审计报告的正文主要包括下列内容：①审计概况，包括审计目标、审计范围、审计内容及重点、审计方法、审计程序及审计时间等；②审计依据，即实施审计所依据的相关法律法规、内部审计准则等规定；③审计发现，即对被审计单位的业务活动、内部控制和风险管理实施审计过程中所发现的主要问题的事实、定性、原因、后果或影响等；④审计结论，即根据已查明的事实，对被审计单位业务活动、内部控制和风险管理所作的评价；⑤审计意见，即针对审计发现的主要问题提出的处理意见;⑥审计建议,即针对审计发现的主要问题,提出的改善业务活动、内部控制和风险管理的建议。

审计报告的通用格式如下。

审计报告

(　　年　　月　　日)审字第　　号

关于　　　　单位　　　　情况的审计报告

领导:

一、发现的主要问题

二、对违反法纪的处理意见

三、审计建议

审计小组:

年　月　日

审计报告的附件应当包括针对审计过程、审计中发现问题所作出的具体说明,以及被审计单位的反馈意见等内容。

审计组应当在实施必要的审计程序后,及时编制审计报告,并征求被审计对象的意见。

被审计单位对审计报告有异议的,审计项目负责人及相关人员应当核实,必要时应当修改审计报告。审计报告经过必要的修改后,应当连同被审计单位的反馈意见及时报送内部审计机构负责人复核。已经出具的审计报告如果存在重要错误或者遗漏,内部审计机构应当及时更正,并将更正后的审计报告提交给原审计报告接收者。

2) 征求被审计单位意见

在审计报告中提出的问题,可能因被审计单位或被审计责任人提供资料不全、内部审计师取证不足或者理解存在偏差等原因与实际情况存在一些偏差。经向被审计单位征求意见后,可以不在最终审计报告中反映。如果先不征求被审计单位或被审计责任人意见,就会给审计带来潜在的风险。审计过程本身就存在不可避免的风险,但为减少风险,内部审计师在提交审计报告前,应先征求被审计单位或被审计责任人意见,再提交给委托单位或单位主管领导。

被审计单位或者被审计责任人对审计报告有异议的,内部审计师应当进行核实,并做出书面声明。必要时,应当修改审计报告。被审计单位或被审计责任人自收到审计报告之日起10日内没有提出书面意见的,视同无异议,并在内部审计时予以注明。征求意见的审计报告应予保留。

在每个项目审计结束后,征求意见时,内部审计师应认真听取被审计单位或被审计责任人对有关问题的陈述和说明,有出入的应予以调查核实纠正,确保审计报告反映的违纪、违规问题事实清楚、数据准确,并严格履行被审计单位或被审计责任人审计报告阅文签字手续。同时,要求各审计组在汇报项目审计结果时,把征求意见情况和被审计单位意见、要求一并反馈，不允许遗漏。应通过严把征求意见关、把问题解决在审计决定下达之前，从基础环节上防范审计风险。

3）下达审计决定

审计项目负责人在收到被审计单位或被审计责任人就审计报告的反馈意见后，提出修改意见，必要时可在当面沟通或补充调查的基础上对审计报告进行修改，项目组长综合考虑各种因素，并从企业整体规划、风险防范等角度出发，审定审计报告。审计报告定稿与原审计报告有差异时，应详细说明差异修改的理由与事实。

审计报告定稿后，应连同被审计单位的反馈意见及时送达内部审计机构审理后形成审计意见草案，并经内部审计机构负责人审定后，按企业规定的权限送至审计委员会或高级主管领导进行审阅，或直接根据授权进行处理。对审计报告应采取适当的方式进行讨论，审慎形成审计意见，审计意见应送至组织适当管理层，并要求被审计单位进行整改或采取措施向某方向努力。

审计决定书的通用格式如下。

审计决定书

：

根据　　字第　　号审计通知书，对你单位进行审计。现将我审定后的审计报告发送给你们，并作出如下决定：

以上请遵照执行，并将执行结果于　　前报送我。

附：

年　　月　　日

报送：

抄送：

内部审计机构应当将审计报告提交被审计单位和组织适当管理层，并要求被审计单位在规定的期限内落实纠正措施。

4）整理审计档案

审计档案，是指审计人员按照规定保管的所有审计案卷的总和，其既可为审计单位和有关部门考察、证明提供依据，也可为提高审计工作质量积累资料，例如，帮助审计人员系统地回顾审计实践中的经验教训；探索审计工作规律；为今后的审计工作提供交流；为处理类似审计项目提供案例等。

审计档案的收集整理工作，关系到档案文件材料的完成和质量。审计人员在审计项目实施结束后，应及时收集审计档案资料，按照立卷原则和方法进行归类整理、编目装订、组合成卷以及定期归档。

审计档案材料主要包括以下几类：①立项材料：审计委托书、审计通知书、审前调查记录、项目审计方案等；②证明类材料：审计承诺书、审计工作底稿及相应的审计取证单、审计证据等；③结论类材料：审计项目回访单、被审计对象整改及反馈意见、与审计项目联系紧密且不属于前三类的其他材料等。

审计资料在归档时，先要将按照一定标准分类的审计资料排好顺序，统一编写页号，填写案卷封面和备考表。内部审计机构对审计档案应建立健全的档案保管制度，定期对审计档案保管情况进行检查，以确保审计档案的安全。

2. 后续审计阶段

与外部审计师出具审计报告就基本完成审计工作不同，内部审计师在审计报告发出后，仍然要对报告中所涉及的审计结果和审计建议进行跟踪，其目的是审查和监督被审计单位是否对报告中提出的问题进行了纠正和改进。

后续审计，是指内部审计机构为跟踪检查被审计单位针对审计发现的问题所采取的纠正措施及其改进效果，而进行的审查和评价活动。对审计中发现的问题采取纠正措施，是被审计单位管理层的责任。评价被审计单位管理层所采取的纠正措施是否及时、合理、有效，是内部审计人员的责任。

内部审计机构可以在规定期限内，或者与被审计单位约定的期限内实施后续审计。内部审计机构负责人可以适时安排后续审计工作，并将其列入年度审计计划。内部审计机构负责人如果初步认定被审计单位管理层对审计发现的问题已采取了有效的纠正措施，可以将后续审计作为下次审计工作的一部分。

当被审计单位基于成本或者其他方面考虑，决定对审计发现的问题不采取纠正措施并做出书面承诺时，内部审计机构负责人应当向组织董事会或者最高管理层报告。

审计项目负责人应当编制后续审计方案，对后续审计作出安排。编制后续审计方案时应当考虑下列因素：①审计意见和审计建议的重要性；②纠正措施的复杂性；③落实纠正措施所需要的时间和成本；④纠正措施失败可能产生的影响；⑤被审计单位的业务安排和时间要求。

后续审计的常见方式有以下三种：①高级管理层与被审者协商，决定是否、何时、怎样按照审计人员的建议采取纠正行动；②被审者按照决定采取行动；③在报送审计报告之后，经过一段合理的时间，内部审计人员对被审者进行复查，看其是否采取了合适的纠正措施并取得了理想的效果，如果未采取行动，则分析是不是高级管理层和组织董事会的责任。

对于已采取纠正措施的事项，内部审计人员应当判断是否需要深入检查，必要时可以提出应在下次审计中予以关注。内部审计人员应当根据后续审计的实施过程和结果编制后续审计报告。

后续审计工作是保证内部审计人员落实审计建议和实现纠错防弊智能的重要步骤，审计人员只有认真履行一定的审计程序才能保证审计质量。后续审计的实施程序有以下几点：

(1) 认真分析被审计单位的反馈。

被审计单位的反馈是指被审计单位对审计结论中的结论、意见或建议的回应。反馈可分为四种类型：一是不反馈；二是反馈不充分；三是被审计单位存在分歧意见；四是被审计单位提交了不采取纠正措施的详细说明。

内部审计人员应有效地区分和充分了解被审计单位的反馈，可以通过对反馈的认识选定今后的工作和方向，澄清事实，或是采取其他纠正措施；但内部审计人员不能把自己的意见强加给被审计单位。

（2）对反馈不充分及没有反馈的问题与被审计单位进行探讨。

探讨的内容包括不反馈的原因或被审计单位的其他考虑，通常情况下，内部审计人员可采取面谈或电话咨询的方式进行探讨。探讨要采取客观和公正的态度，运用有效沟通和协调的技巧，注意不能发生侵权和越权的行为。

（3）对重大的审计发现结果进行现场追踪审计和测试。

现场追踪审计可采用的方法包括访问、面谈、测试以及检查纠正措施的记录资料等。与内部审计实施阶段类似，后续审计的关键步骤在于取得现场追踪数据和实地考察资料并记录于审计工作底稿中，形成文件，为以后的审计工作提供参考价值。

（4）针对已采取的各种措施进行评估，对控制风险进行重新评估。

这是后续审计的实质性部分。风险评估采用的模型及风险排序等都可以与前期审计工作一致。

（5）提交后续审计报告。

内部审计人员应根据后续审计的实施过程和结果编制后续审计报告。提交后续审计报告的目的是使管理层充分了解在后续审计中澄清的事实及重新评估风险程度。后续审计报告的内容包括后续审计的审计结果、风险重新评估结果以及被审计单位的反馈等。

3.3 内部审计技术及应用

3.3.1 审计抽样技术的应用

内部审计方法

审计人员面临大量的、需要测试的控制环节和会计事项时，有限的审计资源根本无法对全部内容进行详细审计，这时就需要采用审计抽样方法，以节省审计资源，完成既定的审计目标。我国《内部审计具体准则第18号——审计抽样》对审计抽样方法作了具体而明确的规定。该部分内容将介绍审计抽样的基本概念和程序。

1. 审计抽样概述

1）审计抽样的概念

审计抽样是指内部审计人员在内部审计活动中，采用适当的抽样方法从被审查和评价的审计总体中抽取一定数量的具有代表性的样本进行测试，以样本审查结果来推断总体特征，并作出审计结论的一种审计方法。

审计抽样既不同于详细审计，也不等同于抽查。审计抽样的基本目标是在有限的审计资源限制下，收集充分、适当的审计证据，以形成和支持审计结论。抽样审计的实质是用样本特征去推断总体特征。审计抽样对控制测试和实质性测试都适用。

2）统计抽样和非统计抽样

统计抽样是指以概率论和数理统计为理论基础，将数理统计的方法与审计工作相结合而产生的一种审计方法。它运用数理统计方法来确定样本的数量与构成分布，随机抽取有效样本进行抽查，并对所抽取的样本结果进行统计评价，最后以样本的审查结果来推断总体特征。

非统计抽样也称判断抽样，是指审计人员运用专业经验和主观判断，有目的地从特定审计对象总体中抽取部分样本进行审查，并以样本的审查结果来推断总体特征的抽样审计方法。采用这种方法能否取得成效，取决于审计人员的经验和主观判断能力。

统计抽样和非统计抽样的共同点是所有的审计样本，无论是统计抽样产生的，还是非统计抽样产生的，都要求以足以代表总体特征的方式来选取。两者的主要区别是统计抽样可用概率统计的方法来评价抽样风险，而非统计抽样只能用经验和判断去评价抽样风险。

3）抽样风险和非抽样风险

（1）抽样风险的类型及控制。

抽样风险主要包括错误接受风险和错误拒绝风险。错误接受风险是指样本结果表明审计项目不存在重大差异或缺陷，而实际上却存在着重大差异或缺陷的可能性；错误拒绝风险是指样本结果表明审计项目存在重大差异或缺陷，而实际上并没有存在重大差异或缺陷的可能性。

错误接受风险与审计效果有关，将直接导致错误的和不可靠的审计结论，使审计工作质量下降。对此类风险最为有效的控制方法就是改进抽样方法，所选用的抽样方法越科学，其对抽样过程的精度限度就越高，抽样结果的可靠性程度也越高。

错误拒绝风险与审计效率有关，将直接导致测试范围扩大，样本容量增加，使审计效率下降。对此类风险最为有效的控制方法是扩大审查的样本规模，样本容量增大，可以提高样本对审计总体特征的代表性，从而使抽样结果更为有效。

（2）非抽样风险的成因及控制。

非抽样风险是指由抽样之外的其他因素造成的风险，一般包括以下几个原因：审计程序设计及执行不恰当；抽样过程没有按照规范程序执行；样本审查结果解释错误；审计人员业务能力低下等。

非抽样风险一般难以量化，它可以通过审计程序、审计方法的科学周密设计以及对审计工作的适当监督指导来消除或减少。

2. 判断抽样的具体程序

内部审计人员在控制测试和细节测试中都可以实施判断抽样，其主要分为三个阶段：第一阶段是样本设计阶段，旨在根据审计目标和总体，制定选取样本的计划；第二阶段是样本选取阶段，旨在按照适当的方法从抽样总体中选取所需的样本，并对其实施检查；第三阶段是评价样本结果阶段，旨在将样本结果推断至总体，形成对总体的结论。

1）样本设计

在抽样之前，先要进行样本设计。在设计样本时，审计人员应当考虑审计目标和抽样总体的特征。审计抽样中样本设计阶段的工作主要包括以下几个步骤：

（1）明确审计目标。

审计抽样必须紧紧围绕审计测试的目标展开。一般而言，控制测试是为了获取某项控制运行是否有效的证据，而细节测试的目的是确定某类交易或账户余额的金额是否正确，获取与存在的错报有关的证据。

（2）确定审计总体。

审计总体是指由审计对象总体的各个单位组成的整体，抽样总体的确定应当遵循相关性、完整性和经济性原则。

相关性是指抽样总体与审计对象及其审计目标必须相关。例如，如果审计目标是确定针对每次的发货是否开具了销售发票，审计总体就应当选取所有的发货凭证，从发货凭证中选取样本来追查有没有相应的销售发票。如果审计的目标是确定是否存在将并未发货的商品计入销售收入的错报，审计总体就应当是所有的销售发票副本，从销售发票副本中抽取样本并追查有没有相应的发货凭证，以确定商品是否已经发出。

完整性是指抽样总体能够全面反映审计项目的实际情况。例如，在针对应付账款的完整性目标实施函证程序时，总体就不应当仅包括应付账款期末有余额的项目，因为低估的错误更容易发生在期末余额为零的项目上，所以此时的总体应当包括所有曾经有过业务往来的供应商。

经济性是指抽样总体的确定应当符合成本效益原则。如果总体的数量较少，且每个组成的金额很大或性质很重要，就应当对总体进行全部的测试，从而节省进行抽样决策的成本。

(3) 定义抽样单位。

抽样总体中的项目应该具备明显的、共同的可辨识标志，以利于抽样方法的实施。抽样单位是指从审计总体中所抽取并代表总体的各个单位项目，既可以是实物项目，如一张凭证或一个明细账户；也可以是货币单位，即每一元金额为一个抽样单位。

(4) 分层。

如果总体项目存在重大的变异性，审计人员可以考虑将总体分层。分层，是指将总体划分为多个子总体的过程，每个子总体由一组具有相同特征(通常为货币金额)的抽样单元组成。分层可以降低每一层中项目的变异性，从而在抽样风险没有成比例增加的前提下减小样本规模，提高审计效率。审计人员应当仔细界定子总体，以使每一抽样单元只能属于一个层。

(5) 定义误差构成条件。

审计人员必须事先准确定义构成误差的条件，否则执行审计程序时就没有识别误差的标准。在控制测试中，误差是指控制偏差，审计人员要仔细定义所要测试的控制及可能出现偏差的情况；在实质性测试中，误差是指错报，审计人员要确定哪些情况构成错报。

(6) 确定审计程序。

审计人员必须确定能够最好地实现测试目标的审计组合。例如，如果审计人员的审计目标是通过测试某一阶段的适当授权证实交易的有效性，审计程序就是检查特定人员已在某文件上签字以示授权的书面证据。

2) 确定样本量

样本量是指为了能使内部审计人员对审计总体作出审计结论所抽取样本单位的数量。影响样本量的因素包括以下几点：

(1) 可接受的抽样风险。

抽样风险是指内部审计人员依据抽样结果得出的结论与总体特征不相符的可能性。可接受的抽样风险与样本量成反比。内部审计人员愿意接受的抽样风险越低，所需样本量通常越大。反之，审计人员愿意接受的抽样风险越小，所需样本量越小。

(2) 可容忍误差。

可容忍误差是指内部审计人员所愿意接受的差异或缺陷的最大程度。例如，在控制测试中，可容忍误差是指可容忍偏差率；在实质性测试中，可容忍误差是指可容忍错报。在保证程度既定时，内部审计人员的可容忍误差越小，他所需样本量越大。

(3) 预计总体误差。

预计总体误差是指内部审计人员预先估计的审计总体中差异或缺陷发生的概率。预计总体误差越大,可容忍误差也应当越大;预计总体误差不应超过可容忍误差。在既定的可容忍误差下,预计总体误差越大,所需样本量越大。

(4) 总体变异性。

总体变异性是指总体的某一特征(如金额)在各项目间的差异程度。在控制测试中,内部审计人员在确定样本量时一般不考虑总体变异性。在实质性测试中,内部审计人员在确定样本量时要考虑总体变异性。总体项目的变异性越低,通常所需样本量越小。内部审计人员可以通过对总体分层来降低总体变异性,从而减小样本量。影响样本量的因素如表 3-4 所示。

表 3-4　**影响样本量的因素**

影响因素	控制测试	实质性程序	与样本量的关系
可接受的抽样风险	可接受的信赖过度风险	可接受的误受风险	反向变动
可容忍误差	可容忍偏差率	可容忍错报	反向变动
预计总体误差	预计总体偏差率	预计总体错报	同向变动
总体变异性	—	总体变异性	同向变动

3) 选取样本

选取样本的方法直接影响选出样本的代表性。由于抽样就是根据样本特征推断总体特征,因此样本的代表性对于抽样结论的可靠性至关重要。判断抽样是按照职业判断选择样本,其主要有三种选样方法:随机数表选样法、系统选样法以及随意选样法。

(1) 随机数表选样法。

随机数表选样法是利用随机数表选取样本项目的一种随机选样方法。随机数列也称乱数表,它是由随机生成的从 0～9 十个数字所组成的数表,每个数字在表中出现的次数是大致相同的,出现在表上的顺序是随机的。从随机数表中任选一行或任何一栏开始,按照一定的方向(上下、左右均可)依次查找,符合总体项目编号要求的数字,即为选中的号码,与此号码相对应的总体项目即为样本项目,一直到选足所需的样本量为止。

例如,审计人员对某下属单位连续编号的 400～4 000 的银行存款支出凭证进行审查,拟从支出凭证中选取一组样本量为 18 的样本。随机数表的部分列表如表 3-5 所示。

表 3-5　**随机数表(部分)**

行	列							
	1	2	3	4	5	6	7	8
1	88 454	05 314	37 958	20 961	00 667	38 371	13 811	09 475
2	11 732	01 537	16 520	39 518	45 761	02 929	11 790	39 662
3	65 641	96 481	12 790	04 362	31 108	05 648	29 074	29 621
4	04 821	85 376	08 751	68 113	01 476	19 116	19 650	39 962
5	31 722	36 619	06 948	28 126	14 479	16 111	12 229	19 923
6	64 181	45 727	39 218	30 005	02 515	19 113	19 809	09 812
7	86 731	56 813	28 746	43 039	18 808	05 512	29 837	10 123

（续表）

行	列							
	1	2	3	4	5	6	7	8
8	35 137	29 671	75 764	01 981	21 654	18 888	39 886	27 295
9	36 298	38 701	48 743	21 457	09 192	28 886	09 166	32 035

假定从随机数表的第三行、第二列开始，自上而下，从左往右依次选取表中数字的前四位，则可选出 3 661、2 967、3 870、3 795、1 652、1 279、0 875、0 694、3 921、2 874、2 096、3 951、0 436、2 812、3 000、2 145、3 110、1 447 这 18 个数字。在选取过程中有的数字被舍弃，如 9 648、8 537、0 066、0147 等，因为在总体中找不到与之相对应的编号。前四位数字在 400 以上 4 000 以下的数字，才有可能被选中。据此选出 18 个数字后，即可选取编号及其对应的 18 张银行存款支出凭证，并将之作为需审查的一组样本。

（2）系统选样法。

系统选样法，也称等距选样法。这种方法首先计算选样间隔，确定选样起点，然后按照间隔顺序选取样本。

假定审计总体数量为 N，n 为确定的样本数量，则选样间隔 M 的计算公式为：$M=N/n$。例如，审计人员从 1 000 张凭证中选取 50 张作为样本进行审查，根据公式可算得选样间隔 $M=1\ 000/50$。假定审计人员确定随机起点为 466，每隔 20 张凭证选取一张，则往上依次为 486，506，526，546，566……往下依次为 446，426，406，386，366……可见，系统选样方法使用方便，并可用于无限总体。但系统选样法要求总体必须是随机排列的，否则容易发生较大的偏差。

（3）随意选样法。

在随意选样法中，内部审计人员在选取样本时不采用结构化的方法，但也要避免任何有意识的偏向或可预见性，如回避难以找到的项目，或者总是选择或回避每页的第一个或最后一个项目，从而试图保证总体中的所有项目都有被选中的机会。

4）对样本执行审计测试

内部审计人员在选取样本之后，应当针对选取的每个项目，实施适合具体目的的审计程序，获取充分适当的审计证据。如果审计程序不适用于选取的项目，内部审计人员应当针对替代项目实施该审计程序。例如，如果在测试付款授权时选取了一张作废的支票，并确信支票已经按照适当程序作废因而不构成偏差，内部审计人员需要适当选择一个替代项目进行检查。

5）分析样本误差

内部审计人员应当调查识别出的所有偏差或错报的性质和原因，并评价其对审计目标和其他方面可能产生的影响。在判断抽样中，对样本结果的定量评估和定性评估一样重要。即使样本的统计评价结果在可以接受的范围内，内部审计人员也应对样本中的所有误差（包括控制测试中的控制偏差和实质性测试中的金额错报）进行定性分析。

6）推断总体误差

内部审计人员应当根据样本误差，采用适当的方法来推断审计总体误差。在实施控制测试时，内部审计人员应当根据样本中发现的偏差率推断总体偏差；在实质性测试中，内部审计人员应当根据样本中发现的错报金额推断总体错报金额。内部审计人员应当根据抽样结果的评价，确定审计证据是否足以证实某一审计总体特征。如果推断的总体误差超过可容忍误差，应当增加样本量或执行替代审计程序。

7）形成审计结论

内部审计人员应当评价样本结果以确定对总体相关特征的评估是否得到证实或需要修正，即判断总体是否可以接受。

（1）控制测试中的样本结果评价。

在判断抽样中，抽样风险无法直接计量。内部审计人员通常将样本偏差率与可容忍偏差率进行比较，以判断总体是否可以接受。

（2）实质性测试中的样本结果评价。

在判断抽样中，内部审计人员运用其经验和职业判断评价抽样结果，将推断的总体错报金额与可容忍错报金额进行比较，判断总体是否可以接受。

内部审计人员在上述评价的基础上还应当考虑误差性质、误差产生的原因，以及误差对其他审计项目可能产生的影响等。

判断抽样的程序如图 3-2 所示。

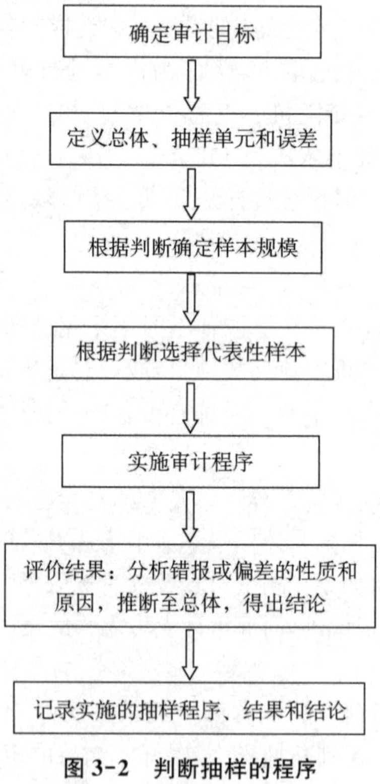

图 3-2　判断抽样的程序

3.3.2　分析性技术的应用

1. 分析性技术概述

1）分析性技术的概念

分析性技术，是指内部审计人员通过分析和比较信息之间的关系或计算相关的比率，以确定审计重点、获取审计证据的一种方法。

内部审计人员在审计中合理运用分析性技术的总体目的是获取充分、有效、适当的审计证据，确保审计质量，提高审计效率，但在各个审计阶段运用分析性技术又有各自不同的具体目的。在审计准备阶段，分析性技术可以帮助审计人员加深对被审计单位基本情况的了解，确定重点审计领域，指出高风险领域之所在，从而编制有针对性的审计方案。在审计实施阶段，分析性技术可以直接作为实质性测试程序，以收集与账户金额相关的审计证据。在审计报告阶段，分析性技术可以用于对被审计事项的整体合理性作最后的复核。

2）分析性技术的作用

与其他审计方法相比，分析性技术具有以下几点独特作用：

（1）提高审计效率。

通过对被审计单位信息资料的比较和分析，审计人员能够很快发现其中存在的异常波动和异常项目，确认审计的重点领域，降低实施其他审计程序可能增加的审计时间，进而有利于审计成本的降低和审计效率的提高。

（2）帮助审计人员发现错误或舞弊。

一般情况下，审计证据的来源在被审计单位管理人员的控制范围之内。如果有人为了掩盖错误或舞弊而操纵记录，那么仅对管理人员控制之下的记录进行审计是无法发现其中不当之处的。而分析性技术的信息资料通常都有各自独立的来源，通过比较不同来源的资料，有助于审计人员发现其中的重大错弊。

（3）提供整体合理性的证据。

检查、监盘、观察、查询及函证等一般取证方法针对的往往是构成账户金额的单个项目或单笔业务，其获取的审计证据能够证明的也只能是该单个项目或单笔业务的存在性、完整性或所有权等。分析性技术所针对的是报表或账户层次的某个整体，通过将反映该整体的数据与从其他来源获得的数据或信息资料进行比较或分析来判断其合理性，这样所获得的证据可以用来证明该整体的总体合理性。

3）分析性技术的局限性

（1）分析性技术的使用有一定前提。

其一，作为分析性技术对象和依据的信息资料之间必须存在着某种相互印证、互为说明和互为因果的关系。只有存在着某种依存关系的信息资料才能作为分析性技术的对象和依据。

其二，信息资料的依存关系必须是可预期的。可预期是指分析性技术所采用的关系是因果关系，并且这种关系是可预测的。

其三，使用分析性技术进行复核的信息资料必须具有可靠性。如果分析性技术所用的数据不可靠，则使用分析性技术得出的结果就值得怀疑，就不能作为支持审计结论的证据。

其四，分析性技术的使用有一个基本假定，即在一般情况下，各种会计资料及非会计资料间保持着一定的预期关系。如果被审计单位外部环境变化大，或内部生产和管理发生结构性的调整，那么这种预期关系可能会被打破，使用分析性技术的结果将失去有效性。

（2）分析性技术的结论不是准确的。

分析性技术的结论是一种对被检查事项总体上的合理性判断，它无法给出被检查事项的精确值。在多数情况下，分析性技术的结论只能作为安排其他审计程序的依据，或为其他审计证据提供佐证。因此，对于性质重要的和审计风险较高的审计事项，如果审计人员只是机械性地使用分析性技术，而不通过函证、监盘等审计方法取得直接证据对分析性技术的结果加以证实，分析性技术就无法发挥其作用。

(3) 分析性技术的有效运用对审计人员的要求较高。

分析性技术不但涉及各种信息资料间的关系，还需要大量的专业判断。要有效使用分析性技术，内部审计人员不仅要具有足够的专业知识、丰富的执业经验，还应掌握一定的数学知识。

2. 分析性技术期望值确定的类型

根据会计资料之间、会计资料与非会计资料之间、非会计资料之间存在的依存关系，分析性技术用来作为期望值的依据通常包括以下几点：

(1) 上期或以前数期可比信息。

内部审计人员在使用分析性技术时可将被审计单位某一项目的本期实际发生额与其相应的上期或以前数期的发生额进行比较，进而判断本期是否存在异常变动。一般而言，与所审计期间的时间距离越近，其会计信息与本期之间的可比性就越强。因此，内部审计人员往往对被审计单位的上期会计信息尤为重视。需要指出的是，能够作为估计期望值的依据应当是可比信息。如果被审计单位本期发生重大变化，内部审计人员应充分考虑以前各期信息与本期信息的可比性，来确定是否仍将其作为估计期望值的一项依据。

(2) 所在行业平均水平或同行业相近的其他单位的可比信息。

由于同一行业不同单位面临着类似的外部环境，在组织结构上和会计核算政策与口径上往往也具有一定程度的一致性，所以其会计信息也具有一定程度的可比性。以被审计单位所在行业的平均水平或同行业规模相近的其他单位的可比信息作为估计期望值的依据，有利于内部审计人员了解被审计单位的经营成果和评估其财务资料的可靠程度。被审计单位资料与同行业平均水平或同行业规模相近的其他单位的可比信息发生重大差异，其原因既可能是由于被审计单位经营的独特性，也可能是被审计单位的会计资料上存在的错弊所致，内部审计人员必须了解其形成的真正原因。

(3) 被审计单位的预算、预测等数据。

预算是被审计单位进行经营管理活动所应达到的目标，预测则是被审计单位对其经营管理情况及其结果进行的估计。一般而言，被审计单位最了解其自身的经营管理与财务状况。如果上述预算或预测是经过被审计单位的认真研究后编制的，那么预算的执行情况或预测的结果就具有一定的科学性，这为内部审计人员判断被审计单位会计报表的表达是否公允提供了重要的参考资料。

(4) 内部审计人员的估计数据。

审计人员可以根据自己的审计经验和对被审计单位情况的了解，对被审计单位某些方面的数据作出合理估计，并将这一估计数据与被审计单位在会计报表上反映的金额进行比较，用以判断被审计单位会计报表反映是否恰当。

3. 分析性技术的方法与程序

1) 分析性技术的方法

(1) 比较分析法。

比较分析法是指通过对有关审计项目之间的对比，揭示其中的差异，判断差异是否正常，分析其形成原因，从而判明经济活动是否合理、合法、有效的一种技术方法。比较分析法既可比较绝对数，也可比较相对数；既可将被审计单位某几个时期的产值、产量等指标进行纵向比较，也可将生产同种产品且条件相当的不同单位的绝对数进行横向比较。

绝对数比较分析是指直接将有关项目之间的数量或金额进行对比，揭示其中差异所在并进行判断的一种分析技术。通过这种对比，可以揭示被审计单位项目的增减变动情况有无异常、是否合情合理、是否存在问题。绝对数比较分析一般适合于对资产负债表、损益表、成本表中某些项目的检查。

相对数比较分析，又称比率分析，是将被审计项目的百分比、比率或结构比等相对数指标进行对比，揭示其中的差异，并分析判断有无问题的分析技术。运用相对数比较分析，有助于审计人员发现在绝对数比较分析中难以发现的问题。

(2) 平衡分析法。

平衡分析法是指根据复式记账原理和会计制度的规定，以及经济活动之间的内在依存制约关系，对相关项目进行计算或测定，以检查其制约关系是否存在，并揭示其中有无问题的一种分析方法。

平衡分析技术实际上是比较分析方法的一种转化形式，其主要适用于存在内在依存制约关系的数量或指标的一般性审查。当使用比较分析技术难以奏效时，一般使用平衡分析技术。为了保证使用平衡分析技术的有效性，在具体运用时还应注意：对有关指标应先进行复核，验证其是否正确；在分析前，应该找出有关项目之间存在哪些内在的依存制约关系，若找不到依存关系或是不存在依存关系，则不能运用平衡分析法；对使用的公式一定要注意其科学性，对计算过程一定要认真演算，以防结果出错。

(3) 简单合理性分析法。

简单合理性分析法是利用彼此相关的账户金额和可能造成某种变化的各种因素对账户金额进行预测的一种方法。简单合理性分析一般包括以下三个基本步骤：

① 确定与将要审查的账户金额有关的因素，包括财务的和非财务的。

② 确定有关因素与将要审查的账户金额的关系，并利用各种因素及其与审查对象的关系对审查对象建立期望值。

③ 将期望值与账户金额进行比较，并对账户金额进行评价。

简单合理性分析法的技术含量不高，但非常有效，可广泛地运用于审计准备阶段的分析性复核和实质性测试的分析性复核中。

(4) 趋势分析法。

趋势分析法是指内部审计人员将被审计单位若干期财务或非财务数据进行比较和分析，从中找出规律或发现异常变动的方法。趋势分析法比较直观，可以直接将若干期的同一指标进行绝对值比较，或将该指标占另一指标的比重来进行比较，以发现事物发展的总趋势，再以总趋势和审计人员已经掌握的其他趋势进行比较和分析，从而判断被审计单位某些财务数据存在错弊的可能性。

趋势分析法的主要运用形式有：资产负债表项目变动趋势分析、利润表项目变动趋势分析、资产负债表或利润表项目构成比例的变动趋势分析、财务比率变动趋势分析、特定项目若干期数据的变动趋势分析。

(5) 相关分析法。

相关分析法是指存在关联的被审计项目进行对比,揭示其中的差异所在并判明可能存在问题的一种分析方法。

相关分析法的应用领域非常广泛,几乎所有资料、所有活动均可运用相关分析技术来揭示问题。在具体应用相关分析技术时必须明确经济活动事项之间在哪些方面有关联,属于什么样的关联,是直接的,还是间接的。找出经济活动事项之间的关联,是运用相关分析技术的关键,否则,会使分析不能揭示出差异或导致分析判断错误。

(6) 账户分析法。

账户分析法是指利用账户的对应关系和相互联系,来查证账户记录有无差错,获得审计证据的一种分析方法。其在"固定资产"和"累计折旧"账户之间,"产品销售收入"与"应收账款""银行存款""应交税费一增值税(销项税)"账户之间,都有着内在的必然联系。应运用账户分析法分析账户之间的联系是否正常,如发现异常现象,则应采用进一步审计程序。

2) 分析性技术的程序

(1) 确定要实施分析性技术的对象。

实施分析性技术的对象既可以是整个会计报表,也可以是某一账户的总体金额,还可以是构成该账户的部分总体金额(不同产品、不同地区、不同月份的主营业务收入)。

一般情况下,在审计准备阶段和审计报告阶段,实施分析性技术的对象是会计报表,目的是确定审计重点和评估会计报表的总体合理性,除非评估的固有审计风险比较高,否则均可将会计报表作为实施分析性技术的对象。在审计风险比较高时,被审计单位提供数据的真实性不值得信赖的情况下,是否仍然可以将会计报表作为对象,利用被审计单位提供的数据来帮助确定审计重点,需要审计人员作出专业判断。

在审计实施阶段,实施分析性技术的对象主要是某一账户的总体金额或账户总体金额中的部分总体金额。要确定某账户总体或某账户部分总体能否作为实施分析性技术的对象,审计人员需要综合考虑各方面的因素,其中包括相关项目可接受的检查风险的高低,相关信息的可分解程度,相关信息的相关性、可获得性和可靠性。

(2) 估计期望值。

实施分析性技术主要是通过对被审计单位的重要金额、比率或趋势进行分析而调查出异常波动和差异。而要找出这些异常变动和差异,就必须确定比较对象的期望值。一般情况下,期望值获取途径主要有两类:一类是相对独立的参考值,另一类是审计人员的估计值。

(3) 确定重大差异的标准。

实施分析性技术的目的主要是确认被审计单位的会计资料是否存在重大差异或意外波动。重大差异或意外波动的标准,需要审计人员根据重要性原则,运用专业判断来加以确定。

在审计准备阶段和审计报告阶段,审计人员一般不为重大差异确定一个数量标准,但应重点关注以下几点:

① 报表项目的异常变动或应存在但未存在的变动。

② 主要财务数据间的异常变化或不应存在但存在的变动。

③ 财务数据与非财务数据间关系的异常。

在审计实施阶段,分析性技术所指的重大差异标准通常是一个数量标准,是指审计人员能够认可、不需要被审计单位解释的账面记录与审计人员估计的期望值间的最大差异。在确定重大差异标准时，内部审计人员需要考虑重要性水平、相关账户可接受的检查风险、分析性技术对象的特点和期望值的准确程度等因素。

(4) 确认是否存在重大差异。

将报表或账面记录与期望值进行比较时，如果两者的差异大于所确定的标准，则为重大差异；相反，如果两者的差异小于所确定的标准，则可以不作为审计重点，计划较少的实质性测试程序，或认可被审计单位的账面记录的整体合理性。

(5) 调查重大差异的原因。

对于实施分析性技术所发现的重大差异，审计人员必须进一步调查，包括重新考虑估计期望值时所使用的方法和因素，并询问被审计单位。对于确定的重大差异，则要求被审计单位提供解释，并在必要时检查支持解释的证据，查明是否能够合理说明所存在的差异。

(6) 确定进一步的审计程序。

对于实施分析性技术发现的、不能合理解释的重大差异，如果是在审计准备阶段，审计人员应当将其视为错报或漏报风险增加的信号，作为重点审计领域，计划更加详细的审计测试；如果是在审计实施阶段和审计报告阶段，则审计人员应考虑是否实施其他审计程序。

3.3.3 内部控制自我评估技术的应用

1. 内部控制自我评估及其作用

1) 内部控制自我评估的含义

内部控制自我评估，也称内部控制评价，财政部、证监会、审计署、银监会、保监会五部委联合颁布的《企业内部控制评价指引》将内部控制评价界定为："组织董事会或类似权力机构对内部控制的有效性进行全面评价、形成评价结论、出具评价报告的过程。"在组织的内部控制实务中，内部控制自我评估是极为重要的一个环节。

内部控制自我评价的组织形式

2) 内部控制自我评估的作用

(1) 内部控制自我评估有助于企业自我完善内控体系。

内部控制自我评估是通过评价、反馈、再评价，报告企业在内部控制建立与实施中存在的问题，并持续进行自我完善的过程。通过内部控制自我评估查找、分析内部控制缺陷并有针对性地督促落实整改，可以及时堵塞管理漏洞，防范偏离目标的各种风险，并举一反三，从设计和执行等全方位健全优化管控制度，从而促进企业内控体系的不断完善。

(2) 内部控制自我评估有助于提升企业市场形象和公众认可度。

企业开展内部控制自我评估，需形成评估结论，出具评估报告。通过自我评估报告，将企业的风险管理水平、内部控制状况以及与此相关的发展战略、竞争优势、可持续发展能力等公布于众，树立诚信、透明、负责任的企业形象，从而有利于增强投资者、债权人以及其他利益相关者的信任度和认可度，为自己创造更为有利的外部环境，促进企业的长远可持续发展。

(3) 内部控制自我评估有助于使每个职员参与内部控制。

通过实施内部控制自我评估，内部审计人员与高层管理者不再是以指令的形式下达命令、下级员工只能完全服从执行，而是通过倾听职员的意见，利用他们在实践中的特长，让他们参与到内部控制的完善和改进之中。这种由部分人员参与到职员广泛参与的转变，实现了仅由审计人员对控制负责向所有职员对控制负责的转变。

2. 内部控制自我评估的主要内容

内部控制自我评估主要包括以下几点内容：确定组织整体或职能部门的目标，识别其主要风险；评估组织内部控制的适当性、合法性及有效性；确认内部控制重大缺陷或存在严重风险的业务环节；评估组织非正式的控制及其有效性；评估组织的业务流程及其运作效率；对内部控制自我评估中发现的问题提出改进建议等。

《企业内部控制评价指引》第五条到第十条指出内部控制自我评估应紧紧围绕内部环境、风险评估、控制活动、信息与沟通、内部监督五要素进行，企业应结合《企业内部控制基本规范》、各项应用指引以及本企业的内部控制制度，确定具体评价内容，对内部控制设计与运行情况进行全面评价。具体评价内容应该在建立内部控制核心指标体系的基础上展开，企业可以根据实际情况将每一个指标逐级细化，增加更详尽、实用的内容。

(1) 内部环境自我评估。

内部环境是影响、制约企业内部控制建立与执行的各种内部因素的总称，是实施内部控制的基础。内部环境主要包括治理结构、组织机构设置与权责分配、发展战略、企业文化、人力资源政策、社会责任等。

(2) 风险评估机制自我评估。

风险评估本质上是一个识别变化并采取必要措施的过程。风险与企业的目标相伴而生。企业首先必须有目标，其中包括企业层面的目标和业务层面的目标。随着经济、行业和监管等外部环境的变化，企业的风险识别应当考虑到目标实现的过程中面临的各种可能出现的风险。

(3) 控制活动自我评估。

在对企业控制活动测试评价时，要重点审核组织结构方面采取的控制措施和内部控制方面采取的控制活动。在组织结构方面，应重点审核机构、岗位及职责权限是否合理设置和分工；不相容职务是否分离；对采购与验收等环节是否设置相互监督制度等。在内部控制建设方面，应重点审核企业是否制定了董事会的议事规则、总经理事权规则、财务管理制度、采购管理制度、投资管理制度、内控检查监督制度等。

(4) 信息与沟通自我评估。

企业应当以内部信息传递、财务报告、信息系统等相关应用指引为依据，结合本企业的内部控制制度，对信息收集、处理和传递的及时性，反舞弊机制的健全性，财务报告的真实性，信息系统的安全性，以及利用信息系统实施内部控制的有效性等进行认定和评价。

(5) 内部监督自我评估。

内部监督是指企业对内部控制建立与实施情况进行监督检查，以评价内部控制的有效性，发现内部控制缺陷，及时加以改进的过程。

企业应当制定内部控制监督制度，明确各机构部门在内部监督中的职责权限，规范内部监督的程序、方法和要求。

在上述具体评估内容确定后，根据《企业内部控制评价指引》第十一条的规定，内部控制评估工作应形成工作底稿，详细记录企业执行评估工作的内容，其中包括评估要素、主要风险点、采取的控制措施、有关证据资料以及认定结果等。

3. 内部控制自我评估的方法与程序

1）内部控制自我评估的方法

《企业内部控制评价指引》第十五条规定，内部控制评估工作应当对被评估单位进行现场测试，结合实际情况综合采用个别访谈、调查问卷、专题讨论、穿行测试、实地查验、抽样和比较分析等各种方法，充分收集被评价单位内部控制设计和运行是否有效的证据，按照评估的具体内容，如实填写评估工作底稿，研究分析内部控制缺陷。

（1）个别访谈法。

个别访谈法主要用于了解组织内部控制的设计和运行现状，在调查了解组织整体层面和具体业务层面内部控制过程中被广泛运用。

个别访谈法具有很好的灵活性和适应性，有助于获取广泛信息，发现重要业务事项、高风险领域、内部控制薄弱环节。运用这一方法时应当注意：第一，确定适当的访谈对象，选择的访谈对象应当包括管理人员和非管理人员。第二，设计好访谈提纲，询问的内容应该明确、具体，让访谈对象易于理解、便于回答。第三，把握访谈技巧，包括注意访谈对象的行为举止、先询问经验性问题等。第四，做好访谈记录，并取得访谈对象的确认。

（2）调查问卷法。

调查问卷法适用于从总体上了解组织的内部控制，不太适用于具体业务层面的内部控制调查，也难以单独通过调查问卷结果形成审计评价结论。

在运用调查问卷法时应当注意以下几点：第一，合理确定调查对象和范围。在项目资源可行和必要的情况下，应抽取尽可能多的能够代表总体的样本进行调查。调查对象尽可能包括被审计单位不同层级的员工（从高层管理者到底层员工）。第二，科学设计调查问卷。调查问卷要有明确的主题，问题通常采用先易后难、先简后繁、先具体后抽象的排列顺序，题目尽量通俗易懂、简单易答，并将问卷长度控制在一定范围内。第三，确定调查的时间和频率。调查对象需要时间回答问题，统计调查结果，特别是包含开放式问题的答案时，也会花费很多时间。第四，考虑调查的模拟测试。通过模拟测试，再对问卷进行必要的修改，将会提高回答率并得到更可靠、有效的结果。

（3）专题讨论法。

专题讨论法是指通过召集被评估单位内部或外部的专业人员，就内部控制设计或运行中的具体问题进行分析讨论的方法。

运用专题讨论法时应注意以下几个问题：第一，选择适当的参会人员，参加讨论会的人员应当具备与所要讨论专题相关的知识和经历，能够就该专题展开讨论。第二，讨论会主持人应注意控制会场气氛，把握讨论节奏，引导参会人员按照既定程序、围绕讨论专题发言。第三，讨论会主持人要尽量使每位参会者都能发言，且每人发言次数尽可能平均。

（4）穿行测试法。

穿行测试法是指在内部控制系统中任意选取一笔交易作为样本，追踪该交易从最初起点一直到最终在财务报表或其他经营管理报告中反映出来的过程，即该流程从起点到终点的全过程，以此来了解整个业务流程状况，识别出其中的关键控制环节，评估相关控制设计与运行的有效性。

应用穿行测试法的关键在于选取适当的样本，样本一经确定就不能更换，样本应贯穿业务流程全过程，应针对交易的不同性质、不同审批权限抽取不同的样本，同时，结合制度规定的每种情况，在每种情况中各抽取一种进行测试，样本材料获取既可以从财务资料中获取，也可以从其他业务部门取得。

(5) 实地查验法。

实地查验法是观察法的一种具体形式，是通过实地考察，检查设定的控制措施是否得到严格执行的一种方法。实地查验法主要是针对业务层面内部控制的审查与评价，其通过使用统一的测试工作表，与实际的业务、财务单证进行核对的方法进行控制测试。

(6) 抽样法。

抽样法是指针对具体的内部控制业务流程，按照业务发生频率及固有风险的高低，从确定的抽样总体中抽取一定比例的业务样本，对业务样本的符合性进行判断，进而评价业务流程控制运行的有效性。在运用抽样法时要合理确定样本对象、样本量和样本抽取方法。

(7) 比较分析法。

比较分析法是指通过分析、比较数据间的关系、趋势或比率来识别评估关注点的方法。用于比较分析的数据可以是组织的历史数据、行业或组织的标准数据、行业最优数据等。比较分析法可以通过两两比较而得出优劣结论，使评价结果更加客观可靠。

2) 内部控制自我评估的程序

内部控制自我评估程序一般包括制定评估工作方案、组成评估工作组、实施现场测试、汇总评估工作结果、编报评估报告等。概括而言，其主要分为以下几个阶段：

(1) 准备阶段。

第一，制定评估工作方案。

内部控制评估机构应当根据企业内部的监督情况和管理要求，分析企业经营管理过程中的高风险领域和重要业务事项，确定检查评估方法，制定科学合理的评估工作方案，经董事会批准后实施。评估工作方案应当明确评估主体范围、工作任务、人员组织、进度安排和费用预算等相关内容。

评估工作方案既可以以全面评估为主，也可以根据需要采用重点评估的方式。一般而言，内部控制建立与实施初期，实施全面综合评估有利于推动内部控制工作的深入有效开展；内部控制系统趋于成熟后，企业可在全面评估的基础上，更多地采用重点评估或专项评估，以提高内部控制评估的效率和效果。

第二，组成评估工作组。

评估工作组在内部控制评估机构领导下，具体承担内部控制检查评估任务。内部控制评估机构根据经批准的评估方案，挑选具备独立性、业务胜任能力和职业道德素养的评估人员实施评估。评估工作组成员应当吸收企业内部相关机构的熟悉情况、参与日常监控的负责人或业务骨干参加。企业应根据自身条件，尽量建立长效内部控制评估培训机构，培养内部控制评估专业人员，使其熟悉内部控制专业知识及相关规章制度、业务流程及需要重点关注的问题、评估工作流程、检查评估方案、工作底稿填写要求、缺陷认定标准、评估人员的权利与义务等内容。

(2) 实施阶段。

第一，了解被评估单位基本情况。

评估工作组与被评估单位进行充分沟通，了解其经营业务范围、企业文化和发展战略、组织结构设置及职责分工、领导层成员构成及分工、评估期间内生产经营计划和预算完成情况、财务管理核算体制、内部控制工作概况、最近一年内监督(包括内部控制评估)发现问题的整改情况等。

第二,确定检查评估范围和重点。

评估工作组根据掌握的情况进一步确定评估范围、检查重点和抽样数量,并结合评估人员的专业背景进行合理分工。检查重点和分工情况可以根据需要进行适时调整。

第三,开展现场检查测试。

评估工作组根据评估人员分工,综合运用各种评估方法对内部控制设计与运行的有效性进行现场检查测试,按要求填写工作底稿、记录相关测试结果,并对发现的内部控制缺陷进行初步认定。评估人员应当遵循客观、公正、公平的原则,如实反映检查测试中发现的问题,并及时与被评估单位进行沟通。由于内部控制从纵向检查测试流程,因此,成员之间在工作中应注意沟通、协调,以获取更多有价值的发现。

(3) 汇总评估结果、编制评估报告阶段。

评估工作组汇总评估人员的工作底稿,初步认定内部控制缺陷,形成现场评估报告。评估工作底稿应进行交叉复核签字,并由评估工作组负责人审核后签字确认。评估工作组将评估结果及现场评估报告向被评估单位进行通报,由被评估单位相关责任人签字确认后,提交至企业内部控制评估机构。

内部控制评估机构汇总各评估工作组的评估结果,对工作组现场初步认定的内部控制缺陷进行全面复核、分类汇总,对缺陷成因、表现形式及风险程度进行定量或定性的综合分析,按照对控制目标的影响程度判定缺陷等级。

内部控制评估机构以汇总的评估结果和认定的内部控制缺陷为基础,综合内部控制工作整体情况,客观、公正、完整地编制内部控制评估报告,并报送企业经理层、董事会和监事会,由董事会最终审定后对外披露。

(4) 报告反馈和跟踪阶段。

对于认定的内部控制缺陷,内部控制评估机构应当结合董事会和审计委员会的要求,提出整改建议,要求责任单位及时整改,并跟踪其整改落实情况;对于已经造成损失或负面影响的,企业应当追究相关人员的责任。

3.4 内部审计报告

3.4.1 内部审计报告概述

1. 内部审计报告的概念

内部审计报告是指内部审计人员根据内部审计计划对被审计单位实施必要的审计程序后,就被审计单位经营活动和内部控制的适当性、合法性和有效性出具的书面文件。内部审计报告应当以经过核实的审计证据为依据,对据此形成的审计结论、意见与建议作出报告。

内部审计报告应当体现内部审计项目目标的要求,并有助于组织增加价值。内部审计项目目标的要求主要包括但不限于对以下方面的评价:①经营活动的合法性;②经营活动的经济性、效果性和效率性;③组织内部控制的健全性和有效性;④组织负责人的经济责任履行状况;⑤组织财务状况与会计核算状况;⑥组织的风险管理状况。

正式立项的审计项目应当在终结审计后编制审计报告，如果存在下述情况之一，应当根据组织适当管理层的要求和内部审计工作的需要编制并报送中期审计报告：①审计周期过长；②被审计项目内容特别庞杂；③被审计期间比较长；④突发事件引起特殊要求；⑤组织适当管理层需要审计项目进展情况的信息；⑥其他需要提供中期审计报告的情况。

2. 内部审计报告的作用

内部审计人员在实施必要的审计程序，并完成审计结果的沟通工作后，编制内部审计报告。作为内部审计活动的最终成果，内部审计报告对被审计单位的经营活动和内部控制进行了评价，并且提出了改进建议。内部审计报告作为内部审计活动成果的体现，既是内部审计人员与被审计单位、组织管理层和其他相关各方进行沟通和交流的媒介，也是内部审计活动为组织增加价值、促进组织目标实现的重要手段。被审计单位管理层借助内部审计报告可以了解经营和管理活动中存在的问题与漏洞，并获取改进管理效率与效益的具有建设性的意见和建议。内部审计报告既是内部审计质量的综合反映，也是衡量内部审计工作质量的有效尺度，还是内部审计机构衡量和考核其审计人员业绩的基本依据。另外，内部审计报告也可为国家审计人员和注册会计师的审计工作提供重要的参考资料。

3.4.2 内部审计报告的质量要求

1. 内部审计报告的质量特征

(1) 客观性。

内部审计报告的编制应当坚持实事求是的基本原则，不偏不倚地反映被审计事项的真实情况，对被审计对象形成客观、公正的审计结论。内部审计报告中的审计结论、审计意见和审计建议的形成都不能受到任何偏见的干扰，应当力求还原事实的本来面目。

(2) 完整性。

内部审计报告应当按照规定的格式及内容编制，做到要素齐全、格式规范，并全面、完整地反映审计中所发现的问题，使阅读者对审计过程和结论形成完整的认识。

(3) 明晰性。

内部审计报告应当表述清晰、用词准确、简明扼要、突出重点、易于理解。在内部审计报告中尽可能避免不必要的、过于专业性和技术性的复杂语言，只有使用简单明了的语言，内部审计报告才更易于阅读者的理解和贯彻执行。

(4) 及时性。

内部审计报告应当及时提交，以使相关各方适时采取有效的纠正措施。为此，内部审计人员在执行审计程序时应当提高效率，及时完成审计项目并尽快撰写和提交审计报告，使得审计中发现的问题能够及时得到解决，审计建议能够尽快得到落实。

(5) 实用性。

内部审计报告所提供的信息应当有利于解决被审计单位在经营管理中存在的重要问题，并有助于组织实现预定的目标。因此，内部审计报告的内容应当围绕被审计单位经营管理实际中存在的较为严重的、亟待解决的关键性问题展开，强调为被审计单位揭示和解决最为现实的问题。

(6) 建设性。

内部审计报告不能仅仅简单地罗列在审计中发现的问题，其应当针对被审计单位业务活动及其内部控制，风险管理的主要问题和缺陷提出切实可行的改进建议，以帮助纠正错误，改善治理和控制，从而促进组织目标的实现。

（7）重要性。

在内部审计报告中，报告的事项应当充分考虑审计项目的重要性和风险水平，对于被审计单位经营活动和内部控制中存在的严重问题和重大缺陷，以及存在较高风险的领域等重要事项必须在审计报告中详细地予以说明。

2. 内部审计报告的编制要求

《内部审计实务指南第3号——审计报告》规定，内部审计报告应当体现内部审计项目目标的要求，并有助于组织增加价值。内部审计项目目标的要求主要包括但不限于对以下方面的评价：

（1）经营活动合法性。

（2）经营活动的经济学、效果性和效率性。

（3）组织内部控制的健全性和有效性。

（4）组织负责人的经济责任履行情况。

（5）组织财务状况与会计核算情况。

（6）组织的风险管理状况。

3. 内部审计报告编制的注意事项

（1）条理清晰。

一份内部审计报告可能会包含很多的信息和内容，内部审计报告的编制者应当对这些信息和内容进行合理的安排，做到条理清晰、主次分明。内部审计报告的编制应当始终遵循重要事项优先的原则。在编制内部审计报告时应当首先说明审计的目的和依据，执行的具体审计程序，审查的主要资料和内容，经过汇总、核对与分析发现的主要问题，事项的严重程度，当事人及主管领导的解释，对当前管理与控制状况的归纳，以及对存在的问题提出的改进建议等。

（2）表达简明。

为了更好地说明问题，编制内部审计报告时可以尽可能使用图形或表格，以将复杂的数据和文档一目了然地展示给报告的使用者，同时相关的文字叙述也尽可能简单明确。

（3）分析详尽。

内部审计报告必须以事实和数据说话，通过对发现问题的汇总与分析揭示问题，以寻找原因和界定事实。为此，内部审计报告中应当具体说明已经执行的具体审计程序及收集到的具体数据和资料。内部审计报告的分析思路要开阔，既不要局限在被审计项目之内，也不要仅限于组织内部，应当将审计数据放在更大的深度与广度中进行分析，通过多方位和多维度的对比分析，获取更全面、更具有针对性的结论。

（4）建议可行。

内部审计报告的重点在于针对审计中发现的问题提出合理的、切实可行的整改意见和建议。编制内部审计报告提出改进建议时切忌针对性不强，分析问题及成因部分与整改建议之间缺乏相关性，整改建议泛泛而谈、流于形式，缺少切实可行的和便于操作的整改方案和具体措施。

3.4.3 内部审计报告的内容和格式

内部审计报告范例

1. 内部审计报告的基本要素

内部审计报告的基本要素应当包括标题、收件人、正文、附件、签章、报告日期和其他事项等。

1）标题

内部审计报告的标题应当能够反映审计项目的性质，力求言简意赅并有利于归档和检索。标题中通常包括被审计单位的名称、审计事项（类别）、审计期间和审计报告字样。

2）收件人

内部审计报告的收件人应当是对审计项目有管理和监督责任的机构或人员。收件人可能是被审计单位的适当管理层、董事会或其下设的审计委员会、组织中的主要负责人、组织最高管理层、上级主管部门等。内部审计人员应当考虑组织的法人治理结构、管理方式的差异，根据具体情况确定适当的审计报告收件人。

3）正文

内部审计报告的正文是审计报告的核心内容，主要包括审计概况、审计依据、审计发现的问题、审计结论、审计意见和审计建议等内容。

4）附件

内部审计报告的附件是对审计报告正文进行补充说明的文字和数字资料。附件应当包括针对审计过程、审计中发现的问题所作出的具体说明，被审计单位的反馈意见等内容。

5）签章

内部审计报告应当由主管的内部审计机构盖章，并由审计机构负责人、审计项目负责人及其他经授权的人员签字。

6）报告日期

内部审计报告的日期一般采用内部审计机关负责人批准送出日，但是在下列情形下则需要使用相关的日期：因采纳组织主管负责人的某些修改意见；内部审计人员在本机关负责人审批之后又发现被审计单位存在新的重大问题或内部审计报告存在重大疏忽等。

7）其他事项

内部审计报告应当声明内部审计是按照内部审计准则的规定实施的，若存在未遵循该准则的情形，应当作出解释和说明。内部审计报告中应当说明报告是针对被审计单位业务活动及其内部控制，风险管理的适当性、合法性和有效性所做出的合理保证。

2. 内部审计报告的主要内容

内部审计报告的主要内容包括审计概况、审计依据、审计发现的问题、审计结论、审计意见以及审计建议。

1）审计概况

审计概况是对内部审计项目的总体情况的介绍和说明，一般应当包括立项依据、背景介绍、整改情况、审计目标、审计范围、审计内容及重点、审计标准、审计方式与审计时间。

（1）立项依据。

在审计报告中，应当根据实际情况说明审计项目的来源，如审计计划安排的项目、有关机构（外部审计机构、组织有关部门）委托的项目、根据工作需要临时安排的项目、其他项目。

(2) 背景介绍。

在审计报告中,应当对有助于理解审计项目立项及审计评价的以下情况进行简要的描述:选择审计项目的目的和理由;被审计单位的规模、业务性质与特点、组织机构、管理方式、员工数量、主要管理人员等;上次同类审计的评价情况;与审计项目相关的环境情况;与被审计事项有关的技术性文件;其他情况。

(3) 整改情况。

如有必要,应当将上次审计后的整改情况在审计报告中加以说明。

(4) 审计目标与审计范围。

审计报告中应当明确地陈述本次审计的目标,并应与审计计划中提出的目标相一致;还应当指出本次审计的活动内容和所包含的期间。如果存在未进行审计的领域,应当在报告中指出,特别是某些受到限制无法进行检查的项目,应当说明受限制无法审查的原因。

(5) 审计内容及重点。

审计报告应当对本次审计项目的重点、难点进行详细说明,并指出针对这些方面采取了何种措施及所产生的效果,此外,也可以对审计中所发现的重点问题作出简短的叙述及评论。

(6) 审计标准。

财务审计的标准主要是国家有关部门所颁布的会计准则、会计制度及其他相关规范制度。管理审计的标准主要是组织管理层已制定或已认可的各项标准。

(7) 审计方式与审计时间。

审计报告中应当说明内部审计机构实施审计的方式和审计时间。例如,在什么地方实施审计,是报送审计还是就地审计;在什么时间实施审计,是突击审计还是通知审计,审计实施的期间或实施具体审计程序的时间。

2) 审计依据

审计依据是实施内部审计所依据的相关法律法规、内部审计准则等规定。内部审计报告应当声明内部审计是按照内部审计准则的规定所实施的,若存在未遵循该准则规定的情形,应当作出解释或说明,如陈述未予遵循的理由,并对由此可能导致的对审计结论和整个审计项目质量的影响做出必要的说明。

3) 审计发现的问题

审计发现的问题是内部审计人员在对被审计单位的经营活动与内部控制的检查和测试过程中,所得到的积极或消极的事实。内部审计报告应当对所发现的事实的具体情况、应遵照的标准、事实与标准的差异、已经或可能造成的影响及产生的原因作出说明。审计发现的问题一般应包括以下内容:所发现事实的现状,即审计发现的具体情况;所发现事实应遵照的标准;所发现事实与预定标准的差异;所发现事实已经或可能造成的影响;所发现事实在目前现状下产生的原因(包括内在原因和环境原因)。

4) 审计结论

审计结论是内部审计人员对审计发现所作出的职业判断和评价结果,表明内部审计人员对被审计单位的经营活动和内部控制所持有的态度和看法。内部审计人员提出的结论既可以是对经营活动或内部控制的全面评价,也可仅限于对部分经营活动和内部控制进行评价。如果必要,审计结论还应当包括对出色业绩的肯定。

5）审计意见

审计意见是针对审计发现的主要问题，根据情况提出的处理及处罚意见。审计意见的权威性取决于组织适当管理层对内部审计结构的授权。

6）审计建议

审计建议是内部审计人员针对审计发现提出的方案、措施和办法。审计建议既可以是对被审计单位经营活动和内部控制存在的缺陷和问题，提出的改善和纠正的建议；也可以是对显著经济效益和有效内部控制，提出的表彰和奖励的建议。内部审计人员应该根据审计发现和审计证据，结合组织的实际情况和审计结论的性质，提出审计建议。对于现有系统运行良好的情况，内部审计人员可以提出无须改变的审计建议。对于现有系统需要全部或部分改变的情况，内部审计人员应该在审计建议中提出改进的方案设计、方案实施的要求、方案实施效果的预计，以及未实施此方案的后果分析。

3. 内部审计报告的基本格式

（1）中期审计报告的基本格式。

内部审计人员在确认有较大必要性的条件下编制规范的中期审计报告。一般中期审计报告篇幅较短，应当清楚地说明审计发现的事实、不良状况的影响，并提出审计建议。中期审计报告虽不能取代终结审计报告，但可以作为终结审计报告的编制依据。中期审计报告不具有终结审计报告的效力。中期审计报告应当包括下列内容：①标题；②收件人；③审计发现；④审计建议；⑤附件；⑥签章；⑦报告日期。

中期审计报告的格式范例如下。

关于“出纳付款程序”的中期审计报告（标题）

公司总经理：（收件人）

从正在进行的公司××年度财务收支审计中，我们发现公司财务部付款内部控制程序存在严重缺陷。出纳员×××保管着公司财务专用章及财务经理私章，可随时支取公司款项，在我们的初步审核中，已经发现未经审批的付款××笔，共计××万元，如果不采取紧急措施，将可能导致更大的舞弊风险。（审计发现）

根据上述情况，我们建议财务经理收回相关印鉴，对每笔公司款项的支付严格审核后才能签发，同时责成出纳员说清××万元款项的去向，采取各种手段追回款项，并建议临时停止该出纳员的职务工作。（审计建议）

附件：1. ×××

2. ×××

3. ×××

审计项目负责人：××

审计小组成员：××、××

××审计机构（签章）

××××年××月××日（报告日期）

（2）终结审计报告的基本格式。

每个内部审计项目结束之时，内部审计人员都应当编制终结审计报告。终结审计报告应当包括以下内容：①标题；②收件人；③审计概况，如立项依据及背景介绍、上次审计后的整改情况说明、审计目的和范围、审计重点等；④审计依据；⑤审计发现；⑥审计结论；⑦审计建议；⑧附件；⑨签章；⑩报告日期。

终结审计报告的格式范例如下。

关于××公司内部会计控制的审计报告(标题)

公司总经理：(收件人)

为了配合今年年底公司组织的行业检查活动，我们临时调整了审计计划，组成了以王××为项目负责人的5人审计小组，对公司内部会计控制制度进行了局部审计，旨在自我评价，消除内部控制的弱点，改善公司管理水平，争取在行业评比中获得优异成绩。我们的审计目标是测试内部会计控制方面是否存在漏洞，寻找与同行业其他企业的差距。审计涉及的期间是20××年1月1日至20××年12月31日。审计的范围包括会计制度设计、会计核算程序、会计工作机构、人员职责和财务管理制度等方面。(审计概况)

我们按照内部审计准则的规定计划和实施本项内部审计工作，并采用了我们认为应当采用的必要的审计程序，根据抽样结果，我们认为，下列情况应当予以关注。

1. 没有定期进行银行对账单调节。截至我们进行审计时，银行对账单的调节工作已经延误了四个月，严重削弱了公司对资金安全性的控制。(见附件第××页)

2. 由于没有防止投资收益账户上舞弊行为的控制程序，导致超过100 000元的股利被非法挪用。(见附件第××页)

3. ……(审计发现)

除上述问题外，我们认为，组织管理层对内部会计控制的设计在整体上是符合公司的实际情况的，其运行取得了预期的效果。(审计结论)

我们认为，上述问题的发生，主要原因是相关职位人员配备不足，不相容职务未予以分离。建议财务部门健全资金控制制度，并招聘一名有经验的会计人员充实相关职位。(审计建议)

附件：1. ×××

2. ×××

3. ×××

审计项目负责人：××

审计小组成员：××、××

××审计机构(签章)

3.4.4 内部审计报告的编制过程

(1) 检查审计任务的完成情况。

在编写审计报告之前，对审计过程各阶段，尤其是对审计实施阶段的工作完成情况进行全面检查是非常必要的。检查审计任务的完成情况是审计质量控制的一项重要内容。检查审计任务的完成情况的目的在于保证审计工作覆盖了审计方案既定审计范围的全部内容，即所有的审计步骤都被实施了。通常，一些较先进的内部审计组织通过核对“检查清单”来完成这项工作。

(2) 审阅审计工作底稿。

审阅审计工作底稿是审计报告的基础。在审计过程中，审计项目主管应该联系每一个具体阶段或某一方面的工作，来审阅工作底稿，以保证每一具体的审计步骤都被有效地完成并全部记录于工作底稿之中。工作底稿的最后审阅一般由富有经验的审计主管人员来完成。审阅的内容包括审计证据是否符合计划的要求、是否相关和充分，所采用的方法是否恰当，审计意见是否切合实际、是否客观公正。工作底稿经过这样的复核后应能从根本上保证工作底稿已将所完成的审计工作都充分形成文字记录，并能足以支持审计报告草稿的内容。

（3）评估审计发现的重要性。

写入审计报告的审计发现应该与组织目标的实现有着重要联系，换言之，报告中陈述的事实和揭示的不良状况应该具有重要性，能有助于审计报告使用者熟悉情况、改进工作，并为其提供有价值的重要信息。

（4）起草审计报告。

一般而言，在起草审计报告时，内部审计人员应设法达到：①用语准确；②简明扼要；③对报告的各个部分有良好的组织安排；④得体的、积极的基调；⑤合乎逻辑地支持审计结论和建议。

（5）征求被审计单位的意见。

内部审计报告定稿之前，内部审计人员应该与被审计单位的相关人员讨论审计的结论和建议，并将被审计单位的意见在编写审计报告时加以考虑并力求在审计报告中有所反映。

与被审计单位的管理层进行讨论主要有以下三个目的：①使内部审计人员有机会和管理层一起检验审计结果和审计结论是否符合实际情况；②能向被审计单位管理层解释审计结论的合理性和实施这些建议的潜在好处；③在内部审计报告中，也可列入被审计者的书面评论，如果双方意见分歧太大以致陷入僵局，则可由高级管理人员来评价不同的观点并作合理的决定。

（6）定稿。

内部审计报告在被公布之前，通常要经历一系列严格的检查过程。其主要包括：审计组负责人对审计报告的最初草稿进行检查和修改，提出审计报告的修订稿；项目负责人对审计报告修订稿进行检查和修改，提出审计报告的修订稿；内部审计机构负责人对审计报告的第二次修订稿进行检查和修改，并提出最终稿；与被审计单位负责人讨论审计报告，交换意见；完成内部审计报告。

3.4.5 内部审计报告的复核、呈报与保管

1. 内部审计报告分级复核制度

为了确保审计质量、提高审计工作效率、减少差错、及时发现和解决问题，内部审计机构应当建立健全审计报告分级复核制度，明确规定各级复核的要求和责任，在提交最终的审计报告之前对审计报告进行分级复核。

（1）复核人员。

复核工作应由内部审计机构的负责人或其指定的具有丰富经验的人员承担。审计报告的最终复核人员应由内部审计机构的负责人担任。具体设置多少个级别的复核层次，视审计项目复杂程度和内部审计机构的规模、人员配备等各种因素而定。

（2）复核的基本内容。

复核人员应对审计工作底稿进行综合、全面的复核。复核的基本内容包括以下几点：

① 检查是否实施所有必要的审计程序，运用的审计方法是否恰当有效，是否遗漏重要的事项。

② 所收集的审计证据是否达到标准，审计依据是否恰当，审计判断是否准确，是否支持

最终的审计结论、审计决定、审计建议。

③ 审计报告中的审计结论、审计决定、审计建议是否明确、恰当，是否存在错误表述。

2. 内部审计报告的呈报

在审计报告完成之后，内审人员应将审计报告送交相关人员，呈报对象包括以下几种：

(1) 被审计单位。被审计单位是审计报告的基本收件人之一。在将审计报告送交被审计单位时，应要求被审计单位及时采取纠正措施，在规定的期限内解决审计中发现的问题。

(2) 组织适当管理层。组织适当管理层主要是指主管内部审计机构的管理层、主管被审计机构的管理层以及有权对审计发现问题采取纠正措施或能对采取纠正措施做出指示的管理层。必要时，也可以将报告呈送给董事、监事等相关人员。

(3) 组织外部相关机构和人员。国家审计机关或独立审计组织出于利用内部审计结果的目的，可能会向组织的内部审计机构提出取得审计报告的要求。内部审计机构应根据具体情况，决定是否将内部审计报告送交组织外部的相关机构和人员，或者是以审计报告的部分内容呈送组织外部的相关机构和人员。在做出决定时，其应考虑的因素主要有以下几点：

① 外部机构、人员需要内部审计报告的用途是否合法、合理，是否会危及组织的相关利益。

② 外部机构、人员是否承诺对组织的信息和资料负有保密责任。

③ 应对外部机构、人员进一步扩散内部审计报告所含信息进行限制。

在决定对外报送内部审计报告时，需经内部审计机构负责人或组织适当管理层的批准程序后才能送出，但是法院、检察院或其他部门依照法律进行查阅的除外。

3. 内部审计报告的保管

审计报告是重要的审计资料，内部审计机构应当及时将审计报告归入审计档案，按照内部审计机构制定的审计档案管理制度加以妥善保存。审计部门可以考虑对审计报告进行编号存档，以便于管理和查找。

(1) 内部审计机构应建立有关制度，限制未经批准的人员随便接近审计报告。

(2) 内部审计机构应建立审计报告的借用登记制度，防止借出的审计报告遗失。

本章小结

审计准则将内部审计程序主要分为以下四个阶段：审计准备阶段、审计实施阶段、审计终结阶段以及后续审计阶段。内部审计技术主要包括以下几点：审计抽样技术、分析性复核以及内部控制评价技术，不同审计方法的适用范围也不同。内部审计报告的内容和格式要符合质量要求，其编制、复核、呈报、保管要遵循一定的程序。

重要概念

审计计划　审计通知书　审计证据　审计工作底稿　审计报告　后续审计　审计抽样　分析性复核　内部控制自我评估

阅读资料

[1] 王宝庆,张庆龙.内部审计(第二版)[M].大连:东北财经大学出版社,2017.
[2] 李越冬,李齐辉,刘跃明.内部审计理论与实务[M].北京:清华大学出版社,2016.
[3] 贺志东.中国内部审计操作实务[M].北京:电子工业出版社,2014.
[4] 沈征.内部审计学[M].北京:电子工业出版社,2015.

本章练习

单选题

1. 为了恰当地控制工作底稿,审计师不应该(　　)。

A. 同被审计对象共享审计结果

B. 让外部审计师接触

C. 让政府审计师接触

D. 让无权使用工作底稿的人员得到它们

2. 内部审计师完成了对组织有关活动的审计,准备出具报告。不过,被审计单位不同意内部审计师的结论。审计师应当(　　)。

A. 停止出具审计报告,直到对有关问题取得一致意见

B. 同被审计单位合作开展更多的工作,解决意见不一致的地方。推迟出具审计报告,直到达成一致意见

C. 出具审计报告,指出被审计单位设置了范围限制,致使审计结论产生差异

D. 出具审计报告,既说明审计师的立场,也说明被审计单位的立场,以及产生不一致意见的原因

3. 审计工作底稿的复核实行(　　)复核。

A. 一级　　B. 二级　　C. 三级　　D. 四级

4. 在下列抽样结果中,抽样风险最小的是(　　)。

样本量	可容忍误差率	样本误差率
A. 40	5%	2%
B. 60	5%	1%
C. 80	4%	3%
D. 100	1%	1%

5. 为了测试最近年份的销售退回记录政策的遵守情况,审计人员使用系统抽样的方法从3月和4月的实际销售退回记录中筛选了5%。这两个月为最忙碌月份,其发生的退回占到了全年退回的25%。从这个样本中得出的差错估计值的用处有限,因为(　　)。

A. 样本规模相对较小,使得抽样风险不可接受

B. 没有针对销售量对总体进行分层,导致偏差产生

C. 从两个月的记录中系统抽取样本,没有足够的随机性

D. 最忙碌的两个月的误差率可能不足以代表全年

6. 使用随机数字抽取样本(　　)。

A. 是变量抽样计划的要求　　B. 可能产生无偏差的样本

C. 产生具有代表性的样本　　D. 允许审计人员使用更小的样本

7. 通过利用彼此相关的账户金额和可能造成某种变化的各种因素对账户金额进行预测的方法是(　　)。

A. 比较分析法　　B. 平衡分析法

C. 简单合理性分析法　　D. 趋势分析法

多选题

1. 关于审计通知书的内容,包括(　　)。

A. 审计项目名称

B. 被审计单位名称或者被审计人员姓名

C. 审计组组长及审计组成员名单

D. 内部审计机构的印章和签发日期

E. 审计目的和范围

2. 内部审计报告的质量特征,包括(　　)。

A. 客观性　　B. 明晰性　　C. 针对性　　D. 及时性

判断题

1. 控制测试是在了解内部控制的基础上来确定其设计和执行的有效性。(　　)

2. 审计证据要有证明力,其可以与审计人员的审计目标无关。(　　)

3. 后续审计是内部审计有别于社会审计的重要特征之一。(　　)

4. 个别访谈法主要用于了解组织内部控制的设计和运行现状,在调查了解组织整体层面和具体业务层面内部控制过程中被广泛运用。(　　)

5. 在审计实施阶段,实施分析性技术的对象是会计报表。(　　)

6. 内部审计报告无需呈递给外部机构和人员。(　　)

简答题

1. 什么是内部审计程序? 其主要有哪些阶段?

2. 常用的分析性复核方法有哪些?

3. 内部控制自我评估的内容有哪些?

4. 内部审计报告的质量特征有哪些? 如何编制内部审计报告?

案例题

三泰公司审计室根据其2016年度的审计计划安排对所属的三泰设备厂进行了内部审计。对本项目的审计,审计处李处长介绍设备厂审计组依据项目审计计划编制了如下审计方案(部分)。

1. 被审计单位名称(略)

2. 审计依据:总公司2016年重点审计项目计划以及关于实行审计制度的要求。

3. 审计目的:对企业的主要负责人的个人素质进行审计和评价;对企业的财务状况进行审计监督和评价。

4. 审计方法(略)

5. 审计内容(略)

6. 审计组人员及分工(略)

7. 审计要求(略)

请问:

1. 三泰公司设备厂审计组编制的审计方案依据是否合规?

2. 三泰公司设备厂审计组的审计目的是否正确?

3. 三泰公司设备厂审计组编制的审计方案要素是否齐全?

第 4 章　内部审计管理

内容提要

本章分为五节课，主要讲解了内部审计管理的五个方面，其中包括内部审计部门管理、内部审计项目管理、内部审计质量评价与改进、内部审计风险及防范，以及内部审计制度建设。

从斯特公司的欺诈案说起

重点难点

本章重点为加强内部审计项目管理的主要思路、内容，内部审计质量评价与改进程序；难点是内部审计质量评价与改进程序的目标、内容、范围。

学习目标

通过本章学习，学生应了解内部审计管理的内容及要求；理解内部审计风险并加以防范；了解加强内部审计管理的重要意义。此外，学生应能够回答两个关键问题：内部审计风险的主要内容和内部审计质量评估的主要内容。

知识框架

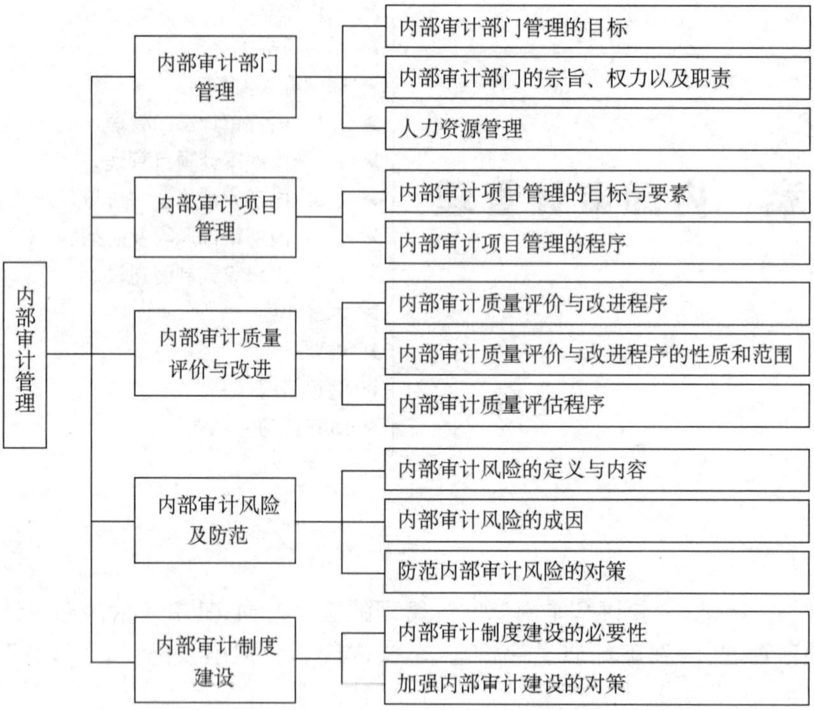

4.1 内部审计部门管理

管理就是通过计划、组织、领导以及控制，协调以人为中心的组织资源与职能活动，以有效实现特定主体目标的社会性活动。

内部审计管理是指内部审计部门的负责人采取科学系统的技术方法和手段，对内部审计工作进行计划、组织、指挥、协调、控制以及监督等一系列提高审计行为效率的活动。在内部审计机构中，各项管理制度都承担着一个方面的支持性功能，同时，各项管理制度之间又紧密联系、相互配合，形成一个完整的审计管理体系，以保证内部审计工作能在一个良好的环境中高效率、高质量地进行。内部审计管理应当达到以下几个目的：①实现内部审计目标；②使内部审计资源得到经济和有效的利用；③提高内部审计质量，更好地履行监督与评价的职责；④使内部审计活动符合内部审计准则的要求。

内部审计部门管理是指内部审计机构运行过程中的一般性行政管理。

4.1.1 内部审计部门管理的目标

内部审计部门管理有以下三个目标：①审计工作能完成由高级管理层批准并得到董事会认可的总的目的和职责；②充分有效使用内部审计部门的人才资源；③审计工作符合《内部审计实务标准》的要求。

4.1.2 内部审计部门的宗旨、权力以及职责

1. 内部审计部门的宗旨

内部审计部门的宗旨是指内部审计活动所要达到的目标，一般是要对风险管理、控制以及治理过程进行评价，从而提高组织的效率，帮助实现组织的目标。

2. 内部审计部门的权力

内部审计部门的权力是实现内部审计目标的保证。内部审计部门有权启动、采取以及通报内部审计认为为履行其职责所必需的任何行动。为有效地履行内部审计职责，董事会授予内部审计如下权限：

(1) 审计部可以根据董事会批准的年度审计计划，在职责范围内，自主确定审计项目和审计对象。

(2) 审计部可根据需要委派审计人员对有关单位或特定的事项实施内部审计。实施审计过程中，除特别限定外，受委派的审计人员具有与委派其工作的审计不同等的审计权限。

(3) 在履行职责时，内部审计可以不受限制地任意、直接、立即查阅属于公司的所有文件与记录，包括但不限于：

① 规章制度、会议纪要、工作计划和总结等内部文件资料。

② 凭证、账册、报表、对账记录、实物等会计资料。

③ 签订的各类合同、招投标活动纪录、材料物资核价单、供应单位及人员信息档案等资料。

④ 工程计划、施工图纸、预算、结算、决算等文件资料。

⑤ 行政管理、人力资源管理、档案管理等文件资料。

⑥ 其他与审计工作相关的资料。

(4) 进行内部审计时，被审计单位应当按照审计部规定的期限和要求，向审计部报送、提供与审计内容相关的原始文件资料或其复印件。如有必要，报经批准，审计部可以暂时封存会计账册、凭证、档案等原始文件和资料。

(5) 根据需要，审计部门参加公司有关的会议，会签有关文件。公司其他部门、各下属公司召开财务、经营、管理等工作会议，重要合同、协议的洽谈与签订，应当邀请审计部参加。审计部是大额采购、发包工程等事项的招标、评标工作小组的成员单位之一。

(6) 公司有关部门和下属公司编制的经营、财务等计划和执行结果报告，应当抄送公司审计部。

(7) 审计部进行审计工作时，有权实地察看、盘点或监督盘点实物；有权进行工作流程测试。

(8) 审计部履行职责时，有权就审计事项向有关单位和个人进行书面或口头调查、询问，公司下属单位和个人应当如实向审计部反映情况，提供有关证明材料。口头询问应作笔录，并由审计人员和被询问人员签署。

(9) 审计人员应根据预定的审计目标，在预定的审计范围内实施内部审计。如有必要并经批准，可调整审计目标、扩大审计范围，或进行追溯、延伸审计。

(10) 内部审计可以直接受理工作人员个人就可能存在的欺诈，浪费，滥用职权，不遵守行政、人事以及其他制度或与内部审计的任务规定相关的其他不规范活动提出的投诉或提

供的信息；

(11) 董事会保证所有工作人员均有权与内部审计进行秘密接触和向其提供信息，而无打击报复之虞。但明知信息不属实或故意无视其真实性或错误性而向内部审计提供的，将不影响公司有关内部举报政策中的有关措施。

(12) 内部审计在履行职责过程中，对被审计单位的下列行为，有权作出制止的决定，提出改进经营管理的建议，并报告公司董事会和管理层：

① 阻挠、妨碍审计工作的行为。

② 转移、隐匿、篡改、毁弃会计凭证、账簿、报表以及其他与经济活动和审计事项有关的资料。

③ 截留、挪用公司资金，转移、隐匿、侵占公司财产行为。

④ 其他违反公司内部规章、侵害公司经济利益的行为。

3. 内部审计部门的职责

内部审计部门的职责是指内部审计部门和人员需要履行的责任，其中包括基本职责和主要职责两个层次。

1) 内部审计部门的基本职责

增加企业价值是内部审计部门的基本职责。随着现代企业规模不断扩大，集团化、全球化、信息化趋势日益明显，面临的不确定因素日益增多，企业存在的目的在于创造价值或利益。作为企业内部的一项重要管理职能部门，内部审计也应当是以帮助和改善企业的经营管理、增加组织的价值、实现企业目标为目的的部门。内部审计部门的基本职责是为组织增加价值并改善组织的运营情况。加入"增加价值"一词给内部审计职业提出了一个方向性的指导。内部审计师虽然不直接从事企业的生产经营活动，但其可以通过收集生产和销售过程的资料，查明和评估企业在生产经营过程中存在的问题和风险，并将这些有价值的信息以建议、忠告、报告或其他方式报告给管理层。管理层采纳、利用这些有价值的信息后，一方面可以借此消除各种减值因素如风险因素、控制漏洞、治理缺陷等；另一方面可以将这些有价值的信息作用于经营管理活动，从而创造出超过预期价值的价值。

2) 内部审计部门的主要职责

内部审计部门的主要职责是促成公司的有效经营管理并帮助董事会和审计委员会履行其所负有的责任。内部审计部门应履行(但不限于)下列职责：

(1) 审查和评估公司的经营或项目，以确保其成果与公司既定战略目标相一致，以及确定经营或项目是否按照计划进行。

(2) 审计财务与经营信息的可靠性、完整性和鉴别、衡量、分类以及报告这些信息所使用的方法。

(3) 审查为确保遵守那些对经营和报告可能有重大影响的政策、计划、程序、法律和规定而建立的系统，并确保组织是否一贯地遵守。

(4) 审查和评估人力、财力和物质资源的利用是否经济、有效。

(5) 审查和评估资产的安全性和完整性，必要时，核实这些资产是否真实存在。

(6) 了解和评估公司出现重大风险的可能性，并帮助公司改进风险管理工作。

(7) 必要时，对属于内部审计任务范围内的涉及被指控的任何措施行为和渎职的案件进行调查。

(8) 进行特别调查,查明经营管理中的薄弱环节和故障所在。

(9) 确保内部审计、调查和检查报告的完整性、及时性、客观性以及准确性。

(10) 向管理层和审计委员会提供其他服务。

4.1.3 人力资源管理

人力资源管理是指针对内部审计机构人力资源的配置和有效使用的管理。内部审计机构应当根据内部审计的目标和管理需要,加强人力资源管理,以确保人力资源利用的充分性和有效性。人力资源管理的目的是实现内部审计目标和计划,充分发挥审计人员的专业特长、积极性以及主动性,以使内部审计发挥其最大的管理价值和经济价值。

1. 人力资源管理的要素

内部审计部门制定的人力资源管理政策和程序应当解决下列人事问题。

1) 团队建设

一个有战斗力的团队是指一个紧密团结、目标一致、行动划一的工作群体,内部审计部门也是如此。内部审计部门应根据不同层次、不同规模的单位的实际需要,采取最优化的定编、定岗、定责的配置原则,尽快优化内部审计人员的专业水平和知识结构,逐步形成一个结构合理、优势互补、数量与质量相统一的复合型的、有战斗力的专业审计团队。为了使审计工作更有战斗力和效率,内部审计部门必须做好几下几点:

(1) 设置合理且必要的相关工作岗位。即从审计经理、审计项目小组组长到审计小组成员,要做到由专业人员负责专职工作。

(2) 预测审计人员的需求。这有助于内部审计部门确定其业务所需人员的数量和素质。没有足够的人员,将对审计业务质量产生不利影响,制约内部审计的发展;如果人员胜任能力没有达到必需的标准,将直接导致业务质量下降。

(3) 合理考虑人员的结构,以保持较为稳定的人员配置。这不仅体现在审计小组成员年龄上要以老带新,以达到经验与激情并重,还表现在内部审计小组成员间不同专业的协作,尤其在现代公司集团中跨行业经营、跨国经营的现象很普遍,如果审计小组仅配备财务专业的人员,将无法收到良好的效果甚至无法顺利开展工作。

2) 人员雇用

人员雇用是人力资源管理的首要环节,为此,内部审计部门应当会同单位人力资源管理部门制定雇用程序,以选择正直的、通过发展能够具备执行业务所需的必要胜任能力的人员。

鉴于内部审计工作专业性、技术性要求较高,因而具有较强的专业胜任能力和应有的职业谨慎是加入内部审计队伍重要且必要的条件。在选择内部审计人员时,内部审计部门应注意挑选一些取得相关专业资格书,如 CIA, CPA, AICPA, CGA 等方面的人才。内部审计部门必须明白,没有基本的审计知识与能力,审计人员根本无法适应内部审计的复杂、多变的技术要求。

此外,在招聘内部审计人员时,还要注重业务素养的考查。其中,既要考察审计人员是否有准确理解和执行国家方针政策、财经法规及单位内部规章制度的能力,也要考察被聘用的人员是否敢于坚持原则,是否在主观上能以强烈的事业心和责任感甘于献身审计事业,是否有任劳任怨、爱岗敬业、不计个人得失的奉献精神。只有这样,才能做到严把进人关,进而从整体上提高内部审计人员的综合素质。

3）人员培训

内部审计是一个需要终身学习的职业。培训是提高审计人员素质、专业胜任能力和帮助员工职业发展的重要途径。由于执业环境和工作要求的不断发展和变化，培训是内部审计部门的一项长期和持续的工作。内部审计部门应当在人力资源政策和程序中强调对各级别人员进行培训的重要性，并提供必要的培训资源和帮助，以使审计人员能够发展、保持必要的素质和专业胜任能力。大型企业的内部审计部门人数较多，具有资源优势，可以自行组织开展面对各层次员工的各种内容的培训。规模较小的内部审计部门如果没有足够的资源自行培训，也可以利用外部资源，即安排员工参加外部培训，以达到培训效果。

4）工作任务安排

在实务中，内部审计部门所承接的每项业务都是委派项目组具体办理的。委派项目组是否得当，直接关系到业务完成的质量。

内部审计部门应当对每项业务至少委派一名项目负责人，并配备具有必要素质、专业胜任能力以及时间的员工组成审计项目组。这样规定对于明确每项业务的质量控制责任、确保业务质量可以起到特别重要的作用。

委派项目组在选取审计人员时，应考虑下列事项：

（1）项目负责人必须具有履行职责所必要的素质、专业胜任能力、权限以及时间；项目负责人必须清楚界定自己的职责。

（2）业务类型、规模、重要程度、复杂性以及风险。

（3）需要具备的经验、专业知识以及技能。

（4）对人员的需求，并在需要时能否获得具备相应素质的人员。

（5）拟执行工作的时间。

（6）人员的连续性和轮换要求。

（7）在职培训的机会。

（8）独立性和客观性。

5）业绩评价与激励机制

业绩评价与激励机制是事关每个人员切身利益的重大问题。为此，内部审计部门应当制定业绩评价、工薪以及晋升程序等激励机制，对发展和保持专业胜任能力并遵守职业道德规范的人员给予应有的肯定和奖励。

业绩评价是决定奖励，包括工薪和晋升的基础。公平、公正的业绩评价对于实现绩效评价的整体目标至关重要。

工薪制度应当体现对员工的激励作用。因此，每年的薪金调整应当与对人员当年评估结果直接相关。表现良好的员工在同级别薪金中处于高端，而表现不足的员工处于同级别的低端。

人员结构和晋级的阶梯方式，向员工传递了清晰的职业发展道路和信息，其直接帮助员工制定规划，具有明显的激励作用。内部审计部门应明确定义各部门不同级别职位对应的工作内容、职责内容和技能要求，并在业绩评价过程中使员工充分了解提高业务质量和遵守职业道德规范是晋升的主要途径。

内部审计部门应针对每个层次的人员，制定不同的业绩评价、工薪以及晋升的标准，并指定专人或专门机构对员工的业绩进行定期评估，从而作出晋升的决策。

通常来说，员工业绩的评估有两种方法，即项目执行情况评估和个人发展计划评估。本章内容主要介绍项目执行情况评估。

(1) 项目执行情况评估。

参照国际通行的做法，审计小组成员应该就每个预算时间在40小时以上的审计项目，准备项目执行情况评估表。

在审计计划阶段，所有参加审计项目的小组成员在了解了审计项目的目标、范围、自己应该承担的任务之后，就应该准备项目执行情况评估表。首先，制定出个人在该审计项目中所要达到的目标，其中包括8个方面：达到客户的期望；项目组内的沟通；个人发展；对项目组其他成员的帮助；审计效率；审计效果；风险控制；审计技巧。其次，设定目标时应该充分考虑工作分配、难易程度、经验水平，不能盲目订立完全不切合实际的或者不经过任何努力就能达到的目标。与上一级督导人沟通之后，就8个目标达成一致，双方签字确认。

在审计实施阶段，每个审计人员都应该按照预先设定好的目标实施审计程序，完成项目经理和审计小组负责人分配给自己的任务。这里尤其要强调的是期中反馈，它是一个连续的过程，是督导人员职能的重要部分。如果不能提供及时的反馈，将是督导人员工作的失职。期中绩效讨论应当对优势和尚待改进的地方进行分析，着重强调如何改进绩效的建设性行为。尽管期中评价并不一定需要书面形式，但是仍然可以作为期末评估的参考和依据。

在审计报告阶段，项目小组负责人应该就所督导的审计人员在审计项目实施过程中的表现进行业绩评价。项目小组负责人的评估应该由项目经理来完成，评估的标准如下：

“1”：非常优秀。完全超出了一般胜任的专业水平和期望水平，具有超常的实力和表现；

“2”：基本上超过了一般胜任的专业水平和期望水平，个别方面有超常的实力和表现；

“3”：达到一般胜任的专业水平和期望水平；

“4”：基本上达到一般胜任的专业水平和期望水平，个别方面还有待改进；

“5”：完全没有达到一般胜任的专业水平和期望水平。

在一个审计项目中，对于不同级别的审计人员，所要达到的8个方面的目标要求是不同的，对其详细描述如表4-1所示。

表4-1 **项目执行情况评估表（审计计划阶段）**

具体目标	审计小组成员	审计小组负责人
达到客户的期望	1. 了解被审计单位的基本经营情况，以发现问题和提出管理建议书的结论 2. 了解其所要进行的服务性质、被审计单位的需求	1. 主动参与识别被审计单位风险的过程 2. 理解被审计单位的期望和经营情况，其中包括被审计单位的经营目标、主要考核指标、应对竞争的机制等 3. 与被审计单位建立良好、紧密的合作关系，确保审计项目顺利完成
项目组内的沟通	1. 能独立地安排与被审计单位的会面，并收集所需要的信息 2. 能够使用正确的语法和表达方式，准备清晰、明确的内部使用文件 3. 能够进行清楚、明确的口头交流 4. 具备有效的聆听技巧，能够提出跟进问题以获得对事实和未来情况的说明	1. 能够进行有效的会面以获取所需要的信息和意见 2. 准备最初的报告草稿和其他需要递送的外部报告

（续表）

具体目标	审计小组成员	审计小组负责人
对项目组其他成员的帮助	1. 主动接受督导人员的指导，积极寻求业绩评估的反馈 2. 理解和平等看待小组成员的差异 3. 谨慎对待小组其他成员	1. 积极指导经验不够丰富的小组成员的工作 2. 把自己的所知、所学与小组其他成员分享 3. 给予小组其他成员业绩评估的反馈意见
个人发展	1. 诚实评价个人表现，准确定义自己的长处和缺陷 2. 积极寻求提高个人能力的途径和方法 3. 主动寻求督导人员和其他小组成员的评价和反馈意见	1. 及时准备和递交个人业绩表现评估表 2. 订立目标 3. 找出有待发展的方面 4. 提供及时、有意义的评估反馈 5. 与被评估人员交流业绩评估情况
风险控制	1. 通过项目经理和项目总负责人，能够知道被审计单位的风险管理政策和程序 2. 与项目经理和小组负责人及时就审计中遇到的问题进行沟通	1. 及时与项目经理就审计风险进行沟通和讨论 2. 对工作保持专业的谨慎态度 3. 根据公认审计准则和被审计单位的固有风险，提出审计建议
审计效果	1. 能够获得、运用以及分析被审计单位的数据 2. 积极参加讨论 3. 在被分配的部分，审阅被审计单位的操作过程，找到问题，及时向小组负责人汇报并建议解决办法 4. 在获取资料和得出审计结论时，结合被审计单位的具体情况	1. 根据最新的、复杂的情况，设计和改进审计程序 2. 使用技术搜索，针对被审计单位的会计审计和其他经营问题，证明、质疑和提出改进工作的建议 3. 理解所负责部分的交易实质 4. 识别复杂交易，并且能够实施替代性程序 5. 与项目小组在一起，不断完善项目审计技术
审计效率	1. 项目开始前，充分理解所分配任务的具体目标 2. 使项目小组负责人随时掌握进度情况 3. 在时间控制预算范围内合理掌握自己的时间，如果与预算有差异，应该及时通知项目小组负责人	1. 控制项目实际成本，分析与时间控制预算的差异 2. 控制小组成员的工作进度，及时调整项目工作计划 3. 决定最有效的会议方法达到会议目的 4. 确保小组成员之间就审计发现进行及时沟通 5. 提前计划是否需要外部专家参与到审计项目中来 6. 合理运用小组成员的技能，以确保审计项目效率最大化 7. 寻求被审计单位的反馈意见，以确保审计工作能够达到被审计单位的需求
审计技巧	1. 运用基本的审计理论和审计技巧 2. 工作底稿编制符合要求 3. 遵守公司关于计算机硬件、软件以及其他被审计单位信息使用的规定	1. 运用先进的审计理论和审计技巧 2. 工作底稿复核按照部门政策进行 3. 运用现代的搜索和分析手段

（2）个人发展计划评估。

个人发展计划，要求审计部门的员工以半年为一个期间，制定个人职业发展目标，在期末按照发展计划来评估员工整体表现。

个人发展计划的主要内容包括：个人主要长处；需改进的方面；个人发展计划的实施过程；对未来工作重点的期望。

个人发展计划的实施过程包括：每年 12 月和 6 月制订未来 6 个月的个人发展计划；每年 1 月和 7 月就以前 6 个月的员工个人发展计划执行情况进行评估；评估后对工资和奖金发放提出建议。

对未来工作重点的期望包括：员工表达个人对未来工作重点的期望，如希望从事更多的财务审计，或者希望对工程审计方面有更多的接触等。部门经理和总监会在未来的工作中应尽可能考虑其员工的需求。

4.2 内部审计项目管理

内部审计项目管理是内部审计机构对审计项目业务工作的管理与控制，它是指以审计项目为对象，通过组成专门的审计项目小组，对审计项目进行协调、管理和控制，从而实现审计项目目标的过程。内部审计项目管理既具有审计的特点，又具有项目的属性。内部审计项目管理是内部审计管理的一个重要组成部分，内部审计的质量取决于内部审计项目管理水平。

4.2.1 内部审计项目管理的目标与要素

一个好的内部审计项目是周密计划和正确执行两方面妥善结合的综合结果，这就要求内部审计经理和项目负责人对从项目计划到报告递交的全过程进行认真管理。内部审计项目管理是内部审计经理或项目负责人对项目执行的直接决策和运作，其中包括项目审计人员的安排和指导、项目执行的计划和方案、工作底稿的复核、项目质量的内部评价、对审计人员的监督。

4.2.2 内部审计项目管理的程序

内部审计项目管理是以内部审计项目的计划与执行为中心内容的管理子系统，即内部审计部门负责人行使领导职能，进行行政管理，通过期间审计项目计划和预算的分析、决策、制订等过程，落实控制内部审计项目的执行进程，其最终目的是保证内部审计项目的完成。

1. 项目计划的制订

审计准则要求内部审计部门制订并存档项目计划。这个程序包括考虑目标、风险、控制措施，以认识被审查活动、在风险评估的基础上制订业务目标、确定能够完成业务目标的业务范围、安排完成目标所需要的资源并制订工作方案。

1）制订计划时需要考虑的因素

（1）外部审计组织开展的审计对内部审计的要求，如民间审计组织开展的中期报表审计、年度会计报表审计等，内部审计部门应该按照该要求给予协作、配合，以保证合适的工作范围，使重复工作减少到最低程度。

（2）内审机构在上一年度对财务审计、合规审计、经济责任审计中发现的共性问题，在确定本年度审计工作项目计划时需予以考虑。

（3）投资项目的可行性研究、新产品目标成本、合同计划的制订与执行、内部控制制度的评审以及企业在执行政策中发生的普遍性问题。

（4）制订审计工作项目计划时，还应考虑内审机构现有的工作能力，做到既积极开展工作，又量力而行。

以上经常性的审计工作，在制订审计工作计划时应当予以考虑。对于临时性的审计工作，如企业领导交办的审计事项及群众的揭发检举案件，应在审计工作计划外组织临时性的审计，即计划外审计。

2）项目计划管理的基本内容

（1）审计目的和审计范围。

项目审计计划应当说明该项目的总体审计目的，如审查和评价经营活动及内部控制的适当性、合法性以及有效性；确定被审计单位对特定政策、法规、合同等的遵循情况等。项目审计计划还应说明审计范围，审计范围包括审计对象的范围和审计活动的范围。

（2）重要性和审计风险的评估。

重要性是指在审查事项中存在的、可能造成信息使用者改变决策的错误程度。审计风险是指审计人员的结论偏离事实的可能性大小。重要性和审计风险的确定有助于判断所需审计证据的数量。

（3）审计小组的构成和审计时间的分配。

项目审计计划中必须包括为该审计项目配备的内部审计人员的安排以及为该项目分配的审计时间的预算。项目负责人需要考虑审计项目的性质和特点，配备具有相应学识、能力及经验的内部审计人员。

（4）对专家和外部审计工作结果的利用。

某些审计项目存在特殊专业领域，需要专家协助，审计项目负责人应考虑专家的独立性及胜任能力，并在项目审计计划中对其工作作出特殊安排。如果审计项目中特定范围与外部审计工作重复，在评价外部审计质量符合既定要求的基础上，内部审计可以利用外部审计工作，以减少重复审计，从而提高效率。在项目审计计划中，应当就与外部审计的沟通、合作以及利用外部审计工作作出规划。

（5）其他有关内容。

审计项目负责人应根据实际需要，考虑项目审计计划的内容，如需要被审计单位提供的资料和协助等。审计项目负责人可以根据被审计单位的经营规模、业务复杂程度及审计工作的复杂程度，确定项目审计计划的繁简程度。

2. 项目计划实施管理

实施管理项目计划时，内部审计部门应识别、分析、评价以及记录足够的信息以实现项目目标。

（1）信息识别。

内部审计部门需要确定相关信息是充分、可靠、相关以及有用的。审计准则中并未强制性要求信息的具体类型，因此，职业判断在确定应收集并分析多少信息以及哪些信息中起着重要的作用。

分析性程序是用以识别和检查信息的方法之一。应用分析性程序确定应查信息的前提是，不存在对立情形、能合理预期信息间存在的关系且这种关系会持续下去。对立情形包括：异常或不重复发生的交易或事项；公司战略焦点的改变；会计、组织、业务、环境及技术方面的变化；效率低下、无效果、错误或者舞弊及违法行为等。

另一个用来查找信息的方法是数据挖掘。这个方法被用于“从大量、明显随机的数据中识别模式”，调查者用该模式检验某项活动中是否存在异常。

（2）分析与评价。

内部审计的结论和项目结果应建立在适当的分析与评价基础之上。分析与评价的步骤包括:确定分析评价对象和具体的审计目标;估计预期值;确认是否存在重大差异;调查差异原因;评估分析结果。

(3) 信息记录。

内部审计人员应记录相关信息以支持审计结论和项目结果。内部审计部门经理应制定政策和程序,规范项目记录的保管。这项要求同时适用于确认项目和咨询项目。

(4) 项目监督。

项目须加以适当的监督以保证目标得以实现、质量得到保证、员工不断发展。虽然内部审计部门经理和项目负责人肩负复核的总体责任,但是有经验的内部审计人员应对其他缺乏经验的内部审计人员的工作进行复核。

3. 项目结果的沟通

项目结果的沟通是内部审计机构与被审计单位、组织适当管理层就审计概况、依据、结论、决定或者建议进行讨论和交流的过程。沟通的目的是保证审计结果的客观、公正,并取得被审计单位、组织适当管理层的理解。沟通一般采取书面或口头方式,也可以采用其他适当的方式。外部审计(政府审计和社会审计)一般不将工作底稿给被审计单位征求意见,但内部审计却不一样,如果不是特别事项,都应与被审计单位进行充分沟通。在沟通中,把审计建议与意图灌输至被审计单位,有利于组织目标的实现。

在现场审计结束时,项目负责人应该主持召开全体审计人员参加的审计组内部小组会议,归纳每个审计执行人员在审计过程中发现的问题,进行简单分析和总结,这既是为了编制审计报告初稿做好准备,也是为了防止出现重大遗漏。同时,会议也对本次审计计划和审计方案的执行情况、审计中重大事项的处理方法等进行总结,以备以后审计工作参考。

4.3 内部审计质量评价与改进

在现代企业中,内部审计担当着重要而特殊的角色,通过对企业风险管理、公司治理以及内部控制的测试与评价,为企业的发展提供专业服务,从而帮助企业实现其目标。因此,内部审计质量就显得至关重要。内部审计质量是指内部审计机构从事各项工作的优劣程度,即内部审计工作体现出的合法性、准确性、客观性以及效益性的程度,它贯穿于内部审计活动的全过程。内部审计质量包括两个方面的内容:一是内部审计工作质量;二是内部审计项目质量。

内部审计工作质量是广义的内部审计质量,是所有内部审计工作的总体质量,即内部审计机构内部工作的有效程度。内部审计工作质量包括内部审计计划的实施;内部审计人员的选聘、培训、分工;内部审计档案管理等工作的合理性、有效性等。内部审计项目质量是狭义的审计质量,是具体内部审计项目的选项、立项、准备、实施、报告、建议等一系列环节的工作效率以及达到审计目的的程度。内部审计项目质量包括内部审计计划的可行性;内部审计证据的证明力;内部审计结论和建议的公正性、准确性以及建设性等。所有的内部审计工作必须协调一致,才能完成最终的审计任务,达到审计目的,为此,内部审计机构就必须对内部审计工作的质量进行必要的评价和改进。内部审计质量评价与改进是内部审计机构为确保其审计质量符合内部审计准则的要求而指定和执行的政策和程序,对内部审计工作的优劣程度进行评价或者采取措施进行改进,借以提高审计工作水平以及审计工作的效率和效果，它包括检查、分析、反馈等一系列的管理和控制活动。

4.3.1 内部审计质量评价与改进程序

国际内部审计的质量标准是从三个方面来衡量的。一是工作依据章程开展，且该章程与《国际内部审计专业实务标准》(以下简称《标准》)及《内部审计人员职业道德规范》一致；二是以有效、高效的方式开展内部审计活动；三是内部审计活动能被利益相关方认为可以增加价值，改进组织的经营状况。这既是内部审计的大质量观，也是内部审计的全面质量观，它是从内部审计的效果方面来评价审计质量，而不仅仅是评价一个审计项目。《标准》分为属性标准和工作标准，属性标准说明开展内部审计活动的组织及人员的特点，工作标准描述内部审计活动的性质并提出了衡量内部审计活动实施的质量准绳。属性标准的第 1300 条标准要求：首席审计执行官应建立并坚持开展质量评价与改进程序，该程序应当涵盖内部审计活动的所有方面并能持续监控内部审计活动的效果。由此可以看出，质量评价与改进程序在《标准》中的重要地位。质量改进程序包含三个要素：监督、内部评估以及外部评估，三者的关系如图 4-1 所示。

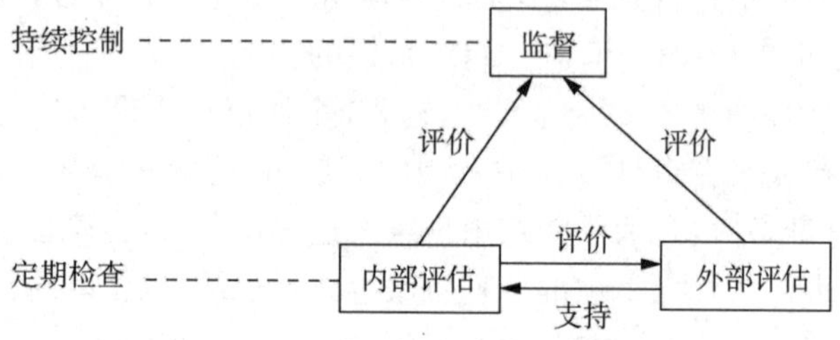

图 4-1 质量改进程序要素图

4.3.2 内部审计质量评价与改进程序的性质和范围

1. 内部审计质量评价与改进程序的性质

内部审计质量评价与改进程序的作用有以下几点：

(1) 内部审计质量评价与改进程序是建立内部审计激励和约束机制的基础。

内部审计在企业中的地位日益重要，内部审计向董事会和审计委员会报告，和企业的最高管理者保持紧密的联系，并且因为经营或财务审计工作而与企业其他部门保持着密切的联系。但是，在企业进行绩效考核、建立激励和约束机制规则时，由于内部审计的专业性很强，对内部审计工作的评价、内部审计人员薪资以及职位的提升常常都没有考虑到内部审计职能的特殊性。这在一定程度上影响了内部审计质量和内部审计人员的工作积极性。因此，内部审计作为组织机构中非常关键的职能，需要一种对其进行测评的方法，从而建立符合其特点的激励和约束机制，进而可以更好地开展内部审计工作。这正是内部审计质量评价与改进的重要作用之一。

(2) 内部审计质量评价与改进程序能为内部审计机构带来显著的增值机会。

虽然要求内部审计按照既定的审计方案开展工作，并在其所有的审计活动中严格遵守相关质量准则，但不容否认的是，内部审计人员可能会因关注度不够或出于完成审计项目的压力，而忽略了对具体审计准则的遵循。内部审计质量评价能让复核人员在日常的内部审计活动之外，评估某项特定审计职能如何遵循内部审计准则来开展工作。这些复核和评价可以指出内部审计人员没能完全遵循审计准则的一些地方，或指出通过运用其他审计改进程序实现效率的地方，内部审计管理人员可以以此为依据来改善其自身的整体工作，从而改进内部审计质量，并提升内部审计整体的增值作用。

（3）内部审计质量评价与改进程序可以更好地支持董事会和管理层工作。

内部审计本身是质量评价与改进程序的主要受益者，组织机构的其他利益相关者也可以从强有力的内部审计质量评价与改进程序中获益。这些质量评价工作可以使内部审计向董事会和管理层证明他们开展的良好工作，并在必要时采取纠正措施以求改进。董事会和管理层可能并不是内部审计的专家，他们可以通过内部审计质量评价与改进程序所得出的结论，从整体上了解内部审计的工作，并对内部审计的工作更加信任。当然，外部审计师也可以受益于这种复核与评价，因为这些工作为他们更好地利用内部审计部门的工作提供了基础。

2. 内部审计质量评价与改进程序的范围

正如国际内部审计师协会发布的《内部审计实务准则》的要求，内部审计需要建立质量复核评价方案，通过持续的监督、由内部审计审核自身的工作以及由外部独立部门进行审核，评价内部审计所开展的审计工作的质量。内部审计质量评价与改进程序包括三个方面：持续监督、内部评估以及外部评估。

1）持续监督

持续监督是指内部审计部门负责人和审计项目组负责人对实施审计工作的内部审计人员所进行的监督、指导以及审核。内部审计的持续监督是内部审计质量评价与改进程序的第一道环节。

持续监督的一般原则有以下几点：

（1）建立内部审计监督制度。内部审计部门应根据审计工作的具体情况，建立内部审计监督制度，明确监督的目的、范围以及各级监督人员的责任。

（2）明确内部审计质量评价与改进负责人。内部审计部门负责人对监督工作负主要责任。审计项目负责人负责审计现场的监督工作。对于重大或敏感的问题，审计部门负责人应直接进行监督。审计部门负责人应采取适当的措施，尽可能减少内部审计人员的专业判断风险。

（3）重要性原则。监督人员应根据内部审计人员的知识、技能，以及内部审计项目的复杂性，有重点地进行监督和审核工作。

（4）谨慎性原则。监督人员应保持应有的职业谨慎，进行合理的专业判断，以减少审计风险。

（5）客观性原则。监督人员必须以事实为依据，做到客观公正。

（6）全过程控制原则。监督应该贯穿于审计项目的全过程，其中包括审计准备、审计实施以及审计终结三个阶段。

内部审计监督的内容与方法包括以下几点：

（1）确保审计人员明确审计目标和审计责任，并具有完成审计项目所必需的知识和技能。

（2）确保审计人员了解被审计单位的业务性质和需要特别关注的重大经营问题，制订可行的审计方案。

(3) 确认审计人员按批准后的审计方案实施必要的审计程序,并针对新发现的重要问题修订审计方案。

(4) 复核审计人员所编制审计底稿的质量。

(5) 确认审计目标实现的情况,确定是否存在尚未解决的重要问题。

(6) 确认内部审计人员遵循内部审计准则的情况。

(7) 确认审计证据的充分性、相关性以及可靠性。

(8) 确认审计报告的可靠性、审计建议的可靠性。

(9) 对被审计单位提出的异议,监督人员应当进行核实、复查,并及时给予回复。

2) 内部评估

对于专业化的内部审计工作,非专业人士很难对其质量进行评价和改进,这就需要内部审计师时刻检讨自己,以确保内部审计工作按照良好的内部审计实务工作要求来进行。

在大型的、多部门的内部审计机构中,可以单独设立复核与评价人员进行内部审计质量复核与评价。从某种程度上来说,这也是一种自我评价与改进。此处的自我评价与改进强调的是日常开展内部审计的人员自评式的复核与评价,即"自我检查、自我批评"。这种自我评价有着得天独厚的优点。首先,熟悉企业情况及其流程、行业以及了解总体内部审计程序的内部审计人员,通常最有资格复核与评价内部审计工作。其次,外部评价人员一般无法在一次性的复核评价活动中涉及全部单位和业务,但自我评价却可以做到。最后,对小型的内部审计机构而言,由于其预算所限,无法在外部聘请会计师事务所开展复核与评价工作,所以,自我评价成为最具有成本效益优势的途径。

除了外部复核与评价所开展的正式程序,内部审计质量自我评价可以借鉴"控制风险自我评估"(CRSA)中的程序开展工作。

(1) 开展以风险为导向的协调性会议。内部审计机构可以在这样的会议中提出影响内部审计质量目标的各种风险。通过列出所有可能阻止目标实现的壁垒、障碍和风险为开端,检查内部审计所有的流程,确定他们是否可以管理上述提及的关键风险。然后,会议可以邀请被审计单位管理层和董事会成员参与到关于内部审计风险的讨论中来,继续确认企业、部门、流程等层面上的重大关键风险。对于每一个关键风险,会议要讨论其潜在发生的可能性和其潜在影响,并探讨相应的控制对策。

(2) 开展以问卷为基础的调查。自我评价可以通过多种表格问卷的形式来进行,可以先从"风险导向协调会议"中讨论的内部审计活动和关键风险等问题展开公开讨论,并完成正式的自评式的复核评价问卷。此时,要求内部审计部门的每位成员都要完成调查,在调查中他们要回答一些有关他们的审计实务的问题,以及审计人员个人对自身和部门整体工作表现的看法。无论内部审计机构的规模如何,每一位审计人员都能评价自身的工作表现、所在小组在审计任务中的工作表现以及审计部门整体表现。审计部门的每一位成员都被要求完成一份内部审计部门本身制订的调查,这份调查并非针对某个人开展,而是要强调对内部审计准则的遵循情况以及工作开展的总体质量。在进行自评式问卷调查的过程中,内部审计机构负责人应当承担重要的组织职责,并可以与人力资源部门合作。在调查过程中,既不能简单地对内部审计人员做出轻率判断,更不能让参加问卷的内部审计人员感到不自由,否则,将会严重影响问卷调查的效果。

3）外部评估

内部审计机构对内部审计质量的自我评价与改进是至关重要的，但是自我评价与改进的主体毕竟是内部审计机构本身，必然造成其在评价与改进上缺乏必要的独立性，也会在评价与改进的力度、角度等方面存在一定的缺陷。这一问题的解决就需要引入内部审计质量的外部评价机制，利用外部评价机制独立的地位、更广泛的视角、更客观的态度，强化内部审计工作质量的评价与改进程序。因此，内部审计机构负责人应按照组织适当管理层的要求，并结合实际情况，建立和实施对内部审计工作质量的外部评价制度。

内部审计机构负责确定外部评价机构，并报经组织适当管理层批准。外部评价机构和人员应当遵循独立、客观、保密的原则，并具有评价工作所需要的专业胜任能力。内部审计机构可以从以下途径选择外部评价机构和人员：组织内部其他机构和人员；会计师事务所；管理咨询公司；内部审计协会；其他组织的内部审计机构。

外部评价应当定期实施，确定外部评价适当间隔时间时可以考虑两个方面的因素：①自上次外部评价后，内部审计机构的组织结构、规章制度、人员素质以及审计质量评价的稳定性状况；②组织适当管理层对内部审计质量的相关内容进行考核与评价的间隔时间。

外部评价一般应包括以下内容：内部审计机构组织结构的合理程度；内部审计人员履行内部审计准则的情况；内部审计人员的专业胜任能力；内部审计目标的实现程度；内部审计质量自我评价的适当性及有效性。

外部评价人员在对内部审计质量作出评价后，应当出具外部评价报告，并提交给组织适当管理层。外部评价报告应当包括以下主要内容：对内部审计活动是否遵循内部审计准则发表意见；内部审计工作存在的主要问题；对提高内部审计质量的建议；内部审计机构的反馈意见。外部评价的最终目的是改进内部审计工作质量，因此，内部审计机构应当对外部评价报告所提出的重大问题及时拟定改进方案、措施，从而改善内部审计质量。

4.3.3 内部审计质量评估程序

内部审计质量评估是近年来国际内部审计师协会致力于在全球范围内推广的一项服务，主要是组织有专业胜任能力的人员，参照国际内部审计师协会发布的实务标准（practice standard）和最佳实务（best practice），从内部审计章程、制度、人员、工作计划、结果报告、后续跟踪以及与其他部门的沟通等方面，对内部审计的各项工作进行独立的评估、找出存在的缺陷，并提出切实可行的改进建议，从而帮助内部审计更好地履行职责、改善组织的运营，以及为组织增加价值。内部审计质量评估，实质上就是解决谁来审计内部审计师的问题。国际内部审计师协会强调内部审计质量评估活动应当采用一个监控、评估质量程序整体效用的流程。该流程应包括内部与外部评估。内部评估应包括：①对内部审计活动开展情况的持续检查；②通过自我评估或由组织内部其他了解内部审计实务与《国际内部审计专业实务标准》的人员，进行定期检查。外部评估应当由组织外部合格的、独立的检查人员或检查小组，至少每五年开展一次。其主要包括两种方法：一是完全外部评估，由一个合格的、独立的外部检查人员或检查小组完成。这种方法由胜任的专业人士组成的外部小组在有经验的专业项目经理领导下开展。二是由合格的、独立的外部检查人员或检查小组，对内部审计部门开展的内部自我评估及报告进行独立的审定。

1. 评估形式

明确内部审计质量评估的基本框架，实质上是要回答“是什么”“怎么样”以及“该怎样”的问题。相对于被评估的对象而言，组织评估包括内部评估和外部评估两种形式。内部评估是由组织内部的有关人员对内部审计管理和实施情况进行检查和评价的活动，其优点是评估人员来自组织内部，对组织文化及各项具体业务活动的了解较为深入。外部评估是由组织外部独立的第三方对内部审计管理和实施情况进行检查和评价的活动，其优点是评估的专业性和独立性能够得到有效保证，从而有利于对组织的内部审计活动作出更为客观的评价。外部评估又可采用“内部评估基础上的完全外部评估”和“对内部评估的独立审定”两种形式。

2. 评估流程

内部审计质量的评估流程通常分为前期准备、现场实施和出具报告三个阶段。其中，前期准备阶段包括组建评估组、编制评估方案；现场实施阶段包括召开进点会、现场评估、汇总评估结果、召开出点会；现场评估结束后，应在一定时间内出具质量评估报告。

每个阶段的每个环节都相应有着不同的要点和要求。例如，组建评估组是开展质量评估的初始环节和基础环节，其关系到质量评估结果的客观性与专业性。评估方案是整个质量评估过程中依据的重要文件，一般情况下，评估方案可以在前期准备阶段编制完成，在现场实施过程中，可以根据实际情况进行调整。进点会是与接受评估单位的管理层、内部审计机构负责人以及其他利益相关方建立正式联系的第一次正式会议，成功的进点会是双方良好合作的开端。现场评估的重点在于发现和验证。质量评估报告是在综合评估的基础上，对接受评估单位遵循《中国内部审计准则》(以下简称《准则》)的情况、审计管理的健全性和规范性、审计业务的效果和效率等方面发表评估意见，并提出改进建议。质量评估报告应采用规范的格式进行编制。

3. 评估标准

内部审计质量的评估标准是质量评估的核心内容。评估标准的内容分为两大类别：一是内部审计环境类，主要对照《准则》中内部审计管理方面的要求，对组织的内部审计环境和管理情况进行评估。二是内部审计业务类，主要对照《准则》中内部审计实施方面的要求，对组织的内部审计方法和流程进行评估。评估标准的设定，就是要将《准则》与内部审计工作联系起来，逐项梳理内部审计活动各关键环节的质量要求，为处于不同组织中的内部审计机构评价自身工作提供一个统一的衡量尺度。

4. 评估工具

评估工具既是对评估方法的指引，也是记录评估过程的载体。内部审计质量评估工具包括质量评估需准备的资料清单、调查问卷、访谈提纲、评估工作底稿以及内部审计质量评估报告模板等。评估人员既可以根据评估项目的实际需要选择使用不同的评估工具，也可以随着质量评估实践的丰富和完善开发出更多的评估工具，以便更好地用于评估活动。按照内部审计质量评估工作的类型和时间安排，可以将评估工具分为 A、B、C、D 四类。其中，A 类为准备和开始阶段，B 类为访谈指导，C 类为质量评估程序部分，D 类为评价及报告质量评估结果。每种类型的评估工具都具有不同的特点和性质，同时，也需要审计人员在实践中灵活运用。

4.4 内部审计风险及防范

4.4.1 内部审计风险的定义与内容

内部审计风险是指内部审计人员在内部审计活动中得出的审计结论偏离事实的可能性大小。内部审计风险是客观存在的，是由内部审计本身的工作性质决定的。内部审计工作本身需要大量的专业判断，在内部审计测试中也大量使用抽样技术，这些特点都在客观上决定了内部审计的风险。

构成内部审计风险的要素有四个，即固有风险、控制风险、检查风险以及独立性风险。四个要素是紧密联系的，固有风险和控制风险的综合水平决定着审计人员可接受的检查风险水平，而审计人员的独立性风险又影响着检查风险。当期望的审计风险在已经确定的情况下，固有风险和控制风险越大，允许存在的检查风险就越小；审计人员的独立性风险越大，则检查风险越大。

4.4.2 内部审计风险的成因

全面和深入地认识造成内部审计风险的各方面原因是防范和控制风险的关键环节。造成内部审计风险的诸多原因可以归纳为客观原因和主观原因，客观原因主要来自内部审计所处的内外部环境，主观原因则是由内部审计自身的特点造成的。

1. 造成内部审计风险的客观原因

造成内部审计风险的客观原因来自内部审计所处的内外部环境，其表现形式是多种多样的，我们可以将这些客观原因归纳为两个方面。

（1）内部审计在组织内部的重要作用日益凸显，各级管理部门对内部审计的依赖程度日益增加。随着组织规模的扩大、管理层次的增多，组织决策者也日渐重视信息的质量，并加强对各级管理层次的有效控制。这些环境因素的变化既使得组织更加依赖内部审计职能，也加重了内部审计的职责，内部审计机构和人员需要对其自身的工作过失承担更大的责任，所以内部审计的客观风险也加大了。

（2）内部审计对象的风险性是内部审计风险的另一个客观原因。随着内部审计工作范围的日益扩展，内部审计对象也越来越广泛，内部审计已经将触角深入组织管理的方方面面。而伴随着内部审计范围的广泛化，内部审计对象也越来越复杂化，可能影响到内部审计对象的各种风险因素更是日益增多。信息在经过各级管理部门的处理之后出现错误和舞弊的可能性增加了很多倍，特别是舞弊的花样更是不断翻新，所以内部审计的客观风险也随之增大。

2. 造成内部审计风险的主观原因

相对于内部审计风险的客观原因，造成内部审计风险的主观原因主要来自内部审计自身，我们可以将这些主观原因归纳为三个方面。

（1）内部审计的工作方式是造成内部审计风险的主观原因。由于内部审计对象规模的限制，现代内部审计广泛使用分析性复核和抽样技术，这些技术的使用本身就是以假定存在一定程度的审计风险为前提的。同时，分析性复核技术中包含内部审计人员较大程度的主观判断，而抽样技术强调的是根据样本审查的结果推断总体的特征，这些技术都不可避免地会造成审计结果的偏差，以至于造成不同程度的审计风险。

(2) 内部审计人员的素质是造成内部审计风险的重要的主观原因。现代内部审计工作的复杂性对内部审计人员的素质要求很高，内部审计人员只掌握基本的审计技术和方法是远远不够的。内部审计人员需要具备更广的知识面、更多的实践经验、更高的专业判断能力。如果内部审计人员素质不高、能力有限，就更加无法有效地运用现代审计技术与方法，也更加无法认识和识别内部审计风险，从而只会造成更大程度的内部审计风险。

(3) 内部审计的独立性也是造成内部审计风险的重要的主观原因。独立性是审计工作的灵魂，若不能有效保证审计机构和人员在组织上的独立性及在业务上的自主性、权威性，就不能保证审计质量和规避审计风险。内部审计的双重领导体制使得内部审计人员在某些方面很难做到依法审计。另外，内部审计的组织形式也反映出其独立性的弱化，如有的单位把审计机构设在财务部门中；有的把审计机构和监察部门合并在一起；有的单位领导既负责财会工作，又负责审计工作等。因此，企业的内部审计很难站在客观、公允的立场上对企业的财务状况作出客观、公允的评价，从而增大了内部审计的风险。

4.4.3 防范内部审计风险的对策

内审人员在实际审计的过程中，想要掌握审计风险形成的因素，就要有意识地防范审计风险，以提高内部审计工作的质量，充分发挥内部审计服务于管理当局的职能。内部审计风险的防范可以从以下几方面着手。

1. 建立完善的内部控制制度，健全法规体系

建立良好的内部运行机制、完善内部质量控制制度，是控制内部审计风险的有力保障。各内审机构应在充分考虑其业务规模和范围、组织形式、分支机构设置、成本与效益原则、人员素质等因素的基础上，建立有效的内部运行机制和质量控制制度。例如，要严格审查审计工作底稿的分级复核制度；减少或消除人为审计误差；及时发现和解决审计过程中遇到的问题；降低审计风险等。同时，各内审机构还要建立一套审计质量指标体系，以加强对内审人员工作质量的考核，从而减少检查风险。

2. 加强内部审计的独立性

内部审计的独立性应从审计机构和审计人员两个方面来加强。为避免其他部门的影响，建立独立的内部审计部门是减少其他部门对内部审计的干扰、降低审计风险的必要保障。从行政隶属关系上建立由公司董事会或主要行政领导主管审计的制度，及从组织级别上提升审计机构层次等措施，可以增强内部审计的独立性。审计人员在审计过程中要实行回避制度或实行岗位轮换制度等以增强审计人员的独立性。内部审计人员只有在审计过程中保持较强的独立性，才能作出公正的、无偏见的判断。建立由外部董事参与的审计委员会，可以进一步增强内部审计人员相对于管理部门的独立性。审计委员会和内部审计部门的联系越强，审计检查和报告的独立性和结果的客观性就越大。这种组织机构减少了其他部门对内部审计的干扰，从而降低了审计风险。

3. 优化内部审计技术的方法

选择科学的审计技术方法，既是审计质量的重要保证，也是减少审计风险的重要基础。

要采取风险基础审计方法，统筹运用符合性测试、实质性测试、分析性检查等方法，综合分析证据，以达到控制风险的目的。风险基础审计是将审计风险观念全面应用于审计过程的一种审计模式，其通过对审计风险进行系统的分析和评价，来确定审计风险是否可以控制在可以容忍的范围内。风险基础审计主要运用分析性复核的方法，其不仅对客户的控制风险进行评价，同时也对产生风险的各个要素进行分析和评价，以确定实质性测试的范围和重点，这样就使审计风险与整个审计过程密切联系起来。近几年来，风险基础审计已在世界各国广泛使用，其原因就在于它从审计准备阶段开始就考虑审计风险，并把审计风险控制在最低水平，从而减轻审计人员的法律责任，降低审计风险。内部审计应尽快实现向这种审计模式的过渡，以提高审计效果和质量。

4. 强化风险意识，建立风险评估机制

内部审计机构和内部审计人员要树立审计风险意识，在思想上保持高度警惕，在审计过程中要防范和规避审计风险。内审人员要把审计风险意识贯穿于审计计划、审计实施以及审计完成的全过程。建立良好的内部运行机制、完善内部质量控制制度，是控制内部审计风险的有力保证。内审人员应充分认识内部审计风险的客观性，正确理解内部审计风险的有利性，时刻注意内部审计风险的有害性和可控性，从而谨慎防范和认真控制内部审计风险。审计人员应协助企业管理者进行审计风险的防范及控制，建立风险评估机制是降低内部审计风险的有效途径。

4.5 内部审计制度建设

数字经济时代内部审计面临的挑战和机遇

4.5.1 内部审计制度建设的必要性

内部审计制度对于企业的经营管理意义重大，其能够提高企业的自我监督、自我管理能力以及内部控制能力，加强对于企业内部各个部门的监督和管理。因此，内部审计机构需要加强内部审计制度的建设。

1. 解决“委托—代理”风险问题的要求

随着我国市场经济改革的不断深化，越来越多的企业开始建立现代企业制度结构。现代企业制度结构的主要特征就是企业所有者与经营者相分离。现代企业制度结构的建立大大提高了企业的经营管理效率，使得企业能够更好地参与市场经济活动。与此同时，企业所有者与经营者相分离的特征，也给企业带来了“委托—代理”的道德风险问题。内部审计制度是解决“委托—代理”风险问题的重要途径之一。“委托—代理”问题的出现主要是由于信息不对称导致的。企业的经营者作为企业的会计信息资源的掌握者和占有者，其出于自身利益最大化的考虑，很有可能利用信息优势来做出损害企业所有者权益的行为。通过内部审计制度，企业所有者对于经营者的行为可以进行很好的监督和控制，从而掌握企业在经营管理中的更多信息。此外，加强对企业经营者行为的约束，很好地解决了由信息不对称所导致的“委托—代理”问题。

2. 加强企业内部控制的要求

现代企业制度的发展，对于企业的内部控制制度提出了越来越高的要求。内部审计制度是加强企业内部控制的重要保障。企业内部控制的相关规章制度能否得到实施、内部控制制度能否得到有效执行、内部控制能否收到效果，都需要内部审计制度发挥监督和审查的作用。目前，我国很多企业的内部控制比较弱化，内部控制制度不能够得到很好的实施，企业由于内部控制不完善而出现的会计信息质量失真、各部门经营管理效率低下，以及相关人员徇私舞弊的事件非常多。因此，企业需要重视内部审计制度发挥的独立监督和审查作用，通过内部审计制度的建设，为内部控制的加强提供保障。

4.5.2 加强内部审计制度建设的对策

1. 加强对内部审计制度建设的认识，建立良好的内部审计环境

企业管理层需要意识到内部审计制度对于企业建立现代企业制度、更好地参与市场经济竞争的重要性，并从制度层面到具体执行环节，全面加强对于内部审计制度建设的重视，进而为内部审计工作的执行建立良好的企业环境。首先，企业的管理层需要认识到内部审计制度的重要性，积极领导、构建完善的内部审计制度。管理层应该以身作则，对于已经建设的内部审计制度要很好地予以执行和落实，发挥带头示范作用。其次，企业应该赋予内部审计部门应有的权力，避免干涉和影响内部审计部门的工作，并充分发挥内部审计工作的独立性和权威性，使企业内部审计部门能够很好地完成其独立监督的职能。

2. 不断创新内部审计工作手段，提高内部审计工作水平

随着市场经济的发展和现代企业制度的建立，企业内部审计工作的重点从以往的财务审计逐渐向包括经营决策审计、经济效率审计以及内部控制审计在内的全方位审计转变。企业传统的以财务会计审计为主的内部审计手段已经难以完成新形势下内部审计工作的目标，因此，企业需要不断创新内部审计工作手段，从而提高内部审计工作水平。例如，企业可以引入先进的财务信息系统，将经营决策审计、经济效率审计等纳入该系统，并通过财务经济信息的处理分析，完成企业的内部审计工作。

3. 提高企业内部审计人员素质，加强内部审计队伍建设

企业内部审计制度的建设，需要有强大的人才队伍作为支撑和保障。内部审计工作涉及的范围非常广泛，具有政策性强的特点，因此对于内部审计人员的素质要求非常高。内部审计人员不仅需要掌握财务会计类的知识，还需要对管理、经济、法律、税收以及企业的生产经营活动都有全面的把握。另外，企业的内部审计人员一定要有过硬的职业道德修养，从而保障企业内部审计工作的独立性和客观性。

4. 选择适合企业自身的内部审计机构设置方式

并非所有的企业都能适应同一种内部审计模式，内部审计人员要根据企业规模、所有制类型等具体情况，兼顾独立性和权威性，根据内部审计机构设置模式的原则要求，建立适当的内部审计机构模式，以充分利用内部审计机构应有的权限和实现内部审计机构的职责，发挥内部审计的增值作用。

本章小结

本章主要学习了内部审计的五个方面，要求学生掌握内部审计部门管理的目标、内部审计项目管理的程序、内部审计质量评价与改进的程序和范围、内部审计风险的防范措施，以及内部审计制度建设有关内容。学生需结合实务，着重掌握内部审计管理的主要思路和内容,重点理解内部审计质量评价与改进的程序和范围,进而为企业的内部管理方法奠定良好的基础。

重要概念

部门管理　人力资源管理　项目管理　内部审计风险　内部审计制度建设

阅读资料

[1] 袁小勇. 内部审计怎样才能有所作为[M]. 北京:经济科学出版社,2012.
[2] 尹维劼. 现代企业内部审计精要[M]. 3版. 北京:中信出版社,2011.
[3] 沈征. 内部审计禁忌120例[M]. 北京:电子工业出版社,2006.
[4] Andrew D. Bailey, Jr., Audrey A. Gramling, Sridhar Ramamoorti,内部审计思想[M]. 王光远等,译. 北京:中国时代经济出版社,2006.
[5] 董大胜,韩晓梅. 风险基础内部审计:理论·实务·案例[M]. 大连:大连出版社,2010.
[6] 叶陈云. 公司内部审计[M]. 北京:机械工业出版社,2009.
[7] 王宝庆,张庆龙. 内部审计[M]. 2版. 大连:东北财经大学出版社,2017.
[8] 蒋燕辉. 现代内部审计学[M]. 北京:中国财政经济出版社,2001.
[9] 庄恩岳. 内部审计[M]. 北京:经济管理出版社,1997.

本章练习

单选题

1. 通常来讲,员工业绩评估有两种,包括个人发展计划评估和(　　)。

A. 个人职业能力评估　　B. 项目完成情况评估
C. 项目执行情况评估　　D. 项目计划评估

2. 个人发展计划,要求审计部门的员工以(　　)为一个期间,制定个人职业发展目标,在期末按照发展计划来评估员工整体表现。

A. 半年　　B. 一年　　C. 一季度　　D. 两年

多选题

1. 内部审计部门职责包括(　　)和(　　)两个层次。

A. 基本职责　　B. 主要职责
C. 一般职责　　D. 附加职责
E. 重要职责

2. 内部审计项目管理包括的要素有(　　)。

A. 内审人员的安排与指导　　B. 项目执行的计划和方案
C. 工作底稿的复核　　D. 项目质量的内部评价
E. 对审计人员的监督

判断题

1. 内部审计质量包括两个方面：一是内部审计工作质量；二是内部审计项目质量。 （ ）
2. 内部审计质量的改进包含内部评估和外部评估。 （ ）

简答题

1. 内部审计风险的主要内容有哪些？其防范措施是什么？
2. 内部审计质量评估的主要内容有哪些？
3. 内部审计团队建设需要考虑哪些因素？

第5章　经营活动审计

内容提要

本章分为六节课，主要讲解了经营活动审计。经营活动审计是经济性、效率性、建设性的审计，经营活动审计要对企业生产、经营、管理的全过程进行审计。经营活动审计的任务是揭露经营管理过程中存在的问题和薄弱环节，它既探求堵塞漏洞、解决问题的有效途径，也提出改善经营管理、提高经济效益的措施。

重点难点

本章重点为经营活动审计的各个阶段的经济效益审计，难点为成本经济效益审计、质量经济效益审计。

学习目标

通过本章学习，学生应了解经营活动审计的特征和目标；理解经营活动的阶段。学生应重点学习成本经济效益审计、质量经济效益审计。

知识框架

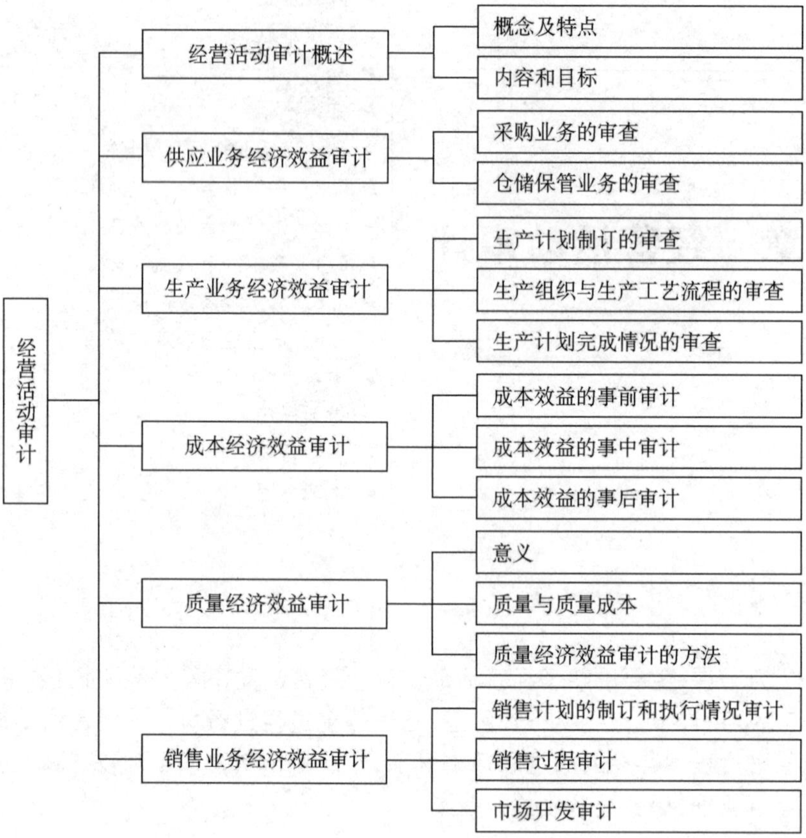

引入案例　内部审计对管理层的奖惩建议权

某公司的一家下属企业，自开业后多年来始终处于亏损状态。虽然该公司的设备一流、有跨国公司的大量投入作为后盾、产品的市场需求极大，但总经理盲目自信，随意滥用董事会赋予的投资权利，超预算购买大批进口设备。加上该公司内部管理混乱、费用开支巨大、管理层之间信息沟通不佳，所以其产品质量和数量长期不能满足客户需要，导致该公司长期不能达到董事会确定的目标。该公司内部不断有员工揭发总经理利用采购设备的机会接受外国供应商的好处，其中包括带领全家出国旅游、收受好处等情况。最后，公司首席执行官指示内控部联合其他投资、财务等部门组成联合审计组对该公司总经理进行特别审计。

经过一周的特别审计后，根据具体的审计证据、总经理目前的经营方针以及发展计划，审计组决定在审计报告中向董事会提出了包括撤换总经理在内的一系列建议。而过去外部审计师虽然也多次对该公司进行年度审计，也给予许多管理建议，但都没有涉及该公司总经理的去留问题。

此外，该公司的内部审计机构通常还派人员参加企业的年度和季度的绩效考核工作。内部审计师在评价下属企业管理层的绩效中有奖惩建议的权力。

5.1 经营活动审计概述

5.1.1 经营活动审计及其特点

劳动力、原材料、生产设备以及资金等各项生产力要素在企业生产经营过程中并不能单独发挥其作用,即必须与业务经营活动结合起来,才能成为现实的生产力,这体现出一定的"投入—产出"关系。经营活动审计主要审查被审单位是否改善和充分利用企业物质条件和技术条件,还审查利用各项生产力要素的具体方式和手段的有效性。

一般认为,经济效益审计理论主要由经营活动审计、管理审计两部分构成。经营活动审计和管理审计在理论上是两个相互独立而又密切相关的概念,在实际中构成了企业经济活动两个并列的功能系统。

经营是以外部环境和内部条件为依据,以提高经济效益和促进企业发展为目的,从市场和用户需求出发,使企业外部环境、内部条件与目标间达到动态平衡,从而实现预定目标的过程。管理则是人们共同劳动引起的指挥职能,是社会生产的一般条件,是有计划、有目的地组织劳动协作的过程。经营是商品经济下的产物,是一个阶段性的概念。在有商品生产和商品交换、有市场、有通过等价交换获得企业产品的用户、有竞争对手时,才会有企业经营,才会产生经营活动。管理则是一个永恒的概念,只要人类存在,就需要生产,哪里有生产哪里就有管理。经营的职能是适应、生存(平衡)、应变、竞争、控制发展;管理的职能则是计划、组织、指挥、控制、协调。如果把企业全部的经济活动进行大体划分,供产销过程是经营,对其进行组织则是管理。供产销是指企业涉足市场,并与用户和竞争对手发生关系,这时企业作为一个整体系统与外部环境相联系,企业这种对外的功能以及由此产生的经济活动称为经营活动。另一方面,企业以经营为先导,对企业内部人、财、物等生产要素利用开发,以最小投入争取最大产出,以期达到企业预定的目标,企业这种对内之功能以及由此产生的经济活动称为管理活动。

根据以上经营和管理的内涵和外延可以推出经营活动审计、管理审计的概念,并进一步构造出经营活动审计和管理审计的基本理论。经营活动审计是指对被审计单位经营活动的合理性、经济性以及有效性的审查,借以检查和证明被审计单位经营责任的履行情况,从而促进被审计单位改善经营,提高经济效益。经营活动审计的理论内容主要包括:经营思想、经营目标、经营策略的审计;经营环境的审计;经营能力审计;经营预测决策审计;经营计划审计;采购与销售业务审计;经营控制审计;经营成果审计等。管理审计是指对被审计单位的管理活动的效率性、效果性以及经济性的审查,以期评价被审计单位管理工作的质量水平,以及管理机构、人员的素质和能力,从而促进被审计单位加强管理,提高经济效益。管理审计的理论内容主要包括:计划管理审计;生产管理审计;物资管理审计;劳动人事管理审计;技术管理审计;质量管理审计;设备管理审计;财务管理审计等。

经营活动审计与管理审计相比,主要具有以下三个特点:

(1) 经营活动审计是更直接的经济效益审计。经营活动审计的对象是供产销活动过程及生产力诸要素的运动,是企业的劳动(包括活劳动和物化劳动)消耗过程、资源的占用情况以及产品的产出过程,即直接审查投入、产出情况。因此,它是比管理审计更为直接的一种经济效益审计。

(2) 经营活动审计的范围是企业的基本经济活动及其他业务经营活动。以工业企业来说,供产销活动是其基本经济活动,因此是审查的重点。附属商业、门市部、运输服务以及生活福利服务等经营活动是工业企业的附属,辅助、服务于其生产的经济活动,在必要时也应进行审查。

(3) 经营活动审计的重点是构成企业各项生产力要素的开发利用程度。这种利用程度的确定可以通过经济效益指标分析加以量化。

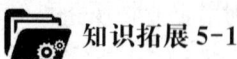

知识拓展 5-1

管理审计的特点

(1) 管理审计是经济效益审计中的高层次审计。企业的生产经营活动都是在一定的管理体系的作用下进行的。如果说业务经营活动是企业经济活动中的"经济基础",管理活动则是经济活动的"上层建筑"。抓好管理工作,才能保证企业各项业务经营活动正常、高效地进行,进而保证提高经济效益的各种措施和方案得以实施。通过管理审计促进被审计单位改善管理素质、提高管理水平以及管理效率,从而保证企业在现有技术水平和技术装备不变的条件下,通过改进计划、组织、指挥、协调、控制、激励以及决策的方式、方法来提高经济效益。

(2) 管理审计的审查重点是管理素质。管理审计着眼于提高企业整体功能,从根本上改进组织管理,提高管理效率。管理审计为从系统整体的高度优化整体结构,首先要提高其管理组织、管理人员的素质,从而为实施挖掘潜力、提高经济效益的各种改进方案创造条件、铺平道路。

(3) 管理审计是审查、评价管理活动的审计。管理审计本身不具有管理职能,它不是直接的管理活动,而是一种评价、监督的活动。也就是说,管理审计是审查、评价管理活动的活动,而不是代替重复企业管理部门的工作。

5.1.2 经营活动审计的内容和目标

经营活动审计是指通过对企业在生产经营活动过程中,反映人力、财力以及物资使用情况的各种资料所进行的审核,是对企业内部控制系统、企业组织及其职能、生产程序等经营和系统所进行的测试,以及对企业生产经营活动体现经济效益优劣所作的评价。经营活动审计的内容一般包括以下三点:

(1) 对企业外部政策、内部规章制度的遵循情况进行检查。

(2) 对企业资源使用效益进行检查。

(3) 对企业经营目标的完成情况进行检查。

除了进行生产经营活动的事后检查,审计人员还注意了对现在的和未来的生产经营活动的检查,其重点在于对企业在生产经营中的人力、财力以及物资使用情况作出评价。其中,审计的主要内容包括:材料、设备采购的效益审计;存货的效益审计;人力资源的效益审计;经济合同的效益审计;组织结构和管理的绩效评价;设备使用的效益审计;生产操作过程的效益审计;销售效益审计;企业效益的系统评价;基建项目的检查、评估、分析等。

经营活动审计是经济效益审计的重要内容之一,起到提高企业经济效益的作用,因此其无疑是经营活动审计的根本目标。就经营活动审计本身来说,它的目标主要表现在两个方面:一是审查业务经营过程,看其是否合理,以及存在哪些影响经营效益的因素;二是审查生产力诸要素的开发利用情况，挖掘利用的潜力。经营活动审计的具体目标包括以下几点：

(1) 对企业的经营水平进行综合评价，并分析其经营能力。

(2) 审查业务经营计划的完成情况及其影响因素，找出关键问题，提出相应措施。

(3) 审查业务经营各个环节的状况，找出其薄弱环节、不适应的地方、影响经营效益的因素。

(4) 审查各生产要素对经营的保证程度，提出合理调配生产力各要素，保证业务经营能顺利进行，提出经营目标能按期实现的建议。

(5) 审查各生产要素的利用情况，对生产要素的利用程度进行评价。

(6) 研究改善经营活动，弥补经营缺陷，开发利用生产要素，挖掘利用潜力的途径。

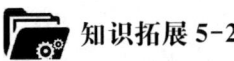

知识拓展 5-2

管理审计的目标

1. 计划机能的审计目标

审查计划机能，主要回答被审计单位有无适当的经营目标、有无能力保证目标实现的各种计划，以及有无正确的决策程序等；同时，还要明确指出目标、计划、决策中存在的缺点及其改进的措施。

2. 组织机能的审计目标

审查组织机能，主要回答被审计单位有无有利于经营目标实现的组织结构，协调统一工作、个人与群体工作，以及人员配备、选拔、使用、考核、开发的制度。组织工作的实质，是将目标所必须进行的业务活动加以分类，将监督每类活动所必需的职权授予各该部门的主管人员，并规定单位结构中上下左右的相互配合关系。

3. 领导机能的审计目标

审查领导机能，主要回答被审计单位是否有素质高、方法得当、具有集结人们能力与意愿的领导群体，并判断该群体是否能有效地把个人目标和单位目标协调起来，具有说服与指导他人的才能；领导者所采用的授权方法、激励机制以及沟通机制，是否能有效地调动广大职工的积极性，是否有利于协调干群之间的关系。

4. 控制机能的审计目标

审查控制机能，主要回答被审计单位有无健全、有效的内部控制制度；内部控制制度是否能够执行；内部控制工作是否能保证单位管理目标的实现、各项任务的完成和各种偏差的纠正等。

5.2 供应业务经济效益审计

物资供应是实现企业再生产的基本条件和前提。要保证生产活动的持续进行，必须要有良好的供应计划、供应组织、仓储保管等一套物资供应管理活动。物资供应的管理活动对于保证企业生产正常进行、提高物资利用的经济效益，起着十分重要的作用。供应业务的审查包括对采购业务和仓储保管业务的审查。

5.2.1 采购业务的审查

采购业务的审查主要包括对物资供应计划及其完成情况、采购批量、采购成本效益的审查等内容。

1. 物资供应计划及其完成情况的审查

首先,审计人员应审查其计划的制订是否按照生产计划、产品质量以及工艺技术所规定的品种和质量的要求来编制;其品种、质量以及数量是否与需要相一致;计划采购量是否合理。审查时可用以下公式进行验证:

某种物资计划采购量=该物资计划需要量+期末库存量-期初库存量

其次,审计人员审查其计划的完成情况,应分别从其数量和质量上考核计划的完成程度。考核时应注意,计划完成情况并非越高越好,因为这可能会导致采购的不经济,以及大量资金的占用,从而降低企业经济效益。

2. 采购批量的审查

判断采购批量是否既符合物资供应管理的需要,又做到经济合理,应从两个角度进行审查:一是采购方式及费用审计;二是采购数量审计,即最佳经济批量审计。

(1) 采购方式及费用审查。不同的采购方式,如合同订购、市场购买、函电邮购等,适用于不同数量和要求的物资供应,其采购费用亦不一样。在审查时,审计人员应将各种可能的采购方式进行比较,分析其成本效益及可行性,从而确定最佳的采购方式,并以此作为标准来衡量企业所选择的采购方式是否合适、费用是否最低、在时间上是否能保证供应,以及质量上是否符合要求。

(2) 采购批量的经常性、合理性审查。采购批量的合理与否,直接影响供应业务的经济效益。一般情况下,采购次数越多,全年的采购费用也就越高;而减少采购次数,仓储量便会上升,库存物资的周转就慢,保管费用也就增加。所以,审计人员应按全年采购费用和仓储保管费用的最低来设计采购批量。经济批量的计算公式如下:

$$Q=\sqrt{\frac{2Na}{Pb}}$$

其中:Q 为最佳经济批量,N 为物资年需要量,a 为每次采购费用率,b 为保管费用率,P 为单价。

审计人员应运用上述公式来验证企业物资采购的批量经济性和合理性,并以此作为审计评价标准,来衡量企业物资采购工作。

3. 采购成本效益的审查

采购成本效益的审查包括采购成本完成情况和采购费用率审查两方面的内容。

采购成本完成情况审查,可以将实际采购成本与计划成本进行比较,以确定其材料成本差异数额及方向,然后作出评价结论。采购费用率的计算公式如下:

$$采购费用率=\frac{本期采购费用总额}{本期物资采购总量}\times 100\%$$

采购费用率反映单位物资供应所需的采购费用,因采购不同物资而异。审计人员应将实际指标与计划指标、行业平均水平进行比较,以便作出正确评价。

相关思考 5-1

某公司全年需要采购甲材料 5 000 吨,每吨为 2 元,每次采购费用为 25 元,保管费按照平均存货价值的 12.5%,计算最佳经济批量为多少。

5.2.2 仓储保管业务的审查

仓储保管业务的审查主要包括对储备定额合理性、储备计划完成情况，以及仓库保管的设置与管理的审查等内容。

1. 储备定额合理性的审查

物资储备定额是指在一定的管理条件下，为保证生产顺利进行所必需的、经济合理的物资储备数量的标准。审计人员通过审查、评价仓储保管的数量是否合理，制订的最高储备、经常储备、保险储备以及季节储备的定额是否合理、是否经济，以及其能否既保证生产的需要，又能压缩储备量，来节约成本支出。

(1) 最高和最低储备定额的审查。制定最高储备定额的方法主要有两种：供应期法和经济批量法。

供应期法，即根据供应间隔的长短和每日平均耗用量，并考虑物资使用前的准备日数和保险日数来制订储备定额。其计算公式如下：

某种材料最高储备定额＝该材料每天平均耗用量×(供应间隔天数＋使用前准备天数＋保险天数)

在该公式中："材料每天平均耗用量×保险天数"为保险储备；"材料日耗用量×(供应间隔天数＋准备天数)"为经常储备。它们之间的关系为：

最高储备定额＝保险储备定额＋经常储备定额

审计人员通过审查各项定额的制订是否合理，评价企业材料储备的合理性与效益性。

经济批量法，即以经济批量作为企业的经常储备。其充分考虑了物资储备的经济性，是一种比较理想的计算方法。其计算公式如下：

最高储备定额＝保险储备定额＋经济批量

(2) 季节性储备定额的审查。季节性储备是在原材料属于季节性生产且不能全年正常供应的情况下，为保证生产正常进行必须建立的物资储备量。其计算公式如下：

季节性储备定额＝季节性储备天数×日均耗用量

审计人员在审查时，应注意季节性储备天数的计算依据是否充分，查明季节性储备的定额与企业仓库场地和设施的保管是否吻合。

2. 物资储备计划完成情况的审查

合理、有效的储备定额，能为控制仓储量提供可靠的依据。一般情况下，仓储量应控制在最高储备与最低储备之间。超过了上限，即物资积压；低于下限，则不能保证供应。审计人员应分析影响储备变动的各个因素，如领料或订购的数量、时间等，并根据其具体需要，及时修订定额或采取相应措施，从而控制定额仓储量。

3. 仓储保管的设置与管理的审查

(1) 仓库位置与内部空间布置的审查。一般来说，企业应根据仓储的性质、安全和管理的要求来设置仓库位置。仓库内部的空间布置是否合理，直接影响到仓库有效面积的利用程度和仓库作业效率。审计人员应审查仓库位置的设置是否有利于厂内物资流动的经济性、合理性。通过审查促使企业根据仓库的具体情况，进行科学的空间布置，从而提高仓库利用率。

(2) 物资管理的审查。

首先,审查仓库面积利用率,视其是否保持了合理的比率、是否有利用的潜力。其计算公式如下:

$$仓库面积利用率=\frac{已利用面积}{仓库总面积}\times 100\%$$

其次,审查仓库存放保管工作,做好“十防”工作,减少不合理的库存。

最后,审查在物资保管过程中,账卡档案是否建立健全,企业是否及时掌握、了解库存情况。仓库与财会部门、供应部门是否定期进行对账,账卡是否相符。

(3) 物资分类保管的审查。对于库存物资的保管,企业应根据其重要程度、消耗数量、价值大小等区别对待,采用不同的管理方法。在实际工作中,企业通常采用 ABC 分析方法,把库存物资分为 ABC 三类,并配以相应控制措施。审计人员通过审查,确定其物资分类是否适当、相应的物资管理方法是否正确、所实施的管理措施效果是否良好,并根据评价结果,提出改进建议和措施。

相关思考 5-2

某物资订购间隔为 30 天,订购时间(从订货到入库所需要时间)为 10 天,每日耗用量为 20 吨,保险定额为 200 吨,订货时实际库存量为 450 吨。请将定期控制与定量控制作比较。

5.3 生产业务经济效益审计

生产业务的审查主要包括对生产计划制订、生产组织与生产工艺流程,以及生产计划完成情况的审查。

5.3.1 生产计划制订的审查

审计人员首先应审查企业制订计划的依据是否合规、合法。其次,审计人员应审查企业的生产计划是否综合平衡。生产计划的综合平衡主要有:生产能力与生产任务的平衡、劳动力与生产任务的平衡、物资供应与生产任务的平衡、财务资源与生产任务的平衡。

1. 生产能力与生产任务平衡的审查

生产能力=每台机器生产能力×制度工作日数

生产任务(计划生产量)=计划需要量+计划期末预计存量-计划期初预计存量

审查生产能力与生产任务的平衡,即比较分析企业生产设备所能生产的一定种类产品的最大产量与生产任务之间的关系。审计人员在审查时,将上述两者进行比较,视其是否平衡。如果生产任务大于生产能力,说明企业生产能力不足;反之,则说明企业生产任务不足。审计人员应根据具体情况,建议被审计单位修改其生产计划。

2. 劳动力与生产任务平衡的审查

任务工时数=计划产量×单位产品工时定额

有效生产工时=生产工人人数×计划期工作天数×出勤率×每天工作小时数×工时利用率

审查劳动力与生产任务的平衡，是通过对各部门、各生产环节劳动力的需求量进行全面测算，从而检查劳动力对完成计划的保证程度。审计人员在审查时，应注意上述两者的计算依据是否可靠，并将两者进行比较，视其是否平衡，能否既保证完成生产任务，又不浪费劳动力。如出现不平衡的情况，审计人员应建议被审计单位修改其生产计划。此外，审计人员还应审查被审计单位计划的衔接情况，其中主要包括月度计划和年度计划、年度计划和长远计划的衔接，以及各部门之间计划的衔接。若审计人员发现计划不衔接，应当及时提出，并提出修改意见。

3. 物资供应与生产任务平衡的审查

审查物资供应与生产任务的平衡，即检查物资供应是否能保证生产需要，对缺口物资是否及时采取措施落实。

4. 财务资源与生产任务平衡的审查

审查财务资源与生产任务的平衡，即重点检查运营资金需求量的确定是否能满足生产需要；是否根据企业的经营目标确定成本、控制目标，并以此确定财务计划和资金计划；是否采取增收节支措施，节约资金成本，实现财务收支的平衡。

5.3.2 生产组织与生产工艺流程的审查

生产组织是将各种生产资料和劳动力在时间、空间上合理安排的过程。审计人员应注意审查企业生产过程是否连续、是否平衡，能否适应市场条件的变化，并及时组织生产等。

生产工艺流程的审查，主要是分析企业所选择的工艺流程是否适用、合理以及可靠，即选择的工艺方案能否适应客观条件的要求；所选择的工艺流程是否最经济，同时又能满足生产要求；采用的生产工艺流程是否既安全，又符合质量及维修服务的要求。

5.3.3 生产计划完成情况的审查

考核企业生产计划完成情况，主要从产品产量、品种、质量等方面来进行。

(1) 衡量企业产品产量可用三种不同的尺度来表示：实物量、劳动量以及价值量。审查时要注意反映各个指标的完成情况，不能片面地反映个别指标。

(2) 衡量产品品种计划完成程度的计算公式如下：

$$品种计划完成程度=\frac{各品种完成计划产量百分比之和(超额部分不计)}{百分比之和(超额部分不计)}$$

审计人员用上述指标审查、评价，以防止企业利大多生产、利小不生产等片面追求利润的现象，进而促进企业全面完成产品生产任务。

(3) 产品质量审查，主要是对产品质量的计划完成情况、产品质量效益以及产品质量管理工作进行的审查。

第一，反映产品质量计划完成情况的指标有产品合格率、废品率、返修率、产品等级率、平均等级以及等级系数等。其中，最主要的是产品合格率，其计算公式如下：

$$产品合格率=\frac{合格产品产量}{全部产品产量}\times 100\%$$

第二，产品质量效益审计，是对改善产品质量而发生的费用与由此而产生的经济效益的比值进行的评价。若该比值大于1,说明产品有经济效益;若该比值小于1,说明产品无经济效益。

第三,质量管理工作审查。产品质量管理工作的审查,包括产品质量检验和产品质量保证系统的审查。产品质量检验主要是针对企业日常质量控制而进行的,例如,是否订立产品质量标准;质量检验部门的职权是否有效发挥作用等。产品质量保证系统主要从产品的设计、生产、技术服务等过程来审查其质量保证程度。

第四,生产均衡性的审查。企业想要保证市场的供应,应均衡地安排生产。审计人员应审查其均衡性并发现影响均衡生产的各种原因,及时寻求对策,解决问题,以保证满足市场的需求。

相关思考 5-3

某企业本年度甲产品的计划产量为 900 千件,实际产量为 850 千件。乙产品的计划产量为 1 000 千件,实际产量为 1 200 千件。丙产品的计划产量为 800 千件,实际产量为 880 千件。分析该企业产品品种计划的完成情况。

5.4 成本经济效益审计

成本是商品生产中所耗费的活劳动和物化劳动的货币表现。在社会主义社会,生产成本是企业生产的产品中耗费的原材料、燃料、动力、折旧费等生产资料的价值和支付给劳动者的劳动报酬的价值,以及管理费用的货币表现。

成本效益审计是以提高经济效益为目的,对成本预测的可靠性、成本决策和成本计划的先进性和可行性进行的审计。成本计算的正确性和成本控制的有效性所进行的审计评价活动,其任务是根据成本核算资料和报表资料,运用适当的审计方法,对下列的成本管理活动及其效果加以审查和评价。

(1) 成本预测和成本决策的可靠性、科学性、可行性。

(2) 为实现成本决策和成本计划所实施的成本控制是否有效。

(3) 成本计划完成的执行情况和成本效益的实现情况,其中包括实际成本水平的衡量、实际成本效益指标的测算,以及成本变动差异的分析。

(4) 降低产品成本、提高成本效益的途径。

5.4.1 成本效益的事前审计

成本效益的事前审计的重点是对成本决策效益进行审查、评价。

成本决策包括确立目标成本和规定成本构成。目标成本是指一定时期内,产品成本应达到的水平,它是根据企业的生产技术、经济条件以及可能采取的各种措施和方案对未来成本水平及其变动趋势的科学估算。成本决策是成本管理活动的重要环节,其对成本效益起到至关重要的作用。

1. 目标成本的审查

制定目标成本的基础是调查和预测。目标成本的审查,一方面是审查企业是否进行了认真的厂内外调查，包括向社会、市场以及同行企业调查，从而了解用户购买力、产品价格，产品及其主要零部件的成本，以及原材料、元器件、外协件的价格变动等情况；另一方面是审查企业是否进行了科学的成本预测，即根据企业一定时期内的产品品种、产量、利润等方面的目标和生产技术，以及企业经营管理、重大技术组织措施，分析企业过去和当前与成本有关因素的状况，并预测成本在一定时期内的发展趋势。

目前我国企业制定目标成本的方法，一是根据目标利润和目标产销量计算；二是根据上年实际成本水平和本年成本降低因素加以调整确定，或根据同行业实际平均成本和本企业条件调整确定。审计人员在审计时应根据上述不同情况采用不同标准和方法对企业加以评审。

2. 成本构成的审查

成本构成是指成本中的各项目或各费用要素在成本中所占的比重。审计人员在审计时一要注意不同行业产品成本的构成是不同的，同一行业的不同企业，由于生产技术和组织管理等方面存在的差异，其成本构成也不尽相同；二要注意对企业上期的实际成本构成进行深入的分析，进而掌握该企业成本形成的特点、计划期的成本构成要明确降低成本的重点，以及抓住降低成本的关键。

5.4.2 成本效益的事中审计

成本效益的事中审计主要是对成本形成过程的控制工作进行审计评价。

对成本控制工作的审查，主要是对控制方法、控制手段、控制工作的有效性进行分析、评价以及提出改善意见。

1. 费用成本内部控制制度的评审

提高成本经济效益的有效途径之一是成本控制。因此，成本效益审计的重要步骤是对被审计单位的成本内部控制制度加以评审，即从被审计单位的制度上、程序上了解其成本效益高低的根本原因。对于成本效益来说，内部控制制度的作用主要是抑制不利于经济效益提高的因素，如损失、浪费、高消耗和低产出等，通过制度、计划、定额、预算等措施、方法以及程序，对成本效益进行内部控制。审计人员在开展成本效益审计前，就应了解、调查有关企业内控制度的建立情况，并到车间、仓库、设计、计划部门等现场进行观察和测试。在费用成本内部控制制度中与成本效益有关的因素有：生产计划、料工费消耗定额、生产费用预算、产品生产计划、计划成本指标向各生产部门进行分配和实施并定期检查的制度、限额领料制度、剩余材料和边角料的退库制度、费用开支的审批报销制度等。审计人员对上述的制度内容应拟订调查表（提纲）进行查询和符合性测试，评价其健全程度和可信程度。对于成本控制制度上的薄弱环节，审计人员应提出审计建议，以促使制度的健全和有效。

2. 成本计划编制情况的审计

审计人员对企业成本计划的编制情况应着重审查其是否与生产技术财务等计划进行了综合平衡；主要技术经济指标是否达到历史先进水平；主要产品单位计划措施是否按责任归口进行了层层落实；主要产品的变动成本是否经过价值分析；可比产品降低任务是否达到下达的指标；管理费用是否实行了预算控制；其他产品与新产品是否均有成本计划。

3. 成本日常控制的审查和评价

审计人员对目标成本和成本计划编制审定以后，企业能否如期完成，就必须进行日常的成本控制。目前许多企业开展了划小核算单位、成本指标归口分级管理、核算责任成本等活动，进而加强了成本控制，审计工作为了适应这些活动的需要，必须进行成本控制的审查和评价。

1）成本费用归口分级管理的审查

成本费用的归口分级管理，是在厂长的领导下，以财务部门为主，明确各职能部门和车间等方面的费用、成本管理（控制）中的责任，把厂部、车间、班组和个人岗位的费用与成本管理（控制）结合起来。我国企业的实践证明，归口分级管理可动员全员的力量和智慧，是进行成本管理和控制的有效方法。

审计人员在对成本控制进行审计时，首先应调查、了解财务部门是否建立科学、合理的收费、成本归口分级管理系统。科学和合理，一是指该系统能全面覆盖企业费用、成本的发生范围。二是指该系统是否与被审计企业的生产经营特点、费用成本的形成过程以及成本管理上的具体要求相适应。三是指财务部门按各口各级分解费用成本指标是否合理，以及能否调动全体人员提高成本效益的积极性。

2）责任成本核算的审查

责任成本核算，是以生产费用发生的责任（责任中心）作为成本计算对象。审计人员对其的审查，应注意以下几个方面：一是核算哪一级的责任成本。由于责任成本的核算要求与传统的（现行的）生产费用归集方法并不一致，因此会耗费一定的核算工作量，一般来说，责任成本核算主要应抓车间和班组这两级。二是责任成本的核算是否贯彻可控的原则。它具体是指每一成本中心的责任成本只能由该成本中心所能控制的成本、费用构成，否则起不到成本控制的积极作用。三是各责任中心之间的内部转移价格的制订是否科学、合理。一般应以计划成本作为半成品，各种劳务的内部转移价格，若以实际成本转移，则会转嫁功劳和过失，不利于各责任中心的业绩考核。四是各责任中心业绩评价，是否与效益（奖金）的分配挂钩，进而提高节约成本费用的积极性。

5.4.3　成本效益的事后审计

成本效益的事后审计，主要是对成本效益的实现情况进行审查、评价。对成本效益的实现情况的审计，主要是对产品成本升降原因和对成本降低计划指标的完成情况进行分析和评价，并提出改进意见。

1. 成本计划完成情况的审查

企业成本计划的完成情况，主要反映在两个指标中，即全部商品产品成本计划完成率和可比产品成本降低计划完成率。这两个指标是对成本计划完成情况的审计的重点。

1）全部商品产品成本计划完成率

审计人员在审计时，根据“商品产品成本表”所列资料进行计算。

$$\text{全部商品产品成本完成率}=\frac{\sum(\text{计划期实际产量}\times\text{实际单位成本})}{\sum(\text{计划期实际产量}\times\text{计划单位成本})}\times 100\%$$

2）可比产品成本降低计划完成率

审计人员在审计时，可先根据“商品产品成本表”计算可比产品成本实际降低率，然后对比计划规定的降低率，评价其完成情况。

$$可比产品成本降低额 = 计划期实际产量 \times (上期实际单位成本 - 计划期实际单位成本)$$

$$可比产品成本实际降低率 = \frac{可比产品成本降低额}{实际产量 \times 上期实际单位成本} \times 100\%$$

$$可比产品成本降低计划完成率 = \frac{1 - 可比产品成本实际降低率}{1 - 可比产品成本计划降低率} \times 100\%$$

审计人员在审计时应注意，这两类指标数值若大于100%，说明成本降低任务没有完成；若小于100%，说明成本降低任务完成较好。

2. 成本经济效益实现程度的审计

成本经济效益的实现程度，可以反映在以下两个方面：一方面是费用效益，即各项活动和物化劳动的消耗与相应产出之比，另一方面是总成本效益，即总成本与相应的总收入、商品产值、销售利润之比。审计人员在审计时，可以通过对下列指标的计算来评价成本经济效益的实现程度。

1）费用效益指标

$$单位产品材料费用 = \frac{某产品应分配的材料费用}{某产品合格数量}$$

$$单位产品工资费用 = \frac{某产品定额工时(或实际工时) \times 工资分配率}{某产品合格产品数量}$$

$$工资分配率 = \frac{生产工人工资总额}{\sum 各种定额工时(或实际工时)}$$

2）总成本效益指标

总成本效益指标主要用于综合衡量生产过程中全部生产耗费的经济效果。

（1）产值成本率是指一定时期内商品产品总成本和商品产值(按不变价格计算)之间的比率，一般用“百元商品产值成本”来表示。

$$百元商品产值成本 = \frac{商品产品总成本}{产品产值} \times 100\%$$

（2）销售收入成本率是指一定时期内销售总成本和销售总收入之间的比率，一般用“百元收入销售成本”来表示。

$$百元收入销售成本 = \frac{销售总成本}{销售总收入} \times 100\%$$

（3）成本利润率是指一定时期内产品销售利润和产品销售成本之间的比率，一般用“成本利润率”来表示。

$$成本利润率 = \frac{产品销售利润}{产品销售成本} \times 100\%$$

成本利润率可按不同产品品种分别计算，作为改善和优化产品品种结构的依据。审计人员在审计时，还应对主要产品的成本利润率进行深入细致的敏感性分析。审计人员可根据下列关系式进行分析：

$$成本利润率 = \frac{销售量 \times [价格 \times (1 - 税率) - 单位成本]}{销售量 \times 单位成本}$$

通过上式可见，成本利润率的影响因素主要有销售量、销售单位成本、价格销售税率，如果是多种产品的综合成本利润率，其还受销售结构的影响。一般来说，单位产品销售成本是敏感程度较强的因素，降低成本是提高成本利润的主要途径。

3. 重点产品单位成本审计

产品单位成本审计是成本效益审计的重点内容。

重点产品是指成本比重大，在成本计划完成中起关键性作用的产品。

重点产品单位成本审计的目的在于按成本项目计算成本差异，确定差异异常的成本项目，分析生产差异的原因以及部门、个人的工作责任，控制不正当的费用支出，促进成本效益的提高。

1）原材料成本差异的分析

$$\text{材料用量差异}=\text{材料计划单位成本}\times(\text{实际单耗}-\text{单耗定额})$$

材料用量差异一般属于生产部门的工作业绩或责任，它又可进一步划分为材料出库差异，利用率差异以及废损差异等。

$$\text{材料价格差异}=\text{材料实际单耗}\times(\text{实际单位价格}-\text{计划单位价格})$$

材料价格差异一般属于供应部门的工作业绩或责任，它又可进一步分为材料价格差异，材料附加费用差异以及材料入库差异。

2）工资成本差异的分析

（1）计件工资下工资成本项目的审查。

计件工资属于变动成本，其成本差异也可分为用量差异和价格差异两部分。

$$\text{计件工资}=\text{合格产品数量}\times\text{计价单价}$$

在多种产品生产的条件下，产量可用所完成的定额工时综合计算。

$$\text{计件工资}=\sum(\text{各产品产量}\times\text{工时定额})\times\text{工时单价}$$

$$\text{单价产品工资成本}=\text{单位产品耗用工时}\times\text{工时单价}$$

工时单价也就是小时工资率。

由于实际工时耗用量脱离计划（定额）工时耗用量而引起的工资成本差异，称为工时耗用率差异，或人工效率差异，它一般反映了劳动力的合理利用、劳动者的操作熟练程度、工作创造性和积极性的发挥等。其综合起来就是劳动生产率的因素，属于生产、调度部门的责任范围。

$$\text{工时耗用量差异}=(\text{单位产品实耗工时}-\text{单位产品工时定额})\times\text{工时计划单价}$$

由于实际工时单价脱离计划工作单价而引起的工资成本差异，称为工时单价差异，或工资率差异。

$$\text{工资率差异}=(\text{实际工时单价}-\text{计划工时单价})\times\text{单位产品实耗工时}$$

工资率差异一般反映工资总额水平的变动情况，其受到工资增长因素的影响，主要属于劳动工资部门和财会部门的责任范围。

（2）实行固定计时工资制下的工资成本审查。

在计时工资制度下，假如工资总额不变，那么单位产品的工资成本会受产量的变动影响，当产量增长，则单位产品工资成本下降，反之，则相反。这种随产量变动差异，称为工资的相对变动(或称量差异)。

工资相对变动额＝基期固定工资总额×报告期产量增长×100％

由于职工人数的增加、单位结构的变化、工资水平的上升，引起工资总额支出数也相应增长，也会造成单位产品工资成本的变动。这种由于固定工资支出数变动而引起的工资单位成本的变动，称为工资的绝对变动(或称预差异)。

工资的绝对变动额 = 固定工资报告期支出额 − 固定工资基期支出额

工资成本实际变动 = 工资相对变动＋工资绝对变动

以上对固定计时工资的分析分为相对和绝对变动两部分，其意义在于明确两种变动引起的原因和责任(业绩)的不同。

(3) 管理费用成本差异的分析。

管理费用中一部分内容(明确项目)属于固定费用，可按上述方法分析为绝对变动额加以审查。另一部分则属于半变动费用或变动费用，可按前述计件工资的分析方法加以审查。因此，审计人员对这两个成本项进行审查时，可先按管理费用账户的各明细科目划分为固定费用和变动费用两部分，然后按各自的方法进行分析审查。但在实际工作中，某产品应负担的管理费用一般用下列方法来分摊计算：

管理费用总额 = 实耗工时数 × 费用分配率

某产品单位费用成本 = 该产品实际工时单耗 × 用费计划分配量

这样，管理费差异可用工时消耗量差异和费用分配率差异来分析。

工时消耗量差异 = (该产品实际工时单耗 − 该产品工时定额) × 费用计划分配率

费用分配率差异 = 该产品实际工时消耗 × 费用实际分配率 − 费用计划分配率

如前文所述，工时消耗量差异反映劳动生产率水平，它受到劳动力的开发利用程度、劳动者的操作熟练程度以及积极性、创造性的发挥等因素的影响，而费用分配率差异反映车间经费和企业管理费的总支出水平的变动，其涉及费用预算的执行情况。

相关思考 5-4

甲企业本月生产A产品400件，使用材料2 500千克，材料单价为0.45元/千克，原材料的单位产品标准成本为3元，即每件产品耗用6千克原材料，每千克原材料的标准价格为0.5元。计算甲企业的材料成本差异并分析原因。

5.5 质量经济效益审计

5.5.1 质量经济效益审计的意义

研究质量经济效益审计的目的是使企业、用户以及社会获得最大的收益。质量经济效益，是指企业因提高产品质量后，较以前相比所获得的超额收益，也可以说是改善产品质量而发生的费用与由此而产生的经济效果的比值。但有时候，这些效益是不能或难以用货币来表现的，它不仅关系到企业本身的产品质量、产品数量以及产品质量成本的高低，而且还影响到使用单位直至整个国民经济的增产节约和经济发展。因此，在审计一个企业获得的质量经济效益时，还应从用户和社会的角度加以评价。可见，质量经济效益是指质量社会效益与质量企业效益之和。

产品质量经济效益审计是经济效益审计的重要环节，它是指对质量实现程度及提高产品质量途径的审查和监督。质量经济效益审计有以下优点：其一，促使企业实行全面质量管理；其二，可以完善企业的质量管理体系，即质量保证体系，使企业质量管理工作制度化、经常化；其三，有利于企业健全质量管理的基础工作，如标准化工作、计量工作、情报工作、质量教育宣传工作、质量责任制度等；其四，有利于提高社会的和企业的经济效益。

5.5.2 质量与质量成本

1. 质量

质量(quality)是指产品(或劳务)的优越程度或等级。质量产品(quality product)系指符合顾客期望的产品。一般而言，质量有两种类型：设计质量和适合之质量。

(1) 设计质量(quality of design)是指产品规格之功能，如手表之功能为显示时间，汽车之功能为提供运输的服务，劳力士与卡西欧手表之设计质量不同；凯迪拉克汽车与雪佛兰汽车之设计质量也不同。一般人均同意劳力士手表质量较高，凯迪拉克汽车之质量亦较优。较高之设计质量，通常会反映较高的成本，并反映于较高的售价。

(2) 适合的质量(quality of conformance)是指产品适合其要求或规格的程度，换言之，适合的质量是指产品的适用性(fitness for use)。产品如出售后，未能满足顾客之预期，如上述的手表，每天快了五分钟，或戴上一周后，即断了发条，则顾客显然将对该产品不满意。

就上述两类质量而言，适合之质量应受较大重视，产品如果不合乎要求或规格，则将对公司产生众多问题，当质量专家论及质量改善时，是指降低"不适合"的情况，就彼等而言，质量之同义字即为"适合要求"。产品应依照设计制造，并须遵守规格，如果产品不佳，则须改变产品的设计。对生产者而言，当提及"质量"时，通常是指适合的质量，而就消费者而言，谈及质量时，亦不特别指明为设计的质量或适合的质量。本章以下所述之质量，均指适合的质量。

2. 质量成本

质量成本(costs of quality)是指由于质量不佳所产生的成本，因此，质量成本是指瑕疵品(defects)的制造、辨认、修理以及预防成本。依照美国管理会计人员协会(IMA)出版的研究报告，应"衡量、规划及控制质量成本"(measuring, planning, and controlling quality costs)，这些成本概可分为四类：预防成本、鉴定成本、内部失败成本以及外部失败成本。公司在生产产品之前为防患瑕疵品的发生，于是发生预防成本及鉴定成本；而当瑕疵品发生时，则公司将发生失败的成本。

预防成本(prevention costs)是为了阻止或杜绝产品(或劳务)发生瑕疵所发生的成本。当预防成本增加时，期望失败成本将减少，因此预防成本是为减少不适合产品的数量而发生的。预防成本是指包括对质量工程、质量训练计划、质量规划、质量报告、供应商评估、质量稽核、质量圈活动及设计进行审核所发生的成本。

鉴定成本(appraisal costs)是为了确定产品或劳务是否符合其要求所发生的成本。例如,原料之检查及测试、包装检验、鉴定工作之监督、产品检验与测试、仪器校正与维护、实地测试、质量专家之诊断等所发生的成本。鉴定工作的主要目标,是防止将不适合的产品运交给顾客。

内部失败成本(internal failure costs)是指产品(或劳务)于运交给顾客之前,就被查出未达质量要求的成本。如未发现产品有瑕疵或不适合时,则此种成本即不致发生。内部失败成本包括废料(scrap,俗称下脚)、整修(rework)、当机时间(downtime)、再测试、再检验以及设计改变的成本。

外部失败成本(external failure costs)是指产品或劳务不合要求,而于送交顾客之后才发生的成本。此种成本包括产品滞销、因质量不良发生的退货及折让、售后保证、修理、赔偿以及抱怨处理等所发生的成本。外部失败成本与内部失败成本一样,在不发生瑕疵品时,即不发生此种成本。

表5-1为四种质量成本及每一类成本的示例。

表5-1 **质量成本分类及示例**

预防成本:	鉴定成本:
质量工程	原料检验
质量训练	包装检验
质量规划	产品检验与测试
质量稽核	仪器校正与维护
设计复核	实地测试
质管圈活动	质量专家之诊断
内部失败成本:	外部失败成本:
废料(下脚)	滞销
整修	退货/折让
当机时间	售后保证
再检验	修理
再测试	赔偿
设计变更	抱怨之处理

5.5.3 质量经济效益审计的方法——最佳质量成本法

质量成本法着重质量成本的收集、核算以及分析,并依此来评价质量体系的经济效果。如前文所述,质量成本是指为了确保满意的质量而发生的费用以及没有达到满意的质量所造成的损失。质量成本若按内部运行可分为预防成本、鉴定成本、内部失败成本以及外部失败成本。质量成本法按PAF(预防、鉴定、失败)成本模型来分析内部运行成本要素，以寻求最佳质量成本，如图 5-1 所示。其中，C 为质量成本，C_1 为预防成本和鉴定成本，C_2 为内外部失败成本，Q_m 为应控制的合格率水平，C_m 为适宜的质量成本水平。

根据以上关系，可列出下列质量成本数学模型：

$$C_N = C_1 + C_2 = R\frac{Q_n}{1-Q_n} + F\frac{1-Q_n}{Q_n}$$

在本式中，F 为每件不合格产品造成的全部损失费用，R 为用于预防产生不合格产品与故障等所需的预防成本。

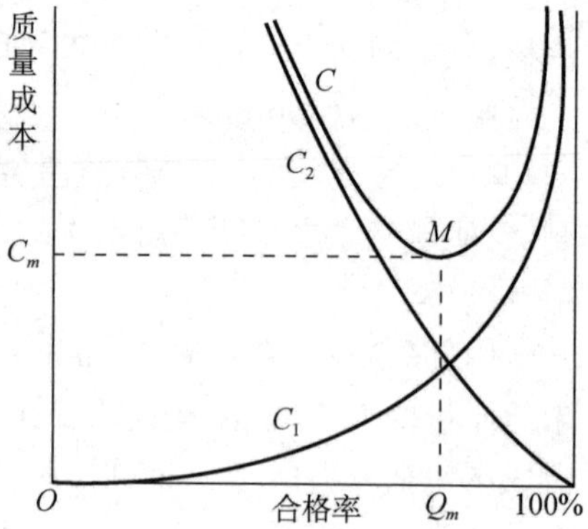

图 5-1　质量成本特性曲线

当质量成本 C_m 达到最小时，$C_1 = C_2$。

$$即\ R\frac{Q_n}{1-Q_n} = F\frac{1-Q_n}{Q_n}$$

$$由此可解得\ Q_n = \frac{1}{1+\sqrt{\dfrac{R}{F}}}$$

5.6　销售业务经济效益审计

销售环节既是产品价值和使用价值的实现阶段，也是企业经济效益和社会效益的实现环节。企业生产经营的目的是既要满足社会的需求，又要实现资产的增值，以维持企业的生存和发展。对销售业务经济效益进行审计，具有重要的意义。

销售业务经济效益审计，主要包括销售计划的制订及其执行情况的审计、销售业务审计，以及市场开发审计。

5.6.1　销售计划的制订和执行情况审计

1. 审查销售计划的制订

首先，审计人员应将计划销售量与生产计划中的计划需要量相核对，视其是否一致。其次，审计人员将市场调查的销售预测与每种产品计划销售量核对，视其是否一致。最后，审计人员将实际销售量与计划进行比较，确定所制订的计划是否先进，并考核销售收入计划的制订情况，确定销售价格是否遵循国家物价政策。审计人员在审查时，可利用下列公式验证计划销售收入的正确性：

$$计划销售收入 = \sum(某种产品计划期销量 \times 该产品的单位售价)$$

2. 审查被审计单位执行销售计划的情况

审计人员应注意从以下三个方面来审查被审计单位执行销售计划的情况：

(1) 审查销售计划的总体完成情况。将实际销售收入与计划销售收入进行比较，检查计划完成程度，并作出审计评价。

（2）确定企业销售计划按国家指令性计划的完成情况。确定企业有无单纯为追求高利润，只完成国家计划外销售任务，而未完成计划内销售任务的情况。

（3）对于实际执行与计划的差异进行分析，分别确定销售数量变动及销售单价变动所产生的影响，并进一步查明原因。其计算公式如下：

$$\text{销售数量变动的影响} = \sum[(\text{实际销售数量} - \text{计划销售数量}) \times \text{计划单位售价}]$$

$$\text{销售单价变动的影响} = \sum[(\text{实际单位售价} - \text{计划单位售价}) \times \text{实际销售数量}]$$

5.6.2 销售过程审计

销售过程审计，主要是审查企业销售业务过程的各个环节工作的合理性、健全性以及有效性。该过程的审查内容主要包括：销售方式的审查、销售定价的审查，以及促销措施的审查。

1. 销售方式的审查

企业销售方式主要有两种：按国家计划任务与用户签订合同和统购、包销；企业根据市场需求自行销售，包括与商品流通部门签订购销合同进行销售。企业应在完成国家任务的前提下，以合理的销售渠道把产品转移到消费者手中，加速资金周转，提高企业经济效益。审计人员在评价被审计单位的销售方式时，应注意有无国家政策；有无自营自销统配物资；有无利用现有的商品流通渠道进行市场开发；销售过程的成本效益如何等，并提出改进建议和措施。

2. 销售定价的审查

企业的销售定价，关系到是否执行国家物价政策，其直接影响消费者的利益。因此，定价决策的制订，决定了企业收入及其经济效益。目前，企业产品的定价方式有：国家定价、浮动定价、议价、自定价格等。不同的定价方式，将对企业产生不同的经济效益。销售定价的审查内容主要包括以下几点：

（1）审查被审计单位执行国家物价政策的情况。

（2）审查企业定价的依据是否准确、可靠。

（3）审查企业定价策略的运用是否正确，其促销活动是否有效。

（4）审查定价能否给企业带来最佳的经济效益。

3. 促销措施的审查

企业的促销方式多种多样，如广告推销、宣传推销、人员推销、参加展销会、订货会等。审计人员应注意评价各种不同促销措施的优劣及其促销效果，企业应选择最为有利的促销方式。对企业所采用的不合理的促销措施，审计人员应及时提出改进建议，以提高促销活动的效率。

5.6.3 市场开发审计

市场开发审计，是对企业发扬和开辟新的市场或扩大现有市场过程的合理性、有效性、可行性进行的审查。它主要是对被审计单位市场研究分析的全面性、准确性，市场目标确定的科学性、可行性，市场开发策略的有效性、经济性进行的审查。

1. 市场研究的审计

市场研究是对市场环境及潜力的分析，其是市场开发的基础和前提。只有充分地进行市场研究、了解市场需求、掌握竞争对手的实力，才能知己知彼，制订出可行的市场开发计划，发挥产品优势，占领市场。

审计人员主要应了解被审计单位的市场研究是否建立在科学的基础上，是否进行了充分的市场调查，掌握市场，并准确地预测市场。审查内容主要包括以下几点：

（1）企业对市场是否了解。企业对市场的了解包括所有影响市场的因素，即政策因素、经济因素、文化因素、道德因素、心理因素等。

（2）企业是否及时地研究了市场开发对策，寻找适合市场开发的有利环境和措施，其中包括产品适合消费地的习惯、符合当地政策的要求（如符合环保要求）等。

（3）企业是否根据市场要求来改进产品的功能、价格、外形以及售后服务等，以适应市场需求。

（4）企业是否制订了市场开发策略，伺机进入市场，在市场中站稳脚跟。

2. 目标市场选择的审计

目标市场选择的科学性、可行性审计，主要是审查企业确立目标市场是否有充分的依据；目标市场的确立是否与企业年度销售计划相衔接；是否正确处理现有市场和目标市场的关系。审查内容具体包括以下几点：

（1）应查证确立目标市场的依据，其中包括对市场潜在需求的预测、市场容量、竞争对手的实力及其可能采用的对策等。通过对大量数据的调查和分析，确定其可靠性。

（2）审查目标市场开发所带来的后果，即市场供应是否会与企业销售计划、生产计划相脱节，具体包括：产品数量、产品功能、产品质量，以及特殊性能的要求等，只有全面吻合，才能实现市场需求，满足消费。

（3）审查目标市场的开发与现有市场的关系，研究其对现有市场的影响作用及其可能产生的各种后果，并分析其利弊，以保证企业总体效益目标的实现。

3. 目标市场开发的审计

目标市场开发审计主要是审查企业开发策略及其执行情况。

（1）审查开发策略的制订是否适应企业外部环境、企业经营目标以及企业内部条件之间的动态平衡；是否适合现阶段市场的特点，具有科学性和可行性。

（2）审查市场开发策略的执行情况，如执行进度、执行效果等。如有偏差，则应进一步分析原因所在，并及时调整市场开发计划或寻找更有效执行市场开发策略的措施和方法。

本章小结

经营活动审计是企业内部审计师为了评价被审计单位经营活动的效果和效率，而对其经营程序和方法进行的审查。在经营活动审计结束后，内部审计师一般要向被审计单位管理层提出经营管理的建议，在经营活动审计中，审计对象不限于会计，还包括组织机构、计算机系统、生产方法、市场营销以及注册会计师能够胜任的领域。从某种意义上来说，经营活动审计更像是管理咨询。

重要概念

经营活动审计　管理审计　质量效益审计　质量成本法　成本效益审计

阅读资料

[1] 赵保卿. 绩效审计理论与实务[M]. 上海：复旦大学出版社，2007.
[2] 国际内部审计师协会制定. 国际内部审计专业实务框架[M]. 北京：西苑出版社，2015.

本章练习

简答题

1. 什么是经营审计、管理审计，区分经营审计与管理审计具有什么意义？
2. 经营审计与管理审计相比，具有什么特点？
3. 经营审计的目标是什么？
4. 如何进行供应业务的经济效益审计？其审查的主要内容是什么？
5. 如何进行生产业务的经济效益审计？其审查的主要内容是什么？
6. 如何进行销售业务的经济效益审计？其审查的主要内容是什么？
7. 如何进行成本效益审计？其审查的主要内容是什么？
8. 如何进行质量效益审计？其审查的主要内容是什么？
9. 什么是质量成本法？其在审计工作中被如何运用？

第 6 章　内部控制审计

内容提要

本章分为 5 节课，主要讲解了内部控制的概念、目标、基本要素以及局限性；内部控制审计的概念、内部控制审计与内部控制评价、内部控制评审的联系和区别；内部控制审计的内容；内部控制审计的组织方式和程序；内部控制审计的方法。

重点难点

本章重点为内部控制的概念、内部控制的基本要素、内部控制审计的概念、内部控制审计的内容，以及内部控制审计的程序。本章难点为内部控制审计与内部控制评价的联系和区别、组织层面内部控制审计、审查与评价内部环境、审查与评价控制活动、编制项目审计方案，以及认定控制缺陷。

学习目标

通过本章的学习，学生应掌握内部控制审计的概念、内部控制审计内容中的组织层面、内部控制审计的程序中对控制缺陷的认定；理解内部控制的概念、目标、基本要素、局限性，内部控制审计与内部控制评价、内部控制评审的联系和区别，内部控制审计的程序；了解内部控制审计的责任划分、业务层面内部控制审计、内部控制审计的组织方式、内部控制审计的方法。

知识框架

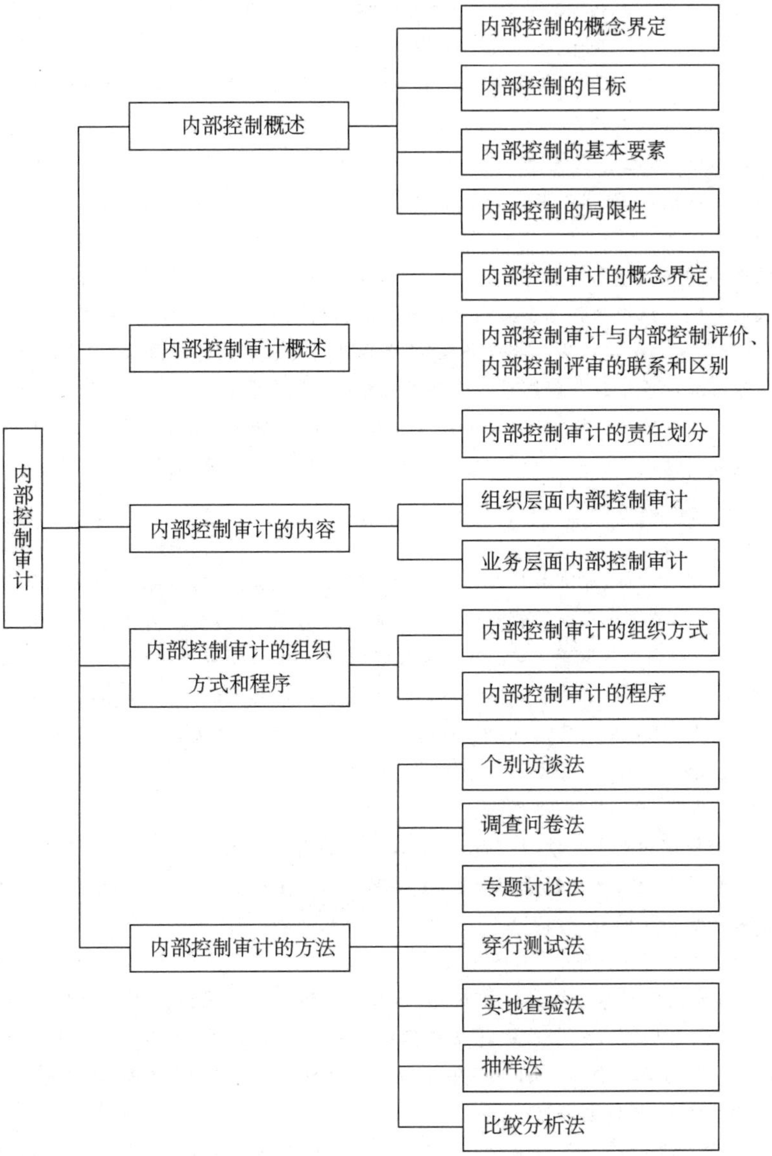

引入案例　新华制药内部控制审计案例①

山东新华制药股份有限公司始创于1943年，公司于1996年股票上市，是H股和A股上市公司，集团公司持有并行使国有股权。山东新华制药既是亚洲最大的解热镇痛类药物生产与出口基地，也是国内重要的咖啡因产品生产商。该公司于1998年11月经中国对外贸易经济合作部批准后，转为外商投资股份有限公司。山东新华制药公司生产的咖啡因通过了美国FDA的检查和复查，出口美国，属免检产品，产品的高质量在国内外市场享有较高的声誉。作为我国重点骨干大型制药企业、亚洲最大的解热镇痛类药物生产与

① 于双. 新华制药内部控制研究——基于COSO五要素[J]. 企业改革与管理，2014(4)：201-202.

出口基地，以及国内重要的心脑血管类、抗感染类及中枢神经类等药物生产企业，山东新华制药经过 67 年的发展，为全国乃至全球医药发展作出了巨大的贡献，解决了国内外诸多医药产品线的普及需求和特殊需求。在我国化工及医药行业具有较高的企业地位和影响力。公司年产化学原料药总量 2.5 万吨以上，是全球最大的安乃近、布洛芬、阿司匹林、咖啡因、左旋多巴等药物生产企业，拥有乙氧苯柳胺等 10 个原料药独家品种，8 个原料药主导品种市场占有率居国内第一位。同时“新华牌”产品在国际上还拥有极高的荣誉，是许多国际知名 500 强企业的合作伙伴。

以 COSO 报告《企业风险管理整合框架》为依据，对新华制药内部控制体系从内部控制环境、风险评估、控制活动、信息与沟通，以及内部监督五个方面进行分析如下。

1. 控制环境

控制环境既是内部控制体系的基础，又是企业内部控制理念的核心，其对内部控制体系的运行效果有着直接并且重大的影响。组织结构是企业内部环境的有机组成部分，根据新华制药 2011 年度的内部控制自我评价报告，新华制药的组织结构设计较合理，符合企业内部控制的基本要求，但各部门在实际履行过程中并没有有效地发挥其职能。新华制药下属子公司医贸公司内部控制制度规定，对客户授信额度不大于该客户的注册资本。但在实际执行中，对部分客户超出客户的注册资本授信，使得授信额度过大，同时医贸公司也存在未授信的发货情况。由此我们可以看出，新华制药的内部审计的结果和质量不高，企业内部审计工作的广度和深度还有待加强。

2. 风险评估

风险影响企业实现其目标、危害其经营，所以我们要对企业进行风险评估。新华制药与欣康祺医药存在着长久的合作关系，但是欣康祺医药长期以来一直把医药业做成金融业，其主要盈利模式是从上游赊购拿货，再以低 3%～5%的价格现销给下游，同时将赚取的现金投入期货市场以获取收益，这种获利方式具有很大的风险，也是其最后资金链断裂的根本原因。欣康祺医药作为新华制药的大客户，而新华制药的高管们风险管理意识薄弱，没有在销售前充分了解欣康祺医药的情况，对欣康祺医药进行资信评估，同时实时关注其动向，从而造成此次损失的发生。

3. 控制活动

控制活动是内部控制的重要手段，控制活动的发生贯穿于整个组织，遍及各个层级和各个职能部门。从新华制药内部控制重大缺陷产生的原因来看，主要问题集中暴露在销售业务流程设计和执行以及母公司对子公司的监管控制出现了问题。

(1) 对销售活动的控制。

2011 年中期，欣康祺医药为新华制药第五大客户，共向新华制药采购 1 999.1 万元，占其营收总额的 1.31%。2011 年中期，新华制药应收账款前五名客户中没有欣康祺医药，第五名为新华制药寿光有限公司，欠款金额为 898.8 万元。但其 2011 年年报显示，欣康祺医药及其关联方欠新华制药货款总计 6 073.17 万元。由此可知，新华制药 2011 年下半年向欣康祺医药销售商品不会少于 5 174.37 万元。

新华制药 2010 年中期报告显示，新华制药对欣康祺医药的销售额为 4 314.5 万元，在 2011 年上半年仅向欣康祺医药销售了 1 999.1 万元，销售商品已经大幅减少，但是在 2011 年下半年对其销售商品的金额却又大幅增加，主要是因为销售部门为了追求较高的销售额，达到企业的销售目标，忽略了风险。由此说明企业对于销售活动的内部控制做得很不到位，导致企业年末计提了大量的坏账，致使新华制药 2011 年度增收不增利。

(2) 对子公司管理控制。

新华制药全资子公司医贸公司内部控制制度缺少多头授信的明确规定。在实际执行中，医贸公司的鲁中分公司、工业销售部门、商业销售部门分别向同一客户授信，造成授信额度过大，进而承担了较大的风险。由此可见，该公司内部控制流程存在设计重大缺陷。子公司医贸公司内部控制制度规定对客户授信额度不大于客户注册资本，但实际业务中对部分客户授信却超出其注册资本，表明该公司内部控制执行也存在重大缺陷。而这些问题集中出现在子公司医贸公司，也就是说，新华制药对子公司的管理控制存在问题。

(3) 对应收账款的控制。

新华制药应收账款内部控制联动体系缺失。财务部门、信用部门与销售部门的协调永远是应收账款内部控制中的重要问题。销售部门往往片面追求高销售额，忽视与财务部门之间的信息沟通，导致应收账款大幅上升，增加了收款风险。

4. 信息与沟通

信息与沟通是及时、准确、完整地收集与企业经营管理相关的各种信息，并使这些信息以适当的方式在企业有关层级之间进行及时传递、有效沟通以及正确应用的过程，是实施内部控制的重要条件。新华制药销售部门和财务部门之间信息沟通较少最终导致企业大额应收账款无法收回。其下属全资子公司医贸公司的鲁中分公司、工业销售部门、商业销售部门分别向同一客户授信，造成授信额度过大，超过其注册资本的赊销以及发生未授信发货的情况。

5. 监控

企业内部监控是一个过程，这个过程是通过管理过程中的大量制度及活动实现的。有效的监督可以及时纠错查弊，从而起到良好的控制作用。然而，在我国，许多企业缺乏对会计监督的应有重视，监督体系成了一纸空文，没有起到应有的作用。新华制药被出具否定意见报告案的根本原因是其应收账款内部控制系统存在着缺陷。内部控制问题不是一个短期的问题，而是长期形成的。可是，在信永中和出具否定意见报告之前，新华制药内部并没有发现其在应收账款制度设计以及执行方面的缺陷，暴露出其应收账款监控薄弱，还有待加强和完善。

6.1 内部控制概述

现代组织的规模日益扩大，组织的管理层级更是日趋复杂，良好的内部控制对于保障组织高效运行的作用越来越变得不可替代。但是，从表面上看，内部控制毕竟只是一些具体的政策和程序，是由人制订并由人去执行的，要想让这些具体的政策和程序能够真正发挥应有的作用，对从其设计到运行的整个过程实施持续的监控就是至关重要的。在组织的众多职能中，内部审计依靠其固有的独立性和客观性的本质属性必然成为对内部控制进行监控的最适当职能。

内部控制是组织管理现代化的产物，是伴随加强组织经济管理的需要而产生的，其也必然伴随组织经济管理的发展而发展。随着社会经济的发展和组织经营管理的日益完善，人们对内部控制的认识也在不断地丰富和发展。

6.1.1 内部控制的概念界定

内部控制思想的出现有着十分久远的历史，内部控制最早出现的标志可以追溯到早期苏美尔文化的内部牵制制度。实际上，只要有人类群体的活动就会有控制系统的存在，只是形态的繁简和运用的策略或技术水平各不相同而已。我们现在数值的“control”一词直至17世纪才正式被提出。1600年左右，一本英文词典第一次列出了“control”一词，并将其定义为“一本账的副本，具有与原本相同的品质和内容”。该词是从拉丁语“contrarotulus”派生而来的，其中“contra”意为“对比”，“rótula”意为“宗卷”。著名学者塞缪尔·约翰逊将“control”一词最初的意思定义为由另一个职员保管的登记簿或账册，可由他人逐项检查。这是因为自15世纪开始，资本主义得到了初步发展，复式簿记方式的出现推动了企业管理的发展，以账目间的相互核对为主要内容、实施职能分离的内部牵制制度开始得到广泛的应用。对“control”一词的最初解释就是对内部牵制制度雏形的最好描述。继内部牵制制度之后，内部控制又经历了内部控制制度和内部控制结构的发展阶段。

随着社会经济环境的变化和企业经营管理的发展，人们对内部控制的认知也在逐步深化，对内部控制的定位必然是一个不断完善和不断发展的过程。1992 年，美国的发起组织委员会发布了名为《内部控制——整合框架》的报告，通称 COSO 报告。该报告提出了“内部控制整合框架”的概念，其不仅进一步延续和完善了内部控制的结构化和体系化，更试图整合人们对内部控制的不同理解，力图构造一个具有共识性的内部控制概念平台和框架。COSO 委员会的内部控制整合框架对内部控制的定位是：“内部控制是一个过程，是企业经营管理活动的一部分，与经营过程结合在一起使经营达到预期的效果，并监督企业经营活动的持续进行。”

在此基础上，COSO 委员会又于 2004 年发布了新的 COSO 报告，其进一步扩展了内部控制的范围，并寻求多一个更广阔的视角，提出了一个内容更加宽泛的、层次更高的、建立在风险管理层面上的内部控制框架，这也标志着内部控制的发展已经进入风险管理整合框架的阶段。COSO 委员会的风险管理整合框架对内部控制的定位是：“内部控制是企业风险管理的一个组成部分，企业风险管理是企业管理过程的一个组成部分，整个企业风险管理框架更像是一个把控制中心放在风险上的、扩大化的内部控制过程。”由此可见，COSO 委员会将内部控制定位为一种管理工具，是不能取代管理本身的。

2013 年 5 月，COSO 委员会发布了再次修订的 COSO 报告，其保留了内部控制和内部控制五要素的核心概念界定，以及原来报告中已经被证明的非常实用的内容。新的 COSO 报告既继续强调了在评价内部控制系统有效性时考虑五项内部控制要素的要求，也继续强调了在设计、运行以及实施内部控制和评价内部控制系统有效性中管理层判断的重要性。与此同时，新的 COSO 报告还包括了一些有助于其应用的改进和说明。其中，最重要的改进之一是将原框架中引进的一些与内部控制五要素相关的关键性概念正式列为基本原则，为使用者在设计和运行内部控制系统，以及理解有效内部控制要求方面提供了便利。新的内部控制框架还通过将目标中的财务报告类型扩展至如非财务和内部报告等其他的重要报告形式。同时，新的框架还反映了对组织及所面临的经营环境的众多变化的考虑，包括对政府监管的期望、对市场和经营的全球化、对经营的变化和更明显的复杂性、对法律法规及标准准则的要求和复杂化、对胜任能力和受托责任的期望、对飞速发展的技术的运用和依赖，以及对防范和发现舞弊相关的期望等。

COSO 报告和 2002 年美国颁布的《萨班斯-奥克斯利法案》对世界范围内许多国家的企业内部控制都产生了巨大的影响，我国内部控制的发展也以此为契机进入了创新发展的崭新阶段。2006 年 6 月，国资委发布了《中央企业全面风险管理指引》，同年 7 月 15 日，由财政部发起成立了企业内部控制标准委员会，上海证券交易所和深圳证券交易所也分别在同年 7 月和 9 月发布了证券交易所上市公司内部控制指引。2007 年 3 月，财政部企业内部控制标准委员会发布了《企业内部控制—基本规范》和 17 项具体规范的征求意见稿。2008 年 6 月，财政部、证监会、审计署、银监会、保监会五部委在北京联合召开企业内部控制基本规范发布会暨首届企业内部控制高层论坛，发布了《企业内部控制——基本规范》。2010 年 4 月，五部委又发布了《企业内部控制应用指引第 1 号——组织架构》等 18 项应用指引、《企业内部控制评价指引》以及《企业内部控制审计指引》。《企业内部控制——基本规范》和配套指引文件共同构成了我国的内部控制规范体系，其既是全面提升上市公司和非上市大中型企业经营管理水平的重要举措，也是我国应对国际金融危机的重要制度安排。

企业内部控制标准委员会成立的目标是建立一套以防范风险和控制舞弊为中心、以控制标准和评价标准为主体，结构合理、内容完整、方法科学的内部控制标准体系，进而推动企业完善治理结构和内部约束机制。委员会制定的企业内部控制规范在总体结构上选择了“1＋X”模式，即在内部控制基本规范的基础上按照主要经济业务类型分别制定内部控制应用指引。《企业内部控制——基本规范》将内部控制界定为：“由企业董事会、监事会、经理层和全体员工实施的、旨在实现控制目标的过程。”内部控制这一内涵的界定基本上是以COSO委员会的内部控制整合框架为主体，同时也借鉴和吸收了COSO委员会企业风险管理整合框架对内部控制内涵的界定。

6.1.2 内部控制的目标

COSO委员会在其对内部控制的定义中，将内部控制的目标界定为合理保证经营活动的有效性、财务报告的可靠性、经营的效率和效果及对法律法规的遵守。中国注册会计师协会在《中国注册会计师审计准则第1211号——了解被审计单位及其环境并评估重大错报风险》中，将内部控制的目标界定为合理保证财务报告的可靠性、经营的效率和效果及对法律法规的遵守。财政部在其颁布的《企业内部控制——基本规范》中，将内部控制的目标界定为合理保证企业经营管理合法合规、资产安全、财务报告及相关信息真实完整，提高经营效率和效果，促进企业实现发展战略。基本规范确定的这五个层层递进的内部控制目标是对COSO委员会内部控制框架和企业风险管理框架目标体系进行整合的结果，并由此提出了一个较为全面的内部控制目标体系。

1. 促进组织实现发展战略

促进组织实现发展战略是组织设计和运行内部控制的核心目标。任何一个组织都会有其自身的发展战略和期望实现的目标。组织设计、运行以及维护内部控制的根本目标就是确保组织发展战略和目标的实现。

2. 提高经营活动的效率和效果

任何组织都有自己的经营目标，这些经营目标都会围绕追求经营活动的效益、效率和效果。组织为实现既定的经营目标，就必须制订相应的计划，并付诸实施。然而，由于组织经营活动的复杂性，往往会受到多种因素的综合影响，在计划的执行过程中，难免会发生偏离目标、偏离计划的情况。为此，组织需要采取必要的控制政策和程序，以此控制执行计划的人员的行为，以及时发现计划执行中存在的问题和偏差，并进行必要的调整，从而保证经营活动的效率和效果。

3. 确保财务报告及相关信息的真实和完整

设计、实施以及维护与编制财务报告相关的内部控制，以使财务报告不存在由于舞弊或错误而导致的重大错报既是组织治理层和管理层的责任，也是治理层和管理层建立健全内部控制的重要目标。财务报告及其相关信息作为向社会公众提供组织会计信息的重要载体，关系到各利益相关方的经济决策，作为负责编制和提供财务报告的管理层及对财务报告生成过程承担监督责任的治理层，理所当然地应当保证其对外提供的财务报告及其相关信息是真实、完整的。为了保证这一目标的实现，组织必须制定相应的制度和办法，以保证财务报告的可靠性。这些制度和方法就包括必要的控制措施和程序，以保证所有的交易和事项均得到正确和及时的入账、确保财务报告的编制符合适用的会计准则和相关会计制度的规定、保证对资产和账簿记录及其他记录的接触和处理经过恰当的授权，以及保证账面资产与实存资产定期核对相符等。

4. 保证资产的安全

资产既是对组织从事正常经营活动的物质基础的保障，也是对组织所有者和债权人权益的保障。如果组织资产的安全性受到威胁，组织所有者和债权人的权益也必将受到损害。保护组织所有者和债权人的利益是组织管理层应当履行的基本责任和义务，为此，组织必须建立完善的内部控制，以保护组织资产的安全性。

5. 维护组织经营活动的合法性和合规性

大多数组织都是以追求利润最大化为首要目标的，但是这一目标的实现必须建立在遵守国家的各项法律法规的前提之上。《中华人民共和国公司法》(以下简称《公司法》)明确规定，组织从事经营活动必须遵守法律、行政法规，遵守社会公德、商业道德、诚实守信，接受政府和社会公众的监督，承担社会责任。因此，组织的管理层必须守法经营，并采取必要的控制措施，如进行明确的职责分工，明确不同岗位的职责和权限，从而保证所有的业务活动在适当的授权下进行，保证组织的各项经营活动都是合法和合规的。

6.1.3 内部控制的基本要素

按照COSO委员会发布的内部控制框架，内部控制的基本要素包括控制环境、风险评估过程、信息系统与沟通、控制活动，以及对控制的监督。COSO委员会对内部控制基本要素的分类并不是唯一的，选择五要素的分类方式只是为内部审计人员提供一个理解被审计单位内部控制基本框架的方式，被审计单位可能并不一定采用这种分类方式来设计和执行内部控制。但是，无论对内部控制要素如何进行分类，内部审计人员都应当重点考虑被审计单位的某项控制是否能够，以及如何防止或发现并纠正各类交易、账户余额、列报存在的重大错报。也就是说，在了解和评价内部控制时，采用的具体分析框架及控制要素的分类可能并不唯一，重要的是其能否实现控制目标。内部审计人员可以使用不同的框架和术语描述内部控制的不同方面，但必须涵盖上述内部控制五个要素所涉及的各个方面。

1. 控制环境

COSO 报告

控制环境是组织内部控制的核心要素之一，组织的行为和活动构成了组织的控制环境，控制环境又限制着组织的行为和活动，两者相辅相成。控制环境影响并制约着组织内部控制建立和运行的有效性，控制环境既是组织构建内部控制体系的基础条件，也是组织各种内部影响因素的集合体。控制环境主要包括治理结构、组织机构设置与权责分配、组织文化、人力资源政策、内部审计机构设置、反舞弊机制等。

2. 风险评估过程

风险管理是组织为达到某个目标而确认和分析相关风险，并在此基础上对该风险进行管理的过程。风险就是组织目标无法实现的可能性，任何一个组织在发展过程中都会面临来自组织内外部的多重风险因素的影响。组织的风险可能来自多个方面，如国家政策风险、行业风险、市场风险、财务风险等。风险管理的先决条件是制定目标，各个不同层次的目标必须保持一致性。风险管理的首要工作就是辨别影响组织目标实现的各类风险因素，在此基础上建立风险管理机制。

3. 信息系统与沟通

为了确保员工能够更好地履行自身的职责,组织必须对内部及外部信息进行识别、采集,并进行适当的交流和沟通。信息系统与沟通就是及时、准确、完整地采集与组织经营管理密切相关的各种信息,并使得这些信息以适当的方式在组织有关层级之间、组织与外部相关方之间进行及时传递、有效沟通、正确适用的过程。信息系统与沟通主要包括信息的收集机制,以及在组织内部和组织外部有关方面的沟通机制等,信息系统与沟通是组织确保内部控制有效实施的重要条件。

4. 控制活动

组织管理层在对组织面临的各种经营风险进行评估之后,需要对所评估的各项风险采取必要的控制措施,从而保证组织目标的顺利实现。控制活动就是组织通过将风险评估的结果与风险应对相结合所安排的具体应对措施,以及确保能够实现组织目标所采取的控制方法。控制活动作为内部控制的具体实施方法,主要包括职责分工控制、授权控制、审核批准控制、预算控制、财产保护控制、会计系统控制、内部报告控制、经济活动分析控制、绩效考评控制、信息技术控制等。

5. 对控制的监督

监督是对内部控制运行质量不断进行评估的过程,即对内部控制的设计和运行情况进行评价。从监督的方式看,监督有持续监督、个别评估以及综合监督等。持续监督是指在经营过程中的监督,包括例行管理和监督活动,以及职工为履行其职责所采取的行为。个别评估的范围及频率,应当根据评估风险的大小及持续监督程序的有效性而定。综合监督是将持续监督和个别评估一起进行的监督方式。在各种监督方式中发现的内部控制缺陷必须向上级呈报,在发现严重问题时,则必须向最高管理层和董事会呈报。从监督的执行主体来看,监督包括内部审计机构实施的独立监督和管理层对内部控制的自我评估。在很多组织中,特别是规模较大的组织中,内部审计机构在有效监督方面的作用是非常关键的。为了能使内部审计监督内部控制的职能得以有效发挥,内部审计人员必须独立于经营管理部门和会计部门,并直接向高层权力机构报告工作。

6.1.4 内部控制的局限性

内部控制存在固有局限性,无论如何设计和执行,其只能对财务报表的可靠性、经营的效率性和效果性,以及对法律法规的遵循性提供合理的保证。内部控制存在的固有局限性,包括以下两个方面:

(1) 在决策时人为判断可能出现错误,即人为失误导致的内部控制失效。例如,被审计单位信息技术工作人员没有完全理解系统如何处理销售交易,为使系统能够处理新型产品的销售,可能错误地对系统进行更改;或者对系统的更改是正确的,但是程序员没能把更改转换为正确的程序代码。

(2) 内部控制可能由于两个或更多的人员进行串通或管理层凌驾于内部控制之上而被规避。例如,管理层可能与客户签订背后协议,对标准的销售合同做出变动,从而导致确认收入发生错误。再如,软件中的编辑控制旨在发现和报告超过赊销信用额度的交易,但这一控制可能被逾越或规避。

小型被审计单位拥有的员工通常较少,限制了其职责分离的程度,业主凌驾于内部控制之上的可能性也较大。内部审计人员应当考虑一些关键领域是否存在有效的内部控制,其中包括考虑小型被审计单位总体的控制环境,特别是业主对于内部控制及其重要性的态度、认识以及措施。

6.2 内部控制审计概述

顾名思义,内部控制审计就是对被审计单位内部控制设计的合理性和运行的有效性所实施的审计。但是,由于内部控制审计的实施主体不同,在审计方面的侧重、审计方式的设计、审计内容的确定、审计方法的选择、审计报告的撰写等方面还是存在一定的差别的。由注册会计师所实施的内部控制审计更侧重于对被审计单位与财务报告相关的内部控制的审查和评价,而由内部审计机构所实施的内部控制审计则更侧重于对组织全面的内部控制设计和运行的审查和评价。

6.2.1 内部控制审计的概念界定

以内部审计机构为实施主体的内部控制审计是指内部审计机构对组织内部控制设计和运行的有效性进行的审查和评价活动。内部控制是组织提高经营管理水平、风险防范能力,以及保障可持续发展的基础。内部审计机构对组织内部控制进行审计监督是优化内部控制自我监督机制的一项重要制度安排,其既是健全有效的内部控制的重要组织部分,也是内部审计更好地发挥其在风险管理和组织治理中的作用、实现其自身价值以及在组织中的职能定位的需要。

内部控制审计是伴随着组织和内部审计对内部控制认识的逐步深化而发展起来的。最初,内部审计关注的主要是与会计事项相关的内部控制,内部审计的着眼点集中在内部会计牵制上,其目的是对财务活动进行日常监督、帮助组织建立健全内部会计控制,同时也帮助外部审计师在内部控制评价的基础上进行审计抽样,进而降低审计风险和审计成本。20 世纪 50 年代前后,内部审计实务界开始关注组织的管理活动,将审计重点从财务账簿转向业务活动和管理控制,以提高组织的经营管理效率。相应地,内部控制评价的目标也从服务于财务审计扩展到为提高组织的业务活动和控制的效率服务。20 世纪 70 年代以后,内部审计的服务对象由为管理层提供帮助扩展到为组织提供确认和咨询服务,这就要求内部审计机构站在整个组织的立场上评价和分析问题,对组织内部控制的整体系统进行检查和评价。20 世纪 90 年代以后,内部控制整合框架和相关规范的提出,极大地改变了实施内部控制审计的内外部环境,内部审计要关注与组织目标实现相关的所有风险,因此,内部控制审计发展到以风险评估为基础,根据风险发生的可能性和对组织单个或整体控制目标造成的影响程度,确定审计的范围和重点。

6.2.2 内部控制审计与内部控制评价、内部控制评审的联系和区别

组织内部控制的有效运行离不开对其的持续监督,现阶段对组织内部控制进行审查和评价的主体既包括组织内部的有关部门、内部审计机构,也包括组织外部的注册会计师。同时,组织内外部的审计机构和人员在实施财务报表审计等其他类型的审计过程中也会采用

内部控制评审技术。上述这些针对组织内部控制的审查评价工作都是对内部控制进行监督的方式，其必然存在相互的联系和相同之处，但是其在实施主体、工作目标、监督内容以及方式方法等方面仍然各有不同。

1. 内部控制审计与内部控制评价的联系和区别

内部控制评价又称为内部控制自我评价，由财政部、证监会、审计署、银监会、保监会五部委联合颁布的《企业内部控制评价指引》将内部控制评价界定为："组织董事会或类似权力机构对内部控制的有效性进行全面评价、形成评价结论、出具评价报告的过程。"在组织的内部控制实务中，内部控制评价是极为重要的一个环节。内部控制审计与内部控制评价既存在联系又存在区别。

1）内部控制审计与内部控制评价的联系

内部控制审计与内部控制评价的联系主要体现在两者的工作目标均是审查和评价组织内部控制的设计和运行的有效性。与此同时，两者都是围绕着控制环境、风险评估、控制活动、信息与沟通、监督等内部控制要素来确定具体审查和评价的内容的，且两者的工作程序也基本一致。如果组织的董事会或类似权力机构授权内部审计机构和人员负责内部控制评价的具体组织和实施工作，此时两者的工作主体也是一致的。

2）内部控制审计与内部控制评价的区别

（1）责任主体不同。

内部控制审计是由组织的内部审计机构和人员实施的一项内部审计活动，是根据组织对内部审计的总体计划实施的，其责任主体无疑是内部审计机构；内部控制评价则是在组织内部实施的一项管理活动，是组织董事会或类似权力机构实施的内部控制自我评价，不属于审计行为，其责任主体是组织的董事会。当然，在很多情况下，董事会或其下属的审计委员会可能将内部控制自我评价的工作委托给组织的内部审计机构，但是即便在这样的情况下，内部控制评价工作的最终责任主体依然是组织的董事会，而不是组织的内部审计机构，即组织的董事会对内部控制评价报告的真实性承担最终的责任。

（2）实施的强制性不同。

外部监管机构对组织内部审计机构实施内部控制审计并无强制性要求，内部控制审计往往是根据组织内部治理层和管理层的要求，结合内部审计机构的工作重点和任务安排实施的。但是，对于公众利益实体，如上市公司而言，实施内部控制评价则是一项外部监管机构的强制性要求。无论是美国《萨班斯-奥克斯利法案》，还是我国的《企业内部控制——基本规范》《企业内部控制配套指引》，都对上市公司管理层应当对内部控制有效性进行自我评价提出了明确的要求。

（3）遵循的规则不同。

组织实施内部控制评价应当遵循《企业内部控制——基本规范》和《企业内部控制评价指引》。《企业内部控制——基本规范》要求组织应当结合内部监督的实际情况，定期对内部控制的有效性进行自我评价，并出具内部控制自我评价报告。《企业内部控制评价指引》对内部控制评价应遵循的原则、评价内容、评价程序、缺陷认定等进行了详细规定，其既为组织开展内部控制自我评价提供了一个可以共同遵循的标准，也为参与国际竞争的中国企业在内部控制建设方面提供了自律性规范。

内部审计机构和人员实施内部控制审计应当遵循《中国内部审计准则》（以下简称《内部

审计准则》),《企业内部控制——基本规范》及配套指引文件的出台,对内部控制审计工作提出了明确要求。2013 年,中国内部审计协会对内部审计准则进行了修订,在对内部控制审计相关准则的修订中借鉴了《企业内部控制——基本规范》和《企业内部控制评价指引》的相关规定。同时,考虑目前大多数组织内部对内部控制评价主体较为模糊的实际情况,以及内部控制审计和内部控制评价在实务中无论从实施主体还是报告方式等方面都存在一定差别的事实,为突出内部审计机构在内部控制评价中的特殊性和职能作用,此次修订进一步明确了内部控制审计的定义、定位以及主体,突出了内部审计机构在内部控制审计中发挥的作用和优势,进一步丰富了内部控制审计的相关内容。

首先,在内部控制审计的内容方面,此次修订将内部控制审计按照审计范围分为全面内部控制审计和专项内部控制审计,并从组织层面和业务层面对内部控制审计的内容作了较为细致的规定。其中,组织层面的内部控制审计的内容主要按照内部控制五要素进行规范,同时借鉴、吸收了《企业内部控制评价指引》中有关内部控制评价内容的规定,力求与《企业内部控制——基本规范》及配套指引文件相衔接。其次,在内部控制审计的程序和方法方面,此次修订强调了内部审计人员在实施现场审查前,可以要求被审计单位提交最近一次的内部控制自我评估报告。内部审计人员应当结合内部控制自我评估报告,确定审计内容及重点,实施内部控制审计。再次,在内部控制缺陷的认定方面,此次修订规定了内部控制缺陷的认定,对缺陷认定的方法、缺陷的种类和缺陷的报告等内容进行了规定。最后,在内部控制审计报告方面,此次修订全面要求内部控制审计报告一般应当报送组织董事会或最高管理层,包含有重大缺陷认定的专项内部控制审计报告,应当报送董事会或最高管理层;经董事会或最高管理层批准,内部控制设计报告可以作为《企业内部控制评价指引》中要求的内部控制评价报告对外披露。

(4) 工作成果的体现不同。

由内部审计机构和人员实施的内部控制审计的工作成果体现在内部控制审计报告之中,该报告属于组织内部文件,通常是由内部审计机构提交给组织的适当治理层或管理层。组织所进行的内部控制评价的工作成果则体现在内部控制评价报告之中,该报告须报经董事会或类似权力机构批准后,对外披露或报送相关监管部门。《企业内部控制评价指引》规定企业应当以每年的 12 月 31 日作为年度内部控制评价报告的基准日,内部控制评价报告应当在基准日后 4 个月内报出。

2. 内部控制审计与以注册会计师为实施主体的内部控制审计的联系和区别

《企业内部控制评价指引》将以注册会计师为实施主体的内部控制审计界定为:"会计师事务所接受委托,对特定基准日内部控制设计与运行的有效性进行审计。"注册会计师执行内部审计工作,应当获取充分、适当的证据,为发表内部控制审计意见提供合理保证。注册会计师应当对财务报告内部控制的有效性发表审计意见,并对内部控制审计过程中注意到的非财务报告内部控制的重大缺陷,在内部控制审计报告中增加"非财务报告内部控制重大缺陷描述段",并予以披露。

1) 内部控制审计与注册会计师内部控制审计的联系

不论是由内部审计机构实施的内部控制审计,还是由注册会计师实施的内部控制审计,其都是针对组织内部控制开展的审计活动,目的都是提升组织内部控制在设计和运行上的有效性,进而促进组织内部控制目标的实现。内部控制审计的对象均为组织的内部控制,审计工作都要以内部控制设计和运行的实际情况为基础实施，都需要围绕控制环境、风险评估、控制活动、信息与沟通、内部监督等内部控制要素来确定具体的审查和评价内容。两者的主要联系体现在注册会计师在实施内部控制审计的过程中，可以利用内部审计机构对内部控制的审计结果寻求缩减注册会计师审计工作量的可能性，组织也可以通过加强内部审计机构所实施的内部控制审计工作，降低注册会计师实施内部控制审计的成本。

2）内部控制审计与注册会计师内部控制审计的区别

（1）性质不同。

由于内部审计机构和注册会计师实施的内部控制审计具有不同的实施主体，也就形成了不同性质的业务。由内部审计机构实施的内部控制审计，其本质就是组织对内部控制实施的内部监督行为。由注册会计师实施的内部控制审计，在本质上则是对组织内部控制的外部监督行为，其属于由注册会计师提供的具有独立性和客观性的鉴证业务。

（2）强制性不同。

外部监管机构对组织的内部审计机构是否实施内部控制审计并无强制性要求。但是，对于公众利益实体，如就上市公司而言，聘请注册会计师实施内部控制审计则是一项强制性要求。《企业内部控制配套指引》明确规定："执行《企业内部控制——基本规范》及《企业内部控制配套指引》的上市公司和非上市大中型企业，应当对内部控制的有效性进行自我评价，披露年度自我评价报告，同时应当聘请会计师事务所对财务报告内部控制的有效性进行审计并出具审计报告。上市公司聘请的会计师事务所，应当具有证券、期货业务资格；非上市大中型企业聘请的会计师事务所也可以是不具有证券、期货业务资格的大中型会计师事务所。"

（3）遵循的规则不同。

内部审计机构实施内部控制审计应当遵循内部审计准则，注册会计师实施内部控制审计应当遵循《企业内部控制审计指引》《中国注册会计师鉴证业务基本准则》以及《中国注册会计师审计准则》等规范。

（4）审计侧重点不同。

虽然内部审计机构和注册会计师在实施内部控制审计时，都是针对组织内部控制在设计和运行上的有效性进行的，但是注册会计师在实施内部控制审计时，会将发现的内部控制缺陷区分为财务报告内部控制缺陷和非财务报告内部控制缺陷，对不同的内部控制缺陷也会采取不同的处理方式。内部审计机构实施的内部控制审计应当在对内部控制全面评价的基础上，关注重要业务单位、重大业务事项以及高风险领域的内部控制，其不会对内部控制缺陷进行上述的划分。

（5）实施的频率不同。

内部审计机构实施内部控制审计，并没有每年进行一次的强制性要求，也不需要针对某个特定的基准日，其通常是根据组织管理层的需要和内部审计的年度工作计划实施的。注册会计师实施的内部控制审计则是对被审计单位特定基准日内部控制设计与运行的有效性进行的审计，其通常每年需要进行一次，并由会计师事务所出具内部控制审计报告将审计结果对外披露。

（6）工作成果的体现不同。

内部审计机构实施内部控制审计之后，应当向组织适当治理层或管理层报告审计结果。

审计报告应当说明审查和评价内部控制的目的、范围、审计结论、审计决定及其对改善内部控制的建议，以及被审计单位的反馈意见。注册会计师在完成内部控制审计工作之后，应当出具内部控制审计报告。审计报告应当对被审计单位是否按照《企业内部控制——基本规范》《企业内部控制应用指引》《企业内部控制评价指引》，以及被审计单位自身内部控制制度的要求，在所有重大方面保持有效的内部控制发表审计意见。注册会计师出具的内部控制审计报告包括四种类型，即标准内部控制审计报告、带强调事项段的无保留意见内部控制审计报告、否定意见内部控制审计报告，以及无法表示意见内部控制审计报告。对于发现的内部控制的重大缺陷，注册会计师还应当在审计报告中提及投资者、债权人以及其他利益相关者予以关注。

3. 内部控制审计与财务报表审计过程中内部控制评审的联系和区别

内部控制评审是指审计人员调查了解被审计单位内部控制的设计和运行情况，通过对内部控制实施必要的控制测试，对内部控制的健全性、合理性和有效性作出评价，以确定是否依赖内部控制寻求缩减实质性测试范围的可能性。内部控制评审并非一项独立的审计业务类型，而是审计人员在具体的审计项目中可能采取的一种审计技术方法。

1）内部控制审计与审计过程中内部控制评审的联系

内部审计机构实施的内部控制审计与审计人员在审计过程中进行的内部控制评审都是针对被审计单位内部控制的设计和运行情况而实施的，审计人员也会采用基本相同的审计方法，如询问、穿行测试、实地观察、检查、重复执行等。在某些情况下，内部审计机构出于提高效率、整合资源的考虑，会将内部控制审计与财务报表审计整合在一起实施，通过审计人员对内部控制进行的测试，能够同时实现以下双重目标：一是获取充分适当的审计证据以支持内部控制审计中对内部控制有效性的审计结论；二是获取充分适当的审计证据以支持财务报表审计中对控制风险的评估结果。

2）内部控制审计与审计过程中内部控制评审的区别

（1）工作目标不同。

内部控制审计的工作目标在于评价内部控制设计和运行的有效性，从而为组织实现战略目标提供服务。在审计过程中进行内部控制评审的工作目标在于确定相关内部控制是否完善、是否值得依赖，以评估控制风险水平，从而确定实质性测试的性质、范围、时间以及审计重点。

（2）工作结果不同。

内部审计机构实施了内部控制审计之后，应当向适当管理层报告审计结果。审计人员在审计过程中实施的内部控制评审只是审计业务的一个组成部分，审计人员在实施了内部控制评审之后，并不需要单独针对评审结果出具审计报告。

6.2.3 内部控制审计的责任划分

《中国内部审计具体准则》第 2201 号明确规定："董事会及管理层的责任是建立健全内部控制并使之有效运行。内部审计的责任是对内部控制设计和运行的有效性进行审查和评价，出具客观、公正的审计报告，促进组织改善内部控制及风险管理。"

早在 1971 年，国际内部审计师协会在其第 3 号《内部审计师职责说明书》中就已经将内部控制评价确定为内部审计的主要职责。在最新修订的《国际内部审计专业实务框架》中，国际内部审计师协会进一步明确指出，内部审计机构和人员应当通过评价内部控制的效率和效果，促进其持续改善等工作，进而帮助组织维持有效的控制系统。在内部审计机构和人员实施内部控制审计的过程中，必须明确内部审计机构和人员与组织治理层和管理层的责任划分。组织的管理层负责建立健全组织的内部控制并使之有效运行，组织的治理层负责监督组织管理层建立、健全内部控制并保证其有效运行的责任的履行情况。内部审计的责任是对内部控制设计和运行的有效性进行审查和评价，出具客观、公正的审计报告，促进组织改善内部控制及风险管理。

6.3 内部控制审计的内容

内部审计机构实施内部控制审计，其目标在于通过健全、完善组织的内部控制及督促组织内部控制的有效执行，以促进组织改善内部控制及风险管理，促进组织目标的实现，进而为组织增加价值。通常情况下，组织层面的内部控制是否有效将直接影响重要业务流程层面内部控制的有效性，进而影响内部审计机构和人员对组织内部控制所作出的评价结论和所提出的改进建议。因此，内部审计机构和人员在实施内部控制审计时，可以先审查和评价组织层面的内部控制，进而在此基础上进一步审查与评价业务层面的内部控制。

6.3.1 组织层面内部控制审计

组织层面内部控制审计的基本内容主要是审查和评价内部控制在设计层面的合理性和健全性及在执行层面的有效性。内部审计机构和人员对内部控制合理性的审查主要关注组织的内部控制在设计层面是否能够实现控制目标及其是否存在缺陷。内部审计机构和人员对内部控制的健全性的审查主要关注内部控制在设计层面上是否全面、完整，为实现控制目标而应当设置的内部控制是否已经设置并已经得到执行。内部审计机构和人员对内部控制的有效性的审查则主要关注已经建立的内部控制是否得到了一贯的有效执行，并最终实现了控制目标。内部审计机构可以参考《企业内部控制——基本规范》及配套指引文件的相关规定，根据组织的实际情况和需要，通过审查内部环境、风险评估、控制活动、信息与沟通、内部监督等要素，对组织层面内部控制的设计与运行情况进行审查与评价。

1. 审查与评价内部环境

内部控制环境设定了组织内部控制的基调，其代表着组织治理层和高级管理层对内部控制的重视程度，影响着组织内所有层级的员工对内部控制的认识和态度。良好的内部控制环境是组织实施有效内部控制的基础，只有在良好的内部控制环境下，组织才能建立完备的内部控制，已经建立起来的内部控制也才能得到有效的执行。内部控制环境包括治理职能和管理职能，以及组织治理层和管理层对内部控制及其重要性的态度、认识以及措施。内部控制环境是由多方面的因素组成的，如管理层倡导组织文化和经营理念、组织的经济性质和类型、法人治理结构、权责分配、对胜任能力的重视、人力资源政策和实务等。内部审计人员开展内部控制环境要素的审计时，应当以《企业内部控制——基本规范》和各项应用指引文件中有关内部环境要素的规定为依据，关注组织架构、发展战略、人力资源、组织文化、社会责任等，结合组织的内部控制，对内部环境进行审查与评价。

1）组织架构

组织架构是指组织按照国家有关法律法规、股东（大）会决议、组织章程，结合组织实际情况，明确对董事会、监事会、经理层以及组织内部各层级机构设置、职责权限、人员编制、工作程序和相关要求的制度安排。组织架构可以分为治理架构和内部机构，内部审计人员应当关注组织架构在设计与运行中的各项风险。例如，治理结构形同虚设，缺乏科学决策、良性运作机制以及执行力，可能导致组织经营失败或难以实现发展战略；内部机构设计不科学、权责分配不合理，可能导致机构重叠、职能交叉或缺失、推诿扯皮、运行效率低下。内部审计人员在审查与评价组织架构时应当重点关注以下几点内容：

（1）组织架构的设计是否符合国家有关法律法规的规定；是否明确了董事会、监事会和经理层的职责权限、任职条件、议事规则以及工作程序；是否能够确保决策、执行以及监督相互分离，形成制衡？

（2）组织架构是否形成了重大决策、重大事项、重大人事任免，以及大额资金支付业务等的集体决策或联签制度？

（3）组织架构是否按照科学、精简、高效、透明、制衡的原则，合理设置了内部职能机构，并明确体现了不相容职务分离的要求？

（4）组织架构是否对其治理结构和内部机构的设置进行了梳理；是否能够保证其运行的合理性和有效性？

（5）组织架构汇总是否建立了科学的投资管控制度？

（6）组织是否定期对组织架构设计及运行的效率和效果进行评估；对存在的缺陷是否已经进行了优化调整？

2）发展战略

发展战略是指组织在对现实状况和未来趋势进行综合分析和科学预测的基础上，制订并实施的长远发展目标与战略规划。内部审计人员应当关注组织在制定与实施发展战略中的各项风险。例如，缺乏明确的发展战略或发展战略实施不到位，可能导致组织盲目发展，进而难以形成竞争优势、丧失发展机遇核动力；发展战略过于激进，脱离组织实际能力或偏离主业，可能导致组织过度扩张，甚至经营失败；发展战略因主观原因频繁变动，可能导致资源浪费，甚至危及组织的生存和持续发展。内部审计人员在审查与评价发展战略时应当重点关注以下几点内容：

（1）组织在制定发展目标时是否进行了充分的调查研究、科学分析预测以及广泛征求意见？

（2）组织是否依据发展目标制定了战略规划？

（3）董事会是否下设战略委员会或制定相关机构负责发展战略管理工作；其职责和议事原则是否明确？

（4）组织是否根据发展战略制订了年度工作计划，并编制了全面预算？

3）人力资源

人力资源是指组织进行生产经营活动而录（任）用的各种人员，其中包括董事、监事、高级管理人员以及全体员工。组织内各层级员工的能力和诚信是内部控制环境中不可缺少的因素，组织任何的政策和程序的有效执行都取决于人力资源。内部审计人员应当关注人力资源管理领域的各项风险。例如，人力资源缺乏或过程、结构不合理、开发机制不健全，可能导致人才流失、经营效率低下或关键技术、商业秘密和国家机密泄露；人力资源退出机制不当，可能导致法律诉讼或组织声誉受损。内部审计人员在审查与评价人力资源时应当重点关注以下几点内容：

(1) 组织是否根据人力资源总体规划，结合生产经营的实际需要，制订了年度人力资源需求计划、完善了人力资源引进制度？

(2) 人力资源选聘程序是否符合职位要求，做到公开、公平？

(3) 组织是否依法与员工签订了劳动合同？

(4) 组织是否建立了培训等人才培养的长效机制？

(5) 组织是否建立了人力资源的激励约束机制和绩效考核制度？

(6) 组织是否制定了定期轮岗制度？

(7) 组织是否建立健全了员工退出制度？

4) 组织文化

组织文化是指组织在生产经营实践中逐步形成的为整体团队所认同并遵守的价值观、经营理念以及组织精神，并在此基础上形成的行为规范。内部审计人员应当关注组织在加强组织文化建设中的各项风险。例如，缺乏积极向上的组织文化，可能导致员工丧失对组织的信心和认同感，进而使组织缺乏凝聚力和竞争力；缺乏开拓创新、团队协作和风险意识，可能导致组织发展目标难以实现，进而影响组织可持续发展；缺乏诚实守信的经营理念，可能导致舞弊事件的发生，进而造成组织损失，影响组织信誉；忽视组织间的文化差异和理念冲突，可能导致组织并购、重组失败。内部审计人员在审查与评价组织文化时应当重点关注以下几点内容：

(1) 组织是否根据自身发展战略和实际情况培育了具有自身特点的组织文化？

(2) 董事、监事、经理以及其他高级管理人员是否发挥了主导和模范作用？

(3) 组织文化是否渗透到组织的生产经营全过程中，并得到了全员的遵守？

(4) 组织是否定期对组织文化进行评估，并对存在的问题采取措施加以改进？

5) 社会责任

社会责任是指组织在经营发展过程中应当履行的社会职责和义务，其主要包括安全生产、产品质量(含服务，下同)、环境保护、资源节约、促进就业、员工权益保护等。内部审计人员应当关注组织在履行社会责任方面的各项风险。例如，安全生产措施不到位、责任不落实，可能导致组织发生安全事故；产品质量低劣、侵害消费者利益，可能导致组织巨额赔偿，缺乏发展后劲，甚至停业；促进就业和员工权益保护不够，可能导致员工积极性受挫，进而影响组织发展和社会稳定。内部审计人员在审查与评价组织在履行社会责任的情况时应当重点关注以下几点内容：

(1) 组织是否建立了严格的安全生产管理体系、操作规范以及应急预案，强化安全生产责任追究制度？

(2) 组织的安全生产措施是否到位，责任是否落实？

(3) 组织是否建立了严格的产品质量控制、检验制度以及售后服务制度？

(4) 组织是否建立了环境保护与资源节约制度，认真落实节能减排责任，积极开发和适用节能产品，发展循环经济，降低污染物排放，提高资源综合利用效率？

(5) 组织是否依法保护员工的合法权益?

2. 审查与评价风险评估

任何组织在经营活动中都会面临各种各样的风险,并对其生存和竞争能力产生影响。很多风险的产生并不是组织所能控制的,但是组织的管理层应当确定可以承受的风险水平,识别组织可能面临的这些风险、评估其严重程度并采取一定的应对措施。组织进行的风险评估过程就是识别、评估以及管理影响其运营目标实现能力的各种风险。内部审计人员开展风险评估要素审计时,应当以《企业内部控制——基本规范》有关风险评估的要求,以及各项应用指引文件中所列主要风险为依据,结合组织的内部控制,对日常经营管理过程中的风险识别、风险分析、应对策略等进行审查与评价。

1) 组织战略和目标的沟通

组织只有确立了既定的战略和目标,才能实施有效的控制。组织的战略和目标是由组织的理念及其所追求的价值所决定的。组织的风险评估就是对组织战略目标实现中出现的风险进行的评估,而对组织战略和目标的有效够沟通保证了风险评估在组织内部的贯彻。内部审计人员在审查与评价组织战略及目标的沟通时,应当重点关注以下几点内容:

(1) 组织目标是否适当,并是否与组织的战略、组织所处的内外部环境相适应;组织目标是否已经传达到组织的各个相关层次?

(2) 组织在具体策略和业务流程层面的目标与组织整体目标是否保持协调?

(3) 组织是否已经明确影响整体战略实施的关键因素?

(4) 组织的各级管理人员是否能够参与组织目标的制定,并明确了相关的责任?

2) 风险评估过程

风险评估过程是组织实施风险评估的过程,其中包括风险识别、评估风险的严重程度、评估风险发生的可能性,以及确定需要采取的风险应对措施。内部审计人员在审查与评价组织的风险评估过程时应当重点关注以下几点内容:

(1) 组织是否已经建立了完备的风险识别机制?

(2) 组织是否已经建立了有效的风险评估方法?

(3) 组织的风险分析是不是通过正式的分析程序进行的?

3) 对风险的管理

组织始终处于不断变化的风险环境之中,组织的运营和控制必须不断适应变化的风险环境。因此,组织的风险评估并不是一个静态的过程,而是一个持续、及时识别风险及其变化并不断应对变化中的风险的动态过程。内部审计人员在审查与评价组织对风险的管理时应当重点关注以下几点内容:

(1) 组织是否建立了识别和应对可能对组织产生重大且普遍影响的风险的完备机制?

(2) 组织风险管理部门是否建立了必要的流程,以识别、评估、应对运营环境中出现的各种风险及可能发生的重大变化?

(3) 组织是否建立了对风险管理效果进行定期监督和评价的机制?

3. 审查与评价控制活动

控制活动既是内部控制的重要因素,也是内部控制实现控制目标的关键。内部控制的成败在很大程度上取决于控制活动的设计和执行效果。即便是组织已经具备了一定的风险和危机意识,也营造了良好的内部控制环境,但是,如果没有设置有效的控制活动或者已经设置的控制活动并没有得到有效的执行的话，内部控制也不会达到预期的控制目标。

内部审计人员在开展控制活动要素审计时，应当以《企业每部控制——基本规范》和各项应用指引文件中关于控制活动的规定为依据，结合组织的内部控制，对相关控制活动的设计和运行情况进行审查和评价。控制活动包括适当的授权和职责分离、会计系统控制、财产保护控制、预算控制、运营分析控制、绩效考评控制、合同管理控制等。内部审计人员应当审查和评价组织是否建立了必要的控制活动、已经建立的控制活动是否在组织内部得到了一贯的执行、控制活动的实施是否对控制目标的实现产生了影响，以及控制活动能否识别和规避风险等。

1）授权审批控制

授权审批控制要求组织按照授权审批的相关规定，明确各岗位办理业务和事项的权限范围、审批程序以及相应职责。组织内部各级管理人员必须在授权范围内行使职权和承担责任；业务经办人员必须在授权范围内办理业务。完善的授权审批控制有助于明确各级管理层级的权利和义务，做到层层落实责任、层层把关，进而最大限度地避免风险的发生。内部审计人员在审查与评价组织的授权审批控制时应当重点关注以下几点内容：

（1）组织对一般授权和特别授权的界定是否清晰？

（2）组织设置的授权审批控制是否具有充分的依据；是否做到了依事不依人；授权者对下级的授权是否在自己的权限范围内；是否建立了针对授权的监督保障机制？

（3）组织是否存在越权审批、随意审批的情况？

（4）组织的授权和审批是否采取了适当的书面形式？

2）不相容职责分离控制

不相容职责分离控制要求组织全面和系统地分析、设立业务流程中所涉及的不相容职务，实施相应的职责分离措施，形成各司其职、各负其责、相互制约的工作机制。内部审计人员在审查与评价组织的职责分离控制时应当重点关注以下几点内容：

（1）可行性研究与决策审批是否相分离？

（2）业务执行与决策审批是否相分离？

（3）业务执行与审核监督是否相分离？

（4）会计记录与业务执行是否相分离？

（5）业务执行与财产保管是否相分离？

（6）财产保管与会计记录是否相分离？

3）会计系统控制

会计系统控制是指利用记账、核对、岗位职责落实和职责分离、档案管理、工作交接程序等会计控制方法，确保组织会计信息真实、准确、完整。健全有效的会计系统控制要求组织严格执行国家统一的会计准则和财务制度，加强会计基础工作，明确会计凭证、会计账簿和财务会计报告的处理程序，以保证会计资料的真实、完整。内部审计人员在审查与评价组织的会计系统控制时应当重点关注以下几点内容：

（1）组织管理层是否依据具体情况选择了适当的会计准则和相关的会计制度？

（2）会计政策的选择是否适当；变更会计政策是否有合理的理由？

（3）会计估计的确定是否合理？

（4）文件和凭证控制措施是否健全；是否对经济业务进行适当的记录并且对相关凭证

进行连续编号？

(5) 会计档案的保管是否妥当？

(6) 组织是否依法设置了会计机构，并配备了合格的会计人员？

(7) 组织是否建立了适当的会计岗位制度？

4) 财产保护控制

财产保护控制要求组织建立财产日常管理制度和定期清查制度，采取财产记录、实物保管、定期盘点、账实核对等措施，以确保财产的安全和完整。内部审计人员在审查与评价组织财产保护控制时应当重点关注以下几点内容：

(1) 组织是否建立了财产档案，全面、及时地反映财产的增减变动？

(2) 组织是否建立了对财产的实物保管制度，严格限制未经授权人员接触资产？

(3) 组织是否建立了定期或不定期的财产盘点清查制度？

5) 预算控制

预算控制要求组织实施全面预算管理制度，明确各责任单位在预算管理中的职责权限，规范预算的编制、审定、下达以及执行程序，进而强化预算约束。内部审计人员应当关注组织在预算管理中的各项风险。例如，不编制预算或预算不健全，可能导致组织经营缺乏约束或盲目经营；预算目标不合理、编制不科学，可能导致组织资源浪费或发展战略难以实现；预算缺乏刚性、执行不力、考核不严，可能导致预算管理流于形式。内部审计人员在审查与评价组织的预算控制时应当重点关注以下几点内容：

(1) 组织是否建立和完善了预算编制工作制度，其中，明确编制依据、编制程序、编制方法等内容，确保预算编制依据合理、程序适当、方法科学；全面预算是否按照相关法律法规及组织章程的规定报经审议批准，并以文件形式下达执行？

(2) 组织的预算执行是否严格；确需调整预算的，是否履行严格的审批程序？

(3) 组织是否建立了严格的预算执行考核制度，对各预算执行单位和个人进行考核，切实做到有奖有惩、奖惩分明？

6) 运营分析控制

运营分析控制要求组织建立运营情况分析制度，经理层综合运用生产、购销、投资、筹资、财务等方面的信息，通过对比分析、比率分析、趋势分析、因素分析、综合分析等办法，定期开展运营情况分析，进而发现存在的问题，并及时查明原因并加以改进。内部审计人员在审查与评价组织运营分析控制时应当重点关注以下几点内容：

(1) 组织采用的运营分析方法是否恰当？

(2) 组织是否根据发现的问题查找了原因？

(3) 组织是否在分析问题并查找原因的基础上，提出了改进的措施？

7) 绩效考评控制

绩效考评控制要求组织建立和实施绩效考评制度、科学设置考核指标体系，对组织内部各责任单位和全体员工的业绩进行定期考核和客观评价，并将考评结果作为确定员工薪酬及职务晋升、评优、降级、调离、辞退等的依据。内部审计人员在审查与评价组织绩效考评控制时应当重点关注以下几点内容：

(1) 考核主体与客体是否恰当？

(2) 考核评价的目标是否明确？

(3) 考核评价指标是否科学合理?

(4) 考核评价标准是否适当?

(5) 考核评价方法是否科学合理?

(6) 考核结果是否公正?

8) 合同管理控制

合同管理控制是指组织通过梳理合同管理的整个流程,分析关键风险点,采取有效措施,将合同风险控制在组织可以接受的范围内。内部审计人员应当关注合同管理控制中的各项风险。例如,未订立合同、未经授权对外订立合同、合同对方主体资格未达要求、合同内容存在重大疏漏和欺诈,可能导致组织合法权益受到侵害;合同未全面履行或监控不当,可能导致组织诉讼失败、经济利益受损;合同纠纷处理不当,可能损害组织利益、信誉以及形象。内部审计人员在审查与评价组织的合同管理控制时应当重点关注以下几点内容:

(1) 组织是否建立了分级授权的合同管理制度?

(2) 组织是否实行统一归口管理?

(3) 各业务部门作为合同的承办部门是否明确进行了职责分工?

(4) 组织是否建立健全了合同管理考核与责任追究制度,并开展了合同后评估?

4. 审查与评价信息与沟通

处于高速发展的信息时代的任何组织对其信息与沟通系统都具有越来越严重的依赖,信息的真实与沟通的及时对组织的运营具有至关重要的作用。良好的信息与沟通系统能够保证组织在充满风险和瞬息万变的环境中灵活应对。这就要求组织的信息与沟通系统应当能够及时、准确地记录所有的信息,并确保安全、有效地使用所有的信息。

内部审计人员在对信息与沟通要素进行审查时,应当以《企业内部控制——基本规范》和各项应用指引文件中有关内部信息传递、财务报告、信息系统等规定为依据,结合组织的内部控制,对信息收集处理和传递的及时性、反舞弊机制的健全性、财务报告的真实性、信息系统的安全性,以及利用信息系统实施内部控制的有效性进行审查与评价。

1) 内部信息传递

沟通的目的在于确保组织所有层级的员工了解其职责,通过有效的沟通,组织所有层级的员工能够充分了解其在会计系统中的工作任务、与他人的联系方式、向上级报告例外情况的途径。组织内部信息传递的方式主要有组织规章制度、财务制度、备忘录、口头交流以及流程示范等。内部审计人员在审查与评价组织的内部信息传递时应当重点关注以下几点内容:

(1) 内部信息传递系统是否功能安全、内容完整?

(2) 内部信息传递系统向适当人员提供的信息是否充分、具体、及时,使之能够有效履行其职责?

(3) 内部信息传递系统是否明确规定了内部信息传递的内容、保密要求及密级分类、传递方式、传递范围及各管理层级的职责权限?

(4) 内部信息传递系统对不恰当事项和行为是否建立了沟通渠道?

2) 财务报告

由于组织编制财务报告的过程涉及重大会计估计和披露,编制财务报告的程序就应当同时确保适用会计准则和相关会计制度的要求,需要披露的信息能够得到适当的收集、记录、处理以及汇总,并在财务报告中进行适当的披露。内部审计人员在审查与评价组织的财务报告时应当重点关注以下几点内容：

(1) 组织是否按照国家统一的会计准则和制度规定进行会计记录和财务报告的编制？

(2) 财务报告是否内容完整、数字真实、计算准确、没有漏报？

(3) 组织是否定期进行收入、费用、成本、资产、负债、现金流量等的财务分析，并传达给有关管理层？

3) 信息系统

信息包括内部信息和外部信息。内部信息包括组织管理层建立的记录，以及报告经营业务与事项，维护资产、负债和所有者权益的办法与记录。外部信息包括市场占有率、法律法规和顾客反馈等信息。信息产生于组织的信息系统，信息系统包含有关运营、财务、合规性的信息，以帮助管理层对组织进行运营和控制。内部审计人员在审查与评价组织的信息系统时应当重点关注以下几点内容：

(1) 组织信息系统的开发及其变更是否与组织战略计划相适应？

(2) 管理层是否提供适当的人力和财力，以开发必需的信息系统？

(3) 组织信息系统是否建立了严格的用户管理制度？

(4) 组织信息系统是否建立了系统数据定期备份制度？

(5) 组织是否对信息系统进行了安全策略的保护？

5. 审查与评价内部监督

监督和检查是内部控制实施过程中必不可少的环节，通过对内部控制实施过程的监督和检查，组织可以发现内部控制实施过程中可能存在的问题，并及时进行修正，以确保内部控制系统持续有效地运行。例如，管理层对是否定期编制银行存款余额调节表进行复核，内部审计人员评价销售人员是否遵守公司关于销售合同条款的政策，法律部门定期监控公司的道德规范和商务行为准则是否得以遵循等。监督和检查对控制的持续有效运行是十分重要的。例如，如果没有对银行存款余额调节表是否得到及时和准确的编制进行监督，该项控制可能无法得到持续的执行。组织通常通过持续的监督活动、专门的评价活动或两者相结合，来实现对控制的监督。持续的监督活动通常贯穿于组织的日常经营活动与常规的管理工作中。例如，销售经理、采购经理以及车间主任对经营活动十分了解，其会对有重大差异的报告提出疑问，并做必要的追踪调查和处理。组织也可能利用与外部有关各方沟通或交流所获取的信息监督相关的控制活动。在某些情况下，外部信息可能显示内部控制存在的问题和需要改进之处。例如，客户通过付款来表示其同意发票金额，或者认为发票金额有误而不付款。监管机构，如银行监管机构可能会对影响内部控制运行的问题与组织进行沟通。

内部审计人员开展内部监督要素审计时，应当以《企业内部控制——基本规范》有关内部监督的要求，以及各项应用指引文件中有关日常管控的规定为依据，结合组织的内部控制，对内部监督机制的有效性进行审查和评价，重点关注监事会、审计委员会、内部审计机构等是否在内部控制设计和运行中有效发挥监督作用。内部审计人员在审查与评价组织的内部监督时，应当重点关注以下几点内容：

(1) 组织对经营业绩及变化趋势是否进行定期的监督？

(2) 组织是否进行定期的内部控制评价；评价是否取得了良好的效果？

(3) 组织管理层是否会采纳监督人员的建议，及时纠正内部控制运行中的偏差？

（4）组织是否建立了协助管理层进行监督的职能部门，如监事会、审计委员会或内部审计机构？这些机构的工作职能和工作效果如何？

6.3.2 业务层面内部控制审计

内部审计人员在对组织层面的内部控制进行审查和评价之后，应当根据管理需求和业务活动的特点，针对采购业务、资产管理、销售业务、研究与开发、工程项目、担保业务、业务外包、财务报告、全面预算、合同管理、信息系统等，对业务层面内部控制的设计和运行情况进行审查和评价。

1. 确定重要业务流程和重要交易类别

组织在业务层面的内部控制主要是针对重要业务流程和重要交易类别设计和实施的，因此，内部审计人员首先需要确定组织所有的重要业务流程和重要的交易类别，并对围绕业务流程和交易类别设计的内部控制进行深入的了解。例如，对于一般的制造企业而言，销售业务和采购业务就是最重要的交易类别。

2. 了解重要交易流程

重要交易流程是指每类重要交易在信息技术或人工系统中生成、记录、处理，以及在财务报表中报告的程序，其是确定在哪个环节或哪些环节需要建立内部控制的基础。交易流程通常包括一系列的工作：输入数据的核准与修订、数据的分类与合并、进行计算、更新账簿资料和信息记录、生成新的交易、归集数据、列报数据等。例如，在销售交易中，交易流程通常包括输入销售订购单、编制货运单据和发票、更新应收账款信息记录等。相关的处理程序包括通过编制调整分录，修改并再次处理以前被拒绝的交易，以及修改被错误记录的交易。

3. 确定需要设置内部控制的环节

内部审计人员需要确定组织应当在哪些环节设置内部控制，以保证对重要交易流程和重要交易类别的处理不会发生错误和舞弊，这些内部控制应当是可以保证每个流程业务活动的具体流程能够顺利运转的人工或自动化控制程序。组织针对业务流程设置的内部控制分为预防性控制和检查性控制。预防性控制通常用于正常业务流程的每项交易，以防止错误和舞弊的发生。例如，在发运货物开具发票时对销售发票进行人工复核，以确定发票采用了正确的价格和折扣。检查性控制的建立是为了发现流程中可能发生的错误或舞弊，是管理层监督实现流程目标的内部控制。例如，财务总监会复核月度毛利率的合理性、信用管理部经理记录每月到期的应收账款，并追查收款情况等。

4. 评价内部控制

设置内部控制的目的是实现控制目标，为此对于每个重要的业务流程，内部审计人员都需要评价已经设计的内部控制是否实现了与该业务流程相关的特定的控制目标。评价内部控制是否实现了控制目标的重要标志就是评价内部控制是否防止了错误或舞弊的发生，或者发现并纠正了错误或舞弊，然后重新提交到业务流程处理程序中进行处理。

6.4 内部控制审计的组织方式和程序

6.4.1 内部控制审计的组织方式

内部控制审计应当以风险评估为基础，根据风险发生的可能性和对组织单个或整体控制目标造成的影响程度，确定审计的范围和重点。内部控制审计应当在对内部控制全面评估的基础上，关注重要业务单位、重大业务事项和高风险领域的内部控制。内部控制审计应当真实、客观地揭示经营管理的风险状况；如实反映内部控制设计和运行的情况。内部控制审计按其范围划分，可以分为全面内部控制审计和专项内部控制审计。

全面内部控制审计是针对组织所有业务活动的内部控制，其中包括内部环境、风险评估、控制活动、信息与沟通、内部监督五个要素所进行的全面审计。专项内部控制审计是针对组织内部控制的某个要素、某项业务活动或业务活动某些环节的内部控制所进行的审计。全面内都控制审计和专项内部控制审计的实施主体都是组织的内部审计机构，审计对象也都是组织的内部控制。两者的主要区别体现在审计范围、审计作用、审计方法、审计方式以及审计结果之上。

1. 审计范围

从审计范围上看，全面内部控制审计涉及组织经营管理的所有环节，其属于全面审计，具有审计内容全面、范围广泛、综合性强等特点；专项内部控制审计则只针对组织经营管理环节中的某个方面、某个问题或某个层次，其属于专门审计，具有针对性强、适应性好、纠正问题更快、审计内容较为单一等特点。

2. 审计作用

从审计作用上看，全面内部控制审计能够较为全面、综合地评价被审计单位的经营管理和内部控制状况，其既可以全面揭示组织在经营管理和内部控制中存在的弊端和缺陷，也可以对被审计单位的经营管理和内部控制形成综合的评价结论，其属于组织对自身的经营管理和内部控制进行定期“保健”性检查的重要方式；专项内部控制审计则能够更好地解决组织在某个方面存在的内部控制问题，对已经存在的问题的解决更加及时和迅速，提出的改善方案也更具有针对性。

3. 审计方法

从审计方法上看，全面内部控制审计由于涉及的工作量较大，审计的范围也较为广泛，其通常必须采取“抽样检查”的审计方法；专项内部控制审计主要关注的是内部控制的某个方面，因此在审计方法上，其通常会采取“详细检查”的审计方法。

4. 审计方式

从审计方式上看，全面内部控制审计工作量大、审计时间长、人力分散、审计成本较高，对内部审计人员的综合素质也具有较高的要求；专项内部控制审计的针对性强、人力集中、审计成本相对较低，但是这也要求内部审计人员具有更“精深”的知识与技能、拥有更丰富的实践经验，从而能够将问题查深、查透。

5. 审计结果

从审计结果上看，全面内部控制审计的审计结果主要集中在对被审计单位经营管理和内部控制的全方位评价之上，其属于对组织的经营管理和内部控制的“横切面”剖析；专项内部控制审计则能够更加深刻地揭示被审计单位在经营管理和内部控制中存在的问题及其严重程度，且能够对问题存在的原因进行深层次的剖析，分清责任人，提出解决方案和完善措施，其属于经营管理和内部控制某个方面或某个环节的“纵切面”剖析。

6.4.2 内部控制审计的程序

了解内部控制审计的程序，有利于内部审计人员有效地解决内部控制审计工作中出现的一系列问题。只有内部审计人员熟悉内部控制审计程序的各个步骤，才能更好地完成内部控制审计的工作任务，及时发现组织在内部控制的设计和运行方面的各种问题，并提出切实可行的改进建议和完善对策。内部控制审计主要包括下列程序：①编制项目审计方案；②组成审计组；③实施现场审查；④认定控制缺陷；⑤汇总审计结果；⑥编制审计报告。

1. 编制项目审计方案

1）对组织的内部控制进行了解

顺利开展内部控制审计工作的前提条件是了解内部控制的基本情况，其对于合理规划整个审计过程是非常重要的。内部审计人员应当获取有关内部控制的足够信息，使其能够识别、组织已经设立的各项控制，了解各项控制如何执行、由谁执行，以及执行所使用的数据报告、文件以及其他材料。在了解组织内部控制基本情况时，内部审计人员可以通过询问相关岗位的员工、审阅与内部控制相关的文件资料，获取组织内部控制的信息。内部审计人员在判断对内部控制的了解是否足以制定一个有效的审计策略时，应当考虑的因素包括：重要交易类别的复杂性、信息技术应用环境的复杂性和一体化程度、错报发生的可能性和在业务流程中未被发现的可能性，以及该重要交易影响重大账户的程度等。

2）制订审计计划

为了对整个的内部控制审计过程进行有效的规划，内部审计人员就需要制订一个总体审计计划和具体的项目审计方案，并在审计的实施过程中不断根据实际情况的发展变化对具体项目审计方案进行适当的调整与修改。内部审计人员应当在项目审计方案中确定内部控制审计的目标、范围、内容、审计的重点和难点、审计中准备采取的主要审计程序和方法、审计组的构成和分工，以及审计的时间进度和预算等。

3）下达审计通知

内部控制审计工作组应当在实施现场审计前2～3日内向被审计单位下达内部控制审计通知书，通知书中应当明确被审计单位需要准备的资料、参加审计的人员，同时要求被审计单位安排一名审计工作协调员，负责审计联络工作及有关事项。

2. 组成审计组

内部审计机构在确定了内部控制审计项目的性质、业务量、难度以及时间进度之后，应当根据组织治理层和管理层对内部控制审计任务的特殊要求，安排对内部控制审计具有经验的内部审计人员组建内部控制审计工作组。同时，内部审计机构还可以适当吸收组织内部相关部门熟悉内部控制情况的业务人员参加内部控制审计的具体工作。组成审计组之后，内部审计机构应当向工作组成员说明内部控制审计的任务性质、工作量、完成时间、注意事项等要求，同时进行审计前的法律法规和主要业务培训，进而为现场审计工作打好基础。

内部审计机构在确定了内部控制审计的具体项目审计方案之后，审计组长应当根据项目审计方案科学合理地安排审计事项，确定审计范用、内容、重点、方法、步骤，以及审计起止时间。同时，内部审计机构应当根据所有参加审计工作的内部审计人员的个人特点、专业、特长等对其进行适当的分工，明确职责，以确保内部控制审计工作紧密围绕审计目标；统筹安排、综合分析，以及时解决审计中的疑难问题。

3. 实施现场审查

1）对内部控制进行了解

为了确定组织控制政策和程序在设计上是否完整及是否得到了执行，内部审计人员必须对组织的内部控制进行充分的了解。内部审计人员既可以就组织的内部控制设计和执行情况向有关工作人员进行询问或采用问卷调查的方式对内部控制的情况进行了解,同时还可以对组织的内部控制政策和制度手册、会计凭证以及相关原始记录进行审阅,并采用适当的方法记录对内部控制的了解。在此基础上,内部审计人员应当对组织的内部控制系统做出初步评估,并根据评估的控制风险确定在内部控制薄弱的领域扩展审计程序,以降低审计风险的具体审计策略。

2)对内部控制进行测试

内部审计人员对内部控制的了解重在关注内部控制在设计上是否完整、是否得到了执行,而内部控制设计和执行的有效性则需要内部审计人员进行充分的控制测试。内部审计人员可以从以下几个方面获取关于组织内部控制有效性的审计证据:①控制在审计期间的相关时点是如何运行的;②控制是否得到一贯的执行;③控制由谁或以何种方式执行。

3)详细记录内部控制审计工作底稿

内部审计人员应当真实、完整地记录审计工作底稿,不得遗漏、虚构、隐匿、毁弃,其他人不得随意删改审计工作底稿。内部审计人员编制审计工作底稿应当做到要素齐全、内容完整、简明扼要。审计工作底稿不能流于形式,应当始终围绕内部控制审计实施过程中的具体查证过程和结果,以便分清审计责任,防范审计风险。内部审计人员编制审计工作底稿应当详细记录、实施内部控制审计的内容,其中包括审查和评价的要素、主要风险点、采取的控制措施、有关证据资料,以及内部控制缺陷认定结果等。

4. 认定控制缺陷

对内部控制缺陷的认定既是对内部控制缺陷的重要程度进行识别和确认的过程,也是判断一项内部控制缺陷是属于重大缺陷、重要缺陷,还是属于一般缺陷的过程。内部控制缺陷,尤其是重大缺陷,代表着内部控制的薄弱环节,其是组织健全完善内部控制的重点。对于这些缺陷,内部审计人员应当在内部控制审计报告中加以反映,并提出改善相关内部控制的建议。在内部审计人员实施后续审计时,应当重点关注已经认定为内部控制重大缺陷的改进情况。

1)内部控制缺陷的定义和分类

内部控制缺陷是指内部控制的设计存在漏洞,不能有效防范错误与舞弊,或指内部控制的运行存在弱点和偏差,不能及时发现并纠正错误与舞弊的情形。内部控制缺陷是组织在设计和执行内部控制过程中已经出现的或暗藏的缺点与不足,这些缺点与不足的严重程度达到了将会导致组织内部控制有效性减弱甚至丧失的程度,以至于无法为控制目标的实现提供合理的保证。COSO委员会也将内部控制缺陷界定为已经察觉的、潜在的或实际的内部控制缺点,抑或通过强化措施,带来目标实现更大可能性的机会。

按照内部控制缺陷的成因,可以将内部控制缺陷分为设计缺陷和运行缺陷。设计缺陷是指组织缺少为实现控制目标所必需的控制措施,或指已经建立的控制在设计上存在不当之处,即使得到正常的运行也难以实现控制目标。运行缺陷是指设计有效(合理而适当)的内部控制由于运行不当,其中包括由不恰当的人执行、未按设计的方式运行、运行的时间或频率不当、没有得到一贯有效运行等,而影响控制目标的实现所形成的内部控制缺陷。组织的内部控制体系,不论是存在设计缺陷还是运行缺陷,都会影响内部控制的有效性。

按照内部控制缺陷的严重程度,可以将内部控制缺陷分为重大缺陷、重要缺陷以及一般缺陷。重大缺陷是指一个或多个内部控制缺陷的组合，可能导致组织严重偏离内部控制目标。重要缺陷是指一个或多个内部控制缺陷的组合，其严重程度和经济后果低于重大缺陷，但仍有可能导致组织偏离内部控制的目标。一般缺陷是指除重大缺陷、重要缺陷以外的其他缺陷。

此外，按照缺陷影响的内部控制目标分类，还可以将内部控制缺陷分为财务报告内部控制缺陷和非财务报告内部控制缺陷。财务报告内部控制缺陷是指内部控制缺陷可能导致内部控制无法及时预防、发现或纠正财务报表的错报，即可能导致影响组织财务报告相关的内部控制目标的实现。非财务报告内部控制缺陷是指内部控制缺陷可能导致内部控制无法及时预防、发现或纠正除财务报表错报之外的其他业务经营错误，即可能导致影响组织非财务报告相关的内部控制目标的实现。非财务报告内部控制缺陷具体包括战略内部控制缺陷、经营内部控制缺陷、合规内部控制缺陷，以及资产内部控制缺陷等。

2）内部控制缺陷的识别

无论是国内还是国外对内部控制缺陷的定义都将内部控制缺陷的存在形式分为已经出现的和潜在的两种缺陷。这两种缺陷的表现形式并不相同，一种表现为组织内部控制过程有可能导致控制目标的偏离，只是目前还没有造成危害；另一种则表现为组织内部控制体系已经发生偏离，控制目标的实现已经受到威胁或干扰。这两种缺陷在表现形式上的不同可以为内部审计人员识别内部控制缺陷打开突破口，针对内部控制缺陷的不同表现形式可以分别采用测试识别和迹象识别两种方法。

（1）测试识别。

测试识别是指通过对控制过程的技术分析及控制测试等手段甄别组织内部控制的设计缺陷与运行缺陷。设计缺陷是指组织内部控制在设计层面本就存在的缺陷，对组织运行中的某一过程缺乏必要的控制设计或控制设计不科学存在漏洞，即使控制得到正常运行，控制目标也难以实现。组织的内部控制在计算机自动控制和手工控制领域都有可能存在设计缺陷。运行缺陷是指组织已经建立的内部控制在设计上是完整有效的，但是在实际运行中却没有按照设计意图进行，或者控制的执行者没有获得必要的授权，或者其缺乏胜任能力，使得内部控制的实施效果没有达到设计的目的和预期。内部审计人员对于内部控制运行缺陷的识别必须通过对特定内部控制执行的全过程实施测试才能发现。

（2）迹象识别。

迹象识别是指通过将已经发现的背离内部控制目标的各种迹象作为判断依据来甄别内部控制的设计缺陷与运行缺陷。这种内部控制缺陷识别方法的本质是以内部控制实际运行结果作为基础，并以此对控制的有效性作出判断。各种背离内部控制目标的迹象一旦出现，在很大程度上就意味着组织目前的内部控制存在缺陷，控制目标的实现很可能已经受到威胁。能够反映组织内部控制缺陷的迹象很多，例如，管理层处于内部控制系统的真空地带、管理层凌驾于内部控制之上，现有的内部控制不能发现管理层的舞弊行为，或者即使已经发现但却不能有效地制止；组织出现贪污、挪用等事件；组织的违规、违法行为受到相关监管部门的行政处罚、通报批评或被要求责令整改；组织的财务报表被发现存在错报或存在报表重述情况；组织的一系列重大诉讼案件频繁地出现在同一经营领域。通过识别表明内部控制存在缺陷的种种迹象，内部审计人员就能够对内部控制缺陷的严重程度作出一个直接的判断，并能够以此作为突破口进行内部控制缺陷的认定。

3）内部控制缺陷的认定标准

内部审计机构和人员对组织内部控制进行审计和评价的关键就是找出组织内部控制的缺陷，并提出改进措施，以不断完善组织的内部控制、提高组织内部控制的有效性，为组织控制目标的实现提供合理保证。为此，内部审计人员应当根据获取的证据，对内部控制缺陷进行初步认定，并按照其性质和影响程度将其分为重大缺陷、重要缺陷以及一般缺陷。

（1）财务报告内部控制缺陷的认定标准。

财务报告内部控制缺陷的认定标准直接取决于该内部控制缺陷的存在，可能导致的财务报告错报和经营的重要程度。这种重要程度主要取决于两个方面的因素：一是该缺陷是否具备合理可能性导致内部控制不能及时预防、发现并纠正财务报告错报；二是该缺陷单独或连同其他缺陷可能导致的潜在错报的金额大小。基于上述考虑，如果一项内部控制缺陷单独或连同其他缺陷具备合理可能性，导致不能及时预防、发现或纠正财务报告中的重大错报，就应当将其认定为重大缺陷。如果一项内部控制缺陷单独或连同其他缺陷具备合理可能性，导致不能及时预防、发现或纠正财务报告中错报的金额虽然未达到和超过重要性水平，但仍应引起董事会和管理层的重视，就应当将该项缺陷认定为重要缺陷。除了上述缺陷外的内部控制缺陷，应认定为一般缺陷。需要说明的是，内部控制缺陷的严重程度并不取决于财务报告是否实际发生了错报，而是取决于该项控制不能及时预防、发现或纠正潜在错报的可能性。也就是说，只要存在这种可能性，不论组织财务报告是否发生了错报，都应认定财务报告内部控制存在缺陷。

（2）非财务报告内部控制缺陷的认定标准。

非财务报告内部控制缺陷的认定具有涉及面广、认定难度较大的特点，因此，其很难形成统一的认定标准。组织可以根据自身的实际情况，参照财务报告内部控制缺陷的认定标准，合理确定非财务报告内部控制缺陷的定量和定性的认定标准。定量标准（即涉及金额大小）既可以根据缺陷造成的直接财产损失的绝对金额制定，也可以根据缺陷的直接损失占组织资产、销售收入或利润等的比率确定。定性标准（即涉及业务性质的严重程度）则可以根据其直接或潜在负面影响的性质、范围等因素确定。

（3）内部控制缺陷严重程度的认定标准。

内部控制的重大缺陷是指一个或多个控制缺陷的组合，可能导致组织严重偏离控制目标。内部控制重大缺陷的定量认定标准是指财务报表的错报金额落在如下区间：A. 错报≥利润总额的5%；B. 错报≥资产总额的3%；C. 错报≥经营收入总额的1%；D. 错报≥所有者权益总额的1%。内部控制重大缺陷的定性认定标准包括：A. 缺乏民主决策程序；B. 决策程序导致重大失误；C. 违反国家法律法规并受到监管机构的处罚；D. 中高级管理人员和高级技术人员流失严重；E. 媒体频现负面新闻，涉及面广；F. 重要业务缺乏制度控制或制度体系失效；G. 内部控制重大或重要缺陷未得到整改。

内部控制的重要缺陷是指一个或多个控制缺陷的组合，其严重程度和经济后果低于重大缺陷，但是仍有可能导致组织偏离控制目标。内部控制重要缺陷的定量认定标准是指财务报表的错报金额落在如下区间：A. 利润总额的3%≤错报<利润总额的5%；B. 资产总额的0.5%≤错报<资产总额的3%；C. 经营收入总额的0.5%≤错报<经营收入总额的1%；D. 所有者权益总额的0.5%≤错报<所有者权益总额的1%。内部控制重要缺陷的定性认定标准包括：A. 民主决策程序存在但不够完善；B. 决策程序导致出现失误；C. 违反组织内部

规章，形成损失；D. 关键岗位人员流失严重；E. 媒体出现负面新闻，波及局部区域；F. 重要业务制度或系统存在缺陷；G. 内部控制重要缺陷或一般缺陷未得到整改。

内部控制的一般缺陷是指除重大缺陷、重要缺陷之外的其他缺陷。内部控制缺陷一般定量认定标准是财务报表的错报金额落在如下区间：A. 错报＜利润总额的 3％；B. 错报＜资产总额的 0.5％；C. 错报＜经营收入总额的 0.5％；D. 错报＜所有者权益总额的 0.5％。内部控制一般缺陷的定性认定标准包括：A. 决策程序效率不高；B. 违反内部规章，但未形成损失；C. 一般岗位业务人员流失严重；D. 媒体出现负面新闻，但影响不大；E. 一般业务制度或系统存在缺陷；F. 一般缺陷未得到整改。

4）内部控制缺陷的认定程序

内部审计人员对内部缺陷的认定是一个持续的职业判断过程，以下程序可供审计内部人员借鉴：①分析某一审计发现是偶然孤立事件还是属于系统性重复发生事件，如果是后者，初步判断该审计发现是否属于内部控制缺陷；②判断某项内部控制缺陷是属于财务报告内部控制缺陷还是属于非财务报告内部控制缺陷；③如果属于财务报告内部控制缺陷，则判断该项缺陷是否存在合理的可能性导致财务报告错误，并运用重要性水平判断该项缺陷（或缺陷的汇总）可能导致的错误是否对财务报告造成重大影响；④无论财务报告内部控制缺陷还是非财务报告内部控制缺陷，都要判断是否存在有效运行的可以预防或发现重大错误或重要错误的补偿性措施，如果存在，则不能认定其为重大或重要缺陷；⑤如果不存在补偿性措施，要综合各种定量或定性的认定标准，判断缺陷（或汇总缺陷）的重要缺陷是否已经引起管理层和治理层的重视，从而判断其是属于重大缺陷还是属于重要缺陷。

5. 汇总审计结果

内部审计人员应当根据内部控制审计的结果，结合相关管理层对内部控制的自我评估，综合分析后提出内部控制缺陷认定意见，并按照规定的权限和程序进行审核后予以认定。在此基础上，内部审计人员应当编制内部控制缺陷认定汇总表，对内部控制缺陷及其成因、表现形式以及影响程度进行综合分析和全面复核。

6. 编制审计报告

内部审计人员应当对内部控制缺陷及其成因、表现形式，以及影响程度进行综合分析和全面复核，提出认定意见，并以适当形式向组织适当管理层报告。内部控制审计报告的内容，应当包括审计目标、依据、范围、程序与方法、内部控制缺陷认定及整改情况，以及内部控制设计和运行有效性的审计结论、意见、建议等相关内容。

内部审计机构应当向组织适当管理层报告内部控制审计结果。一般情况下，全面内部控制审计报告应当报送组织董事会或最高管理层。包含有重大缺陷认定的专项内部控制报告在报送组织适当管理层的同时，也应当报送董事会或最高管理层。

经董事会或最高管理层批准，内部控制审计报告可以作为《企业内部控制评价指引》中要求的内部控制评价报告对外披露。

6.5 内部控制审计的方法

内部审计人员在控制内部实施审计时，可以结合实际情况，综合采用个别访谈、调查问卷、专题讨论、穿行测试、实地查验、抽样，以及比较分析等各种方法，充分收集能够证实内部控制设计和运行有效性的审计证据。

6.5.1 个别访谈法

个别访谈法是指内部审计人员与被审计单位某管理人员或其他相关人员单独面对面的直接交流，以获取有用信息的方法。个别访谈法主要用于了解组织内部的控制的设计和运行现状，其在调查、了解组织的整体层面和具体业务层面内部控制过程中被广泛运用。

个别访谈法具有很好的灵活性和适应性，对内部审计人员获取广泛信息，发现重要业务事项、高风险领域、内部控制薄弱环节等都是非常有效的审计方法。运用个别访谈方法时，内部审计人员应当注意以下几点：第一，确定适当的访谈对象，选择的访谈对象应包括管理人员和非管理人员，尤其是那些管理者想极力掩盖问题的单位，更应重视对非管理人员的询问。第二，设计好访谈提纲，内部审计人员应当围绕访谈目标和已经掌握的情况，提前设计好访谈提纲，询问的内容应该明确、具体，让访谈对象易于理解、便于回答。第三，把握访谈技巧，其中包括注意访谈对象的行为举止、先询问经验性问题、不要表明内部审计人员的观点等，内部审计人员可以向多个访谈对象询问同一个问题，获取相互印证的证据，从而提升证据的可靠性。第四，做好访谈记录，内部审计人员应对访谈内容做到认真记录、简明准确，并取得访谈对象的确认。

6.5.2 调查问卷法

内部控制的调查问卷

调查问卷是指内部审计人员按照内部控制设计和运行的一般要求，考虑理想的控制模式，将需要调查的全部内容以提问的方式列出并制定固定样式的表格，然后交由审计单位回答，以此来了解和测试内部控制的一种方法。调查问卷法适用于从总体上了解组织的内部控制，不太适用于具体业务层面的内部控制调查，其难以单独通过调查结果形成审计评价结论。

调查问卷的优点是调查范围明确、问题突出，以及容易发现被审计单位内部控制中存在的缺陷和薄弱环节。设计合理标准的调查问卷表，可广泛用于同类型单位，从而减少内部控制审计的工作量，调查问卷可由若干人分别同时回答，有助于保证调查效果。该方法的缺点是反映问题不够全面，其仅限于被调查事项的范围，调查问卷如果仅要求做出“是”或“否”的回答，则难以反映被评价事项的具体情况和存在问题的程度；标准格式的调查问卷缺乏弹性，难以适用于各类型的被审计单位，有时往往会因“不适用”的回答太多而影响调查结果。

内部审计人员在运用调查问卷法时应当注意以下几点：第一，合理确定调查对象和范围。调查结果的可靠性与调查对象数量和回收到的问卷多少正相关。因此，在项目资源可行和必要的情况下，应抽取尽可能多的能够代表总体的样本进行调查。如果将样本分层，结果会更好。调查对象应尽可能包括被审计单位不同层次的员工（从高层管理者到底层员工）。第二，科学设计调查问卷。调查问卷设计是否得当是该方法运用得当的关键。调查问卷要有明确的主题，突出重点、结构合理、逻辑性强，问题通常采用先易后难、先简后繁、先具体后抽象的排列顺序，题目尽量通俗易懂、简单易答，并将问卷长度控制在一定的范围内。第三，确定调查的时间和频率。调查问卷法可能会花费大量时间，调查对象需要时间回答问题，如果他们不作答，则有必要采取进一步行动并获取更多反馈。同样，统计调查结果，特别是包含开放式问题的答案时，也会花费很多时间。第四，考虑调查的模拟测试。通过模拟测试，再对问卷进行必要的修改，将会提高回答率并得到更可靠、有效的结果。

6.5.3 专题讨论法

专题讨论法是指内部审计人员通过召集被审计单位内部或外部的专业人员，就内部控制设计或运行中的具体问题进行分析讨论的方法。专题讨论法既可以作为内部控制审计评价的手段，也可以作为认定内部控制缺陷的途径。

专题讨论法是有利于集思广益、深入研讨相关主题、找出解决问题或评价问题的方法。某位座谈者的发言，能对其他参加者具有启发作用，对讨论主题在看法、感情、态度等方面作出连锁反应，表达出自己的想法和认知。专题讨论法一般根据事先准备好的讨论项目或讨论顺序进行。在具体操作时，除由1～2名主持人主持讨论外，还可用录音机或摄像机等记录讨论内容，以备会后分析。

内部审计人员运用专题讨论法时应当注意以下几点问题：第一，选择适当的参会人员，参加讨论会的人员应当具备与所要讨论专题相关的知识和经历，能够就该专题展开讨论；第二，讨论会主持人应注意控制会场气氛，把握讨论节奏，引导参会人员按照既定程序、围绕专题发言，既不要让发言者偏离主题，又不要使他们感到受限制而不愿畅谈感想；第三，讨论会主持人要尽量使每位参会者都能发言，且每人发言次数尽可能平均。

6.5.4 穿行测试法

穿行测试法是指在内部控制系统中任意选取一笔交易作为样本，追踪该交易从最初起点一直到最终在财务报表或其他经营管理报告中反映出来的过程，即该流程从起点到终点的全过程，以此来了解整个业务流程状况，识别出其中的关键控制环节，评估相关控制设计与运行的有效性。例如，为了审查采购内部控制设计和运行的有效性，内部审计人员可以选取一笔或若干笔材料采购业务，依据“请购单→订货→验收入库→库存保管→核准发票→付款→记账”的业务流程，对整个采购程序进行详细检查，以确定材料采购各个环节内部控制的实际执行情况是否与其所了解的内部控制一致。

穿行测试法既可以帮助内部审计人员熟悉和理解业务流程、判断识别容易发生错误的关键点，也可以验证确认的控制，包括关键控制和一般控制是否得到了有效执行，执行后能否有效防范风险。

应用穿行测试法的关键在于选取适当的样本，内部审计人员应当注意样本应由内部审计人员自己确定。样本一经确定就不能更换，应贯穿业务流程全过程，应针对交易的不同性质和不同审批权限抽取不同的样本，同时，结合制度规定的每种情况，在每种情况中各抽取一种进行测试，样本材料获取既可以从财务资料中选取，也可以从其他业务部门取得。

6.5.5 实地查验法

实地查验法是观察法的一种具体形式，它是指内部审计人员对被审计单位进行实地考察，如对财产进行盘点、清查，对存货出、入库等控制环节进行现场查验，其是检查设定的控制措施是否得到严格执行的一种方法。实地查验法是主要针对业务层面内部控制进行审查和评价。

现场审计范例

实地查验法适用于测试实物控制、职务分离等没有留下书面痕迹的内部控制。例如，内部审计人员通过实地查看存货仓库，判断仓储物资是否按要求的储存条件储存、除存货管理部门及仓储人员以外的其他部门和人员是否可以接触存货等。实地查验法也可以测试如材料验收、门卫检查等控制措施执行的到位程度。例如，内部审计人员实地观察材料的验收程序，检查相关人员是否按内部控制规定的程序执行。

内部审计人员最好采用突击的形式执行实地查验程序，从而取得比较理想的效果。在实地查验过程中，内部审计人员可以由被审计单位管理人员（或审计协调人）陪同，了解有关制度，进而结合实际来判明相关内部控制的优劣状况和有效程度。

6.5.6　抽样法

抽样法是指内部审计人员针对具体的内部控制业务流程，按照业务发生频率及固有风险的高低，从确定的抽样总体中抽取一定比例的业务样本，对业务样本的符合性进行判断，进而评价业务流程控制运行的有效性。

1. 合理确定样本对象

样本对象是审计检查的具体对象，同一事项往往留有痕迹的样本有很多选择，在检查时如何确定样本对象，需要一定的职业判断。内部审计人员在确定样本对象时应当注意以下几点：第一，样本对象应当是与检查对象最直接相关的记录；第二，应当选择比较容易检查的样本记录；第三，选择的样本对象总体应该完整，不能出现样本遗漏现象；第四，样本对象应当能够反映其原始面貌及痕迹，且被审计单位难以进行修改和修饰。

2. 确定抽查的样本量

样本量的确定是一个技术难题，适当的样本量既能减少工作量、提高效率，又能规避重大审计风险，以达到审计目标。确定样本量时应当遵循的原则包括以下几点：第一，简单易行、便于操作；第二，科学测量，审计风险受控；第三，统筹考虑、兼顾行业；第四，在集团层面考虑并结合行业差异确定标准样本量；第五，注意效率与效果的有机结合。

3. 确定样本抽取方法

内部审计人员应用抽样法时，应当选择适当的样本选取方法。样本选取方法包括统计抽样方法、非统计抽样方法，以及两者相结合的抽样方法。统计抽样方法包括随机选择法、系统选样法等；非统计抽样方法包括判断选样法、任意选样法等。在大多数情况下，内部审计人员都可以将统计抽样方法与非统计抽样方法结合使用。

6.5.7　比较分析法

比较分析法是指内部审计人员通过分析、比较数据间的关系、趋势以及比率，取得内部控制审计证据的方法。内部审计人员用于比较分析的数据可以是组织的历史数据、行业或组织的标准数据、行业最优数据等。比较分析法可以通过两两比较而得出优劣结论，使评价结果更加客观、可靠。运用比较分析法时，内部审计人员应当注意选择进行比较分析的数据口径一致。

本章小结

本章主要学习了内部控制审计的内容，通过讲授内部控制审计的概念、内部控制审计与内部控制评审的联系和区别、内部控制审计的组织方式和程序、内部控制审计的方法、组织层面内部控制审计的内容,帮助企业健全和完善内部控制、督促组织内部控制的有效执行、促进企业改善内部控制及风险管理,进而为企业增加价值。

重要概念

内部控制　内部控制审计　组织层面内部控制审计　内部控制审计程序

阅读资料

[1] 沈征. 内部审计学[M]. 北京:电子工业出版社,2015.
[2] 罗伯特·穆勒. COSO内部控制实施指南(2013版)[M]. 北京:电子工业出版社,2015.

本章练习

案例题

对某公司物流管理的内控制度进行评审,着重对其原料、半成品、产成品等存货管理进行审计调查,并给予审计评价。在调查的初期,我们先到现场实地察看。在车间现场,我们看到铝线东一大卷、西一大卷,有的铝线甚至放在车间安全道上。铝线是很昂贵的金属物资,如此存放,引起了我们的重视。

审计方法

在审计调查中,我们采用了"点面线"方法,取得了较理想的效果。所谓"点面线"方法,就是在审计调查中,听到或看到某一管理现状之后,通过横向的全面了解、纵向的连线分析,最后确定其控制环节是否完整、控制点是否有效。

审计实施

1. 在各部门审计调查、了解到的情况:

(1) 财务部门:财务部门的同志态度坚决地表示,铝线这一业务是属于委托加工,即公司在外采购回铝锭、对外委托加工成铝线,而后再出售。查看该公司的铝锭、铝线合同,是委托加工合同,但抽查财务部门的会计资料,发现该公司采购回的是铝线(非铝锭),销售出去的是铝线,不存在委托加工。在财务部门同时还发现:采购、销售铝线的有些单据中,业务员签字是同一个人;有的结算单据上要素不全、有的手续不完备,如采购入库的《送货单》无重量记录、有的单据无质检部门盖章、有的销售单据无订货方签字;同一种销售业务,作为财务凭证的附件——《发货结算清单》有的是"财务科传票附件"联,有的是"发货单位记账"联。

(2) 物资管理部门:在现场看到铝线存放地是制品生产车间,不是物资管理部门的仓库。铝线采购回来后,在制品车间内,业务员将铝线实物交由物资管理部门人员清点卷数时,同时传递《送货单》(单据上没有重量记载)。当铝线销售时,业务员开具《发货结算清单》(有计量部门的计重),其中一联交物管部门;物管部门凭《发货结算清单》在铝线的实物账上同时登记出库、入库量。抽查物管部门的实物账,只有数量,没有单价、金额,数量的记载有时是吨位,有时是卷数。

(3) 铝线业务的购销部门:铝线的业务由该公司的工会技协负责承包;采购、销售的业务员以及采购取货、销售送货是一人承担:购回的铝线交给物管部门之所以没有重量记载,是因为若购回与入库之间产生亏吨,工会技协不愿承担亏损;销售发货时,有时因合同量的大小、时间先后等差异,有“估堆”(注:估计重量)的现象。

(4) 核对财务账与实物账:年底财务账结余 29.420 吨,实物账结余 29.280 吨,两者相差 0.140 吨。

2. 经过调查了解之后,将铝线的供销控制循环联系起来分析,并确认各控制点的管理效果,得出结论:铝线的物流管理没有按制度运作。其中,具体表现在以下几点:

(1) 该公司铝线的经营业务没有执行委托加工合同,其采取的是采购、销售的方式。

(2) 铝线的采购、销售等事项由一人负责,但处在采购、销售之间的存货管理环节却无计量、无专门地点存放、无专人保管,使内部控制的循环中断。

(3) 实物资产管理部门的关键控制点失控,对铝线没有管理。

(4) 财务部门没有起到监管的作用:铝线经营业务形式发生改变,没有提出异议;结算的单据把关不严格;财务账与实物账不相吻合;对工会技协的承包管理监督不力。

(5) 工会技协铝线业务的承包管理不严谨;铝线购销业务只有一人操作,监管不到位,出现管理弊端。

审计意见

该公司应严格按照公司物流管理制度的规定,加强对铝线业务的管理、存货的管理、财务的管理,弥补管理中出现的漏洞,完善购销业务的循环控制,使之成为一个完整的、健全的、规范的物流:

(1) 铝线的实物资产要有专业部门、专门人员管理,其实物进、出库严格执行计量、验收、开票、签字、入账等制度,建立健全实物控制的关键环节及关键控制点。

(2) 财务部门要加强财务管理,严格结算制度,统一结算依据,切实做到账表一致、账账一致、账证一致、账实一致。

(3) 工会技协采购回的实物及销售出去的实物均要受到物资管理部门、财务部门的监控:完善各种单据中的要素,完成管理所必需的各种程序和手续。

(4) 定期对铝线实物资产进行盘点,以保证资产的安全、完整。

此外,该公司还应严格铝锭(铝线)合同的签订、执行;规范工会技协的铝线承包行为;承包经营的过程、结果应在财务部门得到完整地核算、监控。

问:对该公司物流管理的内部控制制度进行评审,指出其内部控制的缺点,并提出改进意见。

第 7 章　舞弊审计

内容提要

本章分为四节课，主要讲解了舞弊审计的基本理论和方法，其中包括舞弊的概念和表现方式，舞弊的理论基础和责任划分，舞弊审计的程序以及计算机舞弊的控制与审计。

重点难点

本章重点为舞弊的概念、错误与舞弊的区别、舞弊的表现方式、舞弊的检查、计算机舞弊的类型；本章难点为舞弊的表现方式、计算机舞弊的控制和审计方法。

学习目标

通过本章学习，学生应掌握舞弊的概念和表现方式、舞弊三角理论、不同人员在防范舞弊中的责任、舞弊的检查、计算机舞弊的类型；明确与舞弊相关的基本概念，如什么是舞弊、错误、舞弊三角理论；了解计算机舞弊的控制和审计方法。

知识框架

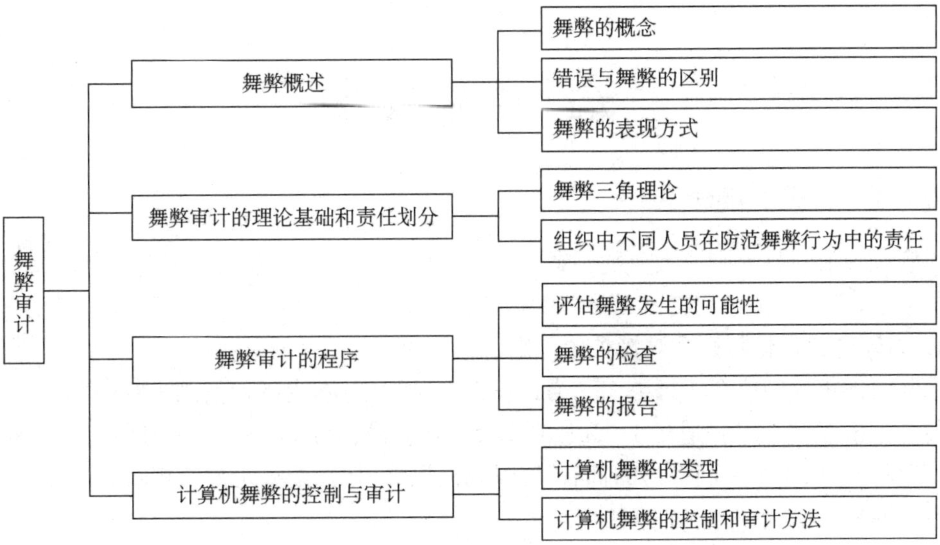

引入案例　伪造银行对账单，挪用两亿判死缓①

曾在国家某科研基金管理机构任会计的卞某涉嫌贪污、挪用公款2亿余元一案，是北京市自中华人民共和国成立以来涉案金额最高的一起职务侵占案件，最终卞某被法院判为死缓。

从媒体报道来看，卞某在案发前的8年期间里，利用掌管该科研基金的专项资金下拨权，采用谎称支票作废、偷盖印鉴、削减拨款金额、伪造银行进账单和信汇凭证、伪造银行对账单等手段贪污、挪用公款人民币2亿余元。卞某担负着资金收付的出纳职能，同时所有的银行单据和银行对账单也都由他一手经办，使他得以作案长达8年，却一直没有被察觉。审计部门曾经对该基金委的财务状况进行多次审计，但一直没有发现卞某挪用资金的问题。

案发当年的春节刚过，基金委财务局经费管理处刚来的一名大学生提前休假回来，去银行办事时顺手将此前都是由卞某经手的银行对账单取回，而此时卞某还没有对这次的对账单作假，上班伊始便到定点银行拿对账单，以往这一工作由会计卞某负责。取回对账单后，这名大学生开始将对账单和内部账目进行核对，一笔金额为2 090万元的支出引起了这名大学生注意，在其印象里他没有听说此项开支。这个初入社会的大学生找到卞某刨根问底，慌乱之下卞某道出实情，这桩涉案金额超过2亿元的大案也因此浮出水面。

据办案人员介绍："作为入账凭证，每一笔资金的流向都体现在银行的对账单上，而在基金委，卞某既管记账又管拨款，其身份是会计却又掌握出纳的职能，这样就给他实施贪污、挪用公款提供了职务上的便利。比如说，他挪出去3 000万元或者1 980万元，他把真对账单自己留下，在假对账单里，这笔钱他自己做得根本体现不出来。""咱们银行对账单，都是从电脑打出来的，既然是电脑做的，卞某也有电脑，他也可以按照那种纸张和程序往下打。"打印出对账单后还必须要加盖银行印章，卞某长期和银行打交道，与银行工作人员之间非常熟悉，有时候银行直接就把印章给他，让他自己盖章，这时候卞某就可以一次盖很多印章。

卞某贪污、挪用巨额公款长达8年才案发，从一定意义上讲，其暴露出了科研基金管理机构在基金管理方面的漏洞。卞某案发前，该基金管理机构有400万元科研基金因管理不善而流失，有关责任人被判刑6个月。参与该案办理的一名检察官认为，该基金委员会财务制度管理的不规范和基金审批与监管环节中的漏洞给了卞某可乘之机。办案组在侦查中发现，该基金委员会会计部门账务极其混乱，卞某担任会计期间，主管部门没有很好地查过财务账，而且主管部门的财务做账也不严格，让卞某钻了空子。

卞某的行为给组织带来了巨大的损失，那么卞某的行为属于什么行为？该行为是怎样产生的？组织又该如何防范呢？通过这一章的学习，我们将解决这些问题。

7.1　舞弊概述

7.1.1　舞弊的概念

尽管很多人对舞弊有了大致的了解，也能够列举舞弊行为的实例，但对于舞弊概念的界定并非易事，不同的组织都尝试对舞弊的概念进行界定。

1. 国际内部审计师协会对舞弊的界定

国际内部审计师协会将舞弊定义为："任何以欺骗、隐瞒或违背信用为特征的非法行为。这些行为不依靠暴力或胁迫。个人或组织为获取金钱、财产或服务，为避免付款或提供服务，为获得个人或组织私利等目的都有可能舞弊。"这一概念的界定是使用较为广泛的。

① 佚名.自然科学基金会会计贪污挪用公款2亿被判死缓[J].财务与会计，2004(12)：44.

2. 美国注册公共会计师协会对舞弊的界定

美国注册公共会计师协会从更狭义的视角界定舞弊的概念,该定义强调“编制虚假财务报告及侵占资产的舞弊行为”。

对财务信息作出虚假报告是指被审计单位管理层通过操纵利润误导财务报表使用者对被审计单位业绩或盈利能力的判断。例如,被审计单位管理层利用高估资产和收益的方式使财务报表呈现出较好的财务状况和经营成果,或者通过低估收益和资产的方式隐藏应纳税所得额以减少上缴的所得税。

侵占资产是指被审计单位的管理层或员工非法占用被审计单位的资产。侵占资产的舞弊行为多发生在被审计单位的员工层中,但高层管理人员涉嫌的侵占资产舞弊也屡见不鲜。由于高层管理人员通常对组织资产具有较大的控制权,其所参与的侵占资产舞弊往往涉及更大的金额。

3. 美国注册舞弊审查师协会对舞弊的界定

美国注册舞弊审查师协会(ACFE)对舞弊概念的界定特别强调了职业舞弊,即发生在工作岗位上的舞弊行为。职业舞弊包括员工、管理者以及经理层的欺诈行为。其既涉及简单的小金额,如现金偷窃,也涵盖复杂的编制虚假财务报表。

职业舞弊通常包括以下四个因素:

(1) 舞弊行为的隐蔽性。

(2) 舞弊者违反其在组织中的责任。

(3) 舞弊者实施舞弊行为的目的(直接或间接)是为了获得财务利益。

(4) 舞弊者的舞弊行为消耗了组织的资产、收入或储备。

引例解析

伪造银行对账单,挪用2亿判死缓

1. 卞某的行为属于典型的舞弊行为,且属于牟取组织经济利益的舞弊行为。

2. 引例中,卞某贪污、挪用巨额公款长达8年才案发,原因是公司货币资金内部控制存在以下缺陷:

库存现金实物管理与财务记录未分开;印鉴未执行分管制。

3. 公司应做如下完善措施:

(1) 严格执行职能分开原则,即库存现金实物管理与财务记录要分开、印鉴执行分管制;

(2) 加强监督与检查,要求出纳员做到日清月结、企业的审计部门和财务部门的领导应对现金的管理工作进行经常性与突击性的监督与检查;

(3) 企业的出纳应定期进行轮换,不得一人长期从事出纳工作。

4. 我国内部审计准则对舞弊的界定

中国内部审计协会颁布的《第2204号内部审计具体准则——对舞弊行为进行检查和报告》中明确规定:“舞弊是指组织内、外人员采用欺骗等违法违规手段,损害或者牟取组织利益,同时可能为个人带来不正当利益的行为。”

中国内部审计协会制定对舞弊行为进行检查和报告的具体准则的主要目的在于规范内部审计机构和人员协助组织预防、检查以及报告舞弊的行为,更好地发挥内部审计机构和人员在预防、检查以及报告舞弊工作中的优势，进而提高审计效率和效果、协助组织管理层更加有效地遏制舞弊，同时也可以进一步明确内部审计机构、人员以及组织管理层在预防、发现以及纠正舞弊行为中的各自责任，从而降低组织的舞弊风险。

舞弊行为的存在常常是由于组织的内部控制存在薄弱环节，如果不加以纠正，其可能会更严重地损害组织的利益。因此，无论舞弊行为涉及的金额有多大或多小，其性质都是严重的。

5. 舞弊概念的综合分析

正确理解舞弊的概念，必须把握舞弊的以下几个特征：

(1) 舞弊是一种违反法律法规的行为，即行为人的行为是不符合国家法律法规或违反组织规章制度的。

(2) 舞弊是一种故意行为，这是区分错误和舞弊的根本特征之一。错误通常是由于行为人不精通财务会计知识、不了解相关法律法规，以及在操作过程中不细心、不谨慎、不规范等原因造成的，动机上是非故意的，手段上具有偶然性，是一种过失行为。舞弊则是指行为人故意采用非法手段，如涂改凭证、伪造单据、规避规章制度等方式，对事实进行篡改、歪曲，以达到占有或挪用公共财产的不良企图。

(3) 舞弊行为是通过不正当的手段牟取或损害组织利益，但无论其行为的动机对组织是否有利，该行为曝光后，最终会给组织带来伤害。

(4) 舞弊行为可能给舞弊者带来不正当利益，包括直接或间接的非法获利。

(5) 舞弊的实施者既可能是组织内部人员，也可能是组织外部人员，通常外部人员实施的舞弊行为也会损害组织的利益。

7.1.2 错误与舞弊的区别

错误与舞弊是完全不同的两个概念。错误是工作中的失误和差错，是主观上的非故意行为，而舞弊是有意的歪曲和非法的占有。错误和舞弊有着本质的区别，主要表现在以下几个方面：

(1) 原因不同。错误形成的原因是客观的，是由于业务不熟练或工作马虎造成的，而舞弊产生的原因是主观的，是行为人为了牟取私利有意造成的。

(2) 手段不同。错误产生时没有故意的手段，产生后也不会实施掩盖手段，而舞弊往往在发生时就采取各种故意手段和掩盖手段以逃避追查。

(3) 形式不同。错误一般表现为原理性错误和技术性错误，其形式比较明显，通常正常审查程序很容易发现，而舞弊在形式上往往较为隐蔽，通常正常审查程序难以发现。

(4) 目的不同。错误不以侵吞财物、粉饰财务状况为目的，而舞弊恰恰相反，其正是为了侵吞组织的财物和蓄意粉饰会计报表。

(5) 结果不同。错误是无意造成的，其结果既可能是正数，也可能是负数，基本上没有规律，而舞弊的结果在数值上具有规律性，如实物往往形成负差(即短缺)以侵吞财产，为粉饰财务状况，上市公司的利润往往形成正差等。

(6) 性质不同。错误是一种过失行为，而舞弊则是一种违法行为。舞弊无论涉及的金额多大，其在性质上都被认为是重要的。因为：①舞弊从本质上说，如果不加以制止，就会迅速蔓延；②舞弊的存在，说明内部控制存在薄弱环节；③舞弊意味着对整体产生不堪设想的后果。

因此，在实际工作中必须正确区分错误和舞弊，以保护无辜者、打击蓄意弄虚作假者。

7.1.3 舞弊的表现方式

内部审计人员期望发现组织内部的舞弊行为，必须先了解和把握组织内部的舞弊行为的各种表现方式。尽管不同组织内舞弊者的舞弊动机和舞弊行为的表现方式不尽相同，但概括起来主要表现为：损害组织经济利益的舞弊行为和牟取组织经济利益的舞弊行为。

1. 损害组织经济利益的舞弊行为

损害组织经济利益的舞弊行为，是指组织内、外人员为了牟取自身利益，采用欺骗等违法、违规手段使组织经济利益遭受损害的不正当行为。

损害组织经济利益的舞弊行为既可能是舞弊者获得不正当的个人利益，也可能表现为其他行为，其具体的表现情形主要包括以下几点：

(1) 收受贿赂或回扣。

(2) 将正常情况下可以使组织获利的交易事项转移给他人。

(3) 贪污、挪用、盗窃组织资产。

(4) 使组织为虚假的交易事项支付款项。

(5) 故意隐瞒、错报交易事项。

(6) 泄露组织的商业秘密。

(7) 其他损害组织经济利益的舞弊行为，需要内部审计人员运用职业判断来确定哪些行为可能会损害组织的经济利益。

2. 牟取组织经济利益的舞弊行为

牟取组织经济利益的舞弊行为，是指组织内部人员为使本组织获得不正当经济利益而其自身也可能获得相关利益，采用欺骗等违法、违规手段，损害国家、其他组织、个人利益的不正当行为。

某些舞弊行为可以使组织的经济利益增加，从局部和短期看，这种舞弊行为给组织带来了利益，其防范工作不像前一种舞弊行为被管理层所重视。甚至在内部审计机构和人员发现该类型舞弊时，管理层可能还会给予舞弊者某种程度的保护。但是，这种舞弊行为会损害国家或其他组织、个人的经济利益，从长远看，这类舞弊行为一旦被揭露，组织的经济利益还是会受到损害，如失去资本市场的信任、组织形象受损、支付违法违规的罚款等。这种损害行为可能使舞弊者获得不正当的个人利益。内部审计机构应当向适当的管理层说明该类型舞弊对组织长远发展带来的负面影响，并争取高级管理层支持其对该类型舞弊的预防和检查。

牟取组织经济利益舞弊行为的具体表现情形主要包括以下几点：

(1) 支付贿赂或回扣。

(2) 出售不存在或不真实的资产。

(3) 故意错报交易事项、记录虚假的交易事项，使财务报表使用者误解而作出不适当的投融资决策。

(4) 隐瞒或删除应当对外披露的重要信息。

(5) 从事违法、违规的经营活动。

(6) 偷逃税款。

(7) 其他牟取组织经济利益的舞弊行为。

当然,由于组织的运营环境不同,可能还存在其他未列举的牟取组织经济利益的舞弊行为,其需要内部审计人员运用职业判断来确定哪些行为可能属于牟取组织经济利益的舞弊行为。

7.2 舞弊审计的理论基础和责任划分

7.2.1 舞弊三角理论

舞弊三角理论是由美国注册舞弊审查师协会的创始人、美国会计学会会长,史蒂文·艾伯伦奇特提出的。他认为,组织中舞弊行为的产生必须具备三个条件要素,即压力、机会以及借口。这三个条件要素相互联系、相互作用,共同导致了组织内舞弊行为的发生。

1. 舞弊三角理论的构成要素

(1) 实施舞弊的动机或压力。

康美药业财务造假及其根源探究——基于三角理论的视角

理性的人必然知晓舞弊是违背法律或道德的行为,如果没有特殊的动机或压力,舞弊是不会发生的。例如,侵吞、挪用资产等损害组织经济利益的舞弊行为的动机可能是个人生活的入不敷出,或是为了满足对奢华物质生活的贪欲;牟取组织经济利益的舞弊行为可能是因为管理层出于组织外部或内部实现特定利润目标的压力,特别是当没有实现特定的财务目标将会对管理层产生重大不利后果时(如影响到管理层个人的经济利益或职务升迁)。

(2) 实施舞弊的机会。

只有舞弊的动机或压力尚不能导致舞弊行为的发生,舞弊者还必须具有实施舞弊行为的机会。如果内部控制被处于关键管理职位或由熟知内部控制的某个薄弱环节的人所凌驾或规避,那么就存在着损害或牟取组织经济利益的机会。

(3) 合理化态度(为舞弊寻找借口的能力)。

即便实施舞弊的前两个条件都已经具备,也并不意味着舞弊行为必然会发生,舞弊者还需要为舞弊行为寻找貌似合理的借口,使舞弊行为看上去、听上去或者在舞弊者内心感受上显得合理,以求得内心的平衡或解脱。例如,当某人侵占组织资产时,其内心可能认为其所在的组织未能向其提供应有的待遇或补偿。这些貌似合理的借口,往往与舞弊者特定的性格特征和价值取向有关。

知识拓展 7-1

舞弊理论

有关企业舞弊动因的理论较多,比较典型的除了舞弊三角理论,还有 GONE 理论和冰山理论。

1. GONE 理论

伯罗格那(Bologua)、林奎斯特(Lindquist)和韦尔斯(Wells)在 1993 年提出了 GONE 理论,他们认为影响舞弊发生与否的因素包括贪婪(greed)、机会(opportunity)、需要(need)以及暴露(exposure)。在 GONE 理论中,贪婪超出了其本来的含义,被引申为道德水平的低下,其与个体因素有关,同时客观的社会价值、道德环境也对它造成影响;机会是指实现舞弊行为的可能的途径与手段,机会不可能完全消除,只能尽力防范以确保这种风险要素低于一定水平;需要是指个体进行舞弊的动机和理由,如实现自我价值的需要、获取资本的需要等;暴露包括两部分的内容,一是舞弊行为被发现、揭露的可能性,二是对舞弊者惩罚的性质及程度。可以看出,贪婪和需要更大程度上与个体有关,而机会和暴露则属于环境因素。将四个因素结合在一起,互相作用,决定了舞弊风险的程度。

以GONE理论为基础,毕马威公司基金会研究发现,舞弊行为是由下列三个最基本的因子共同作用所造成的:环境的压力、舞弊的机会、个人(潜在舞弊者)的品性。

2. 冰山理论

冰山理论把形成舞弊行为的原因比作海面上漂浮的冰山。露出海平面的部分是舞弊的结构部分,包括效率衡量措施、等级制度、财务资源、组织目标、技术状况等,其只是冰山的一角;海平面以下的部分是舞弊的行为部分,包括态度、感情、价值观念、鼓励、满意等,这是更庞大和更危险的部分。舞弊结构上的内容实质上是组织内部管理方面的问题,其是客观存在的、每个人都能看到的。但舞弊行为上的内容是更主观化、个性化的问题,如果其被刻意掩饰,将很难察觉到。根据这个理论,已识别的舞弊风险远小于由未识别的舞弊导致的重大错报风险。

2. 基于舞弊三角理论的检查思路

了解舞弊存在的条件并进行层层递进的剖析,为内部审计人员在审计实务工作中识别与评估舞弊导致的审计风险提供了多个思考维度和审查视角,进而更加有助于舞弊审计的实务操作。

由于舞弊通常存在一定的隐蔽性,舞弊的审查会存在一定的困难。根据舞弊三角理论,内部审计人员在了解被审计单位及其环境时应当考虑所获取的信息是否表明存在舞弊风险因素,进而为舞弊的发现和进一步的审查提供合理的依据。舞弊风险因素是内部审计人员在了解被审计单位及其环境时识别的,其可能表明存在舞弊动机或压力、机会的事项或情况,以及被审计单位对可能存在的舞弊行为的合理化解释。舞弊风险因素的存在虽然并不一定表明发生了舞弊,但舞弊发生时通常存在舞弊风险因素,因此,舞弊风险因素的识别为内部审计人员发现舞弊提供了便利条件。虽然表明损害和牟取组织经济利益的舞弊行为存在的三个条件是相同的,但两类舞弊行为的舞弊风险因素却是不同的。

1) 损害组织经济利益的舞弊风险因素

(1) 与动机或压力有关的舞弊风险因素。

损害组织经济利益的舞弊行为更多的是与非法占用资产的舞弊者个人的动机或压力有关,与损害组织经济利益的舞弊行为的动机或压力有关的舞弊风险因素有以下两点:

第一,财务问题或还款压力是造成侵占资产的舞弊行为的主要原因。

第二,管理层与员工之间的矛盾与冲突,如在解聘、晋升、报酬、补偿、奖励等方面存在的矛盾冲突,严重到一定程度时,可能升级为员工通过侵占资产而进行的报复行为。

(2) 与机会有关的舞弊风险因素。

一般组织内部都会存在一些侵占资产的舞弊机会,特别是对于易于接触的现金、价值较高又便于携带的资产更是如此。如果组织内部不能对这些较为敏感的资产设置完善的内部控制,如充分的职责分工、独立的复核、接触资产的授权,以及相关资产管理人员的强制性休假制度等,侵占资产的舞弊机会将更加明显。与侵占资产的机会有关的舞弊风险因素有以下就几点:

第一,贪污收入款项,如侵占收回的货款、将汇入已经注销账户的收款转移至个人银行账户等。

第二,盗取货币资金、实物资产以及无形资产,如窃取存货自用或售卖、通过向公司竞争者泄露技术资料以获取回报等。

第三,使组织对虚构的商品或劳务付款,如向虚构的供应商支付款项、收受供应商提供的回扣并提高采购价格、虚构员工名单并支付工资等。

第四,将组织资产挪为私用,如将公司资产作为个人贷款或关联房贷款的抵押等。

第五,缺乏充分的职责分工,如管理存货实物的员工又负责存货的账务记录。

前已述及,对财务信息作出虚假报告的动机可能是掩盖资产的事实。实际上,侵占资产通常伴随着虚假或误导性的文件记录,其目的是隐瞒资产缺失或未经适当授权使用资产的事实。

(3) 与合理化态度有关的舞弊风险因素。

管理层对内部控制和道德行为的态度可能会为侵占资产的舞弊行为创造合理化借口,与侵占资产的合理化态度有关的舞弊风险因素有以下两点:

第一,管理层缺乏对内部控制的重视,经常随意超越内部控制,对内部控制的缺陷也视而不见、听之任之。

第二,管理层本身就倡导或执行一些违反法律法规、道德规范的行为,如欺骗顾客的行为、采取以高额奖励激励销售人员的政策等,都会使员工认为侵占资产的行为是可以接受的。

2) 牟取组织经济利益的舞弊风险因素

(1) 与动机或压力有关的舞弊风险因素。

牟取组织经济利益的舞弊行为的动机或压力往往来源于管理层希望误导财务报表使用者对组织业绩或盈利能力的判断。与牟取组织经济利益的舞弊行为的动机或压力有关的舞弊风险因素有以下几点:

第一,迎合市场预期或特定监管要求。例如,迎合资本市场上财务分析师对公司业绩的预期,或者迎合监管机构所设定的作为特定行为先决条件的"门槛"指标。

第二,牟取以财务业绩为基础的私人报酬最大化。例如,在管理层的私人报酬与组织的财务业绩直接挂钩的情况下,往往会导致管理层出于追求私人报酬最大化的动机而歪曲财务业绩数据和指标。

第三,偷逃或骗取税款。例如,组织通过故意少计、漏记作为计税依据的业务收入、当期利润等财务信息,达到少缴或不缴税金的目的;或者通过伪造业务和财务信息,达到骗取出口退税或不当享受税收优惠政策的目的。

第四,骗取外部资金。例如,组织不符合相应条件或资质要求,但为了达到增资扩股、取得银行贷款、商业信用等融资目的,通过粉饰财务信息的方式来掩盖事实真相,骗取投资者或债权人的资金。

第五,掩盖侵占资产的事实。例如,通过进行虚假的账务记录,隐藏或掩盖盗用、贪污或挪用资产的事实。

(2) 与机会有关的舞弊风险因素。

牟取组织经济利益的舞弊行为往往是受组织管理层授意和掌控的,因此管理层凌驾于内部控制之上,进而为舞弊的发生提供了机会。组织管理层牟取组织经济利益的机会包括:对会计记录或相关文件记录的操纵、伪造、篡改;对交易、事项或其他重要信息在财务报表中的不真实表达或故意遗漏；对会计政策和会计估计的故意误用。

(3) 与合理化态度有关的舞弊风险因素。

组织管理层在实施牟取组织经济利益的舞弊行为前会设想一些使这些舞弊行为合理化的态度、取向以及道德价值，或者提出迫于环境和压力不得已而为之的理由。与牟取组织经济利益的舞弊行为的合理化态度有关的舞弊风险因素有以下几点：

第一，对组织价值的不恰当理解、沟通以及支持。

第二，了解到的曾经违反法律法规的情况。

第三，管理层的过度野心或不现实的预测。

案例讨论 7-1

达实智能：反舞弊与举报制度

上市公司出纳挪用公款炒股案

某上市公司出纳刘某，通过偷盖公司银行印鉴和法人章，使用作废的、没有登记的现金支票等手段，在近3年期间先后挪用954万余元用于炒股。中级人民法院以挪用公款罪和挪用资金罪，判处刘某17年有期徒刑，同时责令刘某向被害单位退赔954万余元。

请用舞弊三角理论，分析上述案例中梁某的舞弊行为。

7.2.2 组织中不同人员在防范舞弊行为中的责任

1. 组织管理层的责任

组织管理层对舞弊行为的发生承担责任，因此，预防、发现、纠正舞弊行为是组织管理层的责任。建立健全并有效实施内部控制，是预防、发现、遏制舞弊行为发生的有效途径。组织的管理层有责任建立健全、有效的内部控制，并且应当根据内部审计人员的报告和建议，对已经发生的舞弊行为进行制止和纠正，对可能发生的舞弊行为进行追查和预防，从而进一步完善组织内部控制。

2. 内部审计机构和人员的责任

内部审计机构和人员应当保持应有的职业谨慎，在实施的审计活动中关注可能发生的舞弊行为，并对舞弊行为进行检查和报告。

内部审计机构是组织内部控制的重要组成部分，内部审计机构和人员的责任就是通过审查和评价组织内部控制的适当性、合法性以及有效性，协助管理层遏制舞弊行为，发现组织内部控制的重大缺陷。即使是在不以遏制舞弊行为为目的的常规内部审计过程中，内部审计人员也要以应有的职业谨慎态度，合理关注组织内部可能发生的各种舞弊行为，以协助组织管理层预防、检查、报告舞弊行为。

针对上述舞弊三角理论，对组织内部的舞弊行为最有效的解决方法就是建立健全组织的内部控制，内部审计机构和人员的职责是保证内部控制在设计和执行上的恰当性和有效性。

(1) 审查和评价组织规章制度的可行性。

根据舞弊三角理论，过大的压力会诱导员工的舞弊行为。例如，在制度缺乏可操作性的情况下对制度的执行程序进行频繁检查，员工可能反而会弄虚作假、蒙混过关。此外，将员工的大额奖励和不切实际的业务考核指标挂钩，员工也会为获取大额奖励而实施舞弊行为。

因此，在发现组织制定的内部控制制度存在不合理的方面时，内部审计人员应及时与管理层沟通并改进制度安排，以防止由于制度的缺陷而产生的舞弊行为。

(2) 审查和评价管理层态度的科学性。

根据舞弊三角理论，如果管理层对员工人为操纵的错误和记录行为态度模糊不清，没有严厉的惩罚措施，舞弊者被发现后所付出的代价很低，就可能诱导舞弊者为自己的行为找到借口，从而纵容舞弊行为的不断发生。因此，内部审计人员应当定期审查和评价组织对舞弊行为是否采取了严厉的态度，并对所发现的舞弊行为进行了严厉的惩罚，以杜绝员工为自己的不正当行为找到借口。

(3) 审查和评价员工行为的规范性。

根据舞弊三角理论，如果员工的道德素质较低，组织又没有指定合理的行为准则以规范员工的行为，员工在借口和压力的刺激下也可能会进行舞弊行为。因此，内部审计人员应该审查和评价组织是否针对员工建立了充分的道德约束和行为规范，并促进管理层不断完善各项规范。

(4) 审查和评价经营活动授权制度的合理性。

根据舞弊三角论，如果舞弊者没有机会，就不可能产生舞弊行为。显然，合理的授权和内部牵制制度能够防止权力过分集中，避免职权滥用以及职务舞弊。因此，内部审计人员应当审查和评价在组织内部控制中是否设置了充分的不相容职务分离和适当的授权审批制度，以杜绝舞弊发生的机会。

(5) 审查和评价风险管理机制的有效性。

有效的风险管理能够弥补内部控制的漏洞，同样也可以减少舞弊的机会。当内部审计人员对内部控制进行检查时，需要关注在组织风险管理中是否存在可能诱发舞弊的漏洞，其中包括管理层是否正确认识和分析了对经营、财务状况有影响的内部或外部风险；是否对外部风险因素和内部风险因素，如员工素质、组织活动性质、信息系统处理的特点进行了检查。

(6) 审查和评价管理信息系统的有效性。

为了使员工能够履行自身的职责，组织需要对内外部信息进行识别、捕捉以及交流。外部信息包括市场份额、法规要求、客户投诉等。内部信息包括会计核算制度，即由管理层建立的记录和报告经济业务和事项，维护资产、负债以及所有者权益的方法和记录。由于完善的管理信息系统能够有效地预防舞弊行为的发生，因此，内部审计人员也必须定期地审查和评价组织设计和运行管理信息系统的有效性。

3. 应有的职业道德

应有的职业道德是内部审计人员应当具备的合理谨慎态度和技能。组织内部的舞弊行为的发生是与组织内部控制存在的缺陷和漏洞直接相关的，这些缺陷和漏洞总会留下一些迹象。如果内部审计人员保持合理的职业道德，进而能够对这些漏洞或迹象保持警觉，就可以提醒管理层采取措施预防或发现舞弊行为。为此，内部审计机构和人员在检查和报告舞弊行为时，应当从以下几个方面保持应有的职业道德：

(1) 具有识别、检查舞弊的基本知识和技能，在实施审计项目时，警惕相关方面可能存在的舞弊风险。

对舞弊风险的警觉和识别要求内部审计人员不仅具有财务知识，还需要对管理学和组织运营方面具有相当程度的了解，有足够的工作经验，以及对任何异常现象都不会轻易放过的职业怀疑态度。

(2) 根据被审计事项的重要性、复杂性及审计成本效益，合理关注和检查可能存在的舞弊行为。

内部审计人员所开展的日常审计工作并不是专门用来预防、发现以及报告舞弊的，只依靠日常工作程序不能保证发现所有可能引发舞弊的内部控制漏洞或发现所有已经存在的舞弊行为，其需要延伸采取其他必要的程序。另外，由于检查和发现舞弊所需要的成本比日常审计工作大得多，组织不可能针对舞弊行为测试每一项交易业务。同时，舞弊的揭示也不能运用推理作为依据，其需要有明确的证据，这也势必增加了揭示舞弊的成本。因此，不可能要求审计人员对所有可能存在舞弊的疑点都保持同等的关注程度，而只能根据其可能对组织造成危害的影响程度和揭示舞弊的成本等因素进行综合考虑，保持合理的关注和警觉。

(3) 运用适当的审计职业判断，确定审计范围和审计程序，以检查、发现以及报告舞弊行为。

在内部审计工作中，内部审计人员如果发现组织存在内部控制的薄弱环节，就需要进一步追查，以便发现其可能存在的舞弊行为。在确定延伸审计程序的范围、程序等事项时，内部审计人员需要考虑被审计事项的重要性、复杂性，以及审计的成本效益等因素，并运用其职业判断，决定对发现、检查以及报告舞弊所采取的审计范围与程序。

(4) 发现舞弊迹象时，应当及时向适当管理层报告，提出进一步检查的建议。

适当的管理层是指有权进行相应决策，对舞弊行为进行制止、纠正，以及完善相关的内部控制以预防舞弊行为的管理层。内部审计人员应当在发现舞弊迹象时，及时向适当的管理层报告，并提出相应的调查、纠正，以及完善制度等相关建议，以供管理层参考。

内部审计人员在检查和报告舞弊时，除应保持合理的关注和谨慎态度之外，还应当特别注意做好保密工作。通常来说，舞弊的检查工作由组织适当的管理层进行统筹安排和协调，内部审计机构和人员只是参与组织对于舞弊行为进行的检查工作。由于内部审计人员了解组织的内部控制，且不少舞弊行为都能从资金上进行追踪，而内部审计人员恰好是这方面的专业人士，因此，内部审计人员往往是参与舞弊行为检查的主要人员。但是，内部审计人员只是承担舞弊检查的部分工作，还需要组织的相关管理层负责协调与指挥检查工作的进展。由于舞弊事项的敏感性，需要组织的相关人员对舞弊检查过程及发现的问题予以保密，否则可能会造成舞弊者掩盖、销毁舞弊痕迹的情况发生，以及为内部审计人员的工作设置障碍等。

4. 内部审计在履行检查和报告舞弊行为责任中的局限性

由于内部审计并非专门为检查舞弊行为而进行的，即使内部审计人员以应有的职业谨慎执行了必要的审计程序，其也不能保证发现所有的舞弊行为。防范和遏止舞弊行为要依靠组织所建立的内部控制制度。

内部审计的日常工作对象是组织的经营活动和内部控制，其工作程序并非专门用来发现和检查舞弊。在对内部控制的日常审计过程中，内部审计人员通过对内部控制设计和运行有效性的检查来协助预防、发现以及报告舞弊。由于舞弊者可能刻意掩饰舞弊行为，内部审计人员需要对审计证据的可靠性予以特别关注，防止被舞弊者误导。虽然在检查舞弊的过程中，内部审计人员也会注意到内部控制的薄弱环节和效率问题，但其注意力更多地集中在实际已经发生的事件上，以寻找可以证明舞弊存在的具体细节。这种工作重心与工作程序、方法的不同，使内部审计人员难以保证通过日常工作发现所有的舞弊行为。内部控制具有固有的局限性，由于时间、环境、执行人等原因，可能使组织的内部控制失效，使得舞弊行为可能发生。这种局限性使得内部审计人员即使以应有的职业谨慎执行了审计程序，也无法保证发现所有的舞弊行为。

7.3 舞弊审计的程序

7.3.1 评估舞弊发生的可能性

1. 对舞弊发生的可能性进行评估

内部审计人员在审查和评价业务活动、内部控制以及风险管理时，应当对舞弊发生的可能性进行评估。风险的识别是指内部审计人员认识组织存在哪些方面的舞弊风险的过程，其实质就是对组织可能存在的舞弊风险、舞弊行为、风险管理、内部控制状况进行分析的过程。对于舞弊风险的识别与评估是认知和感知风险并对舞弊风险进一步分析和度量的过程。感知风险是风险识别的基础，其包括分析存在哪些风险、哪些风险需要特别关注；分析风险是风险识别的关键，其包括分析引起风险的主要原因、风险事故的后果、确定风险识别的方法等。内部审计人员在审查和评价业务活动、内部控制以及风险管理时，应当从以下几个方面对舞弊发生的可能性进行评估：

(1) 组织目标的可行性。

当组织目标设定不当、超越执行人的能力范围，就会对执行人产生不当的压力，使执行人为了达到目标而采取各种手段，甚至是舞弊手段。为此，内部审计人员在对舞弊发生的可能性进行评估时，应当充分考虑组织的客观环境与实际情况，并评价组织目标设置的恰当性和可行性，以确保执行者通过合理的努力就可以达到目标，从而杜绝舞弊的压力。

(2) 控制意识和态度的科学性。

组织控制意识和态度是否正确、科学，决定了组织能否设计出符合组织实际情况的、有效的内部控制。为此，内部审计人员在对舞弊发生的可能性进行评估时，应当评价组织控制意识和态度的科学性，特别是负责建立并保证内部控制有效运行的高级管理层对内部控制的重视程度。

(3) 员工行为规范的合理性和有效性。

组织制定的各种针对员工的规章制度是对员工行为的直接领导和规范，员工的行为是否合理、有效，决定着员工的行为是否能够与组织目标保持一致。为此，内部审计人员在对舞弊发生的可能性进行评估时，应当评价组织针对员工行为制定的各种规章制度的合理性和可行性。

(4) 业务活动授权审批制度的有效性。

组织对业务活动设置的授权审批制度是对各种舞弊行为最为直接的监控手段，各种职责的分离、授权审批等控制措施，确保了各个层次的执行人难以滥用职权，作出超越权限的指令，从而既限制了舞弊行为的发生，也限制了舞弊行为确实发生时的损失程度。为此，内部审计人员在对舞弊发生的可能性进行评估时，应当评价组织在各项业务活动环节设置的授权审批制度在设计和执行上的有效性。

(5) 内部控制和风险管理机制的有效性。

风险管理机制是组织用于应对、消除面临的各种风险的解决方法和策略，其有效性对于最大限度地消除风险、降低风险带来的损失程度具有重要的影响。为此，内部审计人员在对舞弊发生的可能性进行评估时，应当评价内部控制和风险管理机制的有效性。

（6）信息系统运行的有效性。

组织的管理信息系统不仅处理组织内部的信息，同时也处理组织外部的信息。信息在组织内部的交流与沟通，可以使员工更好地履行其职责。同时，管理信息系统对信息的收集与整理也使得员工的工作得到了一定的监督和约束，从而可以有效地降低舞弊行为发生的机会。为此，内部审计人员在对舞弊发生的可能性进行评估时，应当评价组织信息系统运行的有效性。

2. 对可能导致舞弊发生的情况的考虑

内部审计人员除了考虑内部控制的固有局限性，还应当考虑下列可能导致舞弊发生的情况：①管理人员品质不佳；②管理人员遭受异常压力；③业务活动中存在异常交易事项；④组织内部个人利益、局部利益以及整体利益存在较大冲突。

在对舞弊发生的可能性进行评估的基础上，内部审计人员需要考虑可能导致舞弊发生的情况，并评估其影响程度和发生的可能性。尽管组织已经建立并运行了内部控制，但是内部控制也存在固有的局限性。例如，出于成本效益的考虑，内部控制在某些环节可能存在缺失的情况；在决策时，因人为判断可能出现错误或人为失误而导致的内部控制失效；行使控制职能的人员素质不适应岗位要求，也会影响内部控制功能的正常发挥；内部控制一般都是针对经常而重复发生的业务而设置的，如果出现不经常发生或未预计到的业务，原有控制就可能不适用；在设置了职责分离的环境下，仍然可能存在串通舞弊的情况及高级管理层利用职权超越内部控制等。内部控制的固有局限性使得舞弊者能够利用内部控制的固有局限，绕开内部控制实施舞弊行为，在管理人员品质不佳，管理人员遭受异常压力，经营活动中存在异常交易事项，组织内部个人利益、局部利益以及整体利益存在较大冲突，内部审计机构在审计中难以获取充分、相关、可靠的证据等情形下，舞弊行为发生的可能性就会更大。

3. 对评估结果的报告

内部审计人员应当根据可能发生的舞弊行为的性质，向组织适当管理层报告，同时就需要实施的舞弊检查提出建议。

内部审计人员应当在日常工作中对可能存在的舞弊行为保持警惕，当内部审计人员发现舞弊迹象时，应当向组织适当管理层进行报告，并督促适当管理层尽快采取措施，以遏制舞弊行为所造成的影响。报告的形式既可以是口头报告，也可以是书面报告，不论内部审计人员的报告结果如何，在作出报告时都应有合理的证据支持。

7.3.2 舞弊的检查

舞弊的检查是指实施必要的检查程序，以确定舞弊迹象所显示的舞弊行为是否已经发生。

内部审计人员进行舞弊检查时，应当根据下列要求进行检查：①评估舞弊涉及的范围及复杂程度，避免向可能涉及舞弊的人员提供信息或被其所提供的信息误导；②设计适当的舞弊检查程序，以确定舞弊者、舞弊程度、舞弊手段以及舞弊原因；③在舞弊检查过程中，与组织适当管理层、专业舞弊调查人员、法律顾问以及其他专家保持必要的沟通；④保持应有的职业谨慎，以避免损害相关组织或人员的合法权益。

预防、发现以及纠正舞弊行为，是组织管理层的主要责任；决定是否进行舞弊的检查及如何进行舞弊检查同样也是组织管理层的责任，内部审计机构和人员只是协助组织管理层完成这一职责。在某些情况下，由内部审计人员负责检查舞弊可能更为有效，但针对舞弊的检查与内部审计人员的日常工作内容毕竟不同，因此，往往还需要内部审计人员与其他专业人士共同努力，才能完成对舞弊行为的检查工作。

1. 评估舞弊涉及的范围及复杂程度

内部审计机构和人员应当评估舞弊涉及的范围及复杂程度，并避免对可能涉及舞弊的人员提供信息或被其所提供的信息误导。由于舞弊者通常会消除舞弊痕迹、破坏和篡改记录、提供虚假的信息，内部控制也可能受到破坏或被超越。因此，在常规审计中可以信赖的审计证据和同样条件下取得的可靠性证据在舞弊检查中，就可能不足以信赖或表现为不可靠。为此，内部审计人员应当对舞弊者消除舞弊痕迹、篡改记录、提供虚假信息，以及破坏相关内部控制的行为保持警觉，以获取客观、真实、可靠的审计证据。

2. 设计适当的舞弊检查程序

内部审计机构和人员应当设计适当的舞弊检查程序，以确定舞弊者的舞弊程度、舞弊手段以及舞弊原因。舞弊检查的工作程序与常规审计的不同之一就是其属于发现性工作，即其需要专门技术与专业人员的支持，针对已经发现的舞弊线索采取特殊的审计程序与方法。在日常审计工作中，内部审计人员可能更注重审计整体工作的合理性和有效性，但在舞弊检查中，除了从整体的分析中寻求线索，内部审计人员更需要侧重于细节的合理性，如重点关注经济利益流出和流入组织的环节。

3. 与相关各方保持必要的沟通

内部审计机构和人员应当在舞弊检查过程中与组织适当管理层、专业舞弊调查人员、法律顾问以及其他专家保持必要的沟通。在舞弊检查过程中，随着检查所发现的问题不同，所涉及的人员与专业领域也不尽相同，因此，内部审计人员应当与参与检查舞弊的各个方面的人员都保持有效的沟通，利用其他专业人士的经验与能力，使检查工作达到预想的效果。

4. 保持应有的职业谨慎

内部审计机构和人员应当保持应有的职业谨慎，以避免损害相关组织、人员的合法权益。内部审计人员应当了解相关的法律法规，以避免由于采取了不恰当的审计程序和方法，既使组织和人员的合法权益受到损失，也使自己处于不利的地位。

7.3.3 舞弊的报告

舞弊的报告是指内部审计人员以书面或口头形式向组织适当管理层或董事会报告舞弊检查的情况及结果。

1. 舞弊报告的形式

由于舞弊检查具有机密性，因此舞弊报告的提交对象应是适当的管理层，通常向组织的高级管理层或董事会进行报告。舞弊的报告形式既可以是口头的，也可以是书面的。舞弊报告既可以在检查工作结束后提交，也可以在检查工作进行过程中提交。舞弊报告采取口头报告形式和在检查过程中进行报告的目的是使组织管理层及时知晓所发现的情况，以决定是否采取措施和采取何种措施来遏制舞弊行为。在完成舞弊检查工作后，内部审计人员应当提交正式的书面报告。

2. 需要向适当管理层报告的情形

在舞弊检查过程中，出现下列情况时，内部审计人员应当及时向适当的管理层进行报告：①可以合理确信舞弊已经发生，并需要深入调查；②舞弊行为已经导致对外披露的财务报表严重失实；③发现犯罪线索，并获得了应当移送司法机关处理的证据。

内部审计机构和人员的工作是检查舞弊，其本身没有权利对如何处置舞弊的行为作出决策。因此，当内部审计机构和人员确信舞弊行为已经发生、舞弊行为已经导致对外披露的财务报表严重失实时，应及时报告组织适当管理层，以便使其决定是否需要采取进一步的措施。在发现犯罪线索时，并获得了应当移送司法机关处理的证据时，内部审计机构和人员更需要及时向组织适当管理层进行报告，以决定是否向外部权力机构通报所发现的问题。

3. 完成舞弊检查后的审计报告

内部审计人员完成必要的舞弊检查程序后，应当从舞弊行为的性质和金额两个方面考虑其严重程度，并出具相应的审计报告。审计报告的内容，主要包括舞弊行为的性质、涉及人员、舞弊手段及原因、检查结论、处理意见、提出的建议及纠正措施。内部审计人员在完成舞弊检查工作之后提交的报告中，应当体现内部审计人员对舞弊的检查过程及内部审计人员的职业判断，其不仅要阐明舞弊的原因、责任人、性质，还应当体现改进的建议和纠正措施，以体现内部审计机构的建设性职能，从而实现组织利益最大化。

从成本效益原则考虑，内部审计人员对不同性质和金额的舞弊行为的处理应当采取不同的方式。若发现的舞弊行为性质较轻且金额较小时，可一并纳入常规审计报告；若发现的舞弊行为性质严重或金额较大时，应当出具专项审计报告。如果涉及敏感的、对公众有重大影响的问题，则应征求法律顾问的意见。需要强调的是，内部审计人员对舞弊性质和金额的判断同等重要，某些金额较小但性质严重的舞弊行为也应得到重视。在决定采取何种方式报告舞弊检查结果时，需要运用内部审计人员的职业判断。

7.4 计算机舞弊的控制与审计

在当今信息社会中，计算机作为一种数据处理的工具，其重要地位不可或缺，给会计人员和其他需要处理信息的人员带来了极大的便利。但是，无论是在计算机应用十分发达的国家，还是在刚刚开始计算机应用的国家，计算机舞弊和犯罪都频繁发生，造成巨大的损失和危害，因此，必须进行严格的控制和防范。

案例讨论 7-2

中国建设银行CZ分行员工舞弊内部审计研究

利用计算机舞弊，侵吞企业巨额财产

1999年至2003年，犯罪嫌疑人张某的单位运用了信息化技术。张某担任该单位成本会计。在电脑自动生成会计记账凭证后，张某输出打印，此凭证与其附件（原始单据）是对应的，其以此账应对审计、税务；之后，张某采用虚增材料成本或费用篡改电脑上的会计记录，以形成新的记账凭证和账簿，而后其盗用出纳口令篡改相应的银行记录，使之与其将贪污的款项相对应，输出出纳银行日记账，用预先截留或盗取的现金支票从银行提取虚增材料成本或费用，这部分修改后的记录是为应对单位财务主管每日对账目平衡的审查。

张某利用其职务之便，采取篡改电脑会计账簿、虚增材料成本或费用、盗用出纳口令篡改相应的银行存款日记账记录等手段，先后数次擅自用预先截留或盗取的现金支票从银行领取现金，侵吞公款近 50 万元，给企业造成了巨大损失。

请问张某的舞弊行为涉及哪些计算机舞弊的手段？

7.4.1 计算机舞弊的类型

计算机舞弊是指对计算机系统进行的舞弊和利用计算机系统进行的舞弊。对计算机系统进行的舞弊，是把计算机系统当成目标，对系统硬件、数据文件、程序、辅助设施和资源进行破坏或盗窃；利用计算机系统进行的舞弊，则是利用计算机作为实现舞弊的基本工具，利用计算机编制程序进入其他系统进行的舞弊活动。各种计算机舞弊的名目繁多，其表现形式也多种多样。

1. 破坏

破坏是指从实体上销毁、破坏计算机资源，如破坏计算机设备、毁坏保存在计算机中的全部软件和信息。这种犯罪危害很大，其通常是以报复为目的。例如，国外某公司计算机专业人员因解雇而心怀不满，临走前给计算机输入了“病毒”程序，五年后该公司系统整个陷入混乱，公司花费了 1 000 万美元才得以恢复正常。

2. 复制和偷盗软件

根据各国软件保护法的规定，复制和偷窃软件的行为属于违法行为，但是仍然有许多人复制和偷窃软件以为己用，甚至牟取商业上的利益。

3. 偷窃数据

偷窃数据是指非法读取计算机系统中的数据和信息、非法接收计算机辐射电波和传输信号。无论是国家还是企业、个人，都有一些机密性的信息，这些信息的泄露会对自身、社会以及他人造成伤害。

4. 通过篡改数据或伪造数据窃取钱财或营私舞弊

舞弊者可能利用篡改数据或伪造数据窃取钱财、营私舞弊。例如，1985 年高考时，我国全面采用计算机系统处理考生信息，某考区计算机数据录入人员将计算机打印好的成绩单销毁，然后按预先掌握的某考生的密码，对这个考生的成绩进行更改，再用相同机型、相同字形，按相同格子、颜色浅深接近的色带重新打印了一份假的成绩单。再如，上海两名 20 岁的年轻人利用便携式计算机非法复制某证券公司营业部的全部信息，并随意将该证券部上万户股民的资金实施划转和存取。还如，美国长岛铁路公司电子计算机系统中心的职员通过篡改系统中的数据，将 200 节车厢提前报废并倒卖，以获取不法利益。

5. 非法篡改程序

计算机操作人员通过篡改计算机程序，盗窃公私财物、牟取私利。例如，1988 年，成都市中国农业银行某营业部计算机操作员，伙同四川电子科学技术经营部某借调人员，通过修改程序转账资金 87 万元进行贪污。又如，福建衡阳建设银行某支行一计算机记账员通过修改计算机程序转账资金 18 万元，从中受贿 3 700 元。

6. 敲诈勒索

舞弊者通过掌握计算机系统的关键性内容，如重要的程序编码、重要的密码等，向相关的组织实施敲诈、勒索。例如，美国佛罗里达州某保险公司财务部部长被解职后，将一个只有自己知道的密码编入该保险公司的计算机程序，没有密码，系统内存储的大量数据及40多万美元的存款都无法动用，这位前部长以此要挟公司，要求获得高额退职金。

7. 挪用资金，非法经营

舞弊者利用计算机系统，挪用公司资金和实施非法经营。例如，一个在银行工作的普通职员，在一个偶然的机会了解到该行转账负责人的口令，其利用联机系统将1 000多万美元转入瑞士苏黎世某银行的一个私人账户，然后去将钱提出并购买了大批钻石带回美国，准备出手这批钻石后再将钱存回银行。又如，英国某信用部门职员了解到市场上某种债券的市场价格在下跌，他从一个客户的账户中取出一笔债券并出售，然后其再以低价买进，存回原账户，使得自己从中赚取差额。

8. 掩盖经营上的失败

舞弊者利用计算机系统篡改数据以掩盖经营上的失败。例如，1973年，美国产权基金公司利用计算机以虚构保险单和投保者等手段伪造佣金收入、高估净利，从而使股票价格由每股6美元上升到每股37.5美元。后来，此事件因为开除职员引起告发才得以暴露出来。最后，该公司宣告破产，有关方面的损失高达3亿美元。

9. 非法电子资金转账

舞弊者利用计算机系统实施非法电子资金转账。例如，外国某银行客户部主管利用手中职权开立了一个虚假的存户，并不时地填写、输入原始凭证，将其他存款户中的存款转入虚假户头，一般数额都很小，每次不超过2 000美元，每当储户发现自己的存单数字有问题时，该主管总说是"计算机出问题了"。该主管利用此种手法在一年半的时间内，共牟取收入150万美元。后来警察通过侦破在赌场发生的另一类案件时，发现该主管经常到赌场去，并输掉了大笔款项，由此引起警察怀疑，通过进一步侦查，揭露了该主管的不法行为。

现有计算机系统存在的诸多薄弱之处是造成上述舞弊行为的主要原因。其中包括，计算机系统开发人员和系统领导人对针对计算机系统实施的内部控制不够重视；计算机系统用户正常的防护意识、知识以及专业安全知识不足；保密制度和复核制度没有得到严格的实施；缺乏经常性的审计和监督等。

7.4.2 计算机舞弊的控制和审计方法

计算机舞弊的泛滥已经使其成为内部审计特别关注的重要问题，但计算机舞弊具有手段高明、不留痕迹、证据搜集困难等重要特点。因此，从内部审计工作的角度来看，一方面是通过内部审计可以检查和发现组织中存在的各种计算机舞弊行为，另一方面是促进组织加强针对计算机系统的内部控制，以提高信息和系统的安全性。具体而言，想要控制和审查计算机舞弊，就要深入了解计算机舞弊可能留下的各种审计线索和证据，并掌握获取这些线索和证据的方法，从而最终达到防范计算机舞弊的目的。

1. 输入数据的篡改

对输入数据进行篡改是计算机系统中最常见，也是最普遍的一种舞弊手段。计算机系统中的数据一般是通过业务的发生，相应的产生此业务的记录、传递、审核或核对、转换等过程，最终确认为计算机系统的基本数据。任何能接触到这些过程的人员都有可能对基本数据进行篡改，如在计算机系统内伪造文件替换、与开发人员勾结在输入程序上修改、故意输入数据，以及使用躲避核对、审核的方式修改信息等，以达到浑水摸鱼的目的。

输入数据的保护方法一般采用人工控制和自动校验相结合的方式。人工控制，最主要的方式就是进行充分的职责分工，即业务人员经办的业务和数据记录、审核、批准职责应该分开。输入的关键性数据，要采用分批总数控制法，使输入的数据可以分开在两台计算机上输入以控制校验。同时，还可以采用输入的时间和其他有关鉴别符进行控制。数据输入后，应及时进行备份，留下修改的审计线索，这样可使内部审计人员更容易发现舞弊的迹象。

一般对在数据输入环节舞弊的人员、审查舞弊的方法以及审计证据，可以进行如下的简要分类：①舞弊的可能人员，如参与业务处理的人员、数据准备人员、数据提供人员、能够接触数据但不参与业务处理的人员，还有企业外部的“黑客”；②审查舞弊的方法，如人工控制审查和计算机审计线索的打印、计算机自动校对、提供自动生成差异报告、计算机输出的完整性审计、分析性审查、核对数据等；③审计证据，如原始数据文件和业务文件中有疑义的数据记录、记载有关数据的介质、运行记录，包括修改的审计线索记录、日记记录、异常报告，以及错误运行记录等。

2. 在软件中暗藏非法程序块

在计算机软件中暗藏非法程序块，是指能够运行没有授权的软件功能，以达到舞弊的目的。这种舞弊往往是有预谋的，舞弊者在计算机程序编写时就把秘密的程序块编入正常的软件，如果这些舞弊者手段高明，其编制的暗藏程序就不容易被查出。例如，一个普通的应用程序有可能隐藏多处非法程序，由于它的运行时间非常短，舞弊时不会留有任何的审计线索，但如果能及时追踪这些舞弊资产的流向，就可能及时揭露这种舞弊行为。

防止这种暗藏程序的一种方法是用特殊的数据进行测试，但是内部审计人员必须了解一些基本的线索才可以应用；另一种方法是认真核对源程序。

消除暗藏程序舞弊的根本方法是预防，即对有可能接触程序修改和开发的人员进行严格的职业道德教育；在开发、维护和使用的过程中，严格实行开发管理制度；核对源程序的基本功能和测试可疑的程序。

暗藏程序舞弊的审计证据一般集中在运行结果异常的程序模块中。

3. 利用程序计算截尾舞弊

利用程序计算截尾舞弊，是指在计算机软件中关于计算保留小数的程序按照预谋的方法截尾，将截尾的数值累计记入预先指定的账户，并在适当的时候据为己有。舞弊者在计算机程序编写时就把秘密的程序块编入正常的软件，如果这类舞弊者高明，其编制的暗藏程序就不容易被查出。审查程序计算截尾舞弊的基本方法有两种：一是检查源程序；二是重新计算并注意截尾数据的取证。

4. 突破密钥控制的舞弊

在计算机软件中，经常设置有分等级的口令或密钥来限制各个不同用户的权限，但往往存在某些程序块能解开这些控制，并运行没有授权的一些软件和存取数据，这些程序可以看作是总密钥。这种总密钥如果掌握在舞弊者手中，系统将遭受破坏和损害。这种舞弊行为一般都发生在计算机系统管理员和高级程序员身上，如果作案人对数据文件的结构和其他数据的勾稽关系很熟悉，就很难查出这种高级舞弊。

审查这种舞弊的方法有以下几种：一是审查计算机运行的记录日记；二是对计算机的原始备份文件进行特殊的处理，以核对舞弊线索；三是用特殊的数据测试法进行检查。

消除突破密钥控制舞弊的根本方法是预防，即对可能接触程序修改和开发的人员进行严格的职业道德教育，在使用过程中实行严格的计算机使用日记管理制度，以及对重要的原始数据实行多种隐蔽性的备份制度。

突破密钥的审计证据一般集中在程序运行报告日记和核对出的异常数据上。

5. 报复性的舞弊

在计算机软件维护中，程序人员可编制适时和定期执行的计算机程序，根据一定的条件或时间操纵具体的破坏、舞弊活动。例如，某程序员设置一种条件检测，在工资文件中若没有他的工资时，整个系统的运行就会发生混乱，其行为同时破坏了工资文件的基本数据。这种舞弊的审查方法和审计证据的取得同暗藏程序舞弊一样。

6. 偷盗数据

在计算机系统中，经常出现重要的数据被偷窃的情况，作为商业秘密泄露给需要这种信息的商人和机构，窃取数据者从中得到经济利益。常用偷窃数据的方法有以下几种：一种方法是作案人把秘密的数据暗藏在普通的报告中；另一种更高明的方法是将秘密数据编码化，使检查者没有发现有什么可疑的秘密数据被窃取；此外，也有在计算机中安装无线发射器来窃取情报的。

审查这种舞弊的方法有两个：一是审查计算机运行的记录日记和复制传送数据的时间和内容，然后了解和访问数据处理人员，分析数据失窃的可能性，以追踪其审计线索；二是向计算机重要数据的管理员了解原始备份文件和被复制的内容，分析特殊数据的舞弊线索。

7. 通信盗窃

在通过微波和卫星通信给用户传送数据的过程中，经常会发生数据被窃取的情况。如果舞弊者不知道他们所需要的信息何时传送，就必须一直进行跟踪窃取。

消除通信盗窃的根本方法是使用密码编译传送。它一般只能通过检测、加密编译系统的保密性和关注有关的重要信息是否在新闻机构予以披露，审查通信是否被窃取。

8. 仿真舞弊

计算机系统用于数据处理是一种方便的工具，同样的，计算机也可以用来仿真处埋和构造计算机贪污的数据模型，以保证贪污有更高的可靠性。

例如，某会计师在计算机上伪造公司会计账目系统和应收应付系统，其可先输入正确数据，然后再修改数据，以便确定仿真作案的效果；其还可以采取输入自己需要的总账数据方法，逆向仿造应收应付款的内容，然后，确定应收应付的仿真数据，这些数据最终将列入所需要的财务报表。又如，某保险公司发生的一起仿真舞弊案，舞弊者仿真制作了 6 000 份计算机可读的保单，然后输入正式的系统，再出售给分保公司。一般来说，要进行计算机仿真舞弊，舞弊者必须有计算机程序设计专长并与熟悉仿真对象系统的专业人员进行配合。

审查仿真舞弊的方法是审阅计算机仿真运行的记录、了解计算机专业人士参与仿真的情况。仿真舞弊的审计证据包括计算机仿真程序、仿真的数据记录文件、运行输出报告以及计算机使用记录。

本章小结

本章主要讲授了舞弊审计，要求学生掌握舞弊的定义、错误与舞弊的区别、舞弊三角理论、组织中不同人员在防范舞弊行为的不同责任、舞弊的审计程序、计算机舞弊的类型以及计算机舞弊的控制和审计方法。学生需结合企业的实际情况理解舞弊的表现方式、舞弊的检查，从而为防范舞弊行为奠定基础。

重要概念

舞弊　错误　舞弊三角理论　计算机舞弊

阅读资料

[1] 沈征. 内部审计学[M]. 北京：电子工业出版社，2015.
[2] 秦荣生. 公司治理与内外部审计[M]. 北京：化学工业出版社，2013.

本章练习

案例题

根据举报及审计前期发现，报经董事会授权后，审计对下属某子公司总经理进行了舞弊调查。审计发现该公司总经理上任后，对供应商进行了多次变更，据反映，有的供应商为该总经理根据实际需要注册，有的为该总经理的亲戚介绍，且财务结算方式异常，现金结算大幅增加。

舞弊调查开始后，审计对该总经理上任期间的所有采购记录与任前进行了对比，根据采购项目，分供应商对采购时间、账期、结算方式、合同、经办人及领款人等要素进行了整理、分析。其中，审计发现了供应商变更异常，无相关变更支持文件；采购次数频繁、供应商过度集中；账期明显缩短；合同签订不规范；现金结算方式增加等迹象。依照分析，审计制订了先对经办人员进行询问及调查了解，掌握基本事实后再对该总经理进行询问的计划。经过数次的调查询问、实地了解，以及艰难的对话，终于对事实进行了基本认定。该总经理在上任后，对供应商进行大量更换，种种迹象表明，其从中牟取私利。现在事实调查阶段基本完毕，调查结论应该是通过采购业务中的不正当操作，存在为个人牟取利益的可能。整个事件凸显了集团公司对下属子公司的管理失控、对该公司内部控制体系的失效，其主要存在的问题包括以下几点：

(1) 集团公司对下属子公司在管理控制方面，未明确相关权责、未制订相关支出控制程序，从而体现管理模式不明确。

(2) 由于管理模式、组织结构框架和权责的不明确，以及财务人员相关考核权限由总经理负责，使得总经理对所有人员的利益有根本的影响，以至各方面控制程序失效。

(3) 财务人员的财务控制意识淡薄，对采购次数、账期、结算方式的变动不敏感，对发票、合同等凭据审核不严。

问：该舞弊的调查程序合法吗？财务人员是否要承担相应责任？

第 8 章　建设项目内部审计

- 内容提要
- 重点难点
- 学习目标
- 知识框架
- 8.1　建设项目内部审计概述
- 8.2　建设项目内部审计的内容
- 8.3　建设项目内部审计的方法
- 本章小结
- 重要概念
- 阅读资料
- 本章练习

内容提要

本章分为三节课，主要讲解了建设项目内部审计概述、内容以及方法。建设项目内部审计的最终目标是确保工程质量、控制工程进度、降低工程成本、提高投资效益。近年来，为适应市场经济的发展，通过内部投资扩大生产规模、调整产业结构、寻求新的经济增长点，已成为企业发展的主要手段。企业的内审部门可确定工程建设不同阶段的审计重点、强化工程管理，对确保工程建设的整体效果起到了不可忽视的作用。

重点难点

本章重点为建设项目内部审计的内容与方法；本章难点为具体工程竣工结算审计的关键风险。

学习目标

通过本章学习，学生应了解建设项目内部审计概述、不同阶段以及方法。学生应重点学习建设项目内部审计的内容与方法、具体工程竣工结算审计的关键风险。

知识框架

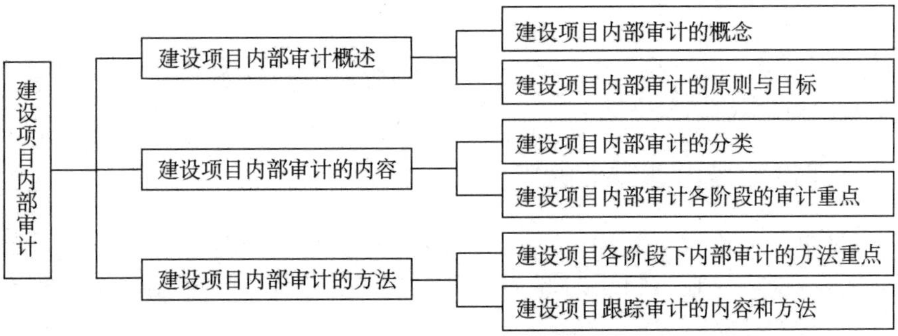

引入案例　建设项目全过程的内部审计

某工程公司供销科科长张某在外购买高档房，与其收入明显不符。调查后发现张某权力很大，每年公司的供应材料几乎由他一手操办。按照内部的规定，一次性采购款超过30万元的，应由上级领导审批，但只要“把好尺度”不“上线”，所有业务都由科长一人说了算。2000年4月至案发，张某当科长近10个月，就受贿达17万余元。而追根溯源，拉张某下水的是供应科采购员李某。张某上任之初，李某就授意某商行经理在张某的办公室里给其1万元的“见面礼”，以达到多接业务的目的。同样，经李某介绍，张某收了某私营物资公司1万元，以购买450万元的供应材料。而在此前后，李某本人也利用采购权，受贿9.21万元。随着案件深入，与工程分包、材料采购有关的高层领导也纷纷落马。熊某，加工科科长，主管钢结构外发加工业务，“身居要职”的他透露想买家具后，客户立刻开车送其夫妇到外地家具城挑选家具。自1998年起，熊某先后收受数家加工单位6.6万元。俞某，金属结构厂副厂长，利用负责外发加工项目的职务便利，收受承包人“感谢费”4万元。朱某，金属结构厂厂长，在购买设备等方面“做手脚”，捞进不义之财6.4万元。徐某，金属结构厂副经理，主管公司所有工程项目的施工，其在麻将桌上，使业务单位的5万元借款不明不白成了“礼金”。同案牵扯出来的还有公司下属，原压力容器厂副厂长陈某和公司机械部部长祝某，两人在2000年7月至2001年3月初，通过截留、套现等方式，贪污数万元。

8.1　建设项目内部审计概述

建设项目具体是指按照一个甲方的总体设计要求，在一个或几个场地上进行建设的所有工程项目之和。通常以一个企业(或企业集团)、事业、行政单位，以及一个独立工程为一个建设项目(例如，新建一个学校、一个工厂等)。也就是说，其一，只要是在一个总体设计范围内，既包括主体工程也包括相应的配套工程，一个建设项目可以有若干个相互关联的单项工程，这些单项工程可以跨年度或分期、分批建设；其二，虽然同属一个部门、一个地区、一个企业集团，但不属于一个总体设计范围，即互不关联、分别核算、分别管理的项目不可作为一个建设项目；其三，一个建设项目既可以是一个投资主体，也可以有若干个投资主体。

当前建设项目审计的概念主要来自以下两个方面：

(1) 从建设项目建设程序的理论要求上进行的概括：建设项目审计是指独立的审计机构和人员，依据党和国家在一定时期颁发的方针政策、法律法规以及相关技术经济指标，运用审计技术对建设项目建设全过程的技术经济活动，以及与之联系的各项工作进行的审查、监督工作。

(2) 根据《中华人民共和国审计法》第23条的规定：审计机关对国家建设项目预算的执行情况和决算进行审计监督。

8.1.1　建设项目内部审计的概念

根据《内部审计实务指南第1号——建设项目内部审计》(以下简称《建设项目内部审计》)，建设项目内部审计是指组织内部审计机构和人员对建设项目实施全过程的真实、合法、效益性所进行的独立监督和评价活动。

当前，随着建设项目内部审计的不断开展和逐步深化，对建设项目内部审计概念的定义已扩展到以下四个层次：

(1) 建设项目内部审计是指调查和评价建设项目、投资建设技术经济活动，以及由此产生的经济效益。

(2) 建设项目内部审计是对整个投资建设资金运动过程的财务收支及其状况、计划执行情况、财经法纪遵守情况进行审计监督。

(3) 建设项目内部审计是对所有反映投资建设技术经济活动的财务收支计划、核算、统计、会计资料，以及计算机资料等进行审查。

(4) 建设项目内部审计是指调查和评价各种有关的投资建设单位内部控制制度和管理活动，以及由此产生的经营管理效益。

可见，建设项目内部审计围绕提高固定资产投资效益和促进反腐倡廉建设，其加强了针对建设项目的预算执行情况和竣工决算情况的审计，并积极开展了关系国家利益和社会公共利益的建设项目跟踪审计，以及特定建设事项的专项审计调查。今后，建设项目内部审计应当进一步加大对征地拆迁、工程招标、设备材料采购、资金管理使用，以及工程质量等重点环节的审计力度，督促相关单位加强资金和项目管理，遵守法律法规和相关制度，以提高投资效益、推进廉政建设、促进投资体制改革。

8.1.2 建设项目内部审计的原则与目标

建设项目内部审计与内部审计机构实施的其他审计类型相比存在很多不同之处。项目管理基本目标是在限定的时间内、在既定的资源条件下，以尽可能快的进度、尽可能低的费用完成项目建设任务，并发挥预期建设效益。对此，在建设项目内部审计的过程中，内部审计人员应做到有法可依、有法必依。当前，内部审计人员所应用的相关审计法规文件标准有以下几点：

(1) 方针政策：主要是指党和国家在一定时期颁发的方针政策和一定时期的发展规划等。其直接影响建设项目的投资决策审计工作，是审计的宏观性与指导性的依据。

(2) 法律法规：是指必须严格遵照执行的硬性依据。例如，我国的《审计法》《建筑法》《合同法》《招标投标法》《价格法》《税法》《土地法》，以及国家、地方、各行业定期或不定期颁发的相关文件规定等。

(3) 相关的技术经济指标：具体是指造价审计中所依据的概算指标、概预算定额，以及项目效益审计时所依据的有关技术经济分析参数指标等。

建设项目内部审计的对象主要是项目投资控制、工期控制、质量控制，以及与之相关的其他项目管理活动。为此，内部审计机构应当围绕建设项目成本管理、质量管理、过程管理、效益管理等方面实施建设项目内部审计。也就是说，建设项目内部审计的目标是促进建设项目实现“质量、速度、效益”三项目标：

(1) 质量目标是指工程实体质量和工作质量达到要求。

(2) 速度目标是指工程进度和工作效率达到要求。

(3) 效益目标是指工程成本和项目效益达到要求。

在开展建设项目内部审计时，内部审计机构应当在充分考虑成本效益原则的基础上，结合组织内部审计资源和实际情况，合理安排实施项目过程的审计，或者实施项目部分环节的专项审计。建设项目内部审计在工作中应遵循的原则和方法包括：技术经济审查、项目过程管理审查与财务审计相结合；事前审计、事中审计以及事后审计相结合；注意与项目各专业管理部门密切协调、合作参与；根据不同的审计对象，审计所需的证据、项目审计各环节的审计目标应有不同的选择，以保证审计工作质量和审计资源的有效配置。

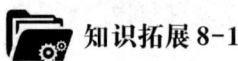

知识拓展 8-1

建设项目审计的特点

1. 审计范围的广泛性

固定资产投资涉及国民经济的各行各业。凡是从事固定资产投资活动的单位、部门都要接受审计部门的监督。

2. 审计过程的阶段性

建设项目活动具有投资消耗大、建设周期长的特点。一个生产性建设项目少则三五年，多则七八年，建设过程为前期、中期、后期，因此，对固定资产投资项目的审计阶段也分为事前、事中、事后进行。

3. 审计方法的灵活性

固定资产投资是现代科学技术成果的综合反映，建设项目大多是各种技术的复合体，而且，每类项目又有其特定的使用目的，工程建设内容、结构、施工方式都具有独特性，这要求审计人员对固定资产投资项目进行审计时，采用可行性研究与评估、工程勘测及设计、施工组织管理、工程概〔预〕算审核等经济技术方法，以便实施有效监督。

4. 审计内容的复杂性

由于固定资产投资活动涉及领域广泛，建设项目审计的内容极其复杂。其不仅要审计投资计划安排是否符合国家的投资政策，同时要审计投资的资金来源是否正当、合理；不仅要审计投资的使用是否符合有关财经纪律和概算标准，同时要审计投资活动是否能够获得经济效益；不仅要审计投资建设项目的设计方案是否合理，同时要审计投资建设项目的建设标准是否符合有关的规定。

8.2 建设项目内部审计的内容

8.2.1 建设项目内部审计的分类

1. 按建设项目程序划分

建设项目内部审计包括开工前审计、在建期审计、竣工后审计三大主要部分。

1）开工前审计

开工前审计是指建设项目审计部门对建设项目开工前的主要工作实施审计的过程，其中包括投资决策审计、勘察设计审计、资金筹集审计、开工前准备工作审计，以及招标投标与施工合同审计等多项内容。

2）在建期审计

按照建设项目审计的有关规定，我国政府审计机关对建设项目在建期审计的主要内容有以下几点：

（1）对建设项目准备阶段资金运用情况进行审计。其主要内容包括审查：建设用地是否按批准的数量征用；土地使用是否符合审批的规划要求；征地拆迁费用、“三通一平”费用支出和管理是否合规。

（2）对建设项目调整概算情况进行审计。其内容主要包括审查：调整概算是否依照国家规定的编制办法、定额、标准由有资质单位编制，并是否经有关机关批准；设计变更的内容是否符合规定、手续是否齐全；影响建设规模的单项工程间的投资调整和建设内容变更，是否按照规定的管理程序报批，有无擅自扩大建设规模、提高建设标准问题。

(3) 对建设项目经济合同实施情况进行审计。它重点审计建设项目经济合同是否符合国家法律、有关单位是否按照合同条款执行。

(4) 对建设项目概算执行情况进行审计监督，分析重大差异原因。

(5) 对建设项目内部控制制度进行审计监督。它重点审查内部控制制度是否健全、是否得以严格执行，以及内部控制制度在执行过程中的有效性情况。

(6) 对建设项目建设资金来源、到位以及使用情况进行审计监督。它主要包括审查：建设资金来源是否合法；建设资金是否落实；建设资金是否按计划及时到位；建设资金使用是否合规，有无转移、侵占、挪用建设资金问题；有无非法集资、摊派、收费问题；建设资金是否和生产资金严格区别核算；有无损失浪费问题等。

(7) 对建设项目建设成本及其他财务收支核算进行审计监督。它主要包括审查：工程价款结算的真实性、合法性，财务报表的真实性；待摊投资超支幅度及原因，有无将不合法的费用挤入待摊费用；建设单位是否严格按照概算口径及有关制度对建设成本进行正确归集，单位工程成本是否准确；生产费用与建设成本，以及同一机构管理的不同建设项目之间是否有成本混淆情况；有无"账外账"等违纪问题。

(8) 对建设项目设备、材料采购以及管理情况进行审计。它主要包括审查：设备和材料等物资是否按设计要求进行采购，有无盲目采购行为；设备和材料等物资的验收、保管、使用以及维护是否有效；建设物资是否与同期生产使用物资严格区别核算。

(9) 对建设项目税、费计缴情况进行审计监督。它重点审查建设单位是否按照国家规定及时、足额地计提和交纳税费。

(10) 对建设项目执行环境保护法规、政策情况进行审计监督。它重点审查建设项目设计、施工等各环节是否执行国家有关环境保护法和政策，以及环境治理项目是否和建设项目同步进行。

(11) 对设计单位进行审计监督。它主要包括审查：建设项目设计是否按照批准的规模和标准进行；设计费用收取是否符合国家有关规定。

(12) 对建设项目施工单位进行审计监督。它主要包括审查：施工单位有无非法转包工程行为；工程价款结算是否合法，有无偷工减料、高估冒算、虚报冒领工程价款等问题。

(13) 对建设项目监理单位进行审计监督。它重点审查监理单位的资质情况、监理工作是否符合合同要求，以及监理收费是否符合国家有关规定等。

3) 竣工后审计

从理论上说，建设项目竣工后审计应包括竣工验收阶段和后期工作的所有内容。它具体表现为审计：竣工验收程序是否合规；验收报告内容是否真实；验收标准是否适用；竣工决算与总结算是否真实、准确；计算方法和表达方式是否恰当；建设项目总投资是否符合批准的投资计划要求，其是否超过了建设项目预算标准；建设项目实际实现的投资效益是否达到了投资决策所预定的目标等内容。但在我国的审计实务中，建设项目竣工后审计重点围绕竣工决算进行展开，其中包括以下几点：

(1) 对建设项目竣工决算报表进行审计监督。它重点审计"竣工工程概况表""竣工财务决算表""交付使用资产总表""交付使用资产明细表"的真实性和合法性情况、竣工决算说明书的真实性与准确性情况。

(2) 对建设项目投资及概算执行情况进行审计监督。它主要包括审查:各种资金渠道投入的实际金额;资金不到位的数额、原因及其影响;实际投资完成额;概算调整原则、各种调整系数、设计变更以及估算增加的费用,以核实概算总投资;核实建设项目超概算的金额,分析其原因,并查明扩大规模、提高标准以及批准设计外投资的情况。

(3) 对建设项目的建筑安装工程核算、设备投资核算、待摊投资的列支的真实、合法、效益进行审计监督。

(4) 对建设项目交付使用资产情况进行审计监督。它重点包括审查:交付的固定资产是否真实、是否办理验收手续;流动资产和铺底流动资金移交的真实性与合法性;交付无形资产的情况;交付递延资产的情况等。

(5) 对收尾工程的未完工程量及所需的投资进行审计监督。它主要查明是否留足投资和有无新增工程内容等问题。

(6) 对建设项目结余资金进行审计监督。其主要包括审查:银行存款、现金以及其他货币资金;库存物资实存量的真实性,即有无积压、隐瞒、转移、挪用等问题;往来款项,核实债权债务,有无转移、挪用建设资金,以及债权债务清理不及时等问题。

(7) 对建设收入的来源、分配、上缴、留成、使用情况的真实性、合法性进行审计监督。

(8) 对投资包干结余进行审计监督。它重点审计包干指标完成情况,查明包干结余分配是否合规。

(9) 对建设项目投资效益进行评审。它主要评价、分析建设工期对投资效益的影响;分析工程造价;测算投资回收期、财务净现值、内部收益率等技术经济指标;分析贷款偿还能力;评价建设项目的经济效益、社会效益以及环境效益等。

接受审计机关竣工决算审计的建设项目必须具备以下条件:第一,已经完成初步验收;第二,已经编制出竣工决算。

2. 按建设项目审计内容的专业特征划分

建设项目审计包括工程技术审计、财务收支审计、技术经济审计、建设管理审计等多项内容。

3. 按建设项目审计的范围划分

建设项目审计包括基本建设项目审计、技术改造项目审计,以及其他投资项目审计三大主要部分。

8.2.2 建设项目内部审计各阶段的审计重点

1. 项目建设可行性研究阶段的审计重点

项目建设可行性研究既是项目投资前期工作的核心和重点,也是项目决策的重要依据。一项好的可行性研究,应是工程技术经济最优的方案,能使企业以最小的风险、最少的投资,获取最丰厚的利润。内审部门对可研报告的全面审查,应重点关注以下内容,以确保企业能选择最佳的投资方案:①分析新建项目投产后产品的生产规模、市场前景、竞争能力、盈利水平,以确定项目建设的必要性;②审查新建项目的建设条件和技术方案、分析其是否符合企业的实际情况和现实要求,以确定项目实施的可行性;③复核可研报告中的基础数据、相关参数、经济指标等有关的投资费用,以确定项目建设在经济上的效益性和合理性。

2. 项目建设决策阶段的审计重点

投资决策是选择和决定投资行动方案的过程，是项目建设前期工作的重中之重，项目决策的正确与否，直接关系到项目建设的成败、工程造价的高低（决策影响造价程度最高可达90%），以及投资效果的好坏。因此，内审部门在项目建设决策阶段的审计，要坚持“经济、适用、安全、朴实”的原则，立足于国内、立足于企业自身，重点关注以下几点内容：①项目的建设规模是否合理，有无盲目求大好胜的现象；②项目的建设标准是否切合实际，有无盲目追求高标准及无原则地从国外引进现象；③建设地点的选择是否充分考虑了企业的长远规划、原燃材料供应、靠近消费者、交通环保，以及土地的最佳利用效果等因素；④分析工程项目中生产工艺方案及设备选型是否坚持“先进适用，经济合理”的原则、是否从企业的现实情况出发，在满足质量、工期的前提下，最大限度地节约建设成本等。

3. 项目建设筹资阶段的审计重点

资金是项目建设的前提和保障。一项好的筹资方案，不仅要保证资金及时到位，更要使筹资成本最低、资金利用效果最好。作为审计人员，在审查企业项目建设筹资情况时，应重点分析以下几点内容：①企业是否选择了最优的筹资渠道、筹资成本是否最少；②企业是否制定了相应的筹资计划、合理安排了资金的到位时间，以及是否以满足工程需要为首要目标；③筹资方案是否考虑了相应的措施规避筹资风险；④对于筹措的资金，企业是否建立了适中、稳健的使用计划及相应的适时调整措施，从而确保资金使用价值最大等。

4. 项目建设设计阶段的审计重点

项目建设设计阶段是将建设项目由计划变为现实，其既是具有决定意义的工作阶段，也是工程项目造价控制的关键阶段。拟建工程的进度和质量能否保证、投资能否节约，在很大程度上取决于设计质量的优劣，因此，审计人员对项目建设设计阶段的审计，要格外关注以下几点内容：①审查项目是否采用了“限额设计”法、各专业指标分解是否到位、是否设立了较强的设计审查小组、是否有相应的奖罚机制来确保设计质量；②分析设计方案是否运用了“价值工程”进行优化、是否着眼于项目的寿命周期成本，而非仅仅考虑投资成本；③复核设计概算的正确性，即分析概算是否严格按照批准的可研报告所要求的建设标准及定额规定进行编制、企业有无擅自提高装备水平的现象等。

5. 项目建设招投标阶段的审计重点

项目建设招投标是指企业按照《中华人民共和国招标投标法》的要求，利用建筑市场，全面引进竞争机制，其是保证工程质量、降低投资成本的有效途径之一。内审部门提前介入，从源头参与项目建设招投标，对保证招投标工作公正、公开、公平进行，防止弄虚作假、暗箱操作，以及促进廉政建设有着重要意义。项目建设招投标阶段应重点审计以下几点内容：①审查招投标程序的合法性及操作的规范性。避免开标、平标、定标过程的主观性、随意性；②审查投标单位资格和条件的有效性。防止无资质或低资质等级的施工单位承包工程，防患于未然；③审查招标小组评标办法的合理性。评标办法是评价投标单位的综合指标，审计人员应分析其是否涵盖了业绩、信誉、工期、施工能力（装备、技术、方案、管理、安全）、质量标准、结算方式等关键内容；④审查工程标底的客观性。审计人员应对标底的工程量计算、定额套用、取费标准、材料调差等内容严格把关，以确保其客观、合理。

6. 项目建设合同订立阶段的审计重点

项目建设合同既是承包方进行工程建设，发包方支付工程价款，明确双方当事人权利义务的有效依据，也是确保工程质量、进度、造价的关键文件。因此，审计人员应对项目建设合同的订立不断加大监督力度。其具体表现在以下几点内容：①严格审查工程建设是否遵守“先订合同，后施工”原则，有无无合同施工现象；②审查合同的订立是否以企业的立项报告及招标为依据，有无超计划、超标准擅自订立建设合同的现象；③审查合同条款是否齐全严谨，对于定额套用、费用计取、材料供应、质量标准、工期进度、安全施工、结算方式、质保期限、违约责任等主要条款是否明确；④审查合同是否对工程分包作出了相应的资质、能力、范围等规定；对承包方擅自转包、将主体工程肢解后分包等行为，是否明确了严厉的处罚措施及相应的责任追究办法等。

7. 项目建设施工阶段的审计重点

施工阶段是建设项目由“纸上谈兵”变为“项目实体”，从而形成固定资产的实施过程，是项目投资能否实现立项决策时所预期的经济效益目标的关键阶段。项目施工阶段最重要的问题就是要实现技术与经济的最佳结合、相关职能部门的通力协作。因此，内审部门要重点关注“三大主体”“三大目标”：①审查企业工程管理部门、中介监理单位，以及施工单位是否根据各自的职责范围，建立了相应健全的内控制度并有效执行；②审查“三大主体”间是否形成了相互配合、相互制约的管理机制，以确保工程施工期间各环节的畅通；③审查工程质量、工期、造价“三大目标”在施工阶段是否得到有效控制，例如，工程变更（包括工程量、工程项目、进度计划、施工条件等变更）是否建立了严格的审批程序；工程索赔是否以国家规定的或合同约定的依据、进度计划、原则执行；工程验收、资金到位是否严格按照合同约定执行等。

8. 项目建设结算阶段的审计重点

结算审计是工程审计各环节中的关键一环，是审计效益较明显的一个阶段。有些企业为了有效控制投资成本，减少跑、冒、滴、漏问题，明文规定：结算不经审计部门审核，财务部门不得办理相关手续，可见其重要性。审计人员应突出对工程结算真实性、完整性、合法性的审查，具体重点内容有以下几点：①严把工程量计算关。例如，审核工程量计算规则与方法是否与定额要求相一致；核实图纸及有关现场签证的施工是否真实；分析施工方案的必要性、效益性等；②严把定额套用关。首先，要关注结算选用的定额是否正确；其次，要审查相关的定额子目套用是否合理，有无高套定额现象；再次，要格外关注“定额缺项”的相关造价确定是否合理，有无利用缺项子目套取投资的情况；最后，对于实行工程量清单报价的工程结算，要严格核实结算单价是否与中标时的报价相一致；③严把工程取费关。结算中各项费用的计取比例、计算基础是否符合规定等，其也是该阶段的审计重点；④严把材料价差关。工程用料在工程造价中占较大比重，其是确保工程质量、保证项目健康运行的关键因素。因此，内审部门应注意以下几个方面的监督：第一，材料质量是否合格，有无质量合格证书；第二，材料价差调整依据的市场指导价和预算价是否正确；第三，施工企业自行采购的材料，其质量和单价是否经过本企业工程管理部门或监理工程师的认可，相关手续是否齐全；第四，施工单位多领的材料是否按当时的市场指导价扣回；第五，对于特殊材料、新型材料的使用和定价，是否建立了相应的审批程序和必要的测试论证等。

9. 项目竣工投产后评估阶段的审计重点

对竣工投产项目的经济效益进行预测、评估建设工程项目的整体效果，是项目竣工投产后评估阶段的主要工作。作为企业的内审部门，应侧重分析项目的实际盈利情况、市场情况、产品的竞争力等指标，并与立项时的预测相比较，以判断该项投资是否达到预期效果。

总之，工程审计是一项涉及面广、专业性强的系统工作，是企业创效节支的一个重要方面，内审部门只有全过程监督建设项目的各个环节，才能真正遏制项目的违纪行为，有效控制工程造价，从而确保工程质量、提高投资效益。

相关思考 8-1

烟草局多付的工程款能追回来吗?

审计机关在对工程的某些项目进行抽审时，发现该工程的结算存在着严重的施工方虚报冒算、重复计算、高套定额等行为；业主的现场管理人员对工程的施工过程及结算监管不力；中介机构对工程结算审核不负责任，未对施工方结算中存在的高估冒算行为进行揭示。嵊州市审计局最后在中介机构审价的基础上又核减了242万元。

为了追回已多付的工程款，烟草局向绍兴市中级人民法院提起诉讼，请求法院判令施工方返还多付的工程款。然而，法院判定如下：

"审计局有权对原告(烟草局)进行审计，其对原告作出的审计结论和处理决定，是一种行政法律行为，而被告(施工单位)不是该审计行政法律关系的一方主体，故审计局对原告作出的审计决定对被告不具有法律效力。"

"现原告依据审计局的审计决定，以不当得利为由要求被告返还审计核减收缴多付部分工程款的诉讼请求于法无据，本院不予支持。"

烟草局不服一审败诉，向浙江省高级人民法院提起上诉，但等到的却是像一审一样的结果。

8.3 建设项目内部审计的方法

开展建设项目全过程跟踪审计，即加强事前、事中、事后控制，把内审监督贯穿于建设项目的初步设计、概预算、招投标、合同签订、施工全过程造价控制、工程款支付、设计变更、工程签证、竣工财务决算等多个环节。通过开展工程概预算审计和工程竣工结(决)算审计，规范建设项目管理，提高财政资金投资效益。

8.3.1 建设项目各阶段下内部审计的方法重点

基本建设项目通常有周期长、投资大、质量要求高的特点，其在现阶段还承担着引领行业发展方向和支撑军工、能源等基础产业发展需要的重要责任，影响范围比较广。因此，对项目从立项到招投标、施工、竣工验收决算等各个环节加强内部审计就显得十分重要。本章节从工程建设实施全过程的角度出发，探讨内部审计在工程建设项目中的具体做法和特点，通过对工程建设项目的立项、招投标、施工过程、竣工验收、工程决算等各阶段的审计监督，可以有效预防和发现问题，确保工程项目按照项目计划实施，以达到预期目标。

1. 对项目可行性研究阶段的审计

可行性研究既是项目投资前期工作的重点，也是项目投资、质量以及建设周期三个主要目标的确定阶段，因此，在这一环节审计中，审计人员应重点关注以下几个要点：①调查、分析项目的可行性研究工作是否全面、准确以及客观，其中主要包括可行性研究是否委托符合项目规模要求资质的咨询单位进行；程序是否合法，内容是否全面，结论依据是否充分；专家意见是否独立和客观，反对意见是否得到充分表达；②可行性研究报告是否在客观的前提下，通过在对各种影响项目的环境因素进行充分的考虑和分析的基础上，经过多方案比选和论证后提出的；③可行性报告财务评价和国民经济评价所采用和基于的数据是否有效、客观以及具有针对性，评论结论是否有指导性；④环境评价是否具备可行性。

2. 对项目招投标阶段的审计

按我国法律法规的规定，国有独资控股的大中型建设项目在设计、施工阶段均要采用招标方式进行，通过招投标，合理引入竞争机制，以有效的控制物资和服务的工程造价。在此阶段，审计的重点工作包括：招标文件及工程量清单的审核、招标控制价编制依据的审核、招投标程序的审核、施工合同主要条款的审核等。其具体措施包括以下几点：一是审查招标文件的内容是否违反现有各项法律法规的规定，其是否全面、准确地表述了工程项目的实际情况；工程量清单中各子项工程量是否准确；项目特征和工作内容的描述是否完整和准确。二是审查招标控制价计价依据是否充分、计价水平是否合理，与类似工程相比，其价格水平是否存在明显偏高或偏低现象。三是审查招投标程序是否合法；评标小组专家是否从政府备案的专家库中抽取，专家人数是否符合法律规定；招标各项目工作时间间隔是否严格按照招投标法的规定进行，过程中有无串标和假招标的行为。四是审查合同主要条款是否公平、合理，相关条款与招标文件、投标承诺是否一致，其中主要审查与工程造价有关的条款，如工程付款方式、周期、比例；工程变更的条件、计价办法、计价依据；主要材料的供应方式，即是甲供还是乙供，以及这两种不同的供应方式对计价的影响；合同是否遵循工程结算的原则；合同履约金、预付款以及质量保证金的比例和付款方式；索赔的条件、方式以及程序等。

3. 对项目施工阶段的审计

施工阶段是指工程项目的实施阶段，这一阶段有持续时间长、参与单位多，以及各项活动交叉进行的特点，因此审计工作难度也比较大。

在施工阶段，审计人员应重点关注以下几个方面的问题：一是材料采购，应重点抽查甲方采购材料的采购情况，主要关注材料价格是否真实合理、材料采购内部控制制度是否健全有效；施工单位自行采购的材料的规格型号和质量是否满足招标文件和设计图纸的要求。二是设计变更和现场签证理由是否充分合理、程序是否合规、手续和资料是否完备、时间是否及时，以及与合同是否冲突或矛盾。三是隐蔽工程的验收程序是否合规、手续是否完备、资料是否真实有效。四是工程款是否按实际进度支付、是否存在多付超付的情况。五是对施工单位提出的索赔事项的处理是否符合合同规定；甲乙双方对索赔金额的认可依据是否充分、是否存在违反国家法律法规的情形。

4. 对项目竣工阶段的审计

竣工结算审计是建设项目审计工作中比较重要的收口环节，因此，在该阶段的审计工作主要包括以下几点：一是确认施工单位送审结算书是否完整有效；工程量计算是否严格按照终版图进行编制。二是审查项目部选定的审价单位是否严格按照国家法律法规的规定进行，有无徇私舞弊等明显不合法合规的情况。三是审查项目部对工程结算费用的复审是否符合各项规章制度；复核流程是否合规；核增核减费用是否依据充分、客观、真实。四是审查项目部对施工单位的质量管理是否到位；质量管理体系是否建立；施工过程质量资料和竣工验收质量资料是否完成、真实、客观、有效；隐蔽工程验收资料是否完备。五是审查项目部对施工单位分包管理是否合规、是否严格按照分包管理制度执行；各项文件和过程记录是否完备、有效、真实。六是审查工程竣工验收是否符合有关条件;验收是否严格按法律法规、合同以及规范进行。

5. 对财务决算阶段的审计

财务决算审计是指工程项目竣工投产后对建设项目全部投资认定情况的审计,这个阶段审计的工作重点是对工程建设各项费用真实、合理地进行审计,审计人员的主要工作有以下几点:一是审查总投资决算资料是否合法、合规;资料是否完备、真实以及全面地反映了工程项目的总投资情况;决算审批流程是否合规、是否存在领导干部越权违规审批的情况。二是审查各项目组成费用是否真实有效,其中包括审查工程前期费用、工程费用、其他费用以及生产准备费用等是否真实、合理;费用发生依据是否充分。三是审查工程项目有无违反立项的规定、擅自提高建设标准、扩大建设规模,以及无审批新增建设内容。

6. 工程项目审计工作的特点和要求

由于工程建设项目具有独特性、单一性以及不可重复性的特点,因此,审计人员需重点把握以下几点内容:一是建立全过程跟踪审计的理念。工程项目由于其周期长、参与部门人员多、投资较大、施工工程比较复杂,审计人员需要从全过程的角度看待问题,即对工程项目分阶段,对每个不同的阶段把握其重点审计的范围。二是审计工作要抓重点。项目从立项到施工,持续周期长、工作任务重、工作要求比较繁杂,因此,审计人员在审计工作中要严格按照业务范围的要求去开展工作,不能越权或过多的干涉各工作岗位的具体工作,重点把握对各项工作的监督检查,而不是去干涉某些岗位的具体工作。三是知识结构要求特殊。工程项目的特点要求内部审计人员不仅要掌握财务方面的知识,更要熟悉工程项目管理模式、工程法律法规以及工程造价方面的知识,因此,工程建设项目内部审计人员对知识结构的复合性有着更高的要求,只有掌握多方面的知识,才能应对复杂的工程建设审计要求。

8.3.2 建设项目跟踪审计的内容和方法

1. 开工前阶段,建设项目跟踪审计的主要内容

投资立项审计的主要内容

(1) 检查建设项目的审批文件,包括项目建议书、可行性研究报告、环境影响评估报告、概算批复、建设用地批准、建设规划及施工许可、环保及消防批准、项目设计,以及设计图审核等文件是否齐全。

(2) 检查招投标程序及其结果是否合法、有效。

(3) 检查与各建设项目相关单位签订的合同条款是否合规、公允;与招标文件和投标承诺书是否一致。

(4) 检查建设项目的资金来源是否落实到位、是否合理、是否专户存储;建设资金能否满足项目建设当年应完成工作量的需要。对使用国债的建设项目,要严格规定其操作程序和使用范围,并作为建设资金审计的重点。

(5) 检查各种规费是否按规定及时缴纳;减、缓、免手续是否完善、是否符合有关规定。

(6) 检查征地、拆迁补偿费是否符合有关规定,有关其评估、计价是否合规、合理,有无擅自扩大拆迁范围、提高标准、降低标准等问题。

2. 施工阶段,建设项目跟踪审计的主要内容

(1) 检查履行合同情况。检查与建设项目有关单位是否认真履行合同条款,有无违法分包、转包工程,如有变更、增补、转让、终止情况,应检查其真实性、合法性。

(2) 检查项目概算执行情况。检查有无超出批准概算范围投资和不按概算批复的规定购置自用固定资产、挤占、虚列工程成本等问题。

(3) 检查内控制度建立、执行情况。检查建设单位是否建立了健全并执行了各项内控制度。例如,工程签证、验收制度;设备材料采购、价格控制、验收、领用、清点制度;费用支出报销制度等。审计人员应督促、指导有关单位建立完善的管理制度,以保证项目建设规范运行、建设资金合法使用。

(4) 检查工程设计变更、施工现场签证手续是否合理、合规、及时、完整、真实。

(5) 检查工程成本核算及账务处理是否符合《国有建设单位会计制度》的要求、是否有利于建设项目的管理及竣工决算的需要。

(6) 检查建设资金到位情况是否与资金筹集计划或投资进度相衔接,有无大量资金闲置、因资金不到位而造成停工待料等损失浪费的现象。

(7) 检查建设资金是否专款专用、是否按照工程进度付款,有无挤占、挪用建设项目资金等问题。对往来资金数额较大且长时间不结转的预付工程款、预付备料款要查明原因,以防止出现超付工程款的现象。

(8) 检查建设单位管理费的计取范围和标准是否符合有关规定;费用支出是否符合"必须、节约"的原则,有无超出概算控制金额的情况。

(9) 加强设备、材料价格控制,尤其要对建设单位关联企业所供设备、材料的价格进行检查,防止关联企业从中加价。对已购设备、材料因故不能使用的,要分析原因、分清责任,并督促建设单位及时处理,避免造成更大的损失。

(10) 检查国家、省、市优惠政策的落实情况。检查各级政府给予项目的优惠政策,相关部门对其是否贯彻执行;建设单位是否将优惠政策全部用于建设项目上,有无以各种形式转移优惠政策从而加大建设项目成本的情况。

3. 建设项目跟踪审计的主要方法

虽然建设工程项目发生贪污舞弊的频率不是很高,但如果一旦发生舞弊,说明建设工程项目的固定资产内部控制一定存在弊端和漏洞,进而使企业发生不可预计的重大损失。本章开篇的案例说明,固定资产购建和工程项目环节发生的贪污舞弊,不仅在工程(劳务)发包环节上会发生,而且还向分包和材料采购领域渗透。建设工程项目审计是指对工程项目从投标、中标、组织施工到竣工交付使用全过程的经济活动和管理进行的审计,并对其最终绩效进行评价。建设工程审计的内容主要包括:建设工程开工前期审计、建设工程施工阶段审计,以及建设工程项目竣工决算审计。审计人员应从这三个阶段对工程项目的实施、开展、投产进行监督,全方位地控制建设、施工、监理三方对整个项目实施过程的合法、合规性,进而有效杜绝资金去向不明、工程材料不符合合同规定的情况,并确保工程项目的建设结构达到设计规定的标准。因此,对于一个企业来说,必须加强其内部审计,尤其是对舞弊行为的预防和检查,更要不断加强,以确保企业经济利益不受侵害。针对已发现的舞弊线索进行的专项审计检查,及时发现可能会滋生的舞弊,坚决杜绝舞弊现象的发生。本章开篇的案例就是因为没有把好审计这一关,才出现了舞弊行为。

所以说,审计对一个项目、一个企业来说,均具有非常重要的作用。通过进行工程项目全过程跟踪审计,能够充分发挥建设资金投资效益、保护资金使用安全、避免造成损失和浪费,以及保证基建工程的竣工决算质量。工程项目全过程跟踪审计的内容主要包括以下几点：

（1）检查工程结算总额是否超过预算总额；预算变更及调整是否经有权限的领导审批；单项工程预算编制是否真实、准确，其中包括审查工程量计算是否符合规定的计算规则、是否准确；分项工程预算定额选套是否合规、选用是否恰当。

（2）注意签证手续是否齐全，检查签证单是否有业主驻工地代表、承包商、监理工程师的签字盖章。签证在签字过程中有模仿笔迹、变相复印、其他人代笔等多种形式。此外，重点审核签证有无双方单位盖章、印章是否伪造、复印件与原件是否一致等。

（3）注意工程量是否相符。在审核工程量时，特别注意对于工程量的签证，在审核时必须到现场逐项丈量、计算，逐笔核实。工程量的审核最重要的是熟悉工程量的计算规则：一是分清计算范围，如砖石工程中基础与墙身的划分、混凝土工程中柱高的划分、梁与柱的划分、主梁与次梁的划分等。二是分清限制范围，如建筑层高大于3.6m时，顶棚需要装饰方可计取满堂脚手架费用，现浇钢筋混凝土构件方可计取支模超高增加费。三是仔细核对计算尺寸与图示尺寸是否相符，以防止计算错误。对签证凭据工程量的审核主要是现场签证及设计修改通知书应根据实际情况核实，做到实事求是、合理计量。审计人员在审核时应做好调查研究，审核工程量的合理性和有效性，不能有签证就给予其计量，以杜绝和防范不实际的开支。

（4）设备价格和质材的检查。在对设备或材料进行审计时，审计人员应注意合同价格的合理性，审查材料与质量是否与合同约定相一致，并将审查合同设备清单及财务结算发票相结合，对工程所需的设备，要查看采购合同清单；如果属于业主直接采购的设备，要注意设备采购的运杂费、保管费的支付情况。

（5）分清楚工程造价的计算方法，定额计价和清单计价的计算方式是不同的。因此，建设工程审计对工程项目的顺利完成发挥着重要的作用，其是基本建设经济监督活动的重要形式，是审计机关或者内部审计组织根据国家相关的政策、法律法规、应用科学的审计方法。建设工程审计是对建筑工程单位或企业的整个投资过程进行审计监督；对建设工程单位或企业的投资情况作出客观、公正的评价，并且作出详细的审计报告。建设工程审计工作的开展主要是贯彻国家的投资政策，有效地维护业主和施工单位的合法权益，如实反映出建设工程项目的工程造价，进而有助于提高建设工程的投资效益、控制投资风险。然而，在建设工程审计实际工作中，还存在很多问题，其对整个建设工程审计工作的开展带来了严重的负面影响，阻碍了审计工作的高效进展。因此，审计机构和审计工作人员还必须采取有效的措施，以解决建设工程审计中出现的问题；切实做好审计监督工作，将科技运用于审计工作中，以保证建设工程审计工作顺利开展，并进一步控制工程项目审计风险。

本章小结

建设工程项目内部审计管理是一项政策性、技术性很强的经济管理工作，其具有前瞻性，需要进行全过程、全方位的动态控制和管理，以发现项目管理上存在的问题和薄弱环节，从而促使造价管理不断完善，达到造价控制的目的。建设项目内部审计的目标是促进建设项目实现“质量、速度、效益”三项目标。

重要概念

建设项目内部审计　招投标审计　质量目标　跟踪审计　效益目标

阅读资料

[1] 沈征. 内部审计学[M]. 北京：电子工业出版社，2015.
[2] 中国内部审计协会. 建设项目审计[M]. 北京：中国时代经济出版社，2008.

本章练习

案例题

某地产公司的工程决算，除小型零星合同由审计部造价审计师审核外，其余全部外包给一些知名造价事务所进行。该公司审计总监前期参加了一个培训，其了解到工程款决算审计委托造价事务所审核后很可能还有水分，公司往往为此多支付的工程款仍有15%～30%的空间。这个培训课给他猛击一掌，让他有一种如梦初醒的感觉。原来公司多个负责造价审核的审计师陆续跳槽，并曾给他留有多项建议，请他一定要考虑对委外造价审核进行复核，仅审些小合同无关痛痒。但他认为中介有公信力，而未予考虑审计师的建议。现在想来，那些审计师倒是颇有见地。

审计总监立即组织审计师对近期已经结算的某小区15万平方米建安工程决算进行复查，该工程由公司长年合作的著名的建筑铁军承包，工程按期、保质完成，并获得当地市优工程奖杯。工程造价由审计部遴选的当地最大一家造价事务所审核，核减了12%，项目工程款除应予暂扣的质量保证金外均已结清。

审计师在审核中发现：部分工程存在定额套用错误、部分变更签证存在重复计算、个别设计变更未实施工程仍计算在内、工程奖励条款错用省优奖市优等情况。整体计算下来，经核减的决算报告仍多算工程款1 800余万元，比例接近8%。审计总监又将审计师的审核结果委托其在造价事务所的同学参谋了一下，确认了该审核结果的可靠性。审计总监犯难了，数据出来了，结算已经完结。

问：该款项能与施工单位洽商，追回来吗？

第 9 章　绩效审计

内容提要

本章分为五节课，主要讲解了绩效审计的概念、绩效审计的内容、绩效审计的方法、绩效审计的评价标准以及绩效审计报告。

重点难点

本章重点为绩效审计的内容、绩效审计的方法以及绩效审计报告；本章难点为绩效审计的方法、绩效审计的评价标准。

学习目标

通过本章学习，学生应掌握绩效审计的概念、绩效审计的具体内容、绩效审计的方法、绩效审计报告的要求、绩效审计报告的内容；明确绩效审计与效益审计和管理会计的区别、绩效审计的范围；了解绩效审计评价标准的来源、绩效审计评价标准的确定。

知识框架

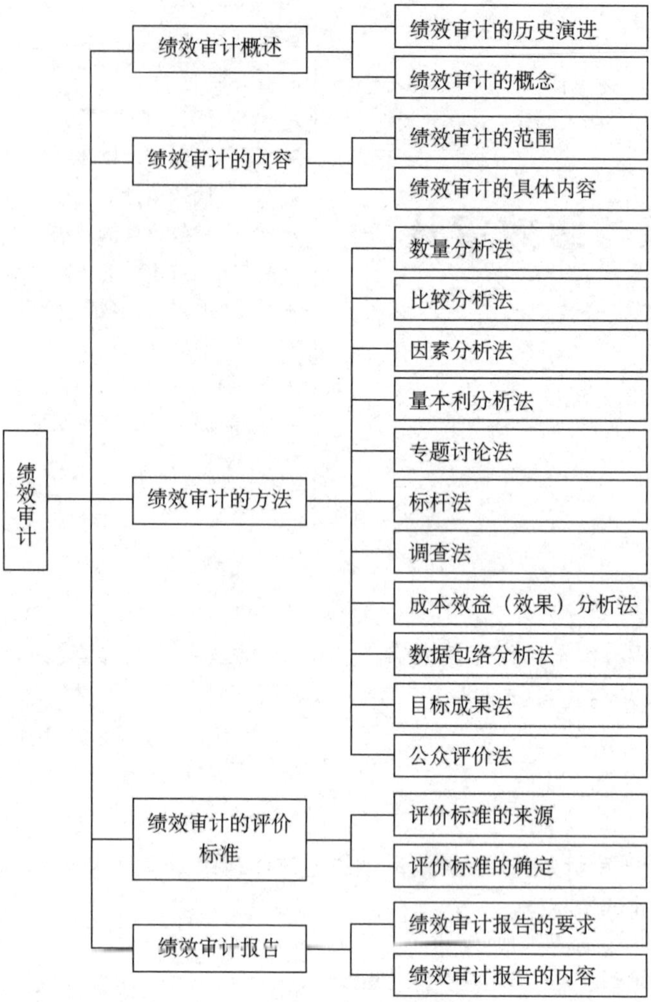

引入案例　青岛市前海污水处理厂及其配套工程效益审计①

1. 选择项目

该污水处理厂及其配套项目是青岛市完善城市排污系统的重要组成部分，该项目概算总投资 2.66 亿元，资金来源主要由国债专项和财政投资两部分组成。

2. 审计目标

从项目建设的“经济性、效率性、效果性”三个方面，对项目的投资效益作出客观评价，分析投资、预算管理体制中存在的缺陷，并提出改进建议，以提高资源利用率、提高投资效益。

3. 审计标准

审计标准的来源主要包括：国家产业政策和行业规划、土地管理、环境保护、资金使用、项目审批等方面的法规和政策；国家审计准则；行业主管部门制订的工程定额及施工规范；被审计单位财务、工程管理执行

① 张继勋，杨明增，刘成立.中美政府绩效审计比较：基于案例的视角[J].审计与经济研究，2006，21(2)：44-48.

和程序手册;项目可行性研究报告概算、计划批复文件以及审查意见;工程设计资料、批复文件以及审查意见;评价项目效果的指标是评价海水水质污染状况的4个主要污染指标。

4. 审计方法

除常用的审计方法外,大量使用询问、统计分析、访谈等多种方法。例如,在调查时,发现某总进水闸门和溢流口之间设计不当,导致差不多每隔一个月就要发生污水溢流。

5. 审计结果和评价

项目效果包括以下几点:①该项目的实施基本改变了前海一带雨水污水混流的现象,前海一带的污染状况与过去相比有明显改善。从评价海水水质状况的4个主要污染指标的变化看,其均有比较明显的降低;②该项目的实施基本达到了设计要求和国家环境标准,起到了治理环境污染、改善生活环境质量的作用。

但是该项目也存在以下主要问题:①建设单位项目管理不严、施工单位高估冒算,提高了建设成本;②超概算、超标准建设办公场所,投资不经济;③设计决策不科学,造成设备损坏停用,经现场盘点,12台除砂机中已有8台损坏停用。

自20世纪50年代开始,伴随世界经济的迅猛发展和市场竞争的日益加剧,为抢占世界市场,大型跨国集团不断涌现。伴随组织规模的不断扩大,组织内部的管理层级也随之增多。为了在激烈的市场竞争中保持有利的地位,组织管理者必然将战略眼光聚焦在组织能够实现的效益之上,这就迫切需要内部审计机构和人员对组织各项资源在使用上的经济性、效率性以及效果性实施审计,以确保组织运营目标的实现。内部审计人员凭借自身对组织运营过程、所处环境以及组织目标的深刻理解,可以将其审计范围从传统的真实性和合规性审计延伸到组织更加广泛的运营管理领域,即对组织的各项运营活动、内部控制、风险管理提出全面的评价和建议。在此大背景下,绩效审计应运而生,并发展成为当前内部审计普遍开展的审计业务类型,其成为组织治理和风险管理的重要手段,对于促进组织改善运营和管理、提高组织资源的利用效益发挥着至关重要的作用。

9.1 绩效审计概述

9.1.1 绩效审计的历史演进

从审计在世界范围内的发展历史来看,绩效审计出现于20世纪40年代中期,在20世纪70年代得到快速发展,并在20世纪90年代完成了由传统财务审计向绩效审计的扩展。在绩效审计的发展初期,其在全球范围内的发展并不均衡,较早开展绩效审计的国家和地区,经济均处于世界领先行列,如加拿大、美国、英国,以及瑞典等国家。随着绩效审计的不断发展,目前广泛开展绩效审计的国家除了前述国家和澳大利亚、德国、挪威、荷兰等西方发达国家,一些经济快速发展的亚洲国家和地区,如新加坡、日本、印度、中国香港等,也不断开展绩效审计。世界各国尤其是欧美发达国家,在绩效审计的发展中作出了广泛且深入的探索,积累了更加丰富的实践经验。

绩效审计的产生和内部审计的发展是密不可分的。早在19世纪的英国,就已经产生了内部绩效审计,但是直到20世纪40年代,内部绩效审计才得以发展。当时的资本主义经济经过200多年的自由竞争,在会计领域已经形成了一整套成熟、有效的会计准则,在制度层面上大大减少了财务舞弊的可能性,进而导致对内部审计在传统的真实性领域的审计工作需求的减少，内部审计在财务审计方面的工作逐渐萎缩。20世纪50年代以后，资本主义经济有了新的发展，全球统一市场逐渐形成，跨国公司大量涌现，竞争日益激烈。在这样的竞争环境下，组织自身必须重视其内部运营管理，以提高效益、面对竞争。为了保持有利地位、取得高额利润，组织已经不能仅仅依靠外部审计的审计结果，组织更需要内部审计人员对其内部各个环节运营的合理性实施审计，以保证组织效益目标的实现，绩效审计与内部审计得到了日益融合。内部绩效审计的发展使得审计不再仅与财产所有者相关，其也与组织运营者密切相连，内部绩效审计得到了迅速发展的机遇。

美国是最早将政府审计引向绩效审计的国家。20世纪40年代中期，美国公营部门缺乏财务控制，国家资源利用效率低下、效果不佳，为了保证公共财富的合理利用，审计委员会向美国国会建议，政府公营企业应接受美国总审计署的审计监督。美国国会对此建议表示赞同，并于1945年通过了《联邦公司控制法案》。该法案要求，美国总审计署不仅要评价公营企业的合规性，还应对公营企业的管理效率和内部控制系统的效率加以评价，并向国会报告。美国总审计署在1945年对一家公司进行审计后，首次列举了一系列有关公司效率低下的问题，在当时引起了广泛关注，绩效审计的重要性逐渐开始深入人心。进入20世纪60年代后，美国国会要求政府机构的款项使用不仅要符合法律和规章制度的规定，还要在使用中符合经济性和效率性目标。于是，美国总审计署于1972年颁布了《政府组织、计划项目、活动和职责的审计标准》(也称“黄皮书”)，其明确规定了实施经济性审计、效率性审计以及项目效果性审计的目标、程序以及报告要求。这是世界上最早关于绩效审计的审计准则，而后该准则在1981年、1988年、1994年、2003年以及2007年又进行了五次修订，在世界范围内产生了广泛的影响。

绩效审计在我国发展的历史相对较短，其最初的发展也是由政府审计开始推动的。1983年，我国最高审计机关，审计署成立。1984年，在审计署提出的“试审”目标中就已经考虑了经济效益问题。1985年8月，我国颁布了第一个审计法规《国务院关于审计工作的暂行规定》，其要求县级以上政府部门和大中型企业组织应当建立内部经济效益审计制度、设立内部经济效益审计机构。1991年全国审计工作会议提出，在财务审计的基础上，逐步向检查内部控制制度和经济效益方面延伸。2002年全国审计工作会议则提出，将财政财务收支审计和绩效审计相结合。2003年7月1日，审计署颁布了《审计署2003至2007年审计工作发展规划》，其明确提出要开展绩效审计，并争取在五年规划期内达到投入效益审计的资源占到整体审计资源的一半左右。2004年，国务院国有资产监督管理委员会(简称国资委)颁布了《中央企业经济责任审计管理暂行办法》，并在两年后颁布了《中央企业经济责任审计管理实施细则》，其明确规定了绩效审计在中央企业中的具体实施措施。2007年，中国内部审计协会颁布了《第25号内部审计具体准则——经济性审计》《第26号内部审计具体准则——效果性审计》以及《第27号内部审计具体准则——效率性审计》，从我国内部审计的发展实际出发，其规范了内部经济、效果性以及效益型审计，内部绩效审计开始在我国的审计规范中初现雏形。2008年，国资委又印发了《关于加强中央企业经济责任审计工作的通知》，其不仅深化了经济责任审计的重要性，也使绩效审计又一次得到了制度层面的重视。2013年，中国内部审计协会对内部审计准则重新进行了修订，将原有的经济性审计、效果性审计、效率性审计三个准则合而为一，并明确使用了“绩效审计”概念，此举不论是对我国的内部审计，还是绩效审计的发展，都是一次重大的突破和进步。

相关思考 9-1

为何绩效审计被采纳并付诸实践呢?

因为绩效审计和传统财务收支审计侧重点不一样,绩效审计的范围更宽、审计内容更多,审计人员素质成了难题,传统的审计只要求审计人员懂法规、懂财经,进行"查账本";而绩效审计,是审计被审计单位履行职责情况、对国家财经政策法规执行情况、制度效率、政府管理效能、资金使用效益和政策效用等情况。绩效审计涉及金融、投资、环保等多个方面,因此其有利于建立高效廉洁政府,能有效地利用有限资源,更能维护人民的利益。

9.1.2 绩效审计的概念

1. 绩效审计的概念界定

现金绩效问题是人类自古以来就一直关注的问题。任何社会都在力求以较少的投入获得较大的产出,即追求效益最大化。"绩效"一词在语义上可以解释为成绩和效果,而绩效审计,顾名思义,就是对组织所做出的成绩与功效进行的审计。审计作为经济监督的一种工具,其最终的目的也是提高经济效益。随着科学技术的发展,经济全球化越来越明显,对组织的管理要求也越来越高,如果组织希望在竞争激烈的市场上占得一席之地,就要注重健全自身的管理体制,加强组织的内部控制,以提高运营效率。在很长的一段历史时期里,审计仅仅停留在了单纯的财务审计领域,即通过查错防弊实现经济效益的间接提升。然而,新的市场环境迫使组织管理者必须将内部审计工作的重心从传统的查账转移到健全和完善组织管理机制、提高组织经济效益和效率的轨道上来,由此也催生了各种以提高经济效益为目的的审计形式,如经济效益审计、管理审计、业务经营审计、综合审计等,这些审计形式都可以作为绩效审计的同义词,但其概念之间也存在某些差异。

目前,国际上对于绩效审计的定义和叫法仍然不尽相同。最高审计机关国际组织将绩效审计定义为"一种对被审计单位使用资源及履行其职责的经济性(economy)、效率性(efficiency)以及效果性(effectiveness)的审计",即 3E 审计。最高审计机关国际组织进一步指出绩效审计,一般包括以下几点内容:①根据良好的管理原则和实务及管理政策对管理活动的经济性进行审计;②对人力、财力以及其他资源的使用效率进行审计,其中包括检查信息系统、绩效评价、监督机制,以及被审计单位为纠正已发现的缺陷而采取的程序;③联系被审计单位目标的实现情况,对被审计单位绩效的有效性进行审计,并通过与预期影响进行比较,对被审计单位的活动所产生的实际影响进行审计。

我国《第 2202 号内部审计具体准则——绩效审计》明确规定:"绩效审计,是指内部审计机构和内部审计人员对本组织经营管理活动的经济性、效率性和效果性进行的审查和评价。"

我国新修订的《内部审计准则》将绩效审计的概念界定为:对组织经营管理活动的经济性、效率性以及效果性进行评价,从而涵盖了非营利组织开展绩效审计的相关工作。新修订的《内部审计准则》还进一步明确了绩效审计既可以根据实际情况和需要,对组织的经营管理活动的经济性、效率性以及效果性同时进行审查和评价,也可以只侧重某一方面进行审查和评价,并概括了绩效审计主要审查和评价的内容。从新修订的《内部审计准则》对绩效审计的定义来看，绩效审计的概念已经实现了与国际潮流的趋同，即都是以 3E 为审计目标。其中，经济性是指组织经营管理过程中获得一定数量和质量的产品或服务及其他成果时所耗费的资源最少；效率性是指组织经营管理过程中投入资源与产出成果之间的对比关系；效果性是指组织经营管理目标的实现程度。

例如，组织是否以最好的价格购入所需要的原料设备、实际所花费用是否与预算一致、有无浪费等强调的是经济性目标。项目运作方式方法是否最为合理、职责分工是否存在不必要的重复、内部机构之间是否相互协调、是否存在必要的激励机制等强调的是效率性目标。组织是否在规定的时间以合理的成本实现了既定目标、公众对提供的服务或产品的满意程度等强调的是效果性目标。

课外阅读 9-1

与国外绩效审计的比较

(1) 英国审计署将绩效审计叫作物有所值审计或货币价值审计，其定义为：检查某一组织为履行其职能而使用所掌握资源的经济性效率性和效果情况。

(2) 加拿大审计署将绩效审计叫作综合审计，其定义为：对政府活动进行有组织的有目的系统的检查，并对上述政府活动进行效益评价，将评价结果报告议会，以促进加拿大政府活动的透明性，提高公共服务的质量。

(3) 德国将绩效审计定义为：主要是指对行政运作的经济效率效果和经济性进行审计。其主要目标是鉴别、改善政府部门财务管理方法由机关团体提供有关收益支出与资源管理独立而可靠的信息，以加强政府部门的决策，促使政府部门致力建立通告经济效率与效果以及是否符合其职责的报告程序，确保责任完成。

(4) 澳大利亚联邦审计署认为绩效审计是：为了针对有关业务经营活动处于经济与有效方式的程度进行评价，而对集体或个人履行职能的效益或经营业务进行的情况所做的检查；对集体和个人采取的检查，以衡量业务经营活动正常进行的程序，以及该程序是否适当；对能否使集体或个人足以衡量业务经营活动的经济与有效的程度所做的检查。

(5) 美国审计署政府审计准则中对绩效审计的定义为：绩效审计就是客观、系统的检查证据，以实现对政府组织项目活动和功能进行独立评价的目的，改善公共责任性，为实施监督所采取纠正措施的有关各方进行决策提供信息。

2. 绩效审计的概念辨析

在了解绩效审计的同时，我们还要了解其与经济效益审计、管理审计等相近概念的区别，由此更深入地理解绩效审计的含义。

1) 绩效审计与经济效益审计

经济效益是经济和效益的合成词。所谓经济是指社会物质生产和再生产活动，所谓效益是指效果和利益，或有益的效果、有用的结果。因此，经济效益就是指经济活动中有益、有用的结果。经济效益是资金占用、成本支出与有用生产成果之间的比较。经济效益好，就是资金占用少、成本支出少、有用成果多。提高经济效益，有利于增强组织的市场竞争力，并使组织充分利用有限的资源，创造更多的社会财富。组织的经济效益就是组织的生产总值同生产成本之间的比例关系。经济效益是衡量一切经济活动最终的综合指标，任何社会的经济活动都离不开经济效益。

经济效益审计是由得到授权或接受委托的审计人员，依据有关的法规和标准，运用审计程序和方法对被审计单位(或项目)经济活动的经济性、效率性、效果性进行监督、评价、提出改进建议，以提高经济效益为目标而实施的一种独立的经济监督活动。内部经济效益审计是由内部经济效益审计机构或审计人员依照国家法律法规和组织的管理制度的规定，对组织及所属单位的经营管理活动的合理性和有效性、经济信息的真实性、内部控制的健全性和有效性、经济效益的总体水平和发展趋势进行审查和评价，是提示经营管理风险、提出建设性意见和建议、促进改善经营管理，以及提高整体经济效益的独立的经济监督活动。

经济效益审计与绩效审计几乎是等同的，只是绩效审计的范围更加广泛，其属于广义上的经济效益审计。首先，根据经济效益的定义，经济效益是“经济活动投入与产出、消耗和成果、费用和效用之间的对比关系”。因此，经济效益审计主要是从挖掘组织潜力、分析组织投入产出的角度开展的，而绩效审计则是由三个要素构成的，即经济性、效率性以及效果性。相比之下，经济效益审计更符合绩效审计中的第二个要素，即效率性审计的概念。其次，绩效审计涵盖的领域更加广泛。经济效益审计的开展，最初主要是从促进组织提高经济效益开始的，其侧重于经济领域，而绩效审计既适用于企业，又适用于国家机关、事业单位，其可以涵盖经济、行政，甚至是文化等各个领域。最后，使用绩效审计这一术语也更加符合国际惯例。1986年4月在悉尼召开的最高审计机关第十二届国际会议，将“绩效审计”列入了正式议题。会议建议以“绩效审计”这一术语，统一各种有关绩效型审计的名称，并在该会议文件《关于绩效审计、公营企业审计和审计质量的总声明》中，正式使用了“绩效审计”这个术语。

2) 绩效审计与管理审计

管理审计萌发于20世纪30年代，形成于20世纪50年代，在20世纪70年代后得到了较大的发展。管理审计的概念最早出现在由英国管理协会、英国机械工程师协会，以及生产工程师协会会员罗斯在1932年出版的《管理审计》一书中。之后，管理审计的概念得到了广泛的应用，但学术界至今对于管理审计仍然没有统一的定义。通过对各学者观点的整理和分析，可以将管理审计的定义概括为：管理审计是以被审计单位的管理活动为审查对象，通过综合检查改善组织的管理素质、管理水平以及管理效率，促进被审计单位提高经济效益的活动。

管理审计的首要目标就是提高组织管理者的管理效率，在此基础上对财务报表以外的管理活动和管理业绩发表批判性意见。这是从本质上区分管理审计与绩效审计、经济效益审计等概念的关键点。管理审计是判定受托人履行受托管理责任的审计活动，其目的在于建立委托人与受托人之间的互信，以优化组织资源的利用。管理审计与绩效审计相同，其也强调经济性、效率性以及效果性。但是，管理审计中的经济性是在适当考虑质量的前提下，减少资源购置成本，从某种程度上来说，其应该是效率性的一部分；而效果性与有关方针目标、经营目标等具有直接的关系，其存在许多人为因素。由此可见，管理审计中的效率性分量很重，效率既是手段也是结果，管理审计偏重管理效率。相比而言，绩效审计更注重经营效率及生产效率，其是对投入产出的衡量，没有真正反映用效率来计量管理的本质，其反映的是被审计组织的总体实力，无法真正反映管理的好坏。古典管理学派代表人物法约尔认为管理的最终目的是通过组织的整体活动，达到特定的经营目的。管理是为了达到特定的经营目的的手段，经营才是最终目的。管理审计更关注组织实现经营目的的方式，绩效审计则更注重对经营结果的评价，两者的区别实际上源于管理与经营的不同。

相关思考 9-2

绩效审计与财务审计的审计要素有哪些区别?

以审计要素为出发点,财务审计和绩效审计存在的差异被充分凸显出来:从审计的目的上来看,财务审计的审计目的在于审计财务活动的真实性、合法性以及公允性,而绩效审计则在于审计财务活动的经济性、效益性以及效果性;从审计标准上来看,财务审计以公认会计准则和国家法律法规为标准,绩效审计则是以相关的法律法规、规章制度以及公认管理实务等作为审计的标准;财务审计的审计功能具有防护性、鉴证性的特点,绩效审计的功能特点则是建设性;从审计技术与方法层面上来看,财务审计的审计程序是以审阅、观察、查询、函证、盘点、调节为工作进展的流程,绩效审计的程序则是分为调查、统计、分析、采访这四个阶段的工作;从审计工作的对象上来看,财务审计针对的是被审计单位的财务收支活动及其会计资料,而绩效审计的对象则是政府和公营部门的效益或者是社会效益;最后,从时间导向上来看,财务审计的方向更着重于历史,而绩效实际则是更侧重于未来。

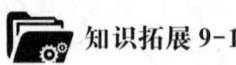

9.2 绩效审计的内容

知识拓展 9-1

绩效审计程序

1. 审计对象的选择与确定

绩效审计的审计对象非常广泛,其中包括政府部门、事业单位、占用国有资金的企业,以及有政府部门和公共资金直接或间接参与的各种公共活动。例如:财政资金的使用;政府的公共管理活动;政府性投资建设项目;专项资金的使用(扶贫资金、环保资金等);公共资金的使用(社保资金、住房周转金等);企业和行政事业单位绩效审计。绩效审计是对审计对象的贡献性进行审计,其是由绩效审计的多样性特征所决定的。目前,国家审计机关对本辖区内的可供选择的审计对象基本上没有进行彻底摸底排序,缺乏统一的审计项目库,其审计项目的来源主要是由上级下达、我国相关法规规定进行的。在选择审计对象时,主要考虑以下两个方面:

一是审计对象的重要性与社会关注度。这里的重要性指在国计民生中占据的位置,社会关注度是指是否为社会公众所广泛关注的问题、存在较多的问题,长期得不到解决。

二是审计风险与成本。绩效审计风险是指由于对审计对象的经济性、效率性以及效果性等作出了不恰当的审计判断,并给国家相关部门造成重大损失的可能性。审计成本主要受审计项目的复杂程度、获取被审计事项的信息和数据的难易程度等因素的影响。

在审计对象的归类上,嘉兴市审计局根据市本级、各县(市、区)收集的绩效审计案例,从实务的角度作了探索性的归类,初步归纳为6种绩效审计对象。其中,包括政府政策审计类、专项资金及专项审计调查类、领导干部经济责任审计类、固定资产投资项目审计类、财政财务收支审计类、预算执行审计类等。

2. 审前准备工作

审前准备工作主要包括审前调查和风险评估,这项工作的进行可以为高效节约地实施具体绩效审计工作提供很好的向导。审前调查是指在具体制订审计方案前深入被审计单位,对其进行全面、彻底、充分的了解。其主要内容包括以下几点:①了解被审计单位的基本情况和历史沿革;②了解被审计的内部控制;③评估审计风险。由于绩效审计自身的特殊性,绩效审计的审前调查不仅要对被审计单位的管理情况、某项活动或职能的履行情况进行检查、评价,还要了解、收集大量与之相关的政策、法规,以及关联部门协调配合情况等,从而明确绩效审计项目的可操作性,配备必要的审计资源。

在开展审前调查的同时,应确定好审计目标与审计范围。审计目标应该从一开始就进行充分的论证和阐述,并以此确定审计范围。这样能确保审计范围紧紧围绕审计目标进行,避免审计过于宽泛、全面,甚至偏离审计目标,从而使审计效率和效果受到大的影响。

3. 制订审计方案

严格说,审计方案的制订也是审前准备工作之一。在完成审前调查和风险评估之后,审计组要制订详细的绩效审计方案,其既是整个审计项目实施的根本指南,也是对上述调查研究结果的一个汇总。其基本内容包括:审计单位的业务情况以及相关环境;审计目标;审计范围;审计计划;审计重要性水平和风险分析;审计方法;审计标准;审计时间和进度安排;审计人员构成和安排;具体审计项目和准备收集的审计证据;审计报告的基本框架。

如果审计项目的审计范围较大、审计内容复杂,通常需要编制分层次的审计计划,如战略规划、总体审计计划、具体审计计划,用以逐步分解审计项目。战略规划是对审计工作的长远规划;总体审计计划是对绩效审计的预期范围和实施方式所作的规划,使审计师从开始实施计划到出具绩效审计报告整个过程基本工作内容的综合计划;具体审计计划是依据审计战略规划和总体审计计划制定的,对实施总体计划所需要的审计程序、时间以及范围所作的详细规划和说明。鉴于其内容的复杂性,并关系全盘审计进行的重要性,审计方案的编制成为一道难题。目前国内大多关于绩效审计的案例,对审计方案的编制过于简单,甚至前后缺乏严密的逻辑性。因此,如何高效地编制分层次的审计计划,并且保证各层次之间严密的逻辑性和内容上的层次性,是一个需待进一步研究的问题。

4. 收集与评价审计证据

制订的审计方案,一般情况下不能变更,但如果在审计实施过程中发现了一些意外的问题,经批准可以调整审计方案。审计的实施过程主要是指效益审计证据的收集、鉴定,以及审计证据的整理归纳过程。一般情况下,审计证据的整理都是与审计证据的收集和鉴定同时进行的,即边收集,边鉴定,边整理。

绩效审计证据是审计人员获取的、用以支持审计意见和结论的证明材料,其收集过程是紧紧围绕审计目标进行的,同时从相关性、可靠性以及充分性等方面对审计证据进行分析鉴定,最后通过整理,将零散的审计证据按照逻辑性组织起来,分析得出某些意见和结论。这些意见与结论为绩效审计报告的编写奠定了基础。

5. 编写和提交绩效审计报告

经过以上步骤,最终审计师可以得出初步的审计结论与建议,进而形成审计报告。在上交绩效审计报告前,为降低不当审计建议和结论的风险,审计师还应做好以下工作:征求专家意见、与被审计单位沟通并充分征求其意见、复核和修改审计报告。

6. 后续跟踪检查

绩效审计报告最大的特点在于其一般会形成建设性的建议,这也是绩效审计的贡献所在。因此,建议是否得到执行,有必要在审计结束后进行后续监督;同时,如果发现审计决定不符合实际情况、审计建议执行脱离实际,应进行修改甚至废止。

9.2.1 绩效审计的范围

在近代财务审计的发展过程中,最具影响力的变革莫过于风险导向审计思想的应用。在风险导向审计模式下,了解被审计单位外部行业环境及内部经营环境、评估其经营风险,以及通过分析程序等审计程序对重大错报风险进行评估,就可以在保证审计质量的前提下,有效地提高审计效率。由于有效地控制了总体风险,对于重大错报风险较低的环节,审计人员就可以减少实质性测试的范围和水平,从而直接提高审计效率、降低审计成本,并克服了有限的审计资源在低风险环节和高风险环节分配不当的缺陷。

坚持风险导向的审计思路，不仅是保障外部审计质量和效率的要求，也是内部审计质量和效率的保障。为此，内部审计机构和人员在确定绩效审计范围的时候，可以根据实际需要选择和确定绩效审计对象，其既可以针对组织的全部或部分经营管理活动，也可以针对特定项目和业务。同时，内部审计机构和人员既可以对组织经营管理活动的经济性、效率性以及效果性进行审查和评价，也可以只侧重某一方面进行审查和评价。这实际上就是内部审计机构和人员在绩效审计中采用风险导向思想和模式的具体体现。

随着社会经济全球化和网络化趋势的推进，现代组织的业务类型日益复杂，在现有的审计资源基础上对正常经营的组织实行全面绩效审计，既不现实也不科学。绩效审计的目的在于提高组织的运营效率及管理水平，倘若将所有的经营活动都纳入审计的范围，势必会浪费大量的审计成本、影响组织的正常运营秩序、无谓的耗费组织的审计资源。因此，根据组织自身的实际情况，合理选择和确定绩效审计对象是十分必要的。对于风险较高的项目或经营环节，可以着重考核和审查，对于风险较低的领域，可以降低审计力度或免于审计，一切都要以组织自身的特点和项目自身的特点为基础，有所侧重地安排审计。

1. 根据审计范围确定绩效审计的类别

根据绩效审计范围的不同，我们可以将绩效审计分为全面绩效审计、局部绩效审计以及项目绩效审计。

1）全面绩效审计

全面绩效审计是以审计对象经济效益的实现全过程和全部影响因素为审查范围的绩效审计。全面绩效审计的审计范围广泛、内容全面，有利于从整体上促进被审计单位提高经济效益。但是，全面绩效审计消耗的审计资源也较大，其通常需要投入大量的人员、时间以及经费，可能违背成本效益原则。全面绩效审计适用于长期亏损、面临破产的企业。

2）局部绩效审计

局部绩效审计是以审计对象的部分经济活动或经济效益的部分影响因素为审计范围的绩效审计。例如，某产品的单位生产成本效益分析、流动资金周转和利用效率审查等。局部绩效审计的审计范围较小、消耗的审计资源也少、对内部审计机构和审计人员的要求较低。局部绩效审计通过解决某个环节上的问题，推动被审计单位整体效益的提高，能起到立竿见影的效果。局部绩效审计适用于对组织日常的生产经营活动和业务活动的绩效评价，其是当前我国绩效审计中采用最多的审计方式。

3）项目绩效审计

项目绩效审计是以某一特定项目，即一次性的经济活动为审计对象的绩效审计。例如，对外投资项目的绩效审计、新产品开发项目的绩效审计、固定资产建设项目的绩效审计等。项目绩效审计在审计资源消耗、产生效果的速度等方面与局部绩效审计相似，其也是我国绩效审计中经常采用的一种审计方式。

2. 根据审计内容确定绩效审计的类别

绩效审计是内部审计机构和人员对组织经营管理活动的经济性、效率性以及效果性进行的审查和评价。但是，这并不意味着每项绩效审计都必须对经济性、效率性以及效果性进行全面的审查和评价。根据实际情况和需要，绩效审计既可以同时对组织经营管理活动的经济性、效率性以及效果性进行审查和评价，也可以只侧重某一方面进行审查和评价。这就为绩效审计的开展提供了自主决策的空间，组织可以根据自身情况，只实施经济性审计、效率性审计、效果性审计中的一项或两项，也可以全部实施。

1）经济性审计

经济性审计是指内部审计机构和人员对组织经营活动的经济性进行审查和评价的活动，其主要审核各项经济资源的利用是否节约、合理，以及各项经济活动是否有效率。为此，经济性审计主要关注的是资源投入和使用过程中的成本，只有以较低的价格获得同等质量的资源时，才能够实现经济性。

2）效率性审计

效率性审计是指内部审计机构和人员对组织经营活动的效率性进行审查和评价的活动，其主要是通过审查和评价组织经营活动的投入和产出关系，优化业务流程、提高经营效率。为此，效率性审计主要关注的是支出的效率，当投入一定量的人、财、物、信息、技术资源取得产出最大化时，或者取得一定量的产出实现了投入最小化时，才能称之为效率性。

3）效果性审计

效果性审计是指内部审计机构和人员对组织经营活动的效果性进行审查和评价的过程，其主要是协助组织管理层改善经营水平、提高经营活动效果。为此，效果性审计主要关注的是一个项目是否实现了目标及目标成果的有用性。

当然，上述三项审计所关注的目标有时可以单独考虑，有时又紧密相连、相互交叉，并无明显的区分界线。内部审计机构和人员在安排绩效审计时，应当根据实际情况，合理计划每个具体绩效审计项目对三项审计内容的考虑。

9.2.2 绩效审计的具体内容

为了实现绩效审计的总体目标，内部审计机构和人员应当设定绩效审计的具体目标，并确定绩效审计的具体内容。具体而言，绩效审计主要审查和评价以下几点内容：①有关经营管理活动经济性、效率性以及效果性的信息是否真实、可靠；②相关的经营管理活动的人、财、物、信息、技术等资源的取得、配置、使用的合法性、合理性、恰当性以及节约性；③经营管理活动既定目标的适当性、相关性、可行性、实现程度，以及未能实现既定目标的情况及其原因；④研发、财务、采购、生产、销售等主要业务活动的效率；⑤计划、决策、指挥、控制、协调等主要管理活动的效率；⑥经营管理活动预期的经济效益和社会效益等的实现情况；⑦组织为评价、报告、监督特定业务和项目的经济性、效率性以及效果性所建立的内部控制、风险管理体系的健全性及其运行的有效性；⑧其他有关事项。

从绩效审计的具体内容可以看出，绩效审计的内容非常广泛，它与传统的财务审计既有重合，又有延伸。内部审计准则对绩效审计的概念界定、目标设定以及内容安排都渗透着3E审计的思想。例如，审计内容中包含的相关资源的取得、配置、使用的合理性、恰当性以及节约性就体现了绩效审计的经济性审计目标；对于研发、财务、采购、生产、销售等主要业务活动的计划、决策、指挥、控制、协调等主要管理活动效率的关注体现的是效率性审计；而审查经营管理活动既定目标的实现程度、预期的经济效益、社会效益等的实现情况，则完全符合效果性审计的内容。

毋庸置疑，影响组织绩效的因素不是单一的，它受到人、财、物、技术、管理等多方面因素的共同影响。因此，绩效审计的审计对象突破了传统的财务审计和财政收支审计，它不只是关注账、证、报表等会计资料及所反映的财务、财政收支状况，而是将目光置于组织的整个经营管理活动之上，它超越账本的表面，深入业务的实质。但是，绩效审计并不能脱离财务审计，除了必须关注的经济性、效率性以及效果性目标，绩效审计仍然需要关注组织使用资源的合法性、合规性，以及组织信息的真实性、可靠性。另外，组织管理活动的目标是否适当、可行也是绩效审计的重要关注点，因为这些目标是组织获得经济效益、组织管理有效的前提和基础。

从宏观层面来看，绩效审计的内容包含了组织的经营活动和管理活动，组织的经营与管理并不是相互独立的，经营活动的经济有效与管理活动的顺利开展往往是相辅相成、相互促进的。从表面看，经营活动的经济性、效率性以及效果性体现在业务活动的过程及结果上。但是，任何经营活动都是离不开管理活动的，都是管理层和管理人员发挥其职能的过程。管理人员的素质决定了管理职能的发挥程度和管理水平、管理效率的高低，而管理水平和管理效率又直接影响着经营活动的经济性、效率性以及效果性。在组织的管理活动当中，绩效审计尤其还要关注组织的内部控制体系及风险管理体系，内部控制评价与审查是内部审计的重要内容。健全的内部控制系统可以防患于未然，对于内部控制系统及风险管理体系的审查和评价可以促进内部控制系统充分发挥其作用，发现组织在经济性、效率性、效果性方面存在的问题，并在问题发生之前将其解决，由此不仅可以降低组织可能遭受的损失，节约审计成本。

9.3 绩效审计的方法

绩效审计的方法是指内部审计人员为了达到绩效审计的目标，在绩效审计过程中收集和分析证据所使用的工具和手段，绩效审计方法的选择应当以获取相关、可靠、充分的审计证据为目标。内部审计机构和人员应当依据重要性、审计风险以及审计成本，选择与审计对象、审计目标，以及审计评价标准相适应的绩效审计方法，以获取相关、可靠、充分的审计证据。例如，在选取审计方法时，内部审计机构和人员应当遵循风险导向审计模式，考虑重要性水平及审计风险，重要性水平较高和审计风险较大的环节要加大审计力度。内部审计机构和人员在绩效审计的实施过程中，应当贯彻多种方法相互结合的思路，以获取更充分、更相关、更可靠的审计证据。同时，选取审计方法还要遵循成本效益原则，衡量审计成本与实施该方法获得的审计证据所带来的效益，从而选择经济、合理的方法。

绩效审计中可以采用的方法是多种多样的，内部审计机构和人员应当广泛吸收管理学、计量经济学、统计学、运筹学、数学等领域的先进技术和方法。在选择绩效审计方法时，除了运用常规审计方法，还可以运用多种特殊方法。

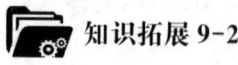

知识拓展 9-2

国外绩效审计方法

国际上对绩效审计方法并没有进行统一的归类汇总。但各国使用的具体方法基本一致，只是对某种方法的使用频率有差异。具体来讲，国际上比较通用的绩效审计方法有二十余种，其中包括：访谈；文件检查；二手资料评价；问卷调查；行为观察；现场走访；与被审计单位交流；比较；案例分析；统计技术；咨询外部专家；专业借鉴；建立模型；抽样检验；关注团体等。

9.3.1 数量分析法

数量分析法是对经营管理活动的相关数据进行计算分析，并运用抽样技术对抽样结果进行评价的方法。通常情况下，数量分析法是按照数学和统计学的有关原理，通过处理相关数据，建立数量模型，从而对经济现象的数量特征、数量关系以及数量界限进行研究、分析、决策。数量分析法的应用是建立在审计抽样的基础之上的，它并不是一种单一的方法，而是多种评价方法的总称。数量分析方法包括回归分析法、预测法、线性规划、概率论、网络模型、马尔可夫分析、排队理论、对策论等。绩效审计中运用的数量分析法大多是指对经营管理活动的相关数据进行计算分析，并运用抽样技术对抽样结果进行评价的方法。被内部审计机构和人员经常使用的数量分析法主要有线性规划、投入产出法、层次分析法、回归分析法以及网络计划法。

1. 线性规划

线性规划是一种求极值的数学方法，主要研究如何合理分配和利用有限的资源，以达到利润最大或成本最低。具体而言，线性规划要解决两个方面的问题：一是当计划和目标已经确定时，如何以最小的资源代价来实现计划目标；二是当各种可以利用的资源确定时，如何合理地分配和使用这些资源，以实现目标的最大化。在运用线性规划时，需要满足三个条件：第一是目标函数，即一个确定的目标，这个目标用数学的线性函数来表示，它既可以是求最大值，如产值最大、利润最高等，也可以是求最小值，如成本最低、费用最小等；第二是约束条件，资源的有限性构成了线性规划的约束条件，这些约束条件可以由决策变量的线性不等式或线性方程表示；第三是决策变量，线性规划的目的就是要求出一组变量的值，这些变量可以理解为目标对象待定的数量。由此可见，线性规划就是求一组变量的值，满足一组线性约束条件，并使得目标函数达到最大或最小值。内部审计机构和人员可以将有限的审计资源设定为线性约束条件，将绩效审计目标设定为目标函数，通过运用线性规划，找出对审计目标的实现影响较大的因素，以采取最具有针对性的解决方式。

2. 投入产出法

投入产出法是根据经济系统中各部门的投入与产出的数量依存关系建立经济数学模型，并进行计算和分析的方法。这种方法可以有效地帮助组织进行经济活动分析、加强综合平衡、改进计划编制技术。在运用投入产出法时，首先要按照特定的要求收集大量的生产资料，并加以归纳、整理、汇总，进而编制投入产出统计表；然后利用数学方法和计算机对投入产出表的基本数据进行科学的计算，找出部门与部门之间、产品与产品之间的数量关系，并对各类经济比例做出预测，进而完成计划。投入产出法能够全面、系统地确定各生产环节之间的物资消耗定额，促进组织进行定额管理、编制和修改生产计划，它更适用于产品相对较为单一的工业企业。在绩效审计中，内部审计机构和人员运用投入产出法主要为了以最少的投入取得最多的产出，以实现有限审计资源的最合理配置。

3. 层次分析法

层次分析法是由美国运筹学专家萨泰提出的一种新的定性与定量分析相结合的系统分析方法。该方法将复杂的决策系统层次化，通过逐层比较各种关联因素的重要性，为分析、决策提供定量的依据。层次分析法通常包含五个步骤：第一，明确问题，建立层次结构模型；

第二，构造两两比较判断矩阵；第三，层次单排序；第四，层次总排序；第五，一致性检验。运用层次分析法不需要大量的数据和复杂的计算，只需对决策因素相对于总目标的优劣、重要程度进行两两比较并加以标定，最终求得方案层要素相对于总目标的优劣排序，从而据此选择最佳方案。因此，层次分析法适合解决不能完全用定量分析技术进行分析的多目标、多准则、多层次的复杂的公共决策问题。内部审计机构和人员所实施的绩效审计正是一个受多种因素影响的复杂的决策过程，利用层次分析法，内部审计人员可以将这一复杂的决策过程层次化，并逐层比较各种关联因素的重要性，以作出科学、合理的审计计划和决策。

4. 回归分析法

回归分析法是在分析自变量和因变量关系的基础上，建立变量之间的回归方程，并将回归方程作为预测模型，根据自变量在预测期的数量变化来预测因变量变化的方法，是一种重要的定量预测方法。根据自变量的数量，可以将回归分析法分为一元回归分析、二元回归分析以及多元回归分析；根据研究问题的性质，可以将回归分析法分为线性回归分析和非线性回归分析。回归分析法是一种具体的、行之有效的、实用价值很高的市场预测方法。在绩效审计中，回归分析法是内部审计人员自觉和不自觉运用的最重要的分析方法之一，经常被用于对市场预测的审查。当内部审计人员在对市场现象的未来发展状况和水平进行预测时，如果能够找到影响市场预测对象的主要因素，并且能够取得其数量资料，就可以采用回归分析法进行预测。当变量较少、数据较小时，内部审计人员可以根据自己的经验和判断来使用回归分析法；当变量较多、数据较大时，内部审计人员可以利用计算机等工具辅助实施回归分析法。

5. 网络计划法

网络计划法也称统筹法，是应用网络图反映整个工作的流程及各项工作间的相互关系和进度，并通过参数的计算、选择工作方案，对计划进行优化的一种科学的管理方法。网络计划法的关键在于网络图的绘制，绘制网络图通常包含以下七个步骤：第一，确定目标，即应用网络计划所要达到的目标；第二，搜集编制网络计划所需要的资料；第三，任务分解，即把整个工作分成若干工序并确定他们之间的相互关系；第四，绘制网络图；第五，计划网络所需要的时间及成本；第六，确定关键路线；第七，综合分析，选出最优方案。网络计划法适用于规模较大的项目，它不仅在时间进度的安排方面，而且在资源的分配和资金的优化等方面都已经广泛应用，并取得了良好的效果。绩效审计具有多样化的目标和广泛的审计范围，是一个复杂的系统过程，内部审计人员可以利用网络计划法，通过绘制网络图安排整个审计工作的流程，规划各项工作的相互关系和进度，以保证绩效审计方案的优化设置和实施。

9.3.2 比较分析法

企业比较分析法是通过分析、比较数据间的关系、趋势、比率获取审计证据的方法，其是内部审计机构和人员在绩效审计中最常使用的一种方法。在比较分析时，选择合适的比较标准十分关键，只有选择的标准合适，才能作出客观的评价，否则可能会得出错误的结论。内部审计机构和人员在运用比较分析法时，可以进行以下几个方面的比较：

(1) 本期与前期相比较，即将审计期间与上期或更早期间的数据或指标进行比较，以了解被审计单位绩效的变化情况和变化趋势。

(2) 实际与计划相比较，即将实际数据或指标与计划数据或指标进行比较，以检查被审计单位计划的完成程度。

(3) 本组织与同行业相比较，即将被审计单位的数据或指标与同行业平均水平或先进水平进行比较，以检查被审计单位与行业平均水平的偏离程度，寻找被审计单位与先进单位之间的差距，并总结原因与经验，进而提出改进措施。

由此可见，比较分析法就是将被审计单位若干有关的可比数据进行比较，找出不同时期同一性质的若干数量差异，从而总结实绩、发现问题、评价被审计单位的活动运行状况。在使用比较分析法时，需要注意用于比较的数据之间的可比性，以保证数据在含义、内容、时间、计算口径以及计算基础等方面保持一致，数据的可比性是运用比较分析法的前提和基础。

根据用于比较的数据或指标的表现形式，比较分析法还可以分为绝对数比较法和相对数比较法。

(1) 绝对数比较法是通过将经济数据、指标的绝对数进行直接的对比，以分析衡量经济活动成果的比较分析方法。

(2) 相对数比较法也称比率分析法，是通过计算比率来分解、剖析、评价被审计单位相关项目间的关系，以评价经济效益的方法。比率作为一种相对数，可以将一些不可比的数据转换成可比的量化指标，从而揭示指标之间的相互关系。比率分析法既可以是将相关的变量进行对比，也可以是将部分与整体进行对比，还可以是将一定时期的变化与初始状态进行对比。

9.3.3 因素分析法

因素分析法是查找产生影响的因素，并分析各个因素的影响方向和影响程度的方法。该方法运用指数原理，在分析多种影响因素的变动时，为了观察某一因素变动的影响，先假设其他因素是固定不变的，再进行逐项的分析，并进行逐项的替代。内部审计机构和人员在绩效审计中使用该方法可以对被审计单位的综合绩效指标进行分析，从多种因素中找出影响绩效的最关键或最本质的因素，以为进一步的审查提供评价依据。因素分析法可以进一步细分为连环替代法和差额分析法。

1. 连环替代法

连环替代法是将分析指标分解为单个的、可以计量的因素，根据各个因素之间的依存关系，顺次用各因素的比较值替代基准值(通常为标准值或计划值)，并据以测定各因素对分析指标的影响。

例如，假设某一分析指标 W 是由相互联系的 A，B，C 三个因素相乘得到的，本期(实际)指标和基期(计划)指标如下：

$$\text{本期(实际)指标}\ W_1 = A_1 \times B_1 \times C_1$$
$$\text{基期(计划)指标}\ W_0 = A_0 \times B_0 \times C_0$$

在测定各因素变动指标对指标 M 影响程度时，可按以下顺序进行：

基期(计划)指标	$W_0 = A_0 \times B_0 \times C_0$	①
第一次替代	$A_1 \times B_0 \times C_0$	②
第二次替代	$A_1 \times B_1 \times C_0$	③
第三次替代	$A_1 \times B_1 \times C_1$	④

进一步分析如下：

②－①可以看出 A 因素变动对 W 的影响；

③－②可以看出 B 因素变动对 W 的影响；

④－③可以看出 C 因素变动对 W 的影响。

再将各因素的变动综合起来，得出总的影响：$\Delta W=W_1-W_0=$④－③＋③－②＋②－①。

在应用连环替代法时，必须进行指标分解，并确定替代顺序。替代顺序的确定应当从经济指标组成因素之间的相互关系出发，选定适当的条件，使分析结果具有客观性、有效性。连环替代法是在每次只变动一个因素、其他因素不变的假设下进行的，在运用此方法时需要从被审计单位的实际情况出发，有目的地进行分析，同时还要注意各个影响因素、影响程度之和与分析对象的吻合。

2. 差额分析法

差额分析法是连环替代法的一种简化形式，它利用各个因素的比较值与基准值之间的差额，来计算各因素对分析指标的影响。

例如，某个指标及有关因素的关系如下：

$$\text{实际指标：}P_1=A_1\times B_1\times C_1$$

$$\text{标准指标：}P_0=A_0\times B_0\times C_0$$

实际与标准的总差异为 P_1-P_0，这一总差异同时受到 A，B，C 三个因素的影响，它们各自的影响程度计算如下：

$$A\text{ 因素变动的影响：}(A_1-A_0)\times B_0\times C_0$$

$$B\text{ 因素变动的影响：}A_1\times(B_1-B_0)\times C_0$$

$$C\text{ 因素变动的影响：}A_1\times B_1\times(C_1-C_0)$$

再将以上三大因素各自的影响数相加就等于总差异 P_1-P_0。

9.3.4 量本利分析法

量本利分析法是分析一定期间内的业务量、成本以及利润三者之间变量关系的方法。量本利分析法是成本—数量—利润分析方法（cost-volume-profit analysis）的简称，也称 CVP 分析法。该方法根据业务量、成本、利润的相互关系，通过计算盈亏平衡点，分析项目成本与收益的关系，以达到预测利润和控制成本的目的，因此，其又被称为盈亏平衡分析法。在利用量本利分析法时，先要研究成本和业务量之间的关系，将全部成本划分为变动成本和固定成本，再将收入和利润加进来，并在此基础上建立数学模型，进而运用模型进行有效的管理决策。利用量本利分析法可以计算出组织的盈亏平衡点（BEP，又称保本点）。盈亏平衡点有多种表达方式，既可以用产量、售价、单位产品可变成本及年固定成本总量表示，也可以用生产能力利用率来表示。其具体计算公式如下：

盈亏平衡点销售量（保本销售量）＝固定成本／(单价－单位变动成本)

＝固定成本／单位边际贡献

盈亏平衡点销售额（保本销售额）＝固定成本／边际贡献率

安全边际销售额＝正常销售额－盈亏平衡点销售额

安全边际销售量＝正常销售量－盈亏平衡点销售量

由此可见,盈亏平衡点越低,安全边际额(量)就越大,项目赢利的可能性也就越大。在组织的经营决策分析中,先要考虑的是哪种方案能为组织提供更多的边际贡献、如何更好地补偿为维持现有生产能力所需支付的固定成本,使组织能够获得更多的利润。

9.3.5 专题讨论法

专题讨论法是通过召集组织相关管理人员就经营管理活动特定项目、业务的具体问题进行讨论的方法。在绩效审计中同样可以运用这种方法,不过需要注意的是,专题讨论会的参与者必须是了解项目及业务、与其相关的管理人员。只有参与讨论的人员了解项目及业务的流程、每个环节,是项目及业务活动的参与者,才能对项目的各项控制点是否合理、是否发挥作用,以及业务活动完成中存在的问题提出中肯的判断,内部审计人员才能从讨论中提取有效的审计证据。

召开专题讨论会可以充分利用组织的人力资源,与最具有发言权的管理人员直接沟通,省去了许多中间环节。它既可以获得较为真实的审计证据,同时也增进了员工之间的交流、提高了管理效率,更是组织实现民主化管理的体现。在具体操作时,选择合适的参与者及主持人是讨论会能否达到预期效果的关键。在讨论时,要围绕项目及业务的具体问题开展,不要偏离主题,主持人要控制好现场气氛和讨论时间,避免讨论过度延伸和矛盾激化。

9.3.6 标杆法

标杆法是对经营管理活动状况进行观察和检查,通过与组织内外部相同、相似的经营管理活动的最佳实务进行比较的方法。这种方法最早是由美国的施乐公司提出的,后来得到美国生产力与质量中心的规范化和系统化,进而被广泛使用。标杆法通过与内外部最佳范例的比较,寻找出被审计对象与先进水平之间的差距,进行有效的分析,并提出改进措施,以最大化地挖掘组织、部门可以提升的潜力,进而有助于重塑组织的核心竞争力、提高运行效率,在一定程度上还缩短了组织的摸索时间和成本。它尤其适用于效益水平较低的组织、部门。

内部审计机构和人员在实施标杆法时,通常应当遵循三个阶段,即确定目标、选取参照系以及比较分析。

1. 确定目标

实施标杆法的第一个步骤就是确定目标,目标的确定需要对主题展开深入分析。每个组织、部门以及项目的运营都有着自身的优势、弱势,在进行标杆分析时,不需要逐一分析被审计对象的每个方面,只需要选取某个或某几个主题作为目标,这样可以提高分析的效率。被确定的主题既可以是被审计对象明显存在的问题、亟须解决的问题,也可以是管理层最关心的问题、关键的竞争力决定因素,主题往往要根据被审计对象的性质及组织的战略目标进行设定。

2. 选取参照系

在确定分析目标之后,根据已选择的目标选取在该领域表现出色的个体,建立参照体系。依据主题确认需要分析的关键要素、核心作业流程以及管理实践,以平衡计分卡理论为基础拟定实地调查提纲和调查问卷,收集各个参照范例在相关方面的资料及数据,从而确定出最佳实践。选取的范例既可以是外部先进企业,也可以是组织内部的某个先进部门,但其运营经历及特征需要与被审计对象相似或相同。因为只有在环境影响因素相同的条件下，才能寻找出经营管理活动中的差异。

3. 比较分析

在选定最佳实践之后，运用SWOT分析或模型软件，对调查所取得的资料进行分类、整理，比较研究被审计对象与最佳实践之间的差距，明确差距形成的原因和过程，找出弥补自身不足的具体途径或改进机会，设计具体的实施方案，并进行实施方案的经济效益分析。

标杆分析法并不是一次性的，而是一个连续的过程。在完成了首次标杆分析活动之后，要对实施效果进行全面的评判，并及时总结经验，针对环境变化，持续进行标杆分析活动，以确保对“最佳实践”的有效跟踪。

9.3.7 调查法

调查法是凭借一定的手段和方式(如访谈、问卷)，对某种或某几种现象、事实进行考察，通过对搜集到的各种资料进行分析处理，进而得出结论的方法。

1. 问卷调查法

在绩效审计的实践中，调查法是使用最多的一种方法，它通常以问卷调查为主。调查问卷是绩效审计实施过程中取得某些定性指标的重要工具。在设计调查问卷时，内部审计机构和人员可以根据被审计对象的特征及需要获取的审计证据，灵活设置调查问卷的内容与形式。调查问卷一般有两种：一种是问题式问卷，即将调查内容设计为若干可以选择的问题；另一种是填写式问卷，即根据调查内容确定若干量化指标，由被调查人自由填写。当前，科学技术的发展使得调查问卷的载体发生了很大的变化，目前广泛流行的电话调查、邮件调查、网络调查等形式都可以运用到绩效审计的实施过程中来。

问卷调查法可以在短期内对特定的人群发放并收回调查结果，因此它耗费的时间较短，从而节省人力和物力。问卷调查法不受调查范围的限制、容易获得被调查人的真实想法、形式比较自由、可操作性强，因此它适用于对各类组织所实施的绩效审计。但是，问卷调查法也存在一些劣势，如受问卷篇幅及调查时间的限制，调查深度往往不够、存在被调查人员不愿配合的情形等。

2. 访谈法

访谈法是在绩效审计的实施过程中，内部审计人员当面向被审计单位的对象了解情况，以获取审计证据。访谈有多种方式，既可以通过电话进行访谈，也可以面对面进行访谈，还可以通过信函的方式进行访谈。访谈既可以一对一地进行，也可以采取一对多、多对多地召开座谈会的形式进行。访谈的对象既可以是被审计单位的管理人员、内部的工作人员、股东、董事会的人员，也可以是被审计单位以外的相关人员，如人大代表；对被审计事项或被审计单位感兴趣、一直非常关注，以及进行研究的人员；一些研究机构、监管机构的人员；社会专家等。访谈法是内部审计机构和人员最常使用的方法之一，采用这种方法可以帮助内部审计人员加强对被审计事项的了解，当面向访谈对象深入了解被审计事项的来龙去脉，既方便又灵活。

结构化访谈法是绩效审计中常用的收集数据和信息的方法，内部审计人员可以利用数据采集工具(DCI)，通过电话、面对面访谈的方式收集数据和信息。在进行结构化访谈时，访谈人员以准确的方式向很多个体、代表提出相同的问题，并向受访者提供相同的答案选项。

相比之下，非结构化访谈则包括很多开放式的问题，这些问题并不是以准确的结构化的方式提出。结构化访谈法最大的优点是访谈结果量化方便，进而可以直接进行统计分析，属于统计调查的一种。结构化访谈法的应用范围十分广泛，它既可以自由选择调查对象，也可以问一些比较复杂的问题，还可以选择性地对某些特定问题做出深入调查。结构化访谈法的缺点是要求访谈人员具备高度熟练的访谈技巧，并接受专门的培训；需要较多的人力、物力以及时间。对于敏感性、尖锐性、有关个人隐私的问题，被访者受到心理因素和环境因素的影响可能不会做出正面的回答，从而导致访谈无结果或结果失真。为此，在进行结构化访谈时，内部审计人员需要对被访谈者进行事先的训练，通过训练使被访谈人员在接受访谈之前做好心理、技术、物质以及相关知识的准备。

在运用访谈法时，内部审计人员需要使用多种沟通技巧。在访谈之前要做好充分的准备，如明确访谈目标、拟定详细的访谈提纲。在访谈过程中，内部审计人员应当正确引导，紧密围绕主题开展访谈，并作好详细的记录。内部审计人员在提出问题时，可以使用不同类型的问题，如开放式、封闭式、试探式、假设式、选择式等。访谈结束后要做好总结、尽快整理访谈记录、提炼出可以写入审计报告的结论。

9.3.8 成本效益(效果)分析法

成本效益(效果)分析法是通过分析成本和效益(效果)之间的关系，以每单位效益(效果)所消耗的成本来评价项目效益(效果)的方法。内部审计机构和人员应用成本效益分析法的目的在于确定被审计单位、被审计项目的效益是否超过了成本。内部审计人员在实施绩效审计时，应当在全面考虑项目的效益和成本的基础上，计算效益与成本的比值。如果效益与成本的比值大于1，说明效益大于成本，比值越大，效益越高；如果比值小于1，说明效益低于成本，比值越小，资金使用的效益越低。

成本效益分析法中涉及的“成本”和“效益”概念并不是通常所指的狭义的含义，而是广义的含义。“成本”是指做一件事实际承担的各种代价，“效益”则是指实际取得的各种成果。具体而言，衡量一个项目所付出的成本应该是其经济成本、社会成本以及环境成本的总和，并不单单是指会计意义上的成本。其中，经济成本包括机会成本和会计成本。相对应地，效益也可以从经济效益、社会效益以及环境效益三个方面予以衡量。

成本效益分析法是将这些有形或无形的成本和效益转化为具有共同特性的事物，进行比较分析。在应用成本效益分析法时，通常是将成本和效益转化成货币价值，再进行比较。因此，计算项目成本与效益的货币价值是采用成本效益分析法的难点。在分析间接成本和间接效益时，还应该考虑货币的时间价值，通过项目的全部预期收益和全部预期成本的贴现值来评价项目，这就使成本效益的分析结果更具有可靠性。因此，成本效益分析法的关键是如何确定项目的效益、成本以及贴现率。

成本效益分析法在事前、事中以及事后绩效审计中都可以应用。例如，在投资行为发生前，成本效益分析即为可行性分析，可以为决策提供依据；在项目建设期间进行成本效益分析，相当于进行投资预算和收益估算，可以及时发现问题，使投资更有准备、为项目进行提供信心；在项目完工后，成本效益分析即为事后评价，可以寻找项目中存在的问题和隐患，从而为后续项目运作提出改进措施和完善建议。

9.3.9 数据包络分析法

数据包络分析法是以相对效率概念为基础、以凸分析和线性规划为工具，应用数学规划模型计算比较决策单元之间的相对效率，对评价对象作出评价的方法。数据包络分析法(data envelopment analysis, DEA)是由著名运筹学家Charnes和Copper以"相对效率"概念为基础，根据多指标投入和多指标产出，对相同类型的单位(部门)进行相对有效性、效益评价的一种新的系统分析方法。决策单元的相对有效性(即决策单元的优劣)被称为DEA有效，可以证明，DEA有效性与相应的多目标规划问题的帕累托有效解(或非支配解)是等价的。数据包络分析法是处理多目标决策问题的较好方法，该方法最适合处理具有多个输入(输出越小越好)和多个输出(输入越大越好)的多目标决策问题。数据包络分析法不仅可以对同一类型的各决策单元(DMU)的相对有效性进行评定、排序，还可以利用DEA"投影原理"进一步分析各决策单元非DEA有效的原因及其改进方向，从而为决策者提供重要的管理决策信息。

9.3.10 目标成果法

目标成果法是根据实际产出成果评价被审计单位或项目的目标是否实现，并将产出成果与事先确定的目标和需求进行对比，以确定目标实现程度的方法。内部审计机构和人员利用目标成果法可以发现产出与目标之间的差距及偏离程度，从而锁定经营管理过程中的缺陷、失误以及问题，进而分析问题的原因、挖掘提高绩效的潜力。

目标成果法与其他分析方法相比，具有较为简单、易于理解、便于操作的特点，但是其也要求被审计对象的目标是可以量化的。在实施目标成果法时，内部审计人员应当将考核的重点放在目标的完成程度上。这就要求管理层要先根据目标管理原理和工作责任制，确定各部门及个人的工作目标、项目的完成目标。一般来说，目标的内容既可能是单一的，也可能是多样的。如果是多样的目标，在对各项内容与目标进行比较得出结论之后，还必须将各项内容综合起来形成最终的结论。综合的方法既可以采用较主观的定性的方式，也可以采用将各项得分加权平均的定量的方式。

由于工作内容的各个方面并不具有同等的可量化的特性，对目标及完成程度的量化往往存在很大的困难。加之期初目标的制定也会影响目标成果法的效果，如果目标制定不科学，将在很大程度上导致审计结果的失真。在实际运用中，目标成果法经常用于生产环节和研发环节，但其量化标准却各有差异。对于生产目标的考核，可以按工时、件数、批次计量。而对于软件开发人员的考核，由于研发一个软件项目所需的时间较长，对软件人员的考核周期就不宜以具体时间为限，可以按完成一个项目的周期来安排。

目标成果法具有一定的局限性，它在实际操作时往往要与其他方法结合使用。通过目标成果法，可以找出实际工作业绩与预定目标之间的距离，组织管理层应当分析差距产生的原因，通过调整工作方法等手段，努力缩小乃至消除实际成果与预期目标之间的差距，直至实现预期目标。

9.3.11 公众评价法

公众评价法是通过专家评估、公众问卷以及抽样调查等方式，获取具有重要参考价值的证据信息，以评价目标实现程度的方法。公众评价法是对调查法和目标成果法的结合和补充，在广泛调查、吸取公众意见的基础上，对目标的完成程度作出评价。公众评价法还利用了专家的意见，以弥补内部审计人员在某些专业领域知识的不足，有利于得出科学的审计结论。通过收集公众的意见，可以反映出更多组织在管理中存在的问题，并找出更符合组织发展实际的改进措施和建议。实施公众评价法，是组织民主管理、以人为本理念的体现，它有利于激发员工的积极性、培养员工的主人翁意识。

特别提示 9-1

不同的审计程序以及审计程序的不同阶段都需要专门的方法来完成，因此绩效审计方法贯穿于整个审计过程。由于绩效审计的对象的多样性、审计目的各不相同，在进行绩效审计时，不能用一套固定的审计方法来完成不同的审计项目，审计方法呈现多样性。绩效审计既可以借鉴传统财务审计中的方法，同时还可以借鉴其他学科的专门方法，如管理科学、统计、社会科学等学科。简言之，审计方法是审计人员用于收集和分析实际证据的工具和手段。

9.4 绩效审计的评价标准

世界上所有的判断都是建立在标准的基础之上的，任何的评价也都需要一个标准，绩效审计当然也不例外。绩效审计的评价标准既是审计人员衡量、评价被审计对象优劣的参照物，也是提出审计意见、作出审计结论的依据。《世界审计组织绩效审计指南》将绩效审计标准定义为：审计人员衡量和评价被审计活动的经济性、效率性、效果性的合理的、可以达到的业绩标准。其反映了针对被审计事项的规范化控制模式，代表了良好实务，即理性了解情况的人士对“事情应该有的标准”的期望。理解和建立绩效审计标准是开展绩效审计事务的重要前提。内部审计机构和人员应当根据绩效审计目标，确定绩效评价的标准。有了目标和标准，才能确定搜集证据和综合评价的具体方法，因此，绩效审计标准是连接审计目标与审计方法的纽带。另外，绩效审计标准还是审计人员和被审计者之间建立有效沟通的基础，因为只有双方对评价标准达成一致，双方才能够更容易地接受根据该评价标准得出的结论。

9.4.1 评价标准的来源

绩效审计评价标准的来源主要包括以下几点：①有关法律法规、方针、政策、规章制度等的规定；②国家部门、行业组织公布的行业指标；③组织制定的目标、计划、预算、定额等；④同类指标的历史数据和国际数据；⑤同行业的实践标准、经验以及做法。

从绩效审计的发展历程来看，在一定的历史时期，绩效审计的评价标准通常来源于国家的施政方针、国家、行业性的标准、行业机构发布的专业信息、其他国家的经验结果，以及审计人员的职业判断等。

1. 有关法律法规、方针、政策、规章制度等的规定

国家的法律法规、方针、政策，以及各项规章制度是一切活动必须遵守的最基本的准则，绩效审计评价标准当然也必须遵循国家有关法律法规、方针、政策、规章制度等的规定。内部审计机构和人员所确定的任何审计标准都不能与其相违背。在我国，国家的法律法规、方针、政策主要包括《中华人民共和国宪法》《中华人民共和国公司法》《中华人民共和国审计法》《中华人民共和国审计法实施条例》等基本法律法规。只有在遵循国家的法律法规、方针、政策的前提下取得的绩效，才是真正的绩效。

2. 国家部门、行业组织公布的行业指标

除了国家法律法规、方针、政策、规章制度对组织经营活动及市集活动的约束，国家各部门及行业协会对组织绩效也设定了评价标准，这些评价标准可以作为内部审计机构和人员实施绩效审计的标准。例如，1999 年财政部、原国家经济贸易委员会、原人事部、原国家计划委员会联合印发的《国有资本金效绩评价规则》及《国有资本金效绩评价操作细则》提出的 8 项基本指标、16 项修正指标以及 8 项评议指标，从 3 个层次对组织效绩进行了深入分析，较为全面地反映了组织的生产经营状况和经营者的业绩。再如，2006 年国有资产监督管理委员会颁布的《中央企业综合绩效评价管理暂行办法》及《企业绩效评价标准值》对绩效评价标准作出了更为详细的规定。又如，2013 年财政部颁布的《预算绩效评价共性指标体系框架》，为建立符合我国国情的预算绩效评价指标体系指明了方向。无疑，国家各级政府部门所颁布的组织绩效管理和评价标准、指标是内部审计机构和人员在实施绩效审计时可以使用的最为权威的评价标准。

行业标准是指以一定行业众多群体的相关指标数据为样本，运用数理统计方法计算和制定出的、适合于该行业的绩效评价标准。内部审计机构和人员在采用行业标准作为绩效审计的评价标准时，可以对各类项目的绩效水平进行历史、横向的分析。在评价被审计活动的同时，内部审计机构和人员还可以通过评价结果，总结出一定时期内同类项目应达到的绩效水平，从而为整个行业的发展提供可借鉴的信息。

3. 组织制定的目标、计划、预算、定额等指标

组织制定的目标、计划、预算、定额等指标也可以为内部审计机构和人员确定绩效审计的评价标准提供依据。这类指标从组织自身的实际情况出发，具有较强的可比性。这类指标作为绩效审计的评价标准，既是组织的管理目标，又能反映出组织的实际管理水平，还比较容易得到组织管理层的认同。

4. 同类指标的历史数据和国际数据

同类指标的历史数据和国际数据是内部审计机构和人员确定绩效审计标准的重要来源。被审计部门、项目以前年度取得的绩效是在正常管理环境下可以达到的管理效果，如果被审计单位的管理环境并未发生较大的改变，被审计部门、项目的绩效至少应当可以达到以前年度的相同水平。将历史数据作为评价标准，可以衡量组织目标的完成程度，并为评定组织的发展速度提供参考依据。另外，参照国内外同行业的先进水平、平均水平制定绩效审计的评价标准，可以评估组织在整个行业中的地位，并对组织管理层起到激励作用。在没有找到其他较为合理评价标准的前提下，内部审计机构和人员可以将历史数据作为组织绩效的衡量标准。但是，历史数据和国际数据所涵盖的指标的时间和空间跨度较大，内部审计机构和人员在运用时应当充分考虑各种环境因素的变化对评价标准的影响。

5. 同行业的实践标准、经验和做法

在确定绩效审计的评价标准时，内部审计机构和人员还可以充分借鉴同行业的实践标准、经验以及做法。具有相似性质的组织在其发展道路上往往会遇到与被审计单位相同的问题。因此，虚心学习其他组织的经验，从其他组织的实践标准中寻找适合自己的标准，取其精髓、去其糟粕，也不失为内部审计机构和人员选择绩效审计评价标准的一种高效的办法。

9.4.2 评价标准的确定

内部审计机构和人员应当选择适当的绩效审计评价标准。从绩效审计的实践来看，绩效审计的对象千差万别，评价被审计对象经济性、效率性以及效果性的标准也各不相同，甚至在同一个项目中也可能存在完全不同的评价标准，因此，建立完全统一的绩效审计评价指标是不现实的。但是，在没有适当的绩效审计评价标准的情况下，内部审计人员希望客观、公正地提出评价意见也是十分困难的。为此，选择适当的绩效审计评价标准、建立科学的绩效评价标准体系，以及为内部审计人员提供明确的评价依据，是绩效审计的重点和难点。在设置绩效审计评价标准体系时，内部审计机构和人员可以先列出主要的评价方向，再由行业协会或组织自身根据其特点和性质，确立更加详细和合适的分解指标及评价标准。

1. 绩效审计评价标准的发展

在20世纪80年代以前，基于投资者和债权人的利益，组织的绩效评价体系几乎都是将重心全部放在财务绩效的评价之上，其具体内容主要包括组织的赢利能力、偿债能力、营运能力。到20世纪80年代以后，传统的绩效评价标准受到了社会公众的质疑，组织内部绩效评价标准的内容也逐渐由财务评价向非财务评价方向发展，其重心也逐渐倾向组织的战略选择、治理结构以及核心竞争能力。自20世纪90年代以来，将财务指标与非财务指标相结合构建绩效评价体系已经是非常普遍的做法，最有代表性的包括德鲁克的改革论绩效计量法、平衡计分卡、ABC成本核算法，以及EVA衡量法等。

在我国，绩效审计的发展时间较短。1995年财政部发布了《企业经济效益评价指标体系》，该指标体系从企业投资者、债权人以及社会贡献等三个方面规定了10项绩效评价指标。但是，这10项绩效评价指标基本上都是财务指标，并未涉及社会、环境、生态等可持续发展指标。1999年，财政部、原国家经济贸易委员会、原人事部、原国家计划委员会联合颁布了《国有资本金效绩评价规则》和《国有资本金绩效评价操作细则》，首次将非财务指标纳入企业内部绩效的评价。

2. 绩效审计评价标准的质量特征

在我国，绩效审计评价标准体系的建立与西方国家相比尚不成熟，内部审计机构和人员在确定绩效审计的评价标准时应当吸取国外先进经验，尤其应当特别关注绩效审计评价标准的质量特征。绩效审计的评价标准应当具有可靠性、客观性以及可比性等质量特征。

1）可靠性

绩效审计评价标准的可靠性，是指内部审计机构和人员确定的绩效审计评价标准应当能够使不同的内部审计人员，在同样的情形下，运用同样的标准，得出基本一致的结论。

2）客观性

绩效审计评价标准的客观性，是指内部审计机构和人员在确定和运用绩效审计评价标准时，不应受到内部审计人员或管理人员偏见的影响。内部审计人员可以根据确定的绩效审计的评价标准对被审计对象作出公平和合理的评价。

3）可比性

绩效审计评价标准的可比性，是指内部审计机构和人员确定的绩效审计评价标准与其他相似机构所确定的标准、历史标准应当保持一致，以使被审计单位可以将其绩效与其他组织的绩效、行业水平以及历史水平进行比较。

3. 绩效审计评价标准的内涵特征

内部审计机构和人员确定的绩效审计评价标准除了应具备上述三项质量特征，还应具有时效性、层次性、可控性以及相关性等内涵特征。

1）时效性

绩效审计评价标准的时效性，是指绩效审计评价标准的选择是以特定的时间、环境以及条件为基础的。绩效审计评价标准并不是一成不变的，而应当是随着时间和条件的变化而改变的。当今世界经济发展日新月异，内部审计机构和人员在确定绩效审计的评价标准时尤其应该注意评价标准的时效性，不能用过时的评价标准来评价现在的经济活动。绩效审计评价标准还应该具有前瞻性和先进性，并在绩效审计的实践中不断进行修改和完善。

2）层次性

绩效审计评价标准的层次性是由组织经济活动的层次性决定的。如果将组织的经济活动分为宏观经济活动、中观经济活动、微观经济活动，那么绩效审计的评价标准也可以分为宏观绩效评价标准、中观绩效评价标准、微观绩效评价标准。内部绩效审计的评价标准多与微观绩效评价标准相重合，它可以具体到部门标准、车间及班组标准，以及某项目的标准等。

3）可控性

绩效审计评价标准的可控性并不完全等同于可操作性，它除了要求评价指标在操作上具有可行性，还要求评价指标涉及的因素应当是可控的。绩效审计只能针对被审计经济活动有能力控制的因素和指标进行评价，对于无法控制或不可抗力等因素是无法进行评价的。

4）相关性

绩效审计评价标准还需要具有相关性。凡是作为绩效审计评价标准的政策规定和指标都必须与审计目标、审计内容相关，也就是应当与经济性、效率性以及效果性相关。与被审计活动的经济性、效率性以及效果性无关的法律法规、行业标准、计划指标等都不能作为绩效审计的评价标准。

4. 就绩效审计评价标准所进行的沟通

根据世界各国绩效审计实践的惯例，内部审计机构和人员在确定绩效审计评价标准时应当与组织管理层进行充分的沟通，在双方认可的基础上，最终确定绩效审计的评价标准。最高审计机关国际组织也曾指出，在制定绩效审计评价标准时争取被审计单位的合作是非常重要的，评价标准应得到被审计单位的认可。从绩效审计发展较成熟的几个国家的实践来看，美国和澳大利亚在绩效审计中都要求审计人员充分考虑被审计单位的经营管理标准；英国则主张在绩效审计中，审计人员要与被审计单位保持良好的合作关系。

在绩效审计的实施过程中，被审计单位衡量或评价自身工作成果的标准及评价指标也可以作为内部审计机构和人员确定绩效审计评价标准的参考依据。内部审计人员在实施绩效审计之前应当与被审计单位进行充分的沟通与讨论，以获取更多的信息、收集更多的审计证据、及时得到与绩效审计评价标准相关的反馈信息、避免选择的绩效审计评价标准脱离被审计单位的实际情况，从而确保所选择绩效审计评价标准的客观性和可行性。因此，不论内部审计机构和人员选择什么样的绩效审计评价标准，也不论其选择评价标准的途径和方法如何，内部审计机构和人员在绩效审计的计划阶段都应当与被审计单位进行沟通，以确保绩效审计的评价标准能够得到被审计单位的认可。只有事前得到认同，内部审计机构和人员才能最终确定绩效审计的评价标准。如果内部审计机构和人员与被审计单位从一开始就对绩效审计的评价标准存在异议，被审计单位很可能不会很好地配合内部审计机构和人员的工作，或者也可能不愿意接受最终的审计结论，如果是这样的话，绩效审计报告中提出的改进建议将不可能得到落实，整个绩效审计的实施也必将失去意义。

9.5 绩效审计报告

绩效审计报告是绩效审计结果的最终表现形式，是内部审计人员在绩效审计工作结束后发表审计意见、作出审计结论、提出审计意见的书面文件。内部审计人员可以在报告中对被审计事项提出客观的评价，肯定其优点和长处，同时对组织管理中存在的经济性、效益性以及效果性问题进行分析，并针对审计过程中发现的问题提出改进建议和完善措施。

9.5.1 绩效审计报告的要求

绩效审计报告是审计评价的载体，审计评价贯穿于绩效审计的整个过程。绩效审计评价要以审计事实为依据，不能凭空捏造。绩效审计报告应当反映绩效审计评价标准的选择、确定，以及沟通过程等重要信息，其中包括必要的局限性分析。在绩效审计报告中，内部审计人员应该以清晰、具体的语言描述绩效审计的目标、范围以及评价标准。绩效审计的评价标准是审计目标和审计范围的反映，绩效审计报告应当详细地分析评价标准的选择，确定、应用以及评价结果，以使绩效审计报告的使用者了解内部审计人员的审计思路，形成对整个审计过程的方向性理解。由于绩效审计评价标准必须得到被审计单位的认可，内部审计人员就绩效审计的评价标准与被审计单位的沟通过程也应当列示在绩效审计报告中，以证明审计结论切合被审计单位的实际情况，并具有合理性和客观性。然而，受制于绩效审计报告的篇幅及审计报告应突出重点的要求，内部审计人员在撰写绩效审计报告时不必罗列所有的情况和因素，也不必对所有的审计内容进行面面俱到的描述，只需抓住重要问题进行分析，对于次要的内容可以简化或省略，同时作出必要的局限性分析，以确保绩效审计报告清晰、明了，从而帮助报告使用者明确关键问题所在。

绩效审计报告中的绩效评价应当根据审计目标和审计证据作出，内部审计机构和人员在绩效审计报告中作出绩效评价可以采用总体评价和分项评价两种方式。内部审计机构和人员在选择绩效审计的评价方式时应当贯彻谨慎性与重要性原则。对于绩效审计实施过程中并未涉及的被审计事项、审计证据不足和评价标准不明确的事项，以及超出审计范围的事项可以不予评价。对于组织已经实现的经济发展目标、健全的内部管理体制、效率和效益达标的环节，内部审计人员应当在绩效审计报告中给予充分的肯定；对于证据确凿的效率、效益低下、盲目决策等问题，内部审计人员应当在绩效审计报告中作出重点说明。绩效审计的审计证据多为具有说服力的证据，一般都是通过审计抽样与统计分析获得的。如果定性证据较多、定量证据较少，那么绩效审计评价就存在一定的风险性。如果难以对被审计事项的整体作出评价，内部审计人员可以将被审计事项分解成可以评价的子项目进行评价，从而确保绩效审计评价的客观性和合理性，以降低审计风险。如果绩效审计的评价无法做到面面俱到的话，那么在全面分析各种问题时，绩效审计报告就必须突出重点，以提高评价效率。

绩效审计报告中呈现的问题应该能够体现绩效审计的目标、特征以及关注点，这与其他内部审计报告有所区分。作为绩效审计的最终成果，绩效审计报告既是组织管理层在使用绩效审计这一管理工具时的重要依据，也是促使组织管理层了解绩效审计工作、重视组织绩效问题、发展绩效审计的手段。绩效审计报告中反映的合法、合规性问题，除了进行相应的审计处理，还应当侧重从绩效的角度对问题进行定性，描述问题及其对组织绩效造成的影响、后果以及严重程度。绩效审计关注的是组织的绩效问题，但是组织的绩效问题并不是绩效审计报告阐释的重点，内部审计人员还应当在绩效审计报告中进一步说明绩效问题所造成的影响、后果以及严重程度，以使组织管理层充分了解绩效审计的全部成果。

在绩效审计报告中，报告使用者最关心的应该就是组织存在的绩效问题及需要做出的改进。为此，内部审计机构和人员在撰写绩效审计报告时，不应仅将关注点集中在单纯的描述和说明在绩效审计实施过程发现的具体问题，还应当注重从体制、机制、制度上分析问题产生的根源，这不仅可以帮助组织管理层了解组织所存在的更深层次的问题，也更容易得到被审计单位和人员的充分理解。分析问题、解决问题既是绩效审计报告建设性的体现，也是绩效审计的精髓所在，还是关注企业经济性、效率性以及效果性的最终落脚点。内部审计人员在就绩效审计中发现的问题提出改进建议时，应当兼顾组织的短期目标和长期目标、个体利益和组织整体利益，提出改进建议和完善措施。改进建议和完善措施应当具有针对性、逻辑性、符合被审计单位的实际情况、切实可行的特点，并能够在促进组织改善经营管理、提高经济效益、降低经营风险、最终实现组织目标等方面取得实际的成效。

9.5.2 绩效审计报告的内容

与传统财务审计报告不同的是，绩效审计报告没有统一的格式。其报告的格式及内容可以根据审计对象的性质及组织自身管理的要求决定，但必须采用书面的或其他可重复取得的形式，并与组织管理层预期使用目的相适应。绩效审计报告的形式是多种多样的，目前采用较多的是详式报告，即用详细的文字叙述表达内部审计人员的意见和结论。内部审计人员在对被审计事项的状况作出评估时，对于存在的问题、改进措施以及建议，尤其要详细阐述，这既是绩效审计报告建设性功能的体现，也是绩效审计价值的核心。但需要注意的是，绩效审计报告的结论强制性较低，它仅仅是提出讨论性和说服性的建议，并不做出强制性的审计处理决定。这是因为组织绩效水平受各种因素的影响、绩效审计标准较为灵活且不统一、绩效审计人员自身的能力也存在一定的局限，从而造成了绩效审计报告自身无法避免的局限性。

1. 国外绩效审计报告内容参考

美国绩效审计报告的框架内容非常系统，其内容主要包括：审计目标、范围以及方法；审计结果；审计建议；审计遵循的准则；重大不合规现象和滥用行为；违法行为；管理控制重大缺陷；被审计项目负责人对审计发现、结论、建议以及纠正措施的看法；被审计项目显著的成就；对将来需要审计的重大问题提出的建议；报告未披露资料的性质及禁止披露的依据。

加拿大绩效审计报告的框架内容主要包括：审计目的、审计时间、审计范围；审计准则；审计项目的概况，其中包括管理层的责任；审计标准及与管理层在审计标准方面存在的分歧；审计查出的主要问题；审计建议；被审计单位对审计报告的反馈意见；审计结论。

英国绩效审计手册提出绩效审计报告要全面反映审计工作的目标、工作过程与方法、工作的成果，其内容主要包括：项目背景；被审计单位、项目的工作目标；被审计单位实现其目标的主要手段和措施；审计人员开展绩效审计情况的描述（包括审计的范围、内容以及方法）；审计发现的主要问题及原因分析；提出的审计意见。

瑞典规定绩效审计报告的格式和内容因审计项目的不同而不同，但基本结构大致相同，其主要内容包括：审计情况概述；引言；审计安排；审计对象说明；审计发现的问题；审计结论；审计建议；附件。

2. 绩效审计报告的主要因素

从各国对绩效审计报告的规范不难发现，除了内容排序和详略程度不同，大多数国家的绩效审计报告内容都十分相似。绩效审计报告的内容基本都包括审计对象的基本情况、审计的范围及目标、审计评价标准、审计实施情况、审计发现的主要问题、审计评价及结论、审计建议、被审计部门的意见反馈等。我们可以借鉴这些国家对于绩效审计报告的规定，从中总结一些好的做法和经验。综合国外的经验与我国内部审计准则的要求，内部审计机构和人员在撰写绩效审计报告时，应当将下列几点事项列入绩效审计报告：

1）被审计事项的基本情况

被审计事项的基本情况是指与审计目标有关的被审计单位、部门、项目的基本信息。其内容主要包括被审计单位名称；部门的主要职责、工作范围、使用资源情况、组织构成、工作程序等；被审计项目的背景、目标、人员安排、实施情况、完工情况等。

2）审计的范围及目标

在绩效审计报告中，内部审计人员应当清晰地表述审计目标，以避免对相关各方造成误解。绩效审计报告还应当说明审计工作开展的深度和广度，指明对被审计事项是进行全面审计还是部分审计，是经济性审计、效率性审计、效果性审计中的一项、两项还是全部，以使报告使用者清楚地知晓绩效审计的范围和目标。

3）审计评价标准

绩效审计的评价标准是得出审计结论的依据。内部审计人员在绩效审计报告中应该明确地列示在绩效审计过程中所选择的评价标准、选择评价标准的依据，以及对这些评价标准的具体应用。

4）审计实施情况

内部审计人员在绩效审计报告中应当详细说明在绩效审计过程中所运用的审计方式、方法、审计工作的起讫时间，以使报告使用者充分、详细地了解审计目标的实现过程及审计结论的形成过程。绩效审计报告中还要指明审计准则的遵循情况，如果没有遵循准则，应当说明理由。

5）审计发现的主要问题

审计发现的主要问题包括：被审计单位、部门违反国家法律法规或组织规定的事实、原因以及后果；组织在经济性、效率性以及效果性等运营管理方面存在的重要问题的事实、原因以及后果；相关内部控制的重大缺陷等。内部审计人员在绩效审计报告中列示审计发现的主要问题，是报告使用者了解内部审计人员得出审计结论及审计意见的依据。

6）审计评价及结论

内部审计人员应当根据不同的审计目标，以审计结果为基础，考虑可接受的审计风险、审计发现的问题的重要性等因素，并从真实性、合法性、效益性等方面在绩效审计报告中提出客观、合理的评价意见和审计结论。

7）审计建议

审计建议是审计结论、审计发现的情况，以及分析逻辑关系的直接体现，是绩效审计报告的核心内容之一。内部审计人员应当针对在绩效审计实施过程中发现的问题，有针对性地提出审计建议，并在内容上与绩效审计报告的其他部分相呼应。

8）被审计单位的意见反馈

绩效审计报告提出的问题和改进建议需要得到被审计单位的认可，这是促进被审计单位采取切实的改进措施的基本前提。为此，内部审计机构和人员应当在绩效审计报告中列示被审计单位对审计报告的看法；经过沟通之后，对绩效审计报告的修改情况；被审计单位不同意审计报告的理由、对审计结论作出的解释等。当被审计单位存在不同意见时，内部审计机构和人员需要认真地对审计报告进行核对和分析、采纳合理的意见、及时调整报告内容。对于那些双方不能统一的意见，内部审计机构和人员应当在绩效审计报告中分别反映双方的意见。

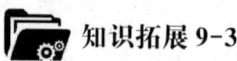

知识拓展 9-3

×××研发制造项目专项绩效审计报告

尊敬的公司董事会及主管领导：

为审核和评价A公司×××研发制造项目的经济性、效率性以及效果性，我们接受××集团的委托，对A公司的×××研发制造项目进行一次绩效审计。

1. 审计概况

我们于2022年2月对A公司投资30亿元×××研发制造项目进行审核和评价，该项目研发期为2014年至2015年，生产期为2016年至2020年，此次绩效审计的期间包括建设期和生产期，我们依据审计结果对发现的项目绩效问题提出改善建议，以使该项目管理活动的经济性、效率性以及效果性更佳。

2. 审计依据

此次内部审计过程中，我们依据《中国内部审计准则》《内部控制基本规范》《内部控制应用指引》，以及××集团的相关政策和法律法规的要求，采用了观察、审核、比较分析、因素分析以及专题讨论会等方法推进此次审计工作。

3. 审计发现

我们在实行适当的审计程序后，有两大部分6项发现：

(1) 资金使用情况。

① 支付内容基本符合原项目设计，但审计发现有0.5亿元设备采购后不能使用。

② 科目列支大部分准确，但审计发现有0.3亿元设计费用应列支开办费，实际列支土建费用。

③ 该项目的设备折旧使用加速折旧法，但未经董事会批准。

(2) 投资项目效果。

④ A产品和B产品实际平均销售单价分别比科研计划降低约10%和2%，减少利润约12.8亿元。

⑤ A产品实际平均单台材料成本比科研计划增加约6%，B产品实际平均单台材料成本比科研计划减

少约4%,总计减少利润约5亿元。

⑥ 实际销量比科研计划增加32万台,增加利润约12.8亿元。综合上述因素,项目税前利润实际完成15.9亿元,比科研计划减少约7亿元。

4. **审计结论**

根据已查明的事实,我们得到以下结论:

该项目的设备采购中有0.5亿元的设备不能使用,经查明是设计差错导致。我们认为是该项目的内部控制执行不够有效,从而导致了该项经济损失。

在该项目的会计处理中,0.3亿元的开办费用被错误列支为土建费,经核实发现,该项错误的科目列支是财务人员为避免开办费用的预算调整故意为之。

我国有明确的法律规定,企业采用加速折旧法应当通过董事会或高级管理层的批准。A公司在未取得董事会批准的情况下采用了加速折旧方法,属于公司的内部控制差错。

对于该投资项目的效果与科研计划的差异,经查明是受产品售价与材料价格等客观因素影响。

5. **审计意见**

依据相关的法律法规、执行了适当的审计程序,并结合A公司的具体情况进行分析,我们提出以下意见:

实际完成情况与科研计划相比较,销量增长22%高于销售收入增长20%,这是A公司销售方法上的主观努力与市场行情的客观困难共同作用的结果。

实际完成情况与科研计划相比较,三项费用增长4%远低于销售增长22%,我们认为A公司费用控制较好。综合情况评价,我们认为A公司的该项目从2014年启动,2016年投产至2020年,在项目实施、增产增收、控制成本、生产组织、资产管理等方面,都取得较大成效。若剔除产品售价、材料价格等客观因素影响,其经济效益将更好。

6. **审计建议**

针对以上情况,我们提出以下4项建议:

(1) 对于设备采购中有0.5亿元的设备不能使用带来的经济损失问题,A公司应当严格执行项目设计与设备采购的内部控制。

(2) 对于科目的列支错误问题,A公司应当严格执行财务处理的审核程序。

(3) 对于未取得董事会批准而擅自采用加速折旧法的问题,A公司治理层应当高度重视并执行相关内部控制制度。

(4) 对于A公司研发制造项目的投资效果,我们认为剔除客观因素的影响,其效益较好。

审计项目负责人:×××

审计项目小组成员:×××、×××

日期:2022年2月××日

(盖章)

本章小结

本章主要讲授了绩效审计的内容、方法、标准以及绩效审计报告,要求学生掌握绩效审计的概念、绩效审计的具体内容、绩效审计的方法、绩效审计报告的要求、绩效审计报告的内容。学生需结合实务,着重掌握绩效审计的方法和绩效审计报告的编写。本章为学生从事绩效审计相关工作奠定了良好的基础。

重要概念

绩效审计　效率性审计　效果性审计　投入产出法　量本利分析法　成本效益(效果)分析法

阅读资料

中国内部审计协会.第2202号内部审计具体准则——绩效审计[EB/OL].(2013-08-28)[2022-03-15].http://www.ciia.com.cn/cndetail.html? id=35601.

本章练习

案例题

1. 美国通用电气(GE)公司的内部审计

GE公司既是美国最大的产业公司之一,也是世界上最大的电气公司之一。该公司有12大类产品和服务项目,包括家用电器、广播设备、航空机械、科技新产品开发、销售服务等。

1) GE公司内部审计的目标与内容

GE公司审计署规定了其在美国公司中,标新立异的工作目标:超越账本、深入业务。这一措施的运用使得他们在检查和改善下属单位的经营状况、保证投资效果符合公司的总体战略目标,以及培养企业管理人才方面开创了极为成功的范例。

GE公司的内部审计内容包括两类:一是下属企业财务部门自己的审计,重点审查其自身经营情况和财务活动是否符合总公司的规定;二是总公司一级的审计。最能代表GE公司特色的是其审计署的审计。

2) GE公司内部审计的特色

GE公司认为,要做好审计工作,有两个关键性的因素必须解决:一个是共同接受的会计标准和原则,另一个是双重报告系统。

总公司财务部保存一套国家出版的会计标准和原则,每级财务部门的职责就是在工作中坚持贯彻这些原则。公司的财务部提供了一个基本的会计结构,各个企业围绕此结构运行。此结构有助于坚持共同的会计标准和原则,审计主要监督的就是各下属企业是否认真遵守了这些标准和原则。

处理审计工作的另一个重要问题是双重报告原则。每个产业集团的财务负责人既向本企业的负责人报告,还直接向总公司的财务副总裁报告。

在审计工作中,审计人员先从查账入手,但绝不止步于单纯查账,而是花费更多的时间和精力去研究可能有问题的业务,其中包括业务流程和有关策略、措施,意在从中发现经营效果、公司内部资源的开发利用、产品质量以及服务等各个方面有无可以改进之处。他们一般尤其注意风险大、利益也大的方面。由于人们习惯于在风险面前明哲保身,往往导致出现低效率、浪费、不求进取等种种弊端,而这些方面又恰好是审计人员应当关注的重点。

3) GE公司内部审计的人员结构

GE公司内部审计人员绝大多数是工作过几年的年轻人,其中大约80%的人员有财会方面的学历;15%的人员有相关产业知识背景和管理等方面的经验;5%的人员有信息处理的经验。公司每年从几百个报名者中精心挑选几十名人员进入审计署,同时从审计署中输送同样数量的人员去充实GE公司各业务集团的管理干部队伍,包括副总裁在内的各级管理干部中有相当数量的人员有审计工作的经历,整个GE公司中级以上财会管理人员中有60%~70%是由公司审计署输送的。每年离开审计署的人员中,约有40%可以直接提升为中级以上管理人员。

4) GE公司内部审计的工作过程

在审计工作开始之前,审计小组先要做的工作是了解和研究情况,倾听其他有经验成员的各种想法和建议,他们形象地把这种调查研究称为对自己大脑的一次知识和概念的"风暴",在此之后才确定本次审计的目标。

在审计中,审计小组对整个审计工作负有全权,召开调查会、进行个别谈话、收集情况以及资料等活动都由他们自主安排。在这之后是分析情况、理清头绪,以衡量各种问题间的相互影响。为了实现审计目标,他们可以做他们认为需要做的任何工作,目的只有一个:找出问题的解决方案。

即便找到了解决办法,事情也远未结束。实施方案的具体建议一般由审计小组提出,而且他们总是要把新方案变成一种日常工作,具体落实后才肯罢手,以便在他们离开后能够坚持下去。在这一过程中,审计小组要与被审计部门的领导和业务人员打无数次交道。

总体来说,GE公司内部审计已远远不是我们一般人所认为的审计概念了(一般人可能认为审计往往带有事后性质,而且也只是财务性质的),其既成为GE公司对下属企业进行强有力控制的最有效工具,也成为GE公司对下属企业所有权的具体体现和保证。

2. GE公司内部审计的特点分析

1) 具有独立性和权威性

公司内部审计部门直接向GE总公司的"第三把手"报告,增加了内部审计机构意见的分量和权威性,内部审计人员自己也觉得"说话的声音格外响",审计工作也往往因此更能得到被审计部门领导的积极配合。

2) 内部审计人员的选用严格、组成结构合理

GE公司选用内部审计人员时,并不过多考虑审计人员原先所学的专业,其注重审计人员的素质和才能。他们要求每个新人能给审计部门带来他人所没有的、无法做到的新贡献、新思想。进入审计署的人员有着各种各样的学历背景,而且其见解往往与众不同,不同的经历和见解有助于问题的发现和解决。有幸入选的审计人员大多能保持这一机构传统的献身精神,他们工作专注,有极高的自觉性、积极性以及创造性,并不知疲倦。

3) 在审计工作安排上独具匠心

平均每三个月,审计人员便接受一项新使命,每次都是不同的审计对象、不同的组成人员、不同类型的业务问题。审计人员互相吸收营养,往往在对比中就能发现问题。在设计解决方案时,自然又会将其他审计对象的好经验融入方案,无形中提高了内部审计的效率和效果,从而促进内部审计价值的实现。

GE公司的这些做法表面上看起来很奇怪，但内部审计的内容被他们创造性地加以发挥并由此获益。GE公司的经验告诉我们，企业再大也是可以控制的，关键是要找到一个既符合现代企业管理精神，又切实可行的办法，以强化内部审计职能，如提升内部审计价值就是不错的选择。

3. 对我国企业内部审计的思考

借鉴GE公司内部审计的经验，笔者认为应当从以下几个方面来加强内部审计的职能，以促进内部审计价值的实现。

1）加强独立性

领导者要在组织上对内部审计机构和人员赋予独立性或相对独立性，更要创造条件引进独立的审计委员会制度，为内部审计发挥管理和控制风险职能打好组织基础。内部审计机构和人员要吸收国际先进的内部审计理论，注重提高专业素质，探索风险管理审计，强化管理和控制风险的职能。

2）严格实行审计回避制度

内部审计人员不直接参加企业经营管理活动，其与被审计单位有亲属关系、经济利益关系的，要主动地回避。

3）有预防性

现代企业要生存、要发展，以及要在激烈的市场竞争中立于不败之地，必须建立严密的和完善的控制系统、严格的和科学的管理制度，以及有效的和畅通的运行机制。只有这样，才能保证经营目标的实现。内部审计着重研究和评价内部控制系统的严密性和完善性、管理规章制度的科学性和完整性，以及方法措施的适应性和有效性。通过检查分析可以及时发现经营管理中的薄弱环节和存在的漏洞，及早提醒经营管理者采取措施加以改进，起到标本兼治、防患于未然的作用。

4）注重效益性

内部审计要以促进管理、提高效益为重点，一方面开展投资项目可行性评估、经营风险预测审计以及生产技术工艺审计，为促进经济效益的提高发挥作用；另一方面开展成本费用和内控制度审计，为堵塞漏洞、降低成本、减少损失贡献力量。

5）定位于"服务"

内部审计由过去查错防弊到现在主要从事评价内部控制系统；由检查营私舞弊风险到评估投资风险、经营风险；由过去的"警察"形象转变为"顾问"形象，重点是为被审计单位或部门服务。其目的是协助管理者顺利完成生产经营任务，从而实现经营目标。

6）不断更新观念，研究新方法、采用新技术

内审工作在企业经营环境和生存发展条件不断变化的情况下，应不断发展。具体而言，内部审计在观念上，把审计对象看作是服务对象；在方法上，比较广泛应用的是复杂风险评估技术，以提高审计效率、效果；在环节上，主要精力放在计划和决策阶段，及早确认风险；在目标上，注重寻求避免、减少风险的方法和途径；在技术上，熟练掌握和使用现代化工具，如计算机审计；在素质上，既要求审计人员具有高等教育专业水平和具有一定企业经营管理的实际工作经验，又要求其取得审计专业任职资格，如注册会计师、注册内部审计师。

7）内审工作应不断地由事后审计向事前审计、预防性审计发展，注重趋势和风险分析

问：分析总结美国通用电气公司在内部审计方面有哪些可以值得借鉴的地方。

第 10 章　经济责任审计

内容提要

本章分为三节课，主要讲解了经济责任审计的概念、分类、目的、范围等基础理论；任期经济责任审计、企业内部经济责任审计的相关实务。

重点难点

本章重点为经济责任审计的概念、任期经济责任审计，以及企业内部经济责任审计的内容；本章难点为企业内部经济责任审计的审计程序。

学习目标

通过本章学习，学生应掌握经济责任审计的概念和分类、任期经济责任审计的程序、企业内部经济责任审计的内容、审计程序；了解经济责任审计的概念；了解经济责任审计的目的、对象、范围；了解任期经济责任审计的内容。

知识框架

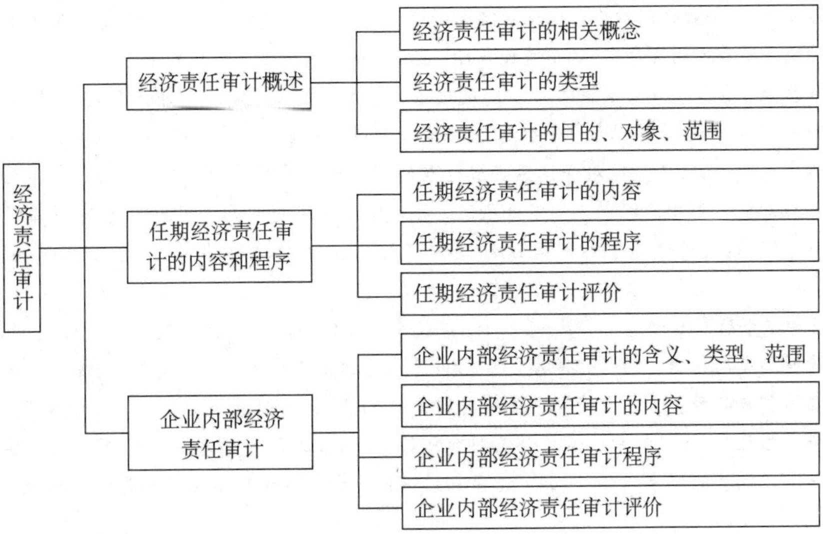

引入案例　离任审计中的审计风险①

2015年6月，ABC公司举行例行董事会。在此次董事会上，公司总经理王某突然提出自己身体不适，请求辞去总经理一职，这一突如其来的决定出乎很多人的意料之外，但也在很多人的意料之中。王某这一突然辞呈事前没有任何征兆，工作只进行简单交接，便匆匆远离人们的视线。ABC公司是一家国有独资企业，直属于Q市国资委，之后Q市开展对其所属国有企业进行专项审计，2016年年初，审计局派遣审计组进驻ABC公司，审计中发现ABC公司内部控制尚不完善、审批权力过于集中，最为严重的是ABC公司人事任免制度不健全，总经理王某于2015年辞职，其并未接受离任审计，甚至未到国资委报备审批，其仅仅在ABC公司内部进行了简单的工作交接便离职。

审计局于2016年3月开展对ABC公司原总经理王某的离任审计。首先，审计人员根据王某任职情况，初步确定了审计范围为2010—2015年王某的财务状况和经济行为。随后，审计人员按照常规审计程序，制订审计计划，对ABC公司进行控制测试和实质性测试。但被审计单位不配合审计人员的调查。审计人员询问ABC公司员工时，往往获得的答案出奇一致，或者干脆某些领导干部对一些敏感问题以一句"不知道""不了解""我忘记了"等给敷衍过去。审计人员执行完实质性审计后，发现被审计单位有一笔与建筑公司的工程余款结算的记账凭证，未附任何原始凭证，由于往来金额较大，ABC公司员工也不能对此做出让审计人员满意的回答。于是，审计人员对ABC公司实施了进一步审计程序，结果发现有人以现金形式取走200万元的工程余款，但未发现领款收据及领款人签字。审计人员还发现ABC公司与建筑公司之间还存在多笔往来金额，共计达到500多万元，且ABC公司已结算的工程款就已达到400多万元，但大都支出手续不全。

虽然审计人员察觉出ABC公司在某些业务交易中存在异常，其也可能与已离任的王某有关，但是苦于没有直接证据来证明其违反其他相关法律法规，因此，审计人员无法仅凭怀疑得出非无保留意见的审计报告。最终，审计人员根据ABC公司其他业务，合法、合规、合理判断企业人员对于异常情况的解释是可以接受的，认为王某没有重大经济责任，可以离任，其工作可以正常交接给原副总经理。

案例启示：

(1) 离任审计的时间跨度过长导致离任审计的固有风险增大。离任审计是对离任者任职期间的经济责任进行审计，而我国企事业单位领导干部任职期又相对较长，因此，离任审计的审计期间跨度较大。由于在漫长的任职期间内政策规定、企业员工、业务等均会发生变化，加之受审计时间短、审计人员数量少等因素限制，不可能审计得过细，从而审计质量难以保证。时间跨度的增加，会导致审计所依赖的资料成倍增加，并且可能存在原始资料缺失等客观因素存在，从而增加审计风险，其并不能由审计人员或企业进行决定。

(2) 内部审计力量薄弱导致离任审计控制风险增大。离任审计主要还是属于外部审计，因此其缺少对重大经济事项的决策过程、实施结果、内部管理、风险控制等进行监督和评价。审计人员也不能完全掌握被审计单位的所有资料，从而不能绝对保证离任者存在的经济问题能被全部发现。因此，被审计单位内部控制制度的完善程度也将影响离任审计的审计风险。该风险主要来源于内部控制的薄弱，企业无法自主发现领导干部经济责任，这将会使审计人员无法利用内部控制系统，从而增加审计的工作，并相应增加审计风险。

(3) 不坚持先审后离的制度、先离任后审计，以及审计工作缺乏计划性导致离任审计的检查风险增大。先离任后审计增加了离任审计的工作难度。任何审计活动都需要被审计单位的配合，尤其是经济责任审计更需要离任者的积极配合。如果没能坚持先审计后离任的原则，原领导已经退休、调离、升职，那么其会认为离任审计与自己无关，而接任者也认为其是对前任的审计，自己也没有义务配合，因此经常会有被审计单位不配合离任审计调查的现象出现。此外，先离任后审计不利于分清前后两任领导干部的经济责任。

---

① 陈祥繁.江苏NT公司原总经理离任审计的案例研究[D].沈阳:辽宁大学,2014.

10.1 经济责任审计概述

10.1.1 经济责任审计的相关概念

1. 经济责任

经济责任，是指领导干部在任职期间因其所任职务，依法对本地区、本部门(系统)、本单位的财政收支、财务收支以及有关经济活动应当履行的职责、义务，其主要包括直接责任、主管责任以及领导责任。

1) 直接责任

直接责任，是指领导干部对履行经济责任过程中的下列行为应当承担的责任：

(1) 直接违反法律法规、国家有关规定、单位内部管理规定的行为。

(2) 授意、指使、强令、纵容、包庇下属人员违反法律法规、国家有关规定、单位内部管理规定的行为。

(3) 未经民主决策、相关会议讨论而直接决定、批准、组织实施重大经济事项并造成重大经济损失浪费、国有资产(资金、资源)流失等严重后果的行为。

(4) 主持相关会议讨论或者以其他方式研究，但是在多数人不同意的情况下直接决定，造成损失浪费的行为。

(5) 批准、组织实施重大经济事项，由于决策不当、决策失误造成重大经济、国有资产(资金、资源)流失等严重后果的行为；其他应当承担直接责任的行为。

2) 主管责任

主管责任，是指领导干部对履行经济责任过程中的下列行为应当承担的责任：除直接责任外领导干部对其直接分管的工作不履行、不正确履行经济责任的行为；主持相关会议讨论或者以其他方式研究，并且在多数人同意的情况下决定、批准、组织实施重大经济事项，但由于决策不当、决策失误造成重大经济损失浪费、国有资产(资金、资源)流失等严重后果的行为。

3) 领导责任

领导责任，是指除直接责任和主管责任外，领导干部对其不履行、不正确履行经济责任的其他行为应当承担的责任。

趣味阅读 10-1

经济责任界定标准的认识和理解

1. 对直接责任界定标准的认识和理解

直接责任界定标准的认识和理解应把握以下两点：第一，对“违反法律法规、国家有关规定和单位内部管理规定”的行为，凡是领导干部自己“直接违反”或领导干部“授意、指使、强令、纵容、包庇下属人员违反”的，领导干部都应承担直接责任。第二，对“决定、批准、组织实施重大经济事项，造成重大经济损失浪费、国有资产(资金、资源)流失等严重后果”的行为，凡是未经民主决策程序、相关会议讨论，或虽经民主决策程序、相关会议讨论和研究，但多数人不同意的，而领导干部决定、批准、组织实施的，领导干部均应承担直接责任。

可以说，直接责任认定的两种情况包括：其一是违反法律法规、国家有关规定和单位内部管理规定的行为，是由领导干部本人直接违反的，或由领导干部本人授意、指使、强令、纵容、包庇下属人员违反造成的；其二是决定、批准、组织实施重大经济事项，造成重大经济损失浪费、国有资产（资金、资源）流失等严重后果的行为，是未经民主决策程序、相关会议讨论和研究，或者虽经民主决策程序、相关会议讨论和研究，但多数人是不同意的情况下而造成的。

2. 对主管责任和领导责任界定标准的认识和理解

主管责任界定标准的认识和理解应把握以下两点：第一，对决定、批准、组织实施重大经济事项，造成重大经济损失浪费、国有资产（资金、资源）流失等严重后果的行为，凡是经民主决策程序或相关会议讨论和研究，且多数人同意的，领导干部应承担主管责任；其造成严重后果的行为，是因为决策不当、决策失误造成的。第二，对违反法律法规、国家有关规定和单位内部管理规定的行为，凡是因“不履行或不正确履行经济责任”而违反的，领导干部应承担主管责任或领导责任。其中，直接分管财务工作的，要承担主管责任；不直接分管财务工作的，要承担领导责任。

主管责任相对应认定的两种情况包括：分管财务工作的领导干部，其一是违反法律法规、国家有关规定和单位内部管理规定的行为，是由领导干部因“不履行、不正确履行经济责任”造成的；其二是决定、批准、组织实施重大经济事项，造成重大经济损失浪费、国有资产流失等严重后果的行为，经民主决策程序、相关会议讨论和研究，且多数人同意的，该严重后果的行为是由于决策不当、决策失误造成的。

领导责任界定标准的认识和理解应把握：领导责任是对其非直接主管的职责范围内的部门、单位存在的违纪违规问题及其他问题负有的责任。

领导责任的认定有一种情况是：违反法律法规、国家有关规定和单位内部管理规定的行为，是非直接分管财务工作的领导干部，因“不履行、不正确履行经济责任”造成的。

3. 对存在的每一个问题，都要界定责任

对审计中存在的每一个问题，都要一一界定责任。程序合法不能代替经济责任，集体共同承担的责任也不能代替个人责任。

在界定责任时，首先应看领导干部是否承担直接责任，如不承担直接责任，其次看其是否承担主管责任，如前两种责任都不是，最后才能界定其承担领导责任。在界定领导干部承担某一种责任时，就不再界定其承担其他责任，即一个问题只能界定承担一种责任，不能界定承担两种或两种以上责任。

以上我们可以判明，领导干部分管财务工作，并不是对所有存在的问题都承担主管责任；领导干部不分管财务工作，也并不是对所有存在的问题都承担领导责任。领导干部无论分管和不分管财务工作都有可能承担直接责任，其只要符合承担直接责任的条件就要承担直接责任。例如，在对某单位审计时发现，某单位未经审批批准，用20万元公款违规购轿车一辆，供销售部门人员使用。此案中此辆轿车若是单位领导干部本人自己擅自决定购买的，或是由领导干部本人授意、指使、强令、纵容、包庇下属人员购买的，领导干部本人要承担直接责任。此案中此辆轿车若是单位销售部门领导自己擅自决定购买的，领导干部本人又具体负责分管销售工作，则领导干部则应承担主管责任；领导干部本人若不具体分管销售工作，领导干部本人则应承担领导责任。

相关人员经济责任审计规定

2. 经济责任审计

审计产生的客观条件之一是财产所有权与经营管理权的分离，其主要目的是保护财产的安全和完整，保证会计资料的真实和可靠，明确财产经营管理者的经营管理责任。因此，从根本上看，任何一种审计都是经济责任审计，也就是说，广义的经济责任审计包括一切审计。狭义的经济责任审计，则特指中国在近些年来出现的旨在明确国家机关和国有企事业单位领导人经营管理责任而进行的一种审计活动，这也就是通常所说的任期经济责任审计或者离任审计。

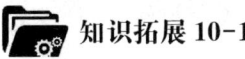

知识拓展 10-1

经济责任审计的发展

1. 经济责任审计起步阶段

1986年9月，为适应我国国有企业深化改革的需要，中共中央、国务院颁布了《全民所有制工业企业厂长工作条例》。该条例规定："厂长离任前，企业主管机关可以提请审计机关对厂长进行经济责任审计评议"。据此，审计署于同年12月下发了《审计署关于开展厂长离任经济责任审计工作几个问题的通知》，其中明确了厂长(经理)离任经济责任审计的范围、内容、程序以及方法。从此，任期经济责任审计作为一项制度被确定下来，此时大多是政府机关组织开展的审计，为经济责任审计的起步阶段。

2. 经济责任审计发展阶段

随着企业改革的进一步深化，各级政府和主管部门更加重视对企业经营者的经济责任审计，其做了大量的探索，取得了有益的经验。1995—1997年，山东省菏泽地区在全地区党政机关和企业、事业单位普遍实行领导班子主要负责人离任审计制度，把任期经济责任审计作为考核领导干部的必经程序，取得了显著的成效，引起了中央领导同志的重视。1999年，中共中央办公厅、国务院办公厅颁布了《国有企业及国有控股企业领导人员任期经济责任审计暂行规定》，明确要求对国有企业及国有控股企业领导人员的任期经济责任进行审计监督，并将任期经济责任审计结果作为对干部的调任、免职、辞职、退休等提出处理意见时的参考依据。至此，经济责任审计已逐渐发展成为一个专门的审计门类，其进一步制度化、规范化，为经济责任审计的发展阶段。

3. 经济责任审计建立阶段

国务院国有资产监督管理委员会成立后，为加强对履行出资人职责企业的监督管理，分别于2004年、2006年颁布了《中央企业经济责任审计管理暂行办法》《中央企业经济责任审计实施细则》。国有资产监督管理委员会对经济责任审计工作的规范性文件进一步规范了企业经济责任审计工作，并明确将企业绩效评价纳入经济责任审计范围，将企业经营绩效评价体系与经济责任审计相结合。2006年，经修订后的《中华人民共和国审计法》，明确了经济责任审计的法律地位，但其规定内容比较原则，具体内容应由国务院通过制定行政法规予以规定。2008年，国务院法制办公室就审计署编写的《经济责任审计条例(征求意见稿)》向社会各界征求意见，于2013年颁布《中国内部审计准则》，自2014年1月1日起施行。至此，经济责任审计的法律地位建立。2021年《第2205号内部审计具体准则——经济责任审计》，进一步修改完善，自2021年3月1日起施行(自2016年3月1日起施行的《第2205号内部审计具体准则——经济责任审计》同时废止)。

10.1.2 经济责任审计的类型

按照审计的内容、审计的时间、被审计单位的性质，经济责任审计可以分成如下几类。

1. 按照审计内容的不同，经济责任审计可分为目标经济责任审计和破产经济责任审计

(1) 目标经济责任审计，是指对经济责任人完成其承担的承包目标、租赁目标、任期目标等目标责任情况进行审计。这类审计主要是根据经济责任人与上级主管部门、发包(或出租)单位、本级政府部门所签订的承包、租赁合同、目标责任进行审计。审计内容在合同中要明确规定审计目标、范围明确，重点突出。

(2) 破产经济责任审计是根据《企业破产法(试行)》的规定，主要审查和确认企业破产的原因；确定对企业破产应当承担责任的主要责任人；监督破产企业的财产物资，包括破产清算时资产和负债项目的确认、资产价值的评估、破产资财的变卖和分配等。这种经济责任审计可以全面地对企业整个破产过程进行审计，以确认责任人应当承担的经济责任、保证破产清算的顺利进行。

2. 按照审计时间的不同，经济责任审计可分为任中经济责任审计和离任经济责任审计

（1）任中经济责任审计，是指对在任领导干部履行经济责任情况进行审计。由于在实施任中经济责任审计时，被审计对象尚在领导岗位，掌握着一定的权力，因此任中经济责任审计与离任经济责任审计相比，其审计环境更复杂、审计工作难度更大。

（2）离任经济责任审计，是指审计人员对被审计人受托管理资产的运用及其效果所负责任进行的审查、评价以及鉴证活动。离任经济责任审计结果既可作为组织、人事部门对干部进行考察考核、综合评价、任用以及奖惩的重要依据，又可作为划分责任的依据。

3. 按照审计实施时间的不同，经济责任审计可分为事前经济责任审计、事中经济责任审计和事后经济责任审计

（1）事前经济责任审计，是指在经济责任关系确立之前，对经济责任关系主体的资产、负债、损益的真实、合法、效益情况进行审计，以保证经济责任关系各方合法、合理、正确确定有关方案、合同，进而保证经济责任的合理性，并有效维护有关经济责任关系各方的合法权益。

（2）事中经济责任审计，一般是指在经济责任人任职期间对其进行的审计。在经济责任的履行过程中，审计机构可以根据需要对领导干部、经济责任人经济责任的履行情况进行审查和评价；检查企业的生产经营活动财务收支是否存在差错、舞弊行为；督促责任人正确履行经济责任以便及时发现问题，防患于未然，以保障国有资产的安全、完整、保值、增值。事中经济责任审计又包括例行的年度审计和不定期的临时性审计。

（3）事后经济责任审计，是指在终止经济责任关系或者领导干部调离所在部门单位后，对其履行经济责任审计。例如，在承包租赁经营合同期满时，对经济责任关系主体的经济活动和经营成果的合法性、真实性、有效性进行审查和评价，确认经济责任履行情况，以解脱责任人所负的经济责任。

4. 按照被审计单位性质的不同，经济责任审计可分为党政领导干部任期经济责任审计和国有企业领导人员任期经济责任审计

（1）党政领导干部任期经济责任审计，主要是指对党政机关、审判机关、检察机关、群众团体，以及事业单位的党政正职领导干部的任期经济责任审计。

（2）国有企业领导人员任期经济责任审计，主要是指对国有独资企业、国有资产占控股地位或者主导地位的股份制企业的法定代表人（董事长或总经理）的任期经济责任审计。

将经济责任审计分为党政领导干部任期经济责任审计和国有企业领导人员任期经济责任审计，主要是从政企分开的改革思路出发，充分考虑到党政机关与国有企业在工作性质、工作内容、管理体制，以及运行机制等方面的不同特点，以便审计机关能够分层次、有重点地对党政机关和国有企业实施审计。

10.1.3 经济责任审计的目的、对象、范围

1. 经济责任审计的目的

经济责任审计的目的不同于常规审计。常规审计的主要目的是维护财经法纪、改善经

营管理、提高经济效益，其出发点是被审计单位和国家的经济秩序。

经济责任审计的主要目的则是分清经济责任人任职期间在本部门、本单位经济活动中应当担负的责任，其为组织的人事部门、纪检监察机关、其他有关部门考核干部、兑现承包合同等提供参考依据。

以企业领导人员经济责任审计为例，其审计目的包括以下几点：

(1) 通过对国有及国有控股企业领导人员任职期间所在企业资产、负债、损益的真实性、合法性以及效益性的审计，正确评价企业领导人员任期经济责任，为管理机关考核企业领导人员经营业绩和选拔、任免、奖惩干部提供参考依据。

(2) 促进国有企业及其领导人员增强遵纪守法和廉洁自律意识，维护国家财经法纪和经济秩序。

(3) 促进国有企业，加强和改善经营管理，建立健全内部控制和自我约束机制，完善法人治理结构，不断增强国有企业竞争实力，保障国有资本保值和增值。

2. 经济责任审计的对象

1) 党政领导干部经济责任审计的对象

(1) 地方各级党委、政府、审判机关、检察机关的正职领导干部，以及主持工作一年以上的副职领导干部。

(2) 中央和地方各级党政工作部门、事业单位，以及人民团体等单位的正职领导干部、主持工作一年以上的副职领导干部；上级领导干部兼任部门、单位的正职领导干部，且不实际履行经济责任时，实际负责本部门、本单位常务工作的副职领导干部。

2) 企业领导人员经济责任审计的对象

国有企业领导人员经济责任审计的对象包括国有和国有控股企业(含国有和国有控股金融企业)的法定代表人。

3. 经济责任审计的范围

审计的范围是指审计客体的外延，即被审计单位经济责任审计不同于一般的审计监督活动，其是只通过审计被审计单位在对被审计单位财政财务收支真实、合法、效益作出评价的同时，对被审计单位法定代表人、负责人的经济责任作出评价。因此，经济责任审计的范围是指被审计单位的法定代表人、负责人。从目前我国开展经济责任审计的情况来看，经济责任审计的范围有以下几点：

1) 党政领导干部任期经济责任审计的范围

从目前正式开展党政领导干部任期经济责任审计的国务院有关部门和一些地方情况来看，接受经济责任审计的党政领导干部主要有：省、地级市、县三级直属的党政机关审判机关、检察机关、群众团体和事业单位的党政正职领导干部；乡镇党委、政府正职领导干部。开展经济责任审计的国务院部门接受审计的领导干部一般为部、委、直属事业单位的主要负责人，按照《县级以下党政领导干部任期经济责任审计暂行规定》，接受任期经济责任审计的党政领导干部包括：县(旗)、自治县、不设区的市、市辖区直属的党政机关、审判机关、检察机关、群众团体和事业单位的党政正职领导干部；乡、民族乡、镇的党委、人民政府正职领导干部。

2) 企业领导人员经济责任审计的范围

按照《中华人民共和国审计法》及其实施条例的规定，审计机关对国有企业的资产、负债、损益进行审计监督；对国有资产的其他企业进行审计监督，则必须是国有资产占控股地位、主导地位的企业。据此，目前国有企业领导人员任期经济责任审计的范围主要是：国有独资企业；国有资产占控股地位、主导地位的股份制企业的法定代表人（董事长或总经理）。

离任审计是审计人员对受托管理资财的运用及其效果所负责任进行的监督、评价活动。其理论依据为：审计是因两权分离后的受托经济责任的产生而产生的，归根到底审计就是审查资财管理者对资财所有者应履行的经济责任。现代审计中的财务审计和管理审计是离任审计的两种表现形式。财务审计审查资产、负债、损益情况，管理审计审查资金运动的效果和效率情况。

10.2 任期经济责任审计的内容和程序

10.2.1 任期经济责任审计的内容

经济责任审计应当以促进领导干部推动本地区、本部门（系统）、本单位科学发展为目标，以领导干部守法、守纪、守规、尽责情况为重点，以领导干部任职期间本地区、本部门（系统）、本单位财政收支、财务收支，以及有关经济活动的真实、合法、效益为基础，严格依法界定审计内容。

1. 党政领导干部经济责任审计的内容

根据《党政主要领导干部和国有企业领导人员经济责任审计规定实施细则》的规定，地方各级党政领导干部经济责任审计的内容主要包括以下几点。

1）地方各级党委主要领导干部经济责任审计的主要内容

（1）贯彻执行党和国家、上级党委和政府重大经济方针政策及决策部署情况。

（2）遵守有关法律法规和财经纪律情况。

（3）领导本地区经济工作，统筹本地区经济社会发展战略和规划，以及政策措施制定情况及效果。

（4）重大经济决策情况。

（5）本地区财政收支总量和结构、预算安排和重大调整等情况。

（6）地方政府性债务的举借、用途和风险管控等情况。

（7）自然资源资产的开发利用和保护、生态环境保护以及民生改善等情况。

（8）政府投资和以政府投资为主的重大项目的研究决策情况。

（9）对党委有关工作部门管理和使用的重大专项资金的监督情况，以及厉行节约反对浪费情况。

（10）履行有关党风廉政建设第一责任人职责情况，以及本人遵守有关廉洁从政规定情况。

（11）对以往审计中发现问题的督促整改情况。

（12）其他需要审计的内容。

2）地方各级政府主要领导干部经济责任审计的主要内容

（1）贯彻执行党和国家、上级党委和政府、本级党委重大经济方针政策及决策部署情况。

(2) 遵守有关法律法规和财经纪律情况。

(3) 本地区经济社会发展战略、规划的执行情况，以及重大经济和社会发展事项的推动和管理情况及其效果。

(4) 有关目标责任制完成情况。

(5) 重大经济决策情况。

(6) 本地区财政管理，以及财政收支的真实、合法、效益情况。

(7) 地方政府性债务的举借、管理、使用、偿还和风险管控情况。

(8) 国有资产的管理和使用情况。

(9) 自然资源资产的开发利用和保护、生态环境保护以及民生改善等情况。

(10) 政府投资和以政府投资为主的重大项目的研究、决策及建设管理等情况。

(11) 对直接分管部门预算执行和其他财政收支、财务收支及有关经济活动的管理和监督情况，厉行节约反对浪费情况，以及依照宪法、审计法规定分管审计工作情况。

(12) 机构设置、编制使用以及有关规定的执行情况。

(13) 履行有关党风廉政建设第一责任人职责情况，以及本人遵守有关廉洁从政规定情况。

(14) 对以往审计中发现问题的整改情况。

(15) 其他需要审计的内容。

3) 党政工作部门、审判机关、检察机关、事业单位和人民团体等单位主要领导干部经济责任审计的主要内容

(1) 贯彻执行党和国家有关经济方针政策和决策部署，履行本部门(系统)、单位有关职责，推动本部门(系统)、单位事业科学发展情况。

(2) 遵守有关法律法规和财经纪律情况。

(3) 有关目标责任制完成情况。

(4) 重大经济决策情况。

(5) 本部门(系统)、单位预算执行和其他财政收支、财务收支的真实、合法和效益情况。

(6) 国有资产的采购、管理、使用和处置情况。

(7) 重要项目的投资、建设和管理情况。

(8) 有关财务管理、业务管理、内部审计等内部管理制度的制定和执行情况，以及厉行节约反对浪费情况。

(9) 机构设置、编制使用以及有关规定的执行情况。

(10) 对下属单位有关经济活动的管理和监督情况。

(11) 履行有关党风廉政建设第一责任人职责情况，以及本人遵守有关廉洁从政规定情况。

(12) 对以往审计中发现问题的整改情况。

(13) 其他需要审计的内容。

2. 企业领导人员经济责任审计的内容

企业根据《党政主要领导干部和国有企业领导人员经济责任审计规定实施细则》的规定，国有企业领导人员经济责任审计的主要内容包括以下几点：

(1) 贯彻执行党和国家有关经济方针政策和决策部署，推动企业可持续发展情况。

(2) 遵守有关法律法规和财经纪律情况。

(3) 企业发展战略的制定和执行情况及其效果。

(4) 有关目标责任制完成情况。

(5) 重大经济决策情况。

(6) 企业财务收支的真实、合法和效益情况，以及资产负债损益情况。

(7) 国有资本保值增值和收益上缴情况。

(8) 重要项目的投资、建设、管理及效益情况。

(9) 企业法人治理结构的健全和运转情况，以及财务管理、业务管理，风险管理、内部审计等内部管理制度的制定和执行情况，厉行节约反对浪费和职务消费等情况，对所属单位的监管情况。

(10) 履行有关党风廉政建设第一责任人职责情况，以及本人遵守有关廉洁从业规定情况。

(11) 对以往审计中发现问题的整改情况。

(12) 其他需要审计的内容。

10.2.2 任期经济责任审计的程序

1. 审计准备阶段

1) 进行审前调查

审前调查应重点了解被审计单位的历史沿革、业务概况、组织机构等概况；被审计人员的任期、任期目标、各项经济指标的完成情况；被审计人员在任期内作出的重大决策；被审计单位所处部门(行业)的特点及相关政策；被审计单位内部控制制度建立健全情况等。

2) 制定审计实施方案

审计组应当在下达审计通知书之前制定经济责任审计实施方案，以合理安排审计工作。经济责任审计实施方案应当包含审计目的、审计范围、审计内容、审计程序、审计方法、审计人员，以及审计时间等内容。

3) 下达审计通知书

审计机关应当在实施经济责任审计三日前，向被审计领导干部及其所在单位或者原任职单位送达审计通知书。如有特殊情况，经本级政府批准，审计机关可以直接持审计通知书实施经济责任审计。

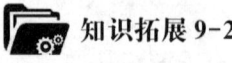

知识拓展9-2

任期经济责任审计提供资料清单(参考)

(1) 公司营业执照等有关证照(复印件)；

(2) 公司章程；

(3) 公司基本情况；

(4) 开户许可证；

(5) 被审计单位签订的重要经济合同复印件；

(6) 银行询证函、银行对账单、银行存款余额调节表；

(7) 公司内部管理制度及内部机构设置、职责分工资料；

(8) 公司经营目标；

(9) 被审计期间生产经营计划及重要财政、财务收支事项决策会议记录；被审计单位的有关收益分配的董事会和股东会决议；被审计期间国有资产管理经营部门历年下达的国有资产保值增值考核指标；被审计期间历年资产经营计划和经济指标完成情况；被审计期间重大投资项目及其实施结果；对外投资明细表及有关协议、合同；投资收益分配的有关文件；

(10) 应收账款询证函、重大的其他往来科目询证函；

(11) 截至审计报表日的各项财产物资盘点表(现金、存货、在建工程、固定资产等)；

(12) 被审计单位截止报表日的债权债务情况表(含账龄分析)及债权清理调查表；

(13) 被审计期间历年财务报表、账簿、凭证等会计资料(审计人员进点后提供)；

(14) 任期前后有关经济遗留问题的专门材料；

(15) 被审计期间的审计报告、验资报告、资产评估报告，以及办理企业合并、分立等事宜出具的有关报告；

(16) 被审计期间公司历年年度总结；

(17) 被审计单位重大诉讼及纠纷情况的法院判决书及其他有关文件；

(18) 被审计期间有关经济管理监督部门及检察机构做出的重大检查事项结果、处理意见，以及纠正情况资料；

(19) 被审计人的任命书及任职期限；

(20) 被审计人的基本情况；

(21) 被审计人的述职报告及年度个人总结。

2. 审计实施阶段

1) 取得审计承诺和述职报告

审计实施初期，应要求被审计单位向审计组就其提交的会计凭证、账簿、报表等会计资料及相关业务资料的真实性、完整性做出书面承诺。审计中可以采取分级承诺或分项承诺，尽可能地降低审计风险。同时要求企业被审计人员提交述职报告，并对述职报告的真实性、完整性做出承诺。审计中，要将述职报告作为开展审计工作和编写审计报告的重要基础资料。具体资料包括：财政收支、财务收支相关资料；工作计划、工作总结、会议记录、会议纪要、经济合同、考核检查结果、业务档案等资料；其他有关资料。被审计领导干部及其所在单位应当对所提供的上述资料的真实性、完整性负责，并作出书面承诺。

2) 进行审计测试

(1) 控制测试。通过对被审计单位内部控制的测试，以评价被审计人员的管理责任。

(2) 实质性测试。通过收集审计证据，证明被审计单位在经营管理活动中可能存在的问题、经济效益状况，以明确经济责任归属和责任性质。

3. 审计终结阶段

1) 进行审计评价

任期经济责任的评价，包括被审计人所在单位在任期内经济效益方面业绩的评价，属于综合经济效益审计评价的一种具体形式。经济责任评价是审计人员根据审计过程中收集的审计证据和形成的工作底稿，作出审计结论的过程。这种评价发生在两个阶段：

(1) 审计实施阶段，审计人员对被审计单位具体财政、财务收支、经济活动所进行的合法性、真实性、效益性评价。

(2) 审计终结阶段,审计组对被审计人员和其单位的全部财政、财务收支、经济活动的合法性、真实性、效益性,以及被审计单位领导人员的经济责任进行总体评价。

2) 形成审计报告

(1) 征求意见。审计组实施审计后应当将审计组的审计报告征求被审计领导干部及其所在单位的意见。根据工作需要,可以征求本级党委、政府有关领导,以及本级联席会议有关成员单位的意见。被审计领导单位干部及其所在单位应当自接到审计组的审计报告之日起10日内提出书面意见;10日内未提出书面意见的视同无异议。

(2) 出具审计报告。审计机关按照《中华人民共和国审计法》及相关法律法规规定的程序,对审计署的审计报告进行审议,出具审计机关的经济责任审计报告和审计结果报告。审计机关应当将经济责任审计报告送达被审计领导干部及其所在单位。审计机关应当将经济责任审计结果报告等结论性文书报送本级政府行政首长,必要时报送本级党委主要负责同志;提交委托审计的组织部门;抄送联席会议有关成员单位。

(3) 作出审计决定。被审计领导干部所在单位存在违反国家规定的财政收支、财务收支行为,依法应当给予处理、处罚,并由审计机关在法定职权范围内作出审计决定。审计机关在经济责任审计中发现的、应当由其他部门处理的问题,依法移送有关部门处理。

10.2.3 任期经济责任审计评价

审计机关应当根据审计查证或者认定的事实,依照法律法规、国家有关规定和政策,以及责任制考核目标和行业标准等,在法定职权范围内,对被审计领导干部履行经济责任情况作出客观、公正、实事求是的评价。审计评价应当与审计内容相统一,评价结论应当有充分的审计证据支持。

1. 审计评价原则

(1) 以经济行为和经济责任为主。被审计人员及其所在单位的经济行为,主要是指任期内的财政收支、财务收支、有关的经济活动;经济责任主要是指被审计单位领导人员应负的财务责任、管理责任,以及对合法性、真实性、效益性存在问题所承担的直接责任和主管责任。

(2) 经济责任量化评价。要求从被审计人员确认为真实的有关数据资料中,直接评价或通过指标测算,评价任期责任、经济效益的状况和变动趋势。

(3) 责任划分原则。要求严格划清两条界限:一是被审计人员和其前任、后任之间的责任界限;二是被审计人员的直接责任和主管责任之间的界限。前者是责任归属问题,后者是责任性质问题。

(4) 识别和剔除客观因素。影响经济责任评价的因素有很多,其中既有主观因素,也有客观因素。在经济责任审计评价中,审计人员应当识别和剔除客观因素,以便对被审计人员作出客观、公正的评价。

2. 任期经济责任的评价步骤

(1) 收集任期经济效益责任目标的具体内容和水平,既作为评价经济效益责任的标准,也作为评价这些标准的可行性。任期经济效益责任目标的可行性主要表现在两个方面:一是合理性,即这些责任目标不能脱离被审计人员所在单位的实际情况,既不能盲目追求高水平、高目标,也不能缺乏先进性;二是完整性,即任期经济责任指标应能够涵盖任期经济责任的基本内容，不能有重大的遗漏。

(2) 评价被审计人在任期内采取的措施。被审计人员为了完成其任期内的经济效益目标，必然会采取一定的措施。在经济责任审计中，审计人员对这些措施进行评价的目的包括：①判断任期经济效益业绩与被审计人员主观努力之间的关系；②评价被审计人员所具有的经营管理领导能力。

3. 任期经济责任审计评价指标体系

经济责任审计评价，是指审计机构或审计人员对被审计人任职期间所在单位的资产、负债、损益的真实性、合法性、效益性，以及对被审计人员个人履行经济责任、遵守财经纪律、廉洁自律等情况进行评判和界定的行为。经济责任审计评价贯穿于审计的全过程，其指标体系是正确进行考核评价的利器。

评价指标体系是根据评价目标和评价客体而设计的，以指标形式体现，能反映评价对象特征的一系列因素构成的体系。经济责任审计的核心问题是审计评价，而评价的最终目的是对干部作出客观、全面、公平、公正、准确的评价，从而避免主观随意性。因此，建立必要的评价指标体系对经济责任审计工作是十分重要的。

我国现阶段对经济责任审计评价指标体系的研究尚处于探索阶段，其在实践中缺乏统一的标准。我们建议选用以下一些指标体系，以对被审计人员任期经济责任履行情况，作出比较正确的评价。

1) 财务效益状况经济指标

(1) 净资产收益率。净资产收益率是企业本期净利润与净资产的比率，其计算公式如下：

净资产收益率＝净利润÷平均净资产×100％

净资产收益率值越高，企业自有资本经营的回报率越高，并通过对该指标的综合性对比分析，可以反映企业净资产获利能力在同行业中所处的地位、与竞争对手的差异水平。ABC公司2015年的净利润为1 923 875 000元，平均净资产为14 056 365 000元，净资产收益率为1 923 875÷14 056 365×100％＝13.69％，可见该公司的盈利能力好。

(2) 总资产报酬率。总资产报酬率是企业息税前利润与平均总资产之间的比率，其计算公式如下：

总资产报酬率＝(利润总额＋利息支出)÷平均总资产×100％

总资产报酬率高，既说明企业资产的运用效率好，也意味着企业的资产盈利能力强，所以，总资产报酬率越高越好。ABC公司2015年的利润总额为3 175 641 000元，利息支出为1 406 542 000元，平均总资产为56 058 655 000元，总资产报酬率为(3 175 641＋1 406 542)÷56 058 655×100％＝8.17％，可以看出该公司的盈利能力具有一定的优势。

(3) 销售(营业)利润率。销售(营业)利润率是企业一定时期销售(营业)利润同销售(营业)收入净额的比率，其计算公式如下：

销售(营业)利润率＝销售(营业)利润÷销售(营业)收入净额×100％

销售(营业)利润率越高，说明企业产品或商品定价科学、产品附加值高、营销策略得当、主营业务市场竞争力强、发展潜力大、获利水平高。

(4) 成本费用利用率。成本费用率是企业一定时期的利润总额同企业成本费用总额的比率,其计算公式如下:

成本费用率=利润总额÷销售成本费用总额×100%

成本费用率越高,表明企业为取得收益所付出的代价越小,企业的成本费用控制越好、企业的获利能力越强。此外,该指标越高也说明公司内部控制强、节约支出,从而提高其经营效益。

2) 资产运营状况经济指标

(1) 总资产周转率。总资产周转率是企业一定时期销售(营业)收入净额同平均资产总额的比值,其计算公式如下:

总资产周转率=[销售(营业)收入净额÷平均资产总额]×100%

总资产周转率越高,周转速度越快、销售能力越强、资产利用效率越高。

(2) 流动资产周转率。流动资产周转率是企业一定时期销售(营业)收入净额同平均流动资产总额的比值,其计算公式如下:

流动资产周转率=[销售(营业)收入净额÷平均流动资产总额]×100%

流动资产周转率越高,表明企业流动资产周转速度越快、资产利用越好。

(3) 存货周转率。存货周转率是企业一定时期销售成本与平均存货的比率,其计算公式如下:

存货周转率=销售成本÷平均存货

存货周转率越高,表明企业资产由于销售顺畅而具有较高的流动性、存货转换为现金或应收账款的速度快、存货占用的水平低。

(4) 应收账款周转率。应收账款周转率是企业一定时期内销售(营业)收入净额同平均应收账款余额的比率,其计算公式如下:

应收账款周转率=销售(营业)收入净额÷平均应收账款×100%

一般认为,应收账款周转率越高越好,它表明企业收款迅速、可节约营运资金、可减少坏账损失、可减少收账费用,以及资产流动性高。

3) 偿债能力经济指标

(1) 资产负债率。资产负债率是企业一定时期负债总额同资产总额的比率,其计算公式如下:

资产负债率=(负债总额÷资产总额)×100%

资产负债率是衡量企业负债水平及风险程度的重要判断标准。根据当前我国企业生产经营的实际情况、所属行业的资金周转特征,以及长期债务偿还能力,不同行业中企业的资产偿债率各不相同。

(2) 已获利息倍数。已获利息倍数是企业一定时期息税前利润与支出的比值,其计算公式如下:

已获利息倍数 = 息税前利润 ÷ 利息支出

已获利息倍数是反映企业偿付债务利息的保证程度指标，该指标越高，说明企业支付利息的能力越强、债权人按期取得利息越有保证。

(3) 流动比率。流动比率是企业一定时期流动资产同流动负债的比率，其计算公式如下：

流动比率＝(流动资产÷流动负债)×100%

流动比率越高，表明企业流动资产流转得越快、偿还流动负债的能力越强。

(4) 速动比率。速动比率是企业一定时期的速动资产同流动负债的比率，其计算公式如下：

速动比率＝速动资产÷流动负债×100%

速动比率越高，表明企业偿还流动负债的能力越强。该指标一般保持在100%的水平比较好，其表明企业既有好的债务偿还能力，又有合理的流动资产结构。

4) 发展能力状况经济指标

(1) 销售(营业)增长率。销售(营业)增长率是企业本年销售(营业)收入增长额同上年销售(营业)收入总额的比率，其计算公式如下：

销售(营业)增长率＝本年销售(营业)收入增长额÷上年销售(营业)收入总额×100%

若销售(营业)增长率大于0，表示企业本年的销售(营业)收入有所增长，该指标值越高，表明企业增长速度越快、企业市场前景越好；若销售(营业)增长率小于0，则说明企业产品不适销对路、质次价高，以及在售后服务等方面存在问题，进而导致产品销售不出去、市场份额萎缩。

(2) 三年利润平均增长率。三年利润平均增长率表明企业利润的连续三年增长情况，其体现企业的发展潜力。其计算公式如下：

三年利润平均增长率＝[(年末利润总额÷三年前末利润总额)－1]÷3×100%

利用三年利润平均增长率指标，能够反映企业的利润增长趋势和效益稳定程度，它较好体现企业的发展状况和发展能力，从而避免因少数年份利润不正常增长，对企业发展潜力的错误判断。

相关思考 10-1

运用评价指标体系应注意的问题

(1) 评价指标的运用要与企业领导人员任期目标相结合，不同类型的企业有不同的具体情况，应有所侧重，并可根据需要，增删有关指标。

(2) 用指标进行评价必须与审计事实及相关过程相结合，避免单纯以数字标准来评价。并注意结合当地的客观环境、历史条件以及实际情况进行评价。

(3) 用指标进行评价时应注意作动态比较评价，即将有关经济指标纳入国家经济政策调整、利率变化、同行业概况、市场变化等诸多社会因素，进行综合比较评价。

(4) 任后审计向全过程监控审计方向扩展，即由任前、任中以及任后全过程审计相结合。

10.3 企业内部经济责任审计

审计署于2003年发布的《审计署关于内部审计工作的规定》中第九条规定，内部审计的职责之一是"对本单位内设机构及所属单位领导人员的任期经济责任进行审计"。2011年8月，中国内部审计师协会发布《内部审计实务指南第5号——企业内部经济责任审计指南》，其标志着企业内部经济责任审计工作开始走向制度化和标准化。

10.3.1 企业内部经济责任审计的含义、类型、范围

1. 企业内部经济责任审计的含义

企业内部经济责任审计，是指企业内部审计机构对企业内部管理领导干部（以下简称企业内管干部）开展的经济责任审计。企业内部经济责任审计的对象，包括企业主要业务部门的负责人、企业下属全资或控股企业的法定代表人（包括主持工作一年以上的副职领导干部）等。

2. 企业内部经济责任审计的类型

企业内部经济责任审计包括离任经济责任审计、任中经济责任审计以及专项经济责任审计。

（1）离任经济责任审计，是指企业内管干部任期届满，或者在任期内办理调任、免职、辞职、退休等事项前进行的经济责任审计。

（2）任中经济责任审计，是指企业内管干部任职期间进行的经济责任审计，包括实行年薪制及股权激励机制的企业（包括试点企业）在任期内奖励兑现前的审计、任期届满连任时的审计，以及任职时间较长、上级企业根据规定和需要安排的审计。

（3）专项经济责任审计，是指企业内管干部存在违反廉洁从业规定和其他违法违纪行为、其所任职企业发生债务危机、长期经营亏损、资产质量较差等重大财务异常状况，以及发生合并分立、破产关闭、重组改制等重大经济事项情况下进行的经济责任审计。

3. 企业内部经济责任审计的范围

企业内部经济责任审计的范围应当遵循重要性原则确定，并充分考虑审计风险。企业总部及重要的下属全资或控股企业（以下简称子企业）应当纳入审计范围，纳入审计范围的资产量一般不低于企业内管干部所在企业资产总额的70%，子企业户数不低于该企业总户数的50%。下列子企业应当纳入经济责任审计的范围：

（1）资产或者效益占有重要位置的子企业。

（2）由企业内管干部兼职的子企业。

（3）任期内发生合并分立、重组改制等产权变动的子企业。

（4）任期内关停并转或者出现经营亏损、资不抵债、债务危机等财务异常状况的子企业。

（5）任期内未接受过审计的子企业。

（6）各类金融子企业及内部资金结算中心等。

10.3.2 企业内部经济责任审计的内容

企业内管干部经济责任审计应当重点检查所在企业经营发展情况、财务收支情况、履行

国有资产出资人经济管理和监督职责情况、遵守法律法规和贯彻执行国家有关经济工作方针政策和决策部署情况、制定和执行重大经济决策情况、内部控制建立和执行情况以及遵守有关廉洁从业规定情况等。

1. 企业经营发展情况、财务收支情况、履行国有资产出资人经济管理和监督职责情况的审计，可以重点审查企业财务收支的真实性、合法性和效益性

(1) 财务收支的真实性审计。重点审查企业内管干部任职期间企业的财务状况和经营成果是否真实、完整，账实是否相符，会计核算是否准确，合并财务报表范围是否完整等。其主要内容包括以下几点：

其一，企业财务会计核算是否准确、真实，是否存在财务状况和经营成果不实的问题。

其二，企业财务报表的合并范围、方法、内容以及编报是否符合规定，是否存在故意编造虚假财务报表等问题。

其三，企业会计账簿记录与实物、款项以及有关资料是否相符。

其四，企业采用的会计确认标准或计量方法是否正确，有无随意变更、滥用会计估计和会计政策，以及故意编造虚假利润等问题。

(2) 财务收支的合法性审计。重点审查企业内管干部任职期间，企业的财务收支管理和核算是否符合国家有关规定。其主要内容包括以下几点：

其一，企业收入、成本费用的确认和核算是否符合有关规定，有无虚列、多列、不列或者少列收入及成本费用等问题。

其二，企业资产、负债、所有者权益的确认和核算是否符合有关规定，有无随意改变确认标准或计量方法，以及虚列、多列、不列或者少列资产、负债、所有者权益等问题。

(3) 财务收支的效益性审计。财务收支的效益性审计重点审查企业的盈利能力状况、资产质量状况、债务风险状况、经营增长状况等方面经济指标完成情况。

其一，盈利能力状况审计。盈利能力状况审计主要通过资本及资产报酬水平、成本费用控制水平、经营现金流量状况等反映企业盈利能力的财务指标，审查企业内管干部在任职期间企业的投入产出水平和盈利能力。可参考指标包括：净资产收益率、总资产报酬率、销售(营业)利润率、成本费用利润率等。

其二，资产质量状况审计。资产质量状况审计主要通过资产周转速度、资产运行状态、资产结构以及资产有效性等方面的财务指标，审查企业内管干部任职期间企业占用经济资源的利用效率、资产管理水平与资产的安全性。可参考指标包括：总资产周转率、应收账款周转率、不良资产比率、资产现金回收率等。

在资产质量状况审计中应重点对不良资产进行审计，应当按照企业内管干部任期职责、任期时间、不良资产产生原因等情况，分清企业不良资产产生的责任。应注意核实企业内管干部任期以前存在的不良资产、任期内消化的任期以前的不良资产、任期内新增不良资产，以及任期内因客观因素新增的不良资产。其中，客观因素主要是指国际环境、国家政策、自然灾害等，主观因素主要是指决策失误、经营不善等。

其三，债务风险状况审计。债务风险状况审计主要通过债务负担水平、资产负债结构、有负债情况、现金偿债能力等方面的财务指标，审查企业内管干部任职期间企业的债务水平、偿债能力，以及面临的债务风险。可参考指标包括：资产负债率、速动比率、现金流动负债比率、带息负债比率、负债比率等。

其四，经营增长状况审计。经营增长状况审计主要通过市场拓展、资本积累、效益增长，以及技术投入等方面的财务指标，审查企业内管干部任职期间企业的经营增长水平、资本增值状况、持续发展能力。可参考指标包括：销售（营业）增长率、资本保值增值率、任期年均资本增长率、销售（营业）利润增长率、总资产增长率等。

2. 遵守法律法规和贯彻执行国家有关经济工作方针政策和决策部署情况、制定和执行重大经济决策情况审计

重大经济决策情况审计审查企业内管干部任职期间，企业重大决策、重要人事任免、重大项目安排、大额度资金运作事项（以下简称“三重一大”事项）的决策规则和程序是否建立健全，经济决策方案是否得到良好的执行，以及执行的结果是否达到决策目标要求等内容，明确企业内管干部在重大经济决策中应负的责任。重大经济决策制定和执行情况审计的具体内容包括以下几点：

(1) 企业是否建立了“三重一大”事项决策机制，制定的基本程序是否符合规定，是否存在未经决策机构集体讨论、由企业内管干部个人或少数人决策的问题。

(2) 重大经济决策的内容是否符合国家有关法律法规、政策以及规定。

(3) 重大经济决策是否经国家有关部门核准或审批，所签订协议或者合同内容是否符合企业实际，是否存在损害本企业利益的条款。

(4) 重大经济决策方案是否得到良好执行，是否明确了具体的管理部门，是否进行过程监控。

(5) 重大经济决策是否存在重大风险，决策方案中有无预防和控制风险的应对措施，决策执行的结果是否达到决策目标要求，是否给企业造成损失或潜在损失等。

3. 内部控制建立及执行情况审计

内部控制建立及执行情况审计审查企业内管干部所在企业内部控制的健全性、适当性以及有效性，并结合企业内管干部的职责要求确定其在内部控制建立及执行中应承担的责任。内部控制建立及执行情况审计应当注意审查以下几点内容：

(1) 内部环境。内部环境审查企业治理结构是否合理，机构设置与权责分配是否明确，内部审计机构是否健全，人力资源政策是否有效制定和实施等。

(2) 风险评估。风险评估审查企业是否能够及时识别经营活动中与实现内部控制目标相关的内外部风险，是否采用定性与定量相结合的方法，系统分析风险并合理确定风险应对策略等。

(3) 控制活动。控制活动审查企业不相容职务分离控制、授权审批控制、会计系统控制、财产保护控制、预算控制、运营分析控制、绩效考评控制等控制措施是否恰当、有效，能否运用控制措施，对各种业务和事项的风险控制在可承受度之内。

(4) 信息与沟通。信息与沟通审查企业是否建立信息与沟通制度，内部控制相关信息的收集、处理以及传递程序是否明确，内部控制相关信息能否在企业内外部各方面及时沟通和反馈，是否建立反舞弊机制等。

(5) 内部监督。内部监督审查企业是否制定内部控制监督制度，是否明确内部审计机构和其他内部机构在内部监督中的职责权限，是否制定内部控制缺陷认定标准，是否定期对内部控制有效性进行自我评价等。

4. 企业内管干部遵守廉洁从业规定情况审计

企业内管干部遵守廉洁从业规定情况审计主要审查企业内管干部有无违反国家法律法

规和廉政纪律;以权谋私,贪污、挪用、私分公款;转移国家资产;行贿受贿;挥霍浪费等行为。其主要内容包括以下几点:

(1) 有无以权谋私和违反廉洁从业规定的问题。

(2) 根据人事、纪检监察部门的意见,需要审计查证的事项。

(3) 根据群众反映,需要审计查证的问题。

(4) 其他违法、违纪问题。

5. 其他方面审计

经济责任审计还应当关注企业内管干部贯彻落实科学发展观,推动经济社会科学发展情况;遵守有关法律法规、贯彻执行党和国家有关经济工作的方针政策和决策部署情况;与履行经济责任有关的管理、决策等活动的经济效益、社会效益以及环境效益情况等。

10.3.3 企业内部经济责任审计程序

1. 审计准备阶段

(1) 审计立项。内部审计机构根据有关法律法规和企业内部规章制度,接受本企业董事会、高级管理层的委派或相关干部管理部门的委托(以下简称相关单位委派或委托)进行审计立项,作出审计计划安排。特殊情况下,可以调整审计计划,追加审计项目。

(2) 编制经济责任审计工作方案。经济责任审计工作方案主要包括以下内容:审计目标;审计对象;审计范围;审计内容与重点;审计组织与分工;工作要求。

(3) 确定审计组。内部审计机构根据经济责任审计事项,选派审计人员组成审计组。审计组实行组长负责制。审计组应当由具有相关工作经验和专业知识的人员组成;审计组组长由内部审计机构确定,审计组组长应当是具有经济责任审计工作经验或具有较高相关专业技术资格的业务负责人。

(4) 制发审计通知书。内部审计机构应当在实施审计三日前,向企业内管干部及其所在企业送达审计通知书。具有特殊目的的经济责任审计项目,也可以在审计实施时送达审计通知书。审计通知书送达后,企业内管干部或所在企业要求内部审计人员回避的,内部审计机构应当按照回避制度的规定决定是否回避。应当回避的,调整审计组成员并告知企业内管干部或所在企业。

审计通知书由审计组起草,经内部审计机构审核,报内部审计机构主管领导签发。审计通知书可以附相关单位委派或委托书、需提供的审计资料清单等。

2. 审计实施阶段

审计实施阶段的工作主要包括以下几点内容:

(1) 召开审计组进点会议。审计组进驻企业内管干部所在企业时,应当召开有审计组主要成员、企业内管干部及其所在单位有关人员参加的进点会议,安排审计工作有关事项。内部审计机构主管领导或审计组组长应当说明审计目的和依据、审计范围、审计内容、工作程序、参审人员、审计场所、实施时间、审计纪律、举报电话等,并提出需要协助、配合审计的有关事项和要求。企业内管干部应当就其任职期间履行经济责任的情况进行述职。

(2) 开展审前调查。审计组在编制审计实施方案前,应当根据审计项目的规模、性质、紧急程度,安排适当的人员和时间,调查了解企业内管干部及其所在企业的有关情况。

审计组在编写经济责任审计实施方案前,应当熟悉与审计事项有关的法律法规和政策,调查了解企业内管干部及其所在企业的基本情况，并对所在企业的内部控制进行初步测试。其需要了解的基本情况包括以下几点内容：

① 所在企业的历史沿革、机构设置、人员编制、经营范围、财务状况、财务和业务管理体制、关联方关系等。

② 企业内管干部的职责范围和分管工作。

③ 经营环境，如国家宏观经济环境、产业政策、经营风险，行业现状和发展趋势等。

④ 相关法律法规、政策，特定的会计、税收、外汇、贸易等惯例的要求及执行情况。

⑤ 所在企业适用的业绩指标体系以及业绩评价情况。

⑥ 所在企业内部控制建立健全及执行情况。

⑦ 以前年度接受审计、监管、检查及其整改情况。

⑧ 内部组织人事、纪检监察等部门掌握的企业内管干部遵守廉洁从业规定等方面的情况。

⑨ 信息系统及其电子数据。

⑩ 其他需要了解的情况。

(3) 编制审计实施方案。审计组应根据国家有关法律法规、政策及企业内部有关规定和审前调查的情况，按照重要性和谨慎性原则，在评估风险的基础上，围绕审计目标确定审计的范围、内容、方法和步骤，编制审计实施方案。

审计实施方案主要包括以下几点内容：

① 编制依据。

② 企业内管干部所在企业的名称和基本情况。

③ 审计目标、审计范围。

④ 审计内容、重点、方法及具体实施步骤。

⑤ 预定审计工作起讫日期。

⑥ 重要性水平及对审计风险的评估。

⑦ 审计组组长、审计组成员及其分工。

⑧ 审计质量控制措施。

⑨ 编制单位、日期。

⑩ 其他有关内容。

审计实施方案由审计组编制，经审计组组长审核，报内部审计机构主管领导批准实施。审计组根据实际情况和工作需要，通过访谈、问卷调查、个别询问等调查方式，进一步了解企业内管干部及所在企业的有关情况。调查对象一般包括企业内管干部所在企业董事会、监事会成员，其他领导人员，部门负责人，企业工会、部分职工代表及其他相关人员等。

经济责任审计实施方案的审计目标、审计组组长、审计重点、预定的审计工作完成时间等内容发生重大变化的，应报经内部审计机构主管领导批准后实施。

(4) 现场审计取证。审计组实施审计时，可以运用检查、观察、询问、重新计算、重新操作、外部调查等方法，获取充分、适当、可靠的审计证据。对企业内管干部所在企业的信息系统，可以采取复制、截屏、拍照等方法取得审计证据。

审计人员向有关单位和个人进行调查询问取得的审计证据，应当有提供者的签名、盖章。不能取得提供者签名和盖章的，由审计人员注明原因，并由两名以上审计人员签字予以证明。

审计组组长应当对审计人员收集审计证据工作进行督导，并对审计证据进行审核。发现审计证据不符合要求的，应当责成审计人员进一步取证或采取替代审计程序。

（5）编制审计工作底稿。审计人员对审计实施方案确定的审计事项，均应当编制审计工作底稿。

审计工作底稿应当包括以下内容：

① 审计项目及审计事项名称。

② 审计过程、审计结论及定性依据。

③ 审计人员姓名、编制日期。

④ 复核人员姓名、复核意见、复核日期。

⑤ 索引号、所附审计证据的数量及清单。

⑥ 被审计单位意见、签字及盖章。

审计工作底稿应当经审计组组长或其指定人员复核，并对以下事项提出复核意见：

① 事实是否清楚。

② 证据是否充分、适当。

③ 定性依据是否准确。

④ 审计结论是否恰当。

⑤ 审计意见、建议是否恰当。

现场审计结束前，审计组应当对取得的审计证据进行综合分析，并与企业内管干部及其所在企业就审计事项初步交换审计意见。对审计中发现的重大问题，审计组应当及时向内部审计机构报告。对特别重大的事项，内部审计机构应当及时向董事会或高级管理层报告。

（6）撰写经济责任审计报告（征求意见稿）。审计组实施审计后，由审计组组长或其指定的审计人员，在对审计工作底稿、审计证据及相关资料进行汇总和分析的基础上，考虑企业内管干部及其所在企业关于审计事项的初步意见，撰写经济责任审计报告（征求意见稿）。

企业内管干部经济责任审计报告应当按照以下格式编写：

① 标题。＊＊＊（企业名称和企业内管干部职务）＊＊＊（企业内管干部姓名）同志任期（或任中）经济责任审计报告（征求意见稿）。

② 主送。委派或委托的相关单位，包括董事会或者主要领导、组织人事部门等。

③ 正文。主要包括审计基本情况说明、被审计企业内管干部及其所在企业情况介绍、审计发现的问题、审计评价、审计意见和建议等内容。

④ 附件。其他资料。

⑤ 落款。＊＊＊（企业内管干部姓名）同志经济责任审计组、时间。

（7）征求企业内管干部及其所在企业意见。审计组应当征求企业内管干部及其所在企业对经济责任审计报告（征求意见稿）的意见。企业内管干部及其所在企业自收到审计报告（征求意见稿）之日起十日内提出书面反馈意见；在规定期限内没有提出书面意见的，视同无异议。企业内管干部及其所在企业对审计报告（征求意见稿）有异议的，审计组应当研究、核实，撰写审计组关于采纳情况的书面说明，并考虑是否需要修改审计报告（征求意见稿）。审计报告（征求意见稿）经审计组集体讨论，由审计组组长审核定稿。

3. 审计终结阶段

审计终结阶段主要包括以下工作：

(1) 审计组提交经济责任审计报告。审计组应当在收到企业内管干部及其所在企业书面意见或征求意见期限届满之日起十日内提交经济责任审计报告，重大、疑难的审计事项经内部审计机构主管领导批准可以在三十日内提交报告，但最长不得超过六十日。

对被审计企业违反国家或企业内部规定的财务收支行为、内部审计机构有权作出处理的，审计组应同时起草审计决定书。审计决定书应载明违反国家或企业内部规定的财务收支行为的事实、定性、处理处罚决定、法律法规、内部规定等依据，以及处理处罚决定的执行期限。

审计组应当将经济责任审计报告、企业内管干部及其所在企业对经济责任审计报告的书面意见、审计组的书面说明、审计实施方案、审计工作底稿、审计证据、审计决定书，以及其他有关材料，报送内部审计机构。审计组组长应当对所提交经济责任审计报告的真实性负责。对审计发现的企业内管干部违反廉洁从业规定的问题，审计组组长和审计人员不得隐瞒、不报。

(2) 复核与审定经济责任审计报告。内部审计机构应当对下列事项进行复核，并出具书面复核意见：

① 审计目标是否实现。

② 审计实施方案确定的审计事项是否完成。

③ 审计发现的重要问题是否在审计报告中反映。

④ 事实是否清楚、数据是否准确。

⑤ 审计证据是否充分、适当。

⑥ 审计评价、定性、处理处罚意见是否适当，适用法律法规、规章、标准是否适当。

⑦ 企业内管干部及其所在企业提出的建议是否采纳，如未采纳，理由是否充分。

⑧ 其他需要复核的事项。

内部审计机构应当将经济责任审计报告、审计决定书、复核意见一并报送内部审计机构主管领导。一般审计事项的经济责任审计报告和审计决定书等审计文书，由内部审计机构主管领导审定；重大审计事项的经济责任审计报告，由审计业务会议审定。

审计业务会议应当在充分讨论的基础上做出决定。内部审计机构应当根据审计业务会议决定修改经济责任审计报告、审计决定书等。

(3) 撰写经济责任审计结果报告。经济责任审计报告经审定后，内部审计机构可以根据审定意见，撰写并向委派或委托审计事项的单位报送经济责任审计结果报告。

企业内管干部经济责任审计结果报告应当按照以下格式编写：

① 标题。＊＊＊(内部审计机构)关于＊＊＊(企业名称和企业内管干部职务)＊＊＊(企业内管干部姓名)同志任期(或任中)经济责任审计结果报告。

② 主送。委派或委托的相关单位，包括董事会或者主要领导、组织人事部门等。

③ 正文。正文格式同经济责任审计报告，但对相关内容表述应进一步提炼汇总和归类整理。

④ 附件。企业内管干部及其所在企业对经济责任审计报告的意见。

⑤ 落款。内部审计机构(印章)、时间。

⑥ 抄送。联席会议及有关部门。

(4) 出具审计决定书。内部审计机构应当将审定后的审计决定书等审计文书，报送内部审计机构主管领导签发。

(5) 出具移交(移送)处理书。对经济责任审计中发现的企业内管干部违法违纪等问

题,审计组应起草移交(移送)处理书,由有关部门分别予以处理。其中具体包括:

① 对需要由企业内管干部承担一般经济责任的,移交相应管理部门处理。

② 对企业内管干部违反党纪政纪的,移交纪检监察部门处理。

③ 对应依法追究企业内管干部刑事责任的,移送司法机关处理。

经济责任审计报告、审计决定书应及时送达企业内管干部及其所在企业,并抄送有关部门。内部审计机构应向下达审计指令的董事会或高级管理层提交经济责任审计结果报告,并抄送有关部门。

(6) 监督审计决定的执行。内部审计机构应对审计发现问题的整改情况进行跟踪监督,并根据实际情况确定是否实施后续审计。后续审计结束后应当出具书面报告。

(7) 建立审计档案。审计结束后,内部审计人员应当整理相关资料,并建立、保管审计档案。下列资料应当归入审计档案:

① 相关单位的委派或委托书、审计工作方案、审计实施方案、审计通知书。

② 审计工作底稿及相关审计取证材料。

③ 经济责任审计报告征求意见稿及反馈意见。

④ 审计报告复核意见书。

⑤ 审计报告。

⑥ 审计决定书、移交(移送)处理书。

⑦ 企业整改情况报告。

⑧ 其他相关资料。

10.3.4 企业内部经济责任审计评价

内部审计机构对企业内管干部履行经济责任情况实施审计后,应当根据审计查证或者认定的事实,依照法律法规、国家有关政策和规定、责任制考核目标、行业标准等,对企业内管干部履行经济责任情况作出客观、公正的评价。审计评价不应超出审计的职权范围和实际实施的审计范围。评价结论应当有充分的审计证据支持。

1. 评价企业内管干部经济责任的方法

评价企业内管干部经济责任的方法主要包括:业绩比较法、量化指标法、环境分析法、主客观因素分析法、责任区分法等。

(1) 业绩比较法,包括纵向比较法(即任期初与任期末业绩比较法,或先确定比较基期再将比较期与之进行对比的方法)和横向比较法(即将相关业绩与同行业平均水平进行比较的方法)。

(2) 量化指标法,即运用能够反映企业内管干部履行经济责任情况的相关经济指标,分析其完成情况,总结相关经济责任的方法。

(3) 环境分析法,即将企业内管干部履行经济责任的行为置于相关的社会政治经济环境中加以分析,作出客观评价。

(4) 主客观因素分析法,即对具体行为或事项进行主客观分析,推究其具体的主客观原因,分析该具体行为或事项是因为企业内管干部的主观过错,还是由于客观因素的影响,进而作出客观评价。

(5) 责任区分法,包括区分直接责任、主管责任以及领导责任等。

2. 对企业内管干部履行经济责任情况的评价

对企业内管干部履行经济责任情况的评价,可以采取分类评价和综合评价相结合的方法。

3. 对企业财务收支真实性的评价

对企业财务收支真实性的评价,可以根据内部审计机构确认的审计结果,给予"××同志任职期间,企业财务状况真实(基本真实、不真实或严重失真)"的评价意见。

(1)"真实"的评价标准:会计核算和财务报表如实反映了企业财务收支情况及与其相应的经营活动。

(2)"基本真实"的评价标准:会计核算和财务报表虽存在个别不真实事项,但总体上能够如实反映企业财务收支情况及与其相应的经营活动。

(3)"不真实"的评价标准:会计核算和财务报表没有如实反映企业财务收支情况及与其相应的经营活动。

(4)"严重失真"的评价标准:会计核算和财务报表对企业财务收支情况及其相应的经营活动的反映与实际严重不符。

4. 对企业财务收支合法性的评价

对企业财务收支合法性的评价,可以根据内部审计机构确认的审计结果,给予"××同志任职期间,企业严格遵守(基本遵守、违反或严重违反)国家有关财经法律法规的规定"的评价意见。

(1)"严格遵守规定"的评价标准:严格执行国家的会计核算制度,会计业务处理正确;严格执行国家财务制度规定,审计未发现违反国家相关规定的行为。

(2)"基本遵守规定"的评价标准:较好执行国家的会计核算制度,会计业务处理基本正确;基本执行国家财务制度规定。

(3)"违反规定"的评价标准:没有按国家会计核算制度规定处理会计业务;存在违反国家财务制度规定的行为,但数额不大、性质不够严重。

(4)"严重违反规定"的评价标准:存在做假账、账外账等违反会计核算规定的行为;存在数额较大、性质严重的违反国家财政财务制度规定的行为。

5. 对企业财务收支效益性的评价

对企业财务收支效益性的评价,应当在定量指标评价的基础上,对企业内管干部任职期间的经营管理水平进行定性分析与综合评判。定量评价可以采用年度考核指标与任期考核指标相结合的方式。年度考核指标包括利润总额和经济增加值,任期考核指标包括国有资本保值增值率和主营业务收入平均增长率。定性评价指标包括:企业发展战略的确立与执行、经营决策、发展创新、风险控制、基础管理、人力资源、行业影响、社会贡献等方面。

6. 对企业制定和执行重大经济决策情况的评价

对企业制定和执行重大经济决策情况的评价,可以在简要表述企业制定的"三重一大"事项决策机制的基础上,重点对决策程序、决策过程,以及决策效果进行分类评价。

(1)××等重大经济决策,符合国家有关法律法规和方针政策,决策程序合规,决策得到有效执行并实现预期目标。

(2)××等重大经济决策内容不符合有关规定,或应履行而未履行决策程序。

(3)××等重大经济决策依据不充分,未能实现预期目标。

7. 对内部控制建立健全情况的评价

对内部控制建立健全情况的评价,可以根据所在企业内部控制的健全性、适当性和有效性情况，给予“××同志任职期间，制定和修订了××项管理制度，采取了××措施，内部控制有效(较为有效、无效)”的评价意见。

(1)“有效”的评价标准：内部控制健全、适当；内部控制执行有效，实现管理目标。

(2)“较为有效”的评价标准：内部控制较为健全；内部控制执行较为有效，基本实现管理目标，没有出现重大内部控制缺陷。

(3)“无效”的评价标准：内部控制不健全；内部控制执行无效，出现重大内部控制缺陷，没有实现管理目标。

8. 对企业内管干部遵守廉洁从业情况的评价

对企业内管干部遵守廉洁从业情况的评价，依据企业内管干部个人遵守廉政纪律规定的情况，作出“在审计范围内，未发现××同志存在违反领导干部廉洁从业规定的行为”或“在审计范围内，××同志存在××问题(列举违反领导干部廉洁从业规定的具体问题)”的评价意见。

9. 对企业内管干部进行综合评价

(1) 对企业内管干部进行综合评价时，应在前述分类评价的基础上，对其履行经济责任的情况作出“履行、基本履行、未履行”的结论。对企业内管干部履行经济责任过程中存在问题所应当承担的直接责任、主管责任、领导责任，应当区别不同情况作出界定。

(2) 企业内管干部在履行经济责任过程中应承担责任的行为。

企业内管干部应承担直接责任的行为包括以下几点：

① 直接违反法律法规、国家有关规定和企业内部管理规定；授意、指使、强令、纵容、包庇下属人员违反法律法规、国家有关规定和企业内部管理规定。

② 未经民主决策、相关会议讨论而直接决定、批准、组织实施重大经济事项，并造成重大经济损失浪费、国有资产(资金、资源)流失等严重后果。

③ 主持相关会议讨论或者以其他方式研究，但是在多数人不同意的情况下直接决定、批准、组织实施重大经济事项，由于决策不当或者决策失误造成重大经济损失浪费、国有资产(资金、资源)流失等严重后果等。

企业内管干部应承担主管责任的行为包括以下几点：

① 对其直接分管的工作不履行或者不正确履行经济责任。

② 主持相关会议讨论或者以其他方式研究，并且在多数人同意的情况下决定、批准、组织实施重大经济事项，由于决策不当或者决策失误造成重大经济损失浪费、国有资产(资金、资源)流失等严重后果等。

除了直接责任和主管责任，对企业内管干部不履行或者不正确履行经济责任的其他行为，应当界定为承担领导责任。

知识拓展 10-3

虚报支出套现难逃审计透视

ABC集团审计部对集团财务总监××同志自××××年×月至××××年×月任期内的经济责任审计报告

集团董事会：

根据集团部署，我们于××××年×月×日起，对集团财务总监××同志自××××年×月至×××年×月任期内的经济责任，依据相关单位提供的相关资料进行了就地审计。我们查阅了有关的财务报表和账册凭证,与集团部分高管进行了交流,对财务管理部和资金计划部部分人员进行了书面询问调查,采用询问和抽样调查相结合的必要的审计程序,并就本报告与××同志交换了意见,现将审计情况报告如下。

一、概况

××同志自××××年×月起任 ABC 集团财务总监,并兼任集团财务管理部和资金计划部经理,全面负责集团财务和资金的规划、筹集、运作以及管理。

本次离任审计时间跨度为××××年×月至××××年×月,其间集团下达财务总监的主要考核指标:项目××××年至××××年合计财务填报完成情况说明融资部门预算执行海外资本运作,完成海外上市任务,确定全部海外上市程序,通过了尽职调查,拟上市资产整合,对在美反向收购上市进行了有益的探讨,××公司已转为外商独资企业。

1. 财务管理制度

×月×日前建立财务管理制度体系框架,×月×日前完成制度健全和完善,建立内控系统,完成财务信息化,集团财务制度按计划完成了更新和完善,统一的集团会计核算制度自××××年 1 月起全面执行,总部实现电算化,异地公司年内同步运行至甩账。

2. 全面预算管理

提出预算控制指标,并实施考核方案,全面实行预算管理。

预算管理已初见成效,按月向预算单位提供预算执行反馈,及时修正预算,正式开始编制工程预算。

3. 财务分析

提交财务分析报告,半年内部往来清理,进行了两次大的往来清查核对,大大减少内部随意挂账。

4. 部门建设

员工满意率>55%,培养 1~2 个骨干,优秀人才流失≤1 人,优秀人才服务期 2 年以上基本上完成。

二、考核指标完成情况

(1) 根据财务管理部和资金计划部的工作总结和我们收集的其他资料,集团融资目标经调整后为:××万元。

实际完成××万元,其中××××年××万元,××××年××万元,与计划相比完成情况不是很令人满意;由于部分贷款归还后未能再获续贷,期间贷款规模缩减了××万元。其主要原因是宏观调控对全行业的巨大影响、××公司项目融资条件不成熟,以及集团可抵押资产规模。

(2) 预算执行情况,××所负责的财务管理和资金计划两部门的年度预算均没有突破,预算外支出××万元,也事前经过审批。经对这两部门的费用报支情况抽查,未见越权和违规审批情况。

(3) 海外上市计划,目前已进行了拟上市企业的资产剥离、重组工作,并通过了合作方的尽职调查,实施拟上市企业股权调整,已完成××子公司的改制工作。

(4) 集团预算管理已搭建了初步的框架,今年又开始将工程、营运费用等全面纳入预算体系,在预算管理方面已初见成效,并在对一些存在问题进行修订、完善。

(5) 制度建设,集团于×××年×月试行的制度、流程已涵盖了相关财务管理制度,集团会计核算制度也已从××××年×月×日起全面推行,集团上海、北京、南京、成都、深圳等已全面实行会计电算化,这将全面提升集团财务信息质量。

(6) 财务分析,我们注意到财务分析还是以零星建议、报告方式分散提交,目前尚未制度化、定期化地提交集团系统财务分析,对集团往来账的清理还有好多工作要做,目前仍存在较多子公司间往来不平现象。

(7) ××××年×月至×月,集团财务管理部为员工先后提供了用友软件操作培训、税务筹划培训等提高财务人员素质的学习安排,财务人员队伍相对保持了数量稳定,但财务人员进出比较频繁:2004 年有新进财务、融资人员 10 人,离职 7 人,05 年 1—4 月,新进 2 人,离职 1 人。

三、任期内主要工作业绩

××同志在任期内工作认真负责,带领财务管理部、资金计划部员工为集团财务目标的完成付出了辛勤的劳动，主要管理业绩如下：

(1) 开拓融资渠道，新辟融资主体。在全行业面临金融、财税等宏观调控措施多管齐下的时候，集团融资工作难度加大，在××总监的努力下，集团仍融资××万元，除了银行贷款外、银行承兑汇票融资也初次引入；行业融资受限制，集团将AA、BB、CC等非宏观调控重点公司作为融资平台，争取到××万元的融资，较好地满足资金需求。

(2) 强化基础管理，推进制度建设。集团财务、融资相关制度、流程地制定和完善紧跟集团管理规程和流程建设的步伐，如期完成拟稿、审议以及定稿工作，并制定集团统一的会计核算办法，同一集团会计政策，明确集团会计信息质量要求。

(3) 积极探索海外资本运作之路。围绕集团海外资本运作计划，财务部和资金计划部对纳入此计划的子公司进行了资产清查重组，在××××年×月通过尽职调查，并开始着手有关公司股权结构调整工作，已完成××子公司的转制手续。

(4) 税务筹划得到高度重视。××××年增设专人负责税务事务，先后安排多次培训，并实施了多项税务筹划方案，有效地降低集团税负。例如，新公司注册地的选定，关于业务招待费、广告费、人员工资等税前扣除事项采取了一些筹划措施，对关联交易的运用等。

(5) 预算管理作用得到进一步发挥，拟推行工程费用估算和投资控制管理体系。

四、主要工作不足

(1) 作为高管，财务总监首先要建立起一个有效的财务体系，能有效和迅速的生产会计信息。集团财务管理和会计核算制度的下发，正推动构建这一体系的努力，但财务人员的频繁变动，财务总监对会计信息质量缺乏更多的关注，目前提供的会计信息及其质量，还不能很好地服务于集团的决策。

(2) 集团财务会计和融资工作机构设置和人员配备还需进一步科学化，财务总监在这一方面需有更大的决定权，对财务人员工作、培训、考核需投入更大的精力。任期内财务人员业务指导、培训交流较少，流动频繁，财务组织体系不稳定。

(3) 融资平台建设未能满足集团发展需要，资金调度仍需更加科学、有效，对外协调工作存在差距。

由于宏观调控等形势变化，使融资工作难度加大，任期内集团融资目标经调减，完成情况仍不理想，银企关系还需要进一步加强和改善。

五、××同志对集团财务工作的建议

经与××同志交换意见，××对任期内拟解决或正在进行但仍未完成的财务事项提出如下建议：

(1) 加强财务基础工作。建立财务基础工作考评体系，建立会计问题解答制度，不断提高会计信息相关性、及时性，以更好地为集团战略决策服务。

(2) 推进税务筹划工作。目前也有些思路和操作，包括设立贸易公司和销售公司的做法，包括拟收购一家建筑公司的思路，通过与主营行业相关的产业延伸，搭建税收筹划的平台，充分利用税法留给我们的操作空间，减少和降低税收成本，创造税收价值。

(3) 破解融资难题，拓展融资渠道。各地区融资环境不同，在项目投资决策时，要评估投资环境，并将融资环境纳入重要评估指标。海外上市的探索需继续深入，要充分评估需要与可能，从集团发展的实际情况出发，寻求海外融资的切实可行的最佳路线。

(4) 完善预算管理体系。目前的预算仅占小部分，销售收入、营销费用、工程预算以及投资控制都要纳入预算管理体系，预算执行情况表要包含集团全部收支，准确监测集团现金流，以切实发挥预算的作用。

(5) 加强财务团队建设，以前会计人员偏紧，相互之间沟通和交流不充分，今后要建设有凝聚力、战斗力、相对稳定的财务人员队伍，以确保集团财务目标的实现。例如，多与财务人员交心、增加业务培训、增进财务人员交流、关心财务人员工作和生活、落实财务人员岗位责任制等。

为更好地做好集团高管(地区公司主要负责人)任期经济责任审计，建议集团完善高管定期述职制度，其述职报告应提供书面材料，并作为重要档案存档，审计时可供查询。由于执行审计师曾经是财务管理部总经理，离开该部门尚不满一年，提请报告使用人注意本报告的独立性。

ABC集团审计部
××××年×月×日

本章小结

本章主要讲解了经济责任审计的概念、分类、目的、范围等基础理论；任期经济责任审计与企业内部经济责任审计，要求学生掌握任期经济责任审计与企业内部经济责任审计内容、程序。学生需结合案例着重掌握经济责任审计的内容与程序，进而为参与审计项目奠定良好的基础。

重要概念

经济责任　经济责任审计　任期经济责任审计　离任审计　企业内部经济责任审计

阅读资料

中国内部审计协会. 第2202号内部审计具体准则——绩效审计[EB/OL]. [2013-08-28/2022-07-15]. http://www.ciia.com.cn/cndetail.html? id=35601.

本章练习

案例题

1. 审计中发现的问题

(1) B公司利用临时工工资、私卖材料等形式套取现金460万元形成账外资金，部分被领导私分。

(2) B公司负责人利用公司采购管理不严的漏洞和职权上的便利条件，通过虚假交易，致使有200万元实际落入B公司负责人张某的口袋。

(3) B公司2008年利用自有的汽车、装载机等外借取得该部分收入共计8万元，没有纳入账内管理。该部分资金已被张某私用。

(4) B公司利用出借账号获得报酬10万元，在账外列支。

(5) B公司私卖生产余料，收入列在账外，相关的收支凭证保管不完整。

(6) B公司张某通过餐饮发票套取现金80万元用于个人的牟利。

(7) B公司张某任职期间利用奖金套取现金60万元。

(8) B公司制度不严，管理混乱。B公司的相关制度建立不全，执行不严格，部分制度形同虚设，其结算制度基本上是张某一人说了算，致使公司资金发生大量的被贪污行为。

2. 审计建议

(1) 张某利用各种手段套取公司现金400万元，其行为已构成贪污，建议公司立即将其移送司法机关，并追回贪污的公款。对于被审计暂扣的存折，如不能说明合法来源全部上交公司。

(2) B公司管理混乱，建议公司派人加强管理，对其规章制度进行重新审核制定，同时要定期予以检查。对于B公司的规章制度的执行情况要加强管理、加强培训。

(3) B公司财务负责人及部分分厂领导存在违规事实，建议公司予以撤换，并追究相应的责任。同时对个人私分的国有财产一律予以追回，降低公司的损失。

(4) B公司因为长期未进行审计，致使其领导人由于缺乏监督而贪污，建议公司对其他子公司、子企业及时开展经济责任审计，以避免类似的情况发生。

B公司因为长期未进行审计，致使其领导人由于缺乏监督而贪污，建议公司对其他子公司、子企业及时开展经济责任审计，以避免类似的情况发生。

问：根据上述审计中发现的问题提出的审计建议，分析是否全面、合理。

第 11 章　信息系统审计

内容提要

本章分为四节课，主要阐述了信息系统审计有其自身的特点，信息系统审计是审计的新领域，与传统审计相对独立，对信息系统审计的认识和研究应从组织的整体风险控制、价值实现以及整个审计体系的角度来重新认识。

重点难点

本章重点为信息系统审计的内容与方法；本章难点为在大数据背景下，信息系统审计技术的实际运用。

学习目标

随着企业信息系统的广泛建立和网络化的普及，企业的经营模式发生了根本性的变革，给企业传统的内部审计带来了巨大的冲击和挑战的同时，也为内部审计的发展创造了绝佳的机会，采用信息化手段和专业化工具的信息系统审计应运而生。信息技术如同双刃剑，如何应对不完善的信息系统可能给企业带来的风险，是摆在内部审计人员面前的一道难题。通过本章学习，学生应解决以下问题：

(1) 信息系统常出问题，有了信息系统之后的效率和准确性反而不如以前高？
(2) 企业 IT 人才不足的情况下，IT 审计应该如何开展？
(3) 现场审计费时费力，效率还不高，在线定时网络审计应如何执行？
(4) 信息系统审计应该审计什么内容，以及如何审计才能发现问题？

知识框架

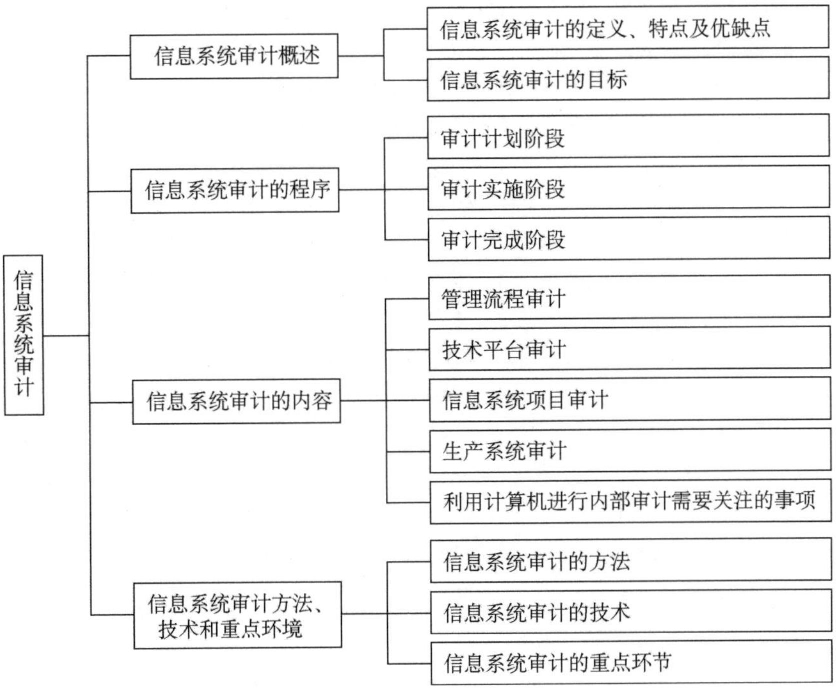

引入案例　内部审计对信息系统的影响

本人当时做内审负责人近一年，企业委托外部单位设置了一个信息系统，供生产和销售(含零售店)统一使用。该企业是民营的，大多的管理人员都是与老板一起打天下，企业基本都以销售为主。为此，对于企业的内部管理，特别是信息系统的管控，几乎是空白。企业采用了外部设置与内部人员管理相结合的方式。

当时，委外信息系统已经开发了两年时间，整个业务流程基本已经运转起来了，只是时常听到基层人员反映，其出错的情况比较多。为此，企业在年初制订了信息系统审计的计划。

根据审计程序，在审计开始前，将当月的行动计划报告老板。出乎意料的是，他不置可否地说了一句，信息系统有什么可看的？这是内审的审计范围吗？对此，本人再次作了一些说明：信息系统控制方面的风险。最后他说，既然是计划，你们就做吧。

由于是首次进行信息系统的审计工作，于是，分兵两路，一路是从最基础的硬件方面开始检查；另一路是对系统数据衔接及设置方面进行检查。

硬件检查方面：服务器无专人管理，单独放在一个小房间，里面很热，且灰尘密布；服务器硬盘空间过小，整个系统反应慢；各点的用户反应调取较大数据时，经常出现死机，对此也进行了证实；操作人员的操作水平较低、业务不熟练，而且未经过统一的培训。

软件检查方面：生成数据在生产与仓库的衔接未真正完成，其均以人工补录；销售量与店内库存数据生成不正确；内部调货与销售混淆；管理方面所需要的数据汇集工作未予重视(均是零散的数据)，对数据管理未提出建设性的措施；系统升级的管理过程只有软件公司和信息部执行，对其未进行抽点式的测试，导致经常出现数据差错甚至是与先前设计数出现冲突。

由于当时天气较热，销售旺季也即将到来，为使系统不影响正常的业务运营，审计部作了一个中期报告，其就审计过程中所发现的问题进行了汇总报告。出乎意料的是，信息部对此报告未提任何异议，且当面认可了存在的问题，需要在后续工作中逐步改正。但老板方面，未得到真正的认可。他认为审计部去检查系统是个多此一举的行为。硬件的好坏与审计有什么关系？灰尘多有什么关系？数据生成的问题会随着系统完善而改正的。为此，审计部对信息系统的审计工作就此终止。老板美其名曰：旺季到来了，审计部也要协助相关部门的工作，暂时就不要再审了，过了旺季再说吧。由此，信息系统审计工作停止。

郁闷是难免的，但还是要对自身工作情况进行总结，以下是审计部的自我反思：①企业管理人员对信息系统的重要性认识不够，认为其只是代替人工而已，没什么可以关注的。②管理人员的自身素质不够，在企业未使用系统前，真正接触电脑的人几乎没有；而企业内信息系统的管理者是名学会计电算化专业的人员，让其操控系统确实是勉为其难了。上述两条就构成了信息系统的管理环境风险。③信息部想要对系统进行改进，但由于管理层不懂系统，认为总是花钱而不太支持（导致信息部认可报告而管理层不认可）。④审计时机的选择存在误差，其要不提前要不推迟，是因为旺季的影响和管理层的认识两方面都存在问题。⑤数据化管理的理念应该大力推进，不重视信息系统，主因还是对数据化的不重视，这对于后续的各项管控工作都会带来难度。上述各个方面均需要在日后提出改善理念，以提升总体的管控环境。

一个月后的一天早晨，信息系统突然崩溃，所有业务均中止。管理方案是抽调所有办公室人员电话联系业务，销售部人员跑到各销售点协助业务，企业业务推进受到影响。后查证是服务器进灰尘了！

老板一周时间未与本人见面。只是在下一个周一时突然决定，以后的信息系统管理例会必须有审计部参加。原来，他这几天为此事专门下基层去了，其了解了不少情况，对数据生成情况也有了进一步的了解。但本人未再对信息系统进行进一步的审计，只是在会议中，不断地推动着一个又一个的信息系统发现点，算是逐步完善吧。

11.1 信息系统审计概述

伴随着科技进步和企业管理理念的发展，以计算机技术、通信技术以及网络技术为主要内容的信息技术在社会各行业的管理中正发挥着越来越重要的作用。无论是企事业单位，还是政府公共服务机构，都越来越依赖于信息系统。信息系统的可靠性、有效性以及效率性影响着组织的正常运转。

与此同时，对信息系统审计的研究和实践也正不断发生着变化。从计算机辅助审计到面向系统数据的审计，再到对应用系统的审计，信息系统的审计范围和领域不断扩大。目前，对信息系统审计的认识受到较多传统审计的影响，不少研究人员认为信息系统审计是传统审计的补充和延伸，是为传统审计提供支撑和服务的。但信息系统审计有其自身的特点，是审计的新领域，对信息系统审计的认识和研究要从企业整体风险控制、价值实现以及整个审计体系的角度来重新认识。

11.1.1 信息系统审计的定义、特点及优缺点

2012年2月，审计署计算机审计实务公告第34号发布了《关于印发信息系统审计指南的通知》，在第三条中提出了信息系统审计的概念：本指南所称信息系统审计，是指国家审计机关依法对被审计单位信息系统的真实性、合法性、效益性、安全性进行检查监督的活动。

结合近年来的审计实践，对信息系统审计的概念可以理解为：根据相关法律法规及标准规范，在规定的审计范围内，使用业务流程描述、系统测试、数据分析等技术方法，获得与评估审计证据，对信息系统的安全性、有效性以及经济性进行专业判断的过程。

我国《内部审计具体准则》第2203号将信息系统审计界定为："内部审计机构和内部

审计人员对组织的信息系统及其相关的信息技术内部控制和流程所进行的审查与评价活动。”

从审计的客体角度看，信息系统审计是审计人员对计算机会计信息系统进行的审计，即把计算机会计信息系统作为审计的对象。其内容包括两个方面：一是对被审计系统的开发过程进行审计，重点是对其安全技术和内部控制的审计；二是对被审计系统的运行过程及其结果进行的审计。

从审计的主体角度看，信息系统审计是审计人员利用计算机进行辅助审计，也就是说，审计人员利用计算机，完成一部分审计工作，即把计算机作为审计工具。其内容包括两个方面：一是开发各种通用及专用审计软件，辅助审计机构和审计人员根据审计工作的不同要求完成各项审计任务；二是实现审计工作程序规范化和审计信息网络化的计算机系统。可见，用计算机进行的审计和对计算机审计信息系统进行的审计都称为信息系统审计。

由此看来，内部审计的对象范围在不断扩大，从原来的财务审计发展到经营管理审计、绩效审计；从公司局部内部审计发展到公司整个内控体系内部审计；从事后审计发展到事前审计、事中审计。面对如此广泛的内部审计对象，利用传统的手工方法进行当前的审计事务越来越不能及时完成审计任务，要想达到理想的审计目的，必须使用先进的计算机技术，开展信息系统审计。以网络为主要特征的现代信息技术将使用计算机环境下的内部审计工作变得更加复杂，面临的挑战变得更大。

信息系统审计作为一种先进的审计技术方式，给企业内部审计工作带来了前所未有的工作环境和工作条件，为公司的内部监督与管理增添了强劲的动力。与传统手工内部审计相比，其显示了极大的优势和便利，但同时也可能会有一定的局限性和劣势。信息系统审计的优缺点如表 11-1 所示。

表 11-1 **信息系统审计的优缺点**

优点	缺点
(1) 审计软件代替手工操作，节省时间，减少工作量 (2) 为内部审计师提供了数据收集、测试及量化分析技术，从而增加了审计的准确性 (3) 允许内部审计师更多地参与内部控制系统的设计 (4) 促进内部审计师不断了解最新的现代技术 (5) 增加了对计算机输入、输出、程序及控制等运用的审计内容，从而扩大了审计覆盖面 (6) 明显可以减少审计步骤，提高审计工作进度	(1) 由于审计人员的专业性限制，存在数据完整性、系统化的问题 (2) 目前，存在有些复杂审计技术难以解决的问题，如病毒、黑客、行业间谍 (3) 系统信息安全性保障不完善

11.1.2 信息系统审计的目标

计算机的使用和利用计算机会计信息系统进行会计业务的处理，既改变了手工会计的处理流程和方法，也改变了被审计单位为达到适当的内部控制而采用的组织和程序，因此，信息系统审计的方法也相应发生了改变。在信息化环境下，信息系统审计的目标不再局限于鉴证领域，而向管理领域发展，信息系统审计被认为是帮助公司或组织更好地达到下述目标的一项重要工作，并且鉴证、管理工作两不误。其具体目标如图 11-1 所示。

内部审计的新发展

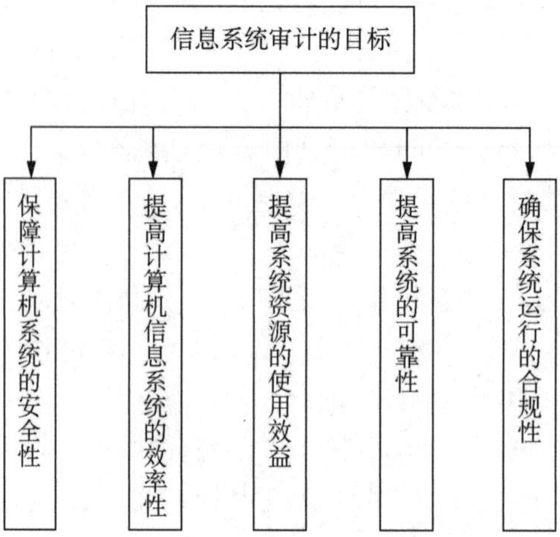

图 11-1　信息系统审计的主要目标

1. 保障计算机系统的安全性

计算机会计信息系统包括系统开发、维护技术人员和系统应用人员(会计人员)等人力资源、计算机软硬件资源、会计资料数据资源等,而上述任何一资源都有不安全的因素。因此,在对计算机会计信息系统的安全性进行审计时,要检查以下 3 方面的防范措施:

(1) 在物理方面是否具备必要的防火、防水、防潮措施。

(2) 在技术方面是否对软件和硬件实施了必要的加密手段。

(3) 在管理方面是否建有完善的安全保卫制度和内部控制制度。检查的目的在于对系统的安全性作出评价并提出改进建议,从而提高其信息系统提供数据的安全性。

2. 提高计算机信息系统的效率性

系统效率包括多方面内容。例如:系统的人力资源、软硬件资源和数据资源的利用程度;系统进行业务处理的正确性、完整性、有效性;输出信息的质量;用户使用的方便性等。在对系统的效率进行审计时,首先要检查系统资源能否充分利用、系统是否能有效完成具体的业务处理功能、系统提供的信息是否准确及时、用户使用是否方便等。其次,要对系统的效率作出评价并提出改进建议,从而达到提高系统效率的目的。

3. 提高系统资源的使用效益

计算机会计信息系统耗费各种各样的资源,如人力资源、软硬件资源、数据资源等,这些资源都是稀缺的,不同的应用系统都在竞争使用,一个高效益的系统应耗费最少的资源并取得所需要的输出。因此,审计人员对系统可利用的资源是否合理分配以及能否改进作出评价进行审查,从而提高系统资源的使用效益。

4. 提高系统的可靠性

系统的可靠性是指处理过程正确、输出信息准确无误、系统运行稳定并且不易发生故障。系统的可靠性是系统运行的基础。对系统的可靠性进行审计时,要审查和证实系统提供的信息是否正确,是否恰当、公允以及全面地反映了被审计单位的财务状况和经营成果;系统设计是否科学,模块的划分是否合理,程序对处理过程的描述是否准确无误;对系统软硬件的修改是否有约束;系统对环境的适应性如何;系统的说明资料是否齐全等。最后,要对系统的效率作出评价并提出改进建议，从而达到提高系统可靠性的目的。

5. 确保系统运行的合规性

信息系统审计应遵守国家的法律和有关部门的规章制度，审计人员在对系统的合法性、合规性进行审计时，要以现行的法律和规章制度为依据，对系统的输入、输出以及处理过程进行详细的调查和分析，对其合规性作出评价并提出改进建议，从而达到提高系统合法性、合规性的目的。

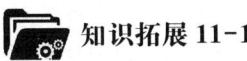

知识拓展 11-1

信息系统审计的目标

《关于印发信息系统审计指南的通知》第六条规定：信息系统审计的主要目标是通过检查和评价被审计单位信息系统的安全性、可靠性以及经济性，揭示信息系统存在的问题，提出完善信息系统控制的审计意见和建议，促进被审计单位信息系统实现组织目标；同时，通过检查和评价信息系统产生数据的真实性、完整性以及正确性，防范和控制审计风险。具体来讲，信息系统审计的目标应包括以下几个方面：

(1) 安全性：信息系统的硬件、软件、网络和数据资源是否得到妥善保护，不因自然和人为的因素遭到破坏、更改或者泄露系统中的信息。

(2) 有效性：系统能否实现既定目标、系统的各项业务的处理过程是否符合国家有关法律法规的要求。

(3) 经济性：用最少的系统资源的投入，产生最多的用户所需要的信息。

11.2 信息系统审计的程序

信息系统审计程序参照传统审计程序，包括确定审计范围、做好审计准备、进行审计评估、出具审计报告、提供管理咨询等过程。信息系统审计可采用非现场审计与现场审计相结合的操作方式进行。对于信息系统平台的审计采用现场审计模式，但对于应用系统审计，基于目前非现场审计手段相对落后，更倾向于两者的结合，即审前准备采用非现场方式实现，借助审计系统抽取数据，分析确认审计重点，再结合现场审计实施。

11.2.1 审计计划阶段

审计计划阶段是整个审计过程的起点。其主要工作包括以下几点。

1. 了解被审系统的基本情况

了解被审系统的基本情况是实施任何信息系统审计的必经程序，对基本情况的了解有助于审计组织对系统的组成、环境、运行年限、控制等有初步印象，以决定是否对该系统进行审计，明确审计的难度、所需时间以及人员配备情况等。

了解了基本情况，审计组织就可以大致判断系统的复杂性、管理层对审计的态度、内部控制的状况、以前审计的状况、审计难点与重点，以决定是否对其进行审计。

2. 初步评价被审单位系统的内部控制及外部控制

传统的内部控制制度是为防止舞弊和差错而形成的以内部稽核和相互牵制为核心的工作制度。随着信息技术特别是以 Internet 为代表的网络技术的发展和应用，企业信息系统进一步向深层次发展，这些变革无疑给企业带来了巨大的效益，但同时也给内部控制带来了新的问题和挑战。加强内部控制制度是信息系统安全可靠运行的有力保证。依据控制对象的范围和环境,信息系统内控制度的审计内容包括一般控制和应用控制两类。

一般控制是对系统运行环境方面进行的控制,是对信息系统构成要素(人、机器、文件)的控制。其已为应用程序的正常运行提供外围保障,影响到计算机应用的成败及应用控制的强弱。一般控制主要包括:组织控制、操作控制、硬件及系统软件控制、系统安全控制。

应用控制是对信息系统中具体的数据处理活动进行的控制,其是具体的应用系统中用来预测、检测、更正错误以及处置不法行为的控制措施。信息系统的应用控制主要体现在输入控制、处理控制和输出控制。应用控制具有特殊性,不同的应用系统有着不同的处理方式和处理环节,因而有着不同的控制问题和不同的控制要求,但是一般可把它划分为:输入控制、处理控制以及输出控制。

可通过对信息系统组织机构控制、系统开发与维护控制、安全性控制、硬件及软件资源控制、输入控制、处理控制、输出控制等方面的审计分析,建立内部控制强弱评价的指标系统及评价模型。审计人员通过交互式人机对话,输入各评价指标的评分,内部控制审计评价系统则可以进行多级综合审计评价。通过内控制度的审计,可实现对系统的预防性控制、检测性控制以及纠正性控制。

3. 识别重要性

为了有效实现审计目标、合理使用审计资源,在制定审计计划时,信息系统审计人员应对系统重要性进行适当评估。对重要性的评估一般需要运用专业判断。考虑重要性水平时,要以审计人员的职业判断、公用标准、系统的服务对象及业务性质、内控的初评结果为依据。重要性的判断离不开特定环境,审计人员必须根据具体的信息系统环境确定重要性。重要性具有数量和质量两个方面的特征。越是重要的子系统,就越需要获取充分的审计证据,以支持审计结论、意见。

4. 编制审计计划

经过以上程序,为编制审计计划提供了良好准备,审计人员就可以据以编制总体及具体审计计划。

总体审计计划包括:被审单位基本情况;审计目的、审计范围、审计策略;重要问题及重要审计领域;工作进度及时间;审计小组成员分工;重要性确定以及风险评估等。

具体审计计划包括:具体审计目标;审计程序;执行人员以及时间限制等。

11.2.2 审计实施阶段

做好上诉材料的充分准备,便可进行审计实施,其具体包括以下几点内容。

1. 对信息系统计划开发阶段的审计

对信息系统计划开发阶段的审计包括对计划的审计和对开发的审计,既可以采用事中审计,也可以采用事后审计。比较而言,事中审计更有意义,审计结果的得出利于故障和问题的及早发现,利于调整计划,利于开发顺序的改进。

信息系统计划阶段的关键控制点包括:计划是否有明确的目的;计划中是否明确描述了系统的效果;是否明确了系统开发的组织;对整体计划进程是否正确预计;计划能否随经营环境改变而及时修正;计划是否制定有可行性报告;关于计划的过程和结果是否有文档记录等。

系统开发阶段包括系统分析、系统设计、代码编写和系统测试等部分。其中包括功能需求分析、业务数据分析、总体框架设计、结构设计、代码设计、数据库设计、输入输出设计、处理流程及模块功能的设计。编程时依据系统设计阶段的设计图及数据库结构和编码设计，用计算机程序语言来实现系统的过程。测试包括动态测试和静态测试，测试是系统开发完毕，进入试运行之前的必经程序。其关键控制点包括以下内容：

（1）分析控制点：是否已细致分析企业组织结构；是否确定用户功能和性能需求；是否确定用户的数据需求等。

（2）设计控制点：设计界面是否方便用户使用；设计是否与业务内容相符；性能能否满足需要，是否考虑故障对策和安全保护等。

（3）编程控制点：是否有程序说明书，并按照说明书进行编写；编程与设计是否相符，有无违背编程原则；程序作者是否进行自测；是否有程序作者之外的第三人进行测试；编程的书写、变量的命名等是否规范。

（4）测试控制点：测试数据的选取是否按计划及需要进行，是否具有代表性；测试是否站在公正客观的立场进行，是否有用户参与测试；测试结果是否正确记录等。

2. 对信息系统运行维护阶段的审计

对信息系统运行维护阶段的审计分为对运行过程的审计和对维护过程的审计。系统运行过程的审计是在信息系统正式运行阶段，针对信息系统是否被正确操作和是否有效运行，从而真正实现信息系统的开发目标、满足用户需求而进行的审计。对信息系统运行过程的审计分为系统输入审计、通信系统审计、处理过程审计、数据库审计、系统输出审计以及运行管理审计六大部分。

系统输入审计的关键控制点有：是否制定并遵守输入管理规则；是否有数据生成顺序、处理等的防错、保护措施；防错、保护措施是否有效等。

通信系统实施的是实际数据的传输，在通信系统中，审计轨迹应记录输入的数据、传送的数据以及工作的通信系统。通信系统审计的关键控制点有：是否制定并遵守通信规则，对网络存取控制及监控是否有效等。

处理过程是指处理器在接收到输入的数据后对数据进行加工、处理的过程，此时的审计主要针对数据输入后是否被正确处理。处理过程审计的关键控制点有：被处理的数据、数据处理器、数据处理时间、数据处理后的结果、数据处理实现的目的、系统处理的差错率、平均无故障时间、可恢复性和平均恢复时间等。

数据库审计是保障数据库正确行使其职能，如对数据操作的有效性和发生异常操作时对数据的保护功能（正确数据不丢失，数据回滚以保证数据的一致性）。数据库审计的关键控制点有：对数据的存取控制及监视是否有效；是否记录数据利用状况，并定期分析；是否考虑数据的保护功能；是否有防错、保密功能；防错、保密功能是否有效等。

系统输出审计不同于测试阶段的输出审计，此时的输出是在实际数据的基础上进行的，对其进行审计可以对系统输出进行再控制，并结合用户需求进行评价。系统输出审计的关键控制点有：输出信息的获取、处理是否有防止不正当行为和机密保护措施；输出信息是否准确、及时；输出信息的形式是否被客户所接受；是否记录输出出错情况并定期分析等。

运行管理审计是对人机系统中人的行为进行的审计。运行管理审计的关键控制点有：操作顺序是否标准化，作业进度是否有优先级，操作是否按标准进行，人员交替是否规范，能否对实际运行的差异进行分析，遇问题时能否相互沟通，是否有经常性培训与教育等。

维护过程的审计包括对维护计划、维护实施、改良系统的试运行、旧系统的废除等维护活动的审计。维护过程的关键控制点有：维护组织的规模是否适应需要，人员分工是否明确，是否有一套管理机制和协调机制，维护过程发现的可改进点，维护是否得到维护负责人同意，是否对发现问题作修正，维护记录是否有文档记载，是否定期分析，旧系统的废除是否在授权下进行等。

11.2.3 审计完成阶段

审计完成阶段是实质性的整个信息系统审计工作的结束，其主要工作包括以下内容：

(1) 整理、评价执行审计业务过程中收集到的证据。在信息系统审计的现代化管理时期，收集到的数据已存储在管理系统中，审计人员只需对其进行分析和调用即可。

(2) 复核审计底稿，完成二级复核。传统审计的三级复核制度对信息系统审计同样适用，其是保证审计质量、降低审计风险的重要措施。一级复核是由信息系统审计项目组长在审计过程进行中对工作底稿的复核，这层复核主要是评价已完成的审计工作、所获得的工作底稿编制人员形成的结论。二级复核是在外勤工作结束时，由审计部门领导对工作底稿进行的重点复核。在审计工作办公自动化的今天，二级复核制度同样可以通过网上报送及调用得以实现。

(3) 评价审计结果，形成审计意见，完成三级复核，编制审计报告。评价审计结果主要是确定将要发表的审计意见的类型、在整个审计工作中是否遵循了独立审计准则。信息系统审计人员需要对重要性和审计风险进行最终的评价。这是审计人员决定发表何种类型审计意见的必要过程，所确定的可接受审计风险一定要有足够充分、适当的审计证据支持。在签发审计报告之前，应当随工作底稿进行最终(三级)复核，三级复核由审计部门的主任进行，其主要复核所采用审计程序的恰当性、审计工作底稿的充分性、审计过程中是否存在重大遗漏、审计工作是否符合事务所的质量要求等。三级复核制度的坚持是控制审计风险的重要手段。审计报告是审计工作的最终成果，审计报告先应有审计人员对被审系统的安全性、可靠性、稳定性、有效性的意见，同时提出改进建议。

11.3 信息系统审计的内容

11.3.1 管理流程审计

管理流程审计的工作内容主要包括：评估与公司发展战略目标相一致的信息技术规划；评估信息技术工作条例、工作程序；评估信息技术部门的工作职责与工作分工；评估信息系统取得、开发、购置、引进的制度和流程；评估生产系统的运行维护的制度和流程；评估项目管理、项目监理的制度和流程；评估信息系统的安全管理制度；评估开发、测试、生产系统分岗制衡管理制度等。

11.3.2 技术平台审计

技术平台审计主要评估信息技术基础平台的运行与安全管理，其中包括网络运行与安全管理，如路由器、网络设备、防火墙、通信线路等；硬件运行与安全管理，如小型机、服务器、前置机、打印机、扫描仪、存储设备、PC、终端等；操作系统及数据库等运行平台的运行与安全管理，如Unix、Windows、数据库、中间件、应用开发工具、应用发布工具、版本管理工具、项目管理工具、防/杀毒工具等。

11.3.3 信息系统项目审计

信息系统项目审计主要评估信息系统项目管理与项目监理的有效性。

项目管理审计的工作内容主要包括：评估项目启动、立项、需求分析、系统设计、开发、测试、试点、验收、推广过程的有效性；评价系统开发生命周期中的每一个程序是否均被严格执行；评价系统迁移的方案与效果；评价各类项目文档是否齐全。其目的是控制项目进展过程中的风险。

项目监理审计的工作内容主要包括：评估项目监理在信息系统建设过程中发挥的作用；评估项目监理是否有效保证了信息系统建设的质量、进度以及成本符合项目立项时的要求；评估项目管理与项目监理间的职责是否清晰、分工是否明确。

11.3.4 生产系统审计

信息系统的上线与投产仅仅是信息化的开始，大量的风险与问题将出现在信息系统的生产运行与维护阶段。保险公司内部一般均建立了核心业务系统、人员、营销员等管理系统、财务系统、精算系统、再保系统等生产系统，公司的生产经营活动大多要通过生产系统进行，生产系统审计便显得更为重要。

生产系统审计首先是进行信息系统与业务流程符合审计，其主要评估实际业务操作流程与信息系统操作流程的符合情况、评估信息系统对需求的满足度及信息系统操作流程与业务操作流程的符合度。以退保操作流程为例，退保的典型处理方式是在信息系统中产生应付信息，而财务支付退保款后不再在系统中确认已付款，这就导致系统信息与实际情况的不一致，致使流程与数据均不完整，流程被短路、数据被割裂，最终导致数据可用性差，并留下安全隐患。其次是评估与信息系统相关的风险，具体内容包括：评估数据访问授权、系统功能授权、业务操作授权；业务、审批、决定授权是否有效，是否拥有防止非法进行数据修改的措施；评估或测试信息系统中的关键控制点是否得到有效控制，如核赔中结案环节控制；评估结案前的赔案信息状况，如资料是否完整，计算是否正确，会签、审批是否完成；评估结案后的流程执行是否完整，如数据流是否与业务单证流一致；评估结案后对保单承保的影响，如结案后要求限制承保、保全；结案后要求扣还保单质押借款、生存给付；结案后要求中止生存给付或确保再给付几年等，测试该关键点对保单生命周期各环节的影响是否合理与正确。

11.3.5 利用计算机进行内部审计需要关注的事项

虽然信息系统审计对加强内部审计工作、提高内部审计效率具有积极且重要的作用，但是由于计算机技术的特殊性，其容易受到内外部环境、公司经营意外因素的冲击和影响，如果对于有关干扰因素不加以重视的话，就可能影响和阻碍内部审计工作的进行，甚至可能给公司造成重大损失。因此，在进行信息系统内部审计时，应高度关注以下几点事项。

1. 加强数据安全性措施

（1）积极应用最新型反病毒软件。

(2) 采取先进的数据加密技术。

(3) 防火墙技术,使未经授权的人不能出入受保护的审计网络。

(4) 内部审计人员对自己进行的审计项目数据系统应建立接触控制,如设置密码、ID号码、接触日志等。

(5) 使用正版安全的运行软件、确认和辨别用户,控制对信息系统的进入、记录和观察与时间或数据有关的安全措施。

2. 加强软件管理措施

(1) 使用结构化编程技术,有助于保持有效的控制。

(2) 内部审计师参与系统的开发过程,关心计划的适当性及成本、效益问题,监督开发阶段的进展。

(3) 内部审计师不得参加计算机系统的设计,并应该建议在计算机系统中建立一定的控制和保留审计线索。

(4) 在软件被正式投入使用前,要对其进行测试,同时新、旧程序并行运行一段时间。

3. 强化硬件安全措施

内部审计专业技术人员需要考虑计算机的物理装置、硬件选择与控制、硬件可靠性等技术性问题。例如,使用"回波检验",可以实现对硬件的有效控制。

4. 对用户数据进行控制

在计算机系统中采用余额控制方法,将各个用户文件余额的累计总数与主文件余额加以比较。

5. 保持职责分离

在信息系统审计中,审计负责人应将授权、交易活动的输入、记录、处理、输出等数据操作和实物资产的保管、报告相分离。

6. 数据输入程序控制

在信息系统审计中,审计人员可以采用极限检验和在软件中建立回复特征,实现对输入数据的控制。

7. 数据处理程序控制

在信息系统审计中,审计人员可以将成批总数、业务日志文件与输出总数进行比较,或应用有效性检查、检查数字技术,从而实现对数据处理的控制。

8. 数据输出程序控制

在信息系统审计中,审计人员必须经过授权才能接触输出报告,输出日志记录了所有分发输出报告表文件的实际过程。

11.4 信息系统审计的方法、技术和重点环节

11.4.1 信息系统审计的方法

1. 信息系统审计机构

公司应有专门的机构负责信息系统审计工作、制定信息系统审计管理制度和工作程序、设计审计方案、制订审计计划、开展审计评估、出具审计报告、提出改进建议、提供管理咨询。

2. 常规审计与专项审计

信息系统审计也可分为常规审计和专项审计。以常规审计为例行的全面审计,如每年一次对信息系统进行全面的审计,包括管理流程、技术平台、项目开发、生产系统审计,对信息系统作出全面的评估、鉴证,提出管理建议。专项审计是可以针对信息系统管理的某一方面进行专门的审计,其可以视实际情况选择进行。例如,信息系统运行安全的专项审计,可以对公司在信息系统方面的安全管理措施、技术措施的实际应用情况进行审计评估、鉴证,提出管理建议。专项审计针对公司重点关心的专项问题,具有针对性强的特点。专项审计也可用于高级信息技术管理人员的离任审计。

3. 现场审计与非现场审计

信息系统审计既可在现场进行,也可在非现场进行。现场审计适用于需在现场访谈、观察、测试、调查的情况。例如,对信息系统操作流程与实际业务操作流程符合度的审计,审计人员需在现场观察数据流与实物流的流转情况。非现场审计主要借助非现场审计系统进行,其是通过计算机系统进行的审计。例如,对万能险账户积数与账户余额的监控,既可以通过计算机系统进行远程随机实时审计,也可以要求被审计单位打印指定账户积数与余额后传至审计机构进行审计。现场审计与非现场审计可以发挥定期审计与随机实时审计相结合的优势,使信息系统审计制度化。

4. 外部审计、内部审计以及自查审计

外部审计是指由公司外部独立的专业审计机构进行的审计,它可对信息系统作出合理、公正的评价;它可参照财务审计,每年进行一次。内部审计主要由公司内部的审计机构对信息系统进行审计,其目的在于帮助信息管理部门找差距,并督促和辅导信息管理部门提高信息系统管理水平。自查审计主要由各级信息技术管理部门对照信息技术管理标准自查、自纠,进行自我管理与自我完善。

5. 通过审计系统进行审计

信息系统审计的常用方法有访谈、观察、现场测试、调阅文档、调查信息系统相关角色等,其也可以开发审计系统对生产系统进行审计。

要实现通过审计系统对生产系统进行审计,必须加强对生产系统建设的事前和事中审计,在生产系统立项、建设时,应明确审计要求,审计人员应参与生产系统的立项、需求分析、设计、验收等工作。在生产系统中,应设置审计接口,记录审计轨迹,由计算机自动记录审计线索,对于修改与删除的操作,应参照会计的红字更正法,在生产系统中留下可追溯的记录。在对生产系统进行验收的过程中,除评价系统是否达到设计目标、是否满足需求外,还需强调生产系统的可审计性。在开发生产系统的同时,也要开发相应的审计系统,使生产系统投产后就有相应的审计系统投产运行。

开发相应的审计系统,应借鉴国际通用的审计软件,形成一套有公司自身特色的通用审计系统,通过对数据的采集、比对、分析,对关键审计点进行跟踪、监控、反馈,以保障生产系统健康、安全地运行。通过审计系统的应用,可以汇集大量的审计案例、分析其中的规律、强化已有的控制点、发现或部署新的控制点。其一方面可进一步改进生产系统的运行状况;另一方面可进一步完善审计系统的自身功能,使生产系统与审计系统的应用水平共同提高。

11.4.2 信息系统审计的技术

信息系统审计过程与一般的审计过程一样,分为审计准备阶段、审计实施阶段以及审计终结阶段。其中，审计准备阶段、审计终结阶段的技术方法与传统审计并无很大区别，所以下面我们主要介绍审计实施阶段的审计技术方法。

在审计实施阶段，审计人员的工作可以分为三个层次：了解、描述和测试。

（1）信息系统了解的方法，如询问、检查、观察等。

（2）信息系统描述的方法包括文字描述法、表格描述法以及图形描述法。

（3）信息系统测试的方法。传统审计中同样有了解和描述的方法，但是信息系统测试的方法却是信息系统审计独有的。

测试数据法：审计人员设计一套虚拟的业务数据，将其输入计算机，观察比较输出是否与预期相符。

平行模拟法：审计人员开发一个与被审计单位信息系统、程序模块功能完全相同的模拟系统，将被审计单位的真实数据放入模拟系统运行，观察其输出是否与被审计单位信息系统相一致。

嵌入审计模块法：在被审计单位的信息系统中加入为审计而编写的程序代码。嵌入的模块成为信息系统的组成部分，并可以在特定的时间间隔、条件触发时为审计人员提供有关数据和报告。

虚拟实体法：对测试数据法的改良，一般做法是在信息系统中建立虚拟的实体（如虚拟的供应商、客户、员工等），然后将虚拟实体的有关数据与真实的运行数据一起输入信息系统进行处理，最后将虚拟实体的输出结果与预期结果进行比较，以确定信息系统的控制功能是否发生作用。

受控处理法：审计人员对被审计单位的真实业务数据在处理之前先进行核实，核实之后在被审计单位的信息系统上进行监督处理或亲自处理，并将处理结果与预期结果进行比较分析，以判断被审计单位的系统是否符合预定的要求。

受控再处理法：将已经由被审计单位处理过的真实数据，在审计人员的监督下、由审计人员亲自在相同的信息系统、以前保存的程序副本上再处理一次，将两次处理的结果与以前处理的结果相比较，判断当前的信息系统程序是否符合既定要求。

程序代码检查法：程序代码检查法是通过检查源程序代码的内部运行逻辑来发现所存在的问题，并对程序是否符合规章制度规定、能否完成预定功能及其质量进行评判的方法。

11.4.3 信息系统审计的重点环节

1. 数据环节

在审计中，必须使用一种方法能够向前、向后追踪单个交易和资产记录，以便审计人员选择一些交易对其进行详细检查，并确认交易记录是否符合一般的审计目标。例如，对会计事项信息的检查，要检查其完整性、时效性、合规性，以及信息披露等方面，具体检查内容包括：与本会计年度有关的交易是否全部记录在册；所有记录的交易是否都是合理发生的，并与本会计年度有关；记录的交易是否数据准确、计算无误：记录的交易是否符合基本的、辅助的法律规定，以及符合特定权威机构的要求；对记录的交易是否进行正确的分类，并符合信息对外披露的要求等。又如，对财务报表信息的检查，要检查其完整性、存在性、会计计量、所有权，以及信息披露等方面，具体检查内容包括：是否记录了所有的资产和负债；所有记录的资产和负债是否都是存在的；对资产和负债的计量是否精确，计算方法是否符合按合理性、一致的标准制定的会计政策的要求;确认资产是被审主体所有的、负债是被审主体应该承担的,并且资产和负债是否由合法的经济活动产生的;资产、负债、资本、存货是否都得到正确的披露。同时,对信息系统提供的业务信息也要进行分析,如每月的工资总数、某阶段的付款清单以及订货信息等,要弄清基本的交易情况,并一直追踪到信息源。对上述信息的分析可以采用计算机辅助审计技术,按照特定的标准对数据进行汇总、分类、排序、比较、选择,并进行各种运算。

2. 内部控制环节

一般而言,内部控制是指组织经营管理者为了维护财产物资的安全、完整,保证会计信息的真实、可靠,保证经营管理活动的经济性、效率性、效果性,以及遵守各项法律和规范,而对经营管理活动进行调整、检查、制约所形成的内部管理机制,它是组织为实现管理目标而形成的自律系统。计算机系统的内部控制主要分为应用控制、一般控制以及管理控制等三个方面,在审计过程中要对被审计单位内控制度进行评价,包括电算化系统的内控制度。为了对系统的内控制度进行评价,审计人员必须验证内部控制系统是否存在,并能提供令人满意的证据,以证明其正在有效地发挥作用。在计算机系统中,审计人员应检查以下几个方面来证明内控制度的有效性:①控制系统资源的存取。它既包括物理资源,如终端、服务器、连接盒、相关文档等;还包括逻辑资源,如软件、系统文件、表、数据等。②控制系统资源的使用。用户应该只能对授权给他们的那些资源进行操作。③建立按用户职能分配资源的制度。把重要的任务功能按用户或用户组进行分离,以减少无意的误操作、滥用系统资源以及对数据的非授权修改。④记录系统的使用情况。按时间顺序建立一个使用记录,记录内容应包括例外事例和与安全有关的事件是由谁触发的;财务信息的创建、修改以及删除是由谁完成的。⑤确认处理过程的准确性。用产生财务控制信息,确认处理过程的准确完成。⑥管理人员对财务信息系统的修改。应该保证财务信息系统的所有修改都是经过授权、有文档记录、经过彻底的(独立的)测试,确认最后以一种有控制的方式投入使用。⑦保护财务信息系统免遭计算机病毒的袭击。必须建立一套控制措施用以检测病毒,从而防止病毒感染财务信息系统。

3. 数据传输转移环节

在信息系统中,有些数据需要在两个财务信息系统或财务信息系统与业务信息系统之间相互转移,在此过程中可能会出现一些问题,尤其是在需要手工重新录入时。因此,在审计时要重点关注以下方面:在转移过程中数据可能会发生变化;新的科目代码表与旧的可能不一样,需要在两个财务信息系统之间建立复杂的对应关系;中心数据库可能被一些地理上分散的服务器取代;当前财务信息系统中的数据质量不佳;当用一个总的信息系统取代一个预定财务信息系统时,需要补充许多新的数据。在检查这一环节时,一定要保证输出的消息是经过批准、完整以及精确的,以保证输出的消息在约定时间内准确地发送给指定的接收者,保证流入的消息是完整、准确、真实、可靠的。

本章小结

本章对内部审计师如何开展信息系统审计和风险评估作了详细的阐述,其目标是降低风险造成的损失,并为管理层评价信息系统内部控制的有效性提供依据。信息系统的建设是一项庞大的系统工程，其具有投资大、高技术、高风险的特点。公司的业务活动、日常运营，以及财务报告几乎全部依赖于信息系统，系统的故障、黑客的攻击等会给信息系统带来巨大的破坏，给企业带来难以估量的损失。因此，对信息系统进行严格规范的控制是至关重要的。

重要概念

信息系统审计　测试数据法　嵌入审计模块法　受控处理法　信息系统审计的方法

阅读资料

[1] 沈征. 内部审计学[M]. 北京：电子工业出版社，2015.
[2] 中国内部审计协会译. 国际内部审计专业实务框架 [M]. 北京：西苑出版社，2015.

本章练习

案例题

借力IT技术，实现高效精准审计

1. 项目背景

A公司是一家省级移动公司，现有几千万用户、数十条实体和电子业务办理渠道、上千个营业受理点，其每月通过各种渠道受理的业务量超亿次。A公司在业务管理上采用分条块管理的方式，即不同的渠道由不同的部门和管理员进行管理。

近几年来，A公司陆续发现在市场上存在一些违规发展用户、按照常理无法解释的现象，例如：

(1) 在网络上出售高优惠手机套餐。高优惠手机套餐的使用往往是和特殊时期、特殊政策有关，其由于资费较低，一般情况下不会对社会用户开放。但是在部分购物网站，有人直接销售该类套餐。

(2) 以低于成本价销售移动手机。移动手机是指公司定制的手机，销售环节必须通过移动公司，也就是手机销售的成本价是公司已知和可控的。但是在市场上，特别是在部分购物网站上，低于公司成本价的移动手机在大量销售。

(3) 部分手机号码在销售后一直没有使用，原因未知。

为此，2010年，内审部门受A公司管理层委托，针对客户业务受理渠道进行内控风险审计。

2. 审前调查

在接到任务后，审计组对业务受理渠道进行了审前调查。通过调查发现，业务主管部门对上述异常现象已经有所察觉，并进行过多次检查，但找准发生问题的具体受理记录、渠道的难度很大。其主要原因是，检查组一般是以现场检查方式，通过人工、随机的方式进行抽样查看，覆盖面非常小、效率很低。一名检查人员一天满负荷地工作，最多能查看不超过100条的业务受理记录，对应于上亿条的受理记录，这明显就是大海捞针，即便发现零散线索，也很难找出相关联的其他问题记录。

审计组讨论后认为，要在一定的审计时限内达到审计目标，必须在过亿的受理记录中精确地找到问题记录。A公司信息化程度较高，所有支撑业务受理的IT系统均集中在公司技术部门，而业务受理的特点决定了任何一个受理记录都必须在IT系统中进行配置。因此，从IT系统中业务受理的痕迹入手进行筛选和定位成为本次审计工作的必需手段。

经请示公司领导，审计组最终决定，以各业务受理流程为基础，利用IT技术，开展本次审计工作。

3. 审计资源配备

由于取证范围广、专业要求高，审计组需合理配置审计人员，并充分准备相关技术资源。

组建审计组时，合理搭配熟悉前台业务和熟悉后台系统的人员，以便在实施审计时，人员分工合作，从而提高效率。先由后台技术分析人员通过数据抽取、统计分析等将异常的业务操作行为进行筛选和提取，再由熟悉业务的人员去现场查证核实。这种做法将发生概率为万分之一的异常行为的排查范围变为十分之一甚至更精确，从而有效定位并准确实施现场勘查。

同时，为避免数据分析对生产系统造成影响，审计组搭建了专门用于审计工作的IT测试环境。

4. 审计实施

重点开展梳理业务种类，识别流程关键点和关键要素，并进行数据分析，以筛选出不合常理的业务受理记录。

审计组先将近一段时期的3亿多条用户业务受理记录一次性导入IT测试环境，按照业务受理的特点不断挖掘异常点，并发现以下几个方面的问题：

(1) 在网上营业厅办理了不允许办理的受控套餐。

高优惠套餐一般在系统中称为受控套餐，按照规定是在后台由高权限业务人员人工操作的，普通营业员和网上营业厅是不允许办理的。经数据分析发现，在某个月内网上营业厅有办理受控套餐的记录。按照这个线索，审计组搜索了近3个月不允许在网上营业厅办理的受控套餐，发现一批违规受理的记录。审计组确定将公司网上营业厅软件作为现场审计的切入点。

(2) 部分号码长期营业停机，且经常有1分钱的充值记录，同时发现该批号码在某一个月中分批次办理了集中过户、集中办理老用户零预缴保底消费送手机业务、集中欠费停机业务。

一般情况下，用户充值是以10元为单位的，普通用户理论上不存在有长期小金额充值的可能。通过对近三个月每月累计充值小于1元的用户进行分析，发现有一批号码，每月有一天会在网上进行一次营业开机和营业停机，每次充值金额都是1分钱，账户的余额是个位数，每次业务操作的时间和内容都高度一致。这些用户肯定不是普通的用户，其办理业务必须是在公司营业厅操作。审计组确定对相关号码在营业厅办理业务的受理记录作为现场审计的切入点。

(3) 成批号码，长期业务量非常小，而且每月消费量高度一致(包括消费时间和消费内容)。

这批号码从单个看没有疑点，其有消费、有充值、没有停机。但是联系起来看，大量的号码消费高度一致，就不正常了，其不像是个人消费，至少可以认为这批号码保管在同一人手中。疑点是该批号码是同一时间从同一地点卖出的。审计组确定将该批号码投放市场审核和后续过程跟踪作为现场审计的切入点。

审计组了解具体号码和非正常受理业务记录后，实际审计和查实的过程相对较短。按照业务受理流程的关键环节，审阅当时的受理记录，再和公司规定相对照，从而找到问题所在。

5. 审计发现

(1) 公司网上营业厅的软件开发上线后测试不完整，造成部分限制套餐在网上营业厅可以被办理。

影响：该漏洞被某些人员知晓后，高价在网络上销售受限套餐获利，造成公司话费收入损失。(统计该批号码的业务量，对比对外销售的最优惠套餐，截至审计发现，已造成上万元话费的损失。如不及时制止，以后每个月将持续有话费损失产生。)

(2) 外部合作商通过某些操作—降低养卡成本和提升账户有效期等进行养卡，通过营业员违规操作套取手机后，低于市场价出售手机获利。

影响：代销商利用公司资费政策漏洞，通过合理操作规避了每月固定费用，同时利用公司对老用户的优惠政策套取手机(以不到10元的成本套取了300多元的手机)。营业员未按照正常程序对办理业务人员进行身份证原件的核实是造成套利成功的主要原因。

(3) 代理商和提供商合作，购买大批量手机号码自行消费，利用公司放号酬金和业务分成的漏洞，套取资金。

影响：经计算，通过该方法，每个号码只需向公司支付100元套卡成本(内含100元话费)，即可收到公司支付超100元的酬金。

6. 审计效果

审计结束后，根据审计分析报告，A公司建立了针对已知问题的关键风险指标，通过不定期的后台数据分析检查，预防和及时发现类似问题是否存在，以保证公司业务的正常运行。

7. IT技术在传统审计项目中的运用分析

本次审计是将IT技术应用在常规风险管理审计中的一次实践，其主要分成以下几个步骤：

(1) 识别风险点。借助以往的审计经验、访谈结果、风险暴露事件等，了解常见的业务风险点。本次审计中，通过业务梳理与相关信息系统梳理，建立起全面的信息系统风险评估模型，从数据的真实性、安全性、准确性等多个方面，全方位识别流程中所存在的风险点，这些风险点是内审关注的主线。

(2) 获取数据。根据风险点，了解风险相关的数据及其来源。在识别风险的过程中，确定了风险相关数据对应的目标数据库，及其业务流程、数据流程。通过分析这些流程，获得了数据存储的具体数据库名称、数据表名称以及字段名称。通过技术人员的协助，可从信息系统中获取审计期间内与风险点相关的所有数据。

(3) 数据分析。由于获取的IT数据是海量的，因此还需要通过技术手段进行分析和筛选，从海量的数据中准确定位出存在风险的可疑样本。在本案例中，审计组借助了常用的SQL数据库查询工具技术对相关数据进行分析，从上亿级的数据中，精准获得数千个可疑样本。这种样本获取方法较传统的手工抽样方法具有难以比拟的优越性，其不但可以在样本上实现全量覆盖，而且可以准确定位可疑样本，使得潜在问题难以逃脱内审人员的视野。

(4) 现场审计。即针对数据分析获得的可疑样本进行全面的测试和确认，确定这些可疑样本是否反映相应的管理不足和风险漏洞，同时深挖造成这些管理不足和风险漏洞的原因，并最终追溯到相应的个体、部门，使得发现的问题有对应的整改责任人和部门，进而形成内审工作的审计闭环。

(5) 形成关键风险指标("KRI")。本次审计中尝试性地引入关键风险指标这个概念，对于内审项目过程中风险较高且存在问题的风险点设计了相应的关键风险指标，这些指标包含相应的风险描述、量化的指标评估方法、指标相关的数据分析步骤等，使业务部门、内审部门能对风险点进行常态、动态的持续监控。

通过计算机手段开展数据辅助分析，在一定程度上解决了传统内审工作方法的局限性，并促进了IT技术和审计方式的有效融合，对今后信息化程度高的企业开展审计工作有较好的借鉴意义。

问：分析IT技术是如何帮助A公司开展审计工作的。

内部审计模拟试题

模拟试题(一)

得分	

一、单选题(本大题共15小题、每小题1.5分、共15分)

1	2	3	4	5	6	7	8	9	10

1. 我国国家审计体制属于(　　)。

A. 立法式　　B. 行政式　　C. 司法式　　D. 独立式

2. 下列各项中,违反内部审计的独立性原则的是(　　)。

A. 内部审计师马上就要提升负责某个分部,但仍继续对该部门实施审计

B. 内部由于预算限制而缩小审计范围

C. 内部审计师参加特别小组,对新的配送系统的控制标准提出建议

D. 内部审计师在采购代理执行合同之前检查合同的初稿

3. 下列各项中,不属于内部审计外包的缺点的是(　　)。

A. 外包人对企业经营管理情况的了解有限制

B. 外包人的忠诚度有限

C. 容易泄露商业秘密

D. 同一事务所提供内外审服务产生协同效应,节省审计收费

4. 下列各项中,不属于内部审计外包的优点的是(　　)。

A. 可以利用先进或专门的审计技术

B. 可以获得更前沿的最新实务

C. 会计师事务所的声誉可能会改善董事会、管理层、监管部门之间的关系

D. 公司治理是无法外包的

5. 以下模式中,内部审计机构的独立性和权威性最强的是(　　)。

A. 董事会领导的组织模式

B. 监事会领导的组织模式

C. 由总经理领导的组织模式

D. 主管财务的副总经理领导的组织模式

6. 以下有关审计方法的表述中,不正确的是(　　)。

A. 风险导向审计的重心是重大差异和缺陷风险的识别、评估与应对

B. 风险导向审计的重心是审计风险的防止、发现和纠正
C. 制度基础审计重心是以内部控制为基础的抽样审计
D. 账项基础审计的重心是发现和防止资产负债表中的错弊
7. 目前审计准则体系中，提出的审计方法是（　　）。
A. 账项基础审计　　B. 制度基础审计
C. 财务基础审计　　D. 风险导向审计
8. 我国审计监督体系中不包括（　　）。
A. 政府审计　　B. 内部审计
C. 管理审计　　D. 注册会计师审计
9. 下列关于审计监督体系的理解中，正确的是（　　）。
A. 政府审计是独立性最强的一种审计
B. 注册会计师意见旨在提高财务报表的可信赖程度
C. 内部审计是政府审计的基础
D. 内部审计是注册会计师审计的基础
10. 根据美国会计学会对审计的定义，下列对审计概念的理解中，不恰当的是（　　）。
A. 审计是一个系统化的过程
B. 在财务报表审计中，既定标准可以具体为企业会计准则
C. 审计应当确保被审计单位财务报表与标准相同
D. 审计的价值需要把审计结果传递给利害关系人来实现

得分	

二、多选题（本大题共 5 小题、每小题 1 分、共 5 分）

1	2	3	4	5

1. 下列说法中，表述正确的有（　　）。
A. 政府审计是独立性最强的一种审计，其审计意见更可靠
B. 注册会计师在审计时，必须了解内部审计的设置和工作情况
C. 注册会计师审计与政府审计所获取的证据可靠程度是相同的
D. 内部审计在审计内容、审计方法等方面与外部审计具有一致性
2. 注册会计师进行年度财务报表审计时，可以利用内部审计的工作成果，这是因为（　　）。
A. 内部审计是注册会计师审计的基础
B. 内部审计是被审计单位内部控制的重要组成部分
C. 利用内部审计工作不能减轻注册会计师的责任
D. 利用内部审计工作成果可以提高注册会计师的工作效率
3. 审计按内容不同，可分为（　　）。
A. 财务报表审计　　B. 经营审计　　C. 合规性审计　　D. 内部审计
4. 以下关于注册会计师审计的说法中，正确的有（　　）。
A. 注册会计师审计是一种外部审计

B. 注册会计师审计与内部审计和国家审计共同构成我国审计监督体系
C. 注册会计师审计时可能利用内部审计的工作成果
D. 以上答案都正确

5. 我国内部审计准则体系的内容包括（　　）。

A. 内部审计基本准则　　B. 内部审计具体准则
C. 内部审计实务指南　　D. 内部审计职业道德规范

得分	

三、判断题(本大题共 5 小题、每小题 1 分、共 5 分)

1	2	3	4	5

1. 注册会计师审计、国家审计、内部审计中，国家审计是主导，注册会计师审计和内部审计是补充。（　　）
2. 采用注册会计师审计时，有时会利用内部审计的成果。（　　）
3. 注册会计师审计是有偿审计，而国家审计是无偿审计。（　　）
4. 内部审计是自愿审计，而国家审计是强制审计。（　　）
5. 我国最高国家审计机关是审计署。（　　）

得分	

四、简答题(本大题共 4 小题:每小题 15 分、共 60 分)

1. 简述政府审计与注册会计师审计的关系。
2. 如何理解内部审计的审查职能?
3. 简述公司内部审计的任务。
4. 简述内部审计外包的好处。

得分	

五、案例分析题(本大题共 1 题,共 15 分)

某公司 2003 年 3 月 12 日在销售增塑剂产品过程中，出现了销售调拨单及销售章真实、财务专用章及增值税发票系伪造的现象，导致被骗货 30 吨，案值 24 万余元的重大损失。其具体手段如下：

(1) 一陌生客户隐匿真实情况，到公司销售公司开具了真实的产品销售调拨单，使用伪造的财务专用章及增值税专用发票，私盖印章，然后到销售处盖销售章，最后到储运车间提货，导致事故发生。

(2) 利用财务部在三楼办公，销售公司在一楼营业，储运发货在公司后区的劣势，经过长期预谋，使用假牌照的报废车作案。骗过了公司财务部收款开发票关、销售公司对接关、储存车间发货核对关、保卫科车辆出入口验收关、公司门卫查证关。以上几个方面充分反映出某公司在管理上存在很大的漏洞，亟待堵塞。

问：结合案例，分析此公司暴露的管理漏洞，并对此提出改进措施。

模拟试题(二)

得分	

一、单项选择题(本大题共 10 题、每题 1.5 分、共 15 分)

1	2	3	4	5	6	7	8	9	10

1. 内部审计活动的主要功能是(　　)。

A. 协助外部审计师,以便减少外部审计费

B. 开展研究,以便协助取得更有效率的业务

C. 充当审计委员会的研究助手

D. 充当能对组织的经营增加价值的独立、客观的确认和咨询活动

2. 从对内部审计定义的理解来看,以下表述正确的是(　　)。

A. 确认已公布的财务报表的准确性

B. 确认可以检查出的舞弊活动

C. 确认组织遵守法律规定

D. 确认对日常的业务进行合理的控制

3. 以下哪种行为不会影响内部审计师的独立性:(　　)

A. 刚由采购部门调入两周的内部审计师对供应商选择系统进行审计

B. 内部审计部门执行业务的预算费用受到管理层的限制,要求审计的费用不能超过预算

C. 因为内部审计师在环境审计方面有很强的专业能力,所以为公司的环境控制提出了建议

D. 某内部审计师利用自己的专业知识协助公司安装电算化系统

4. 内部审计包括以下(　　)活动。

A. 确认服务　　B. 咨询服务

C. 确认服务和咨询服务　　D. 既不是确认服务也不是咨询服务

5. 内部审计师在开展初步调查时发现许多重大审计问题并决定深入调查这些问题。业务客户非正式表达其对初步调查结果的认可,并要求审计师在其有机会对问题作出反应之前不予报告这些存在重大问题的领域。以下反应不恰当的是(　　)。

A. 将该业务安排在审计进度表上,并与管理层讨论是否需要及时完成该项业务

B. 考虑所涉及领域内的相关风险;若风险很高,则继续进行审计

C. 鉴于业务客户已经同意采取建设性的行动,考虑在不提交所需审计报告的情况下结束审计

D. 与业务客户合作将这项业务安排在审计进度表上,并在审计期间更深入地关注这个重大的问题,并关注业务客户的反应

6. 当面临强加的审计范围限制时,首席审计执行官应该(　　)。

A. 直到审计范围限制消除后才实施审计

B. 将范围限制的潜在影响与董事会下属的审计委员会沟通

C. 对于审计范围受限的业务要多加审计

D. 对此审计业务安排更多有经验的人员

7. 在对无法解释的存货减少进行测试过程中,某内部审计师对在永续盘存记录下的存货增加进行测试。由于内部控制测试的缺陷,记录在验收报告中的信息可能并不可靠。在这种情况下,下列文件中能提供关于存货增加的最佳证据是(　　)。

A. 采购订单　　B. 采购申请　　C. 供应商发票　　D. 供应商对账单

8. 以下没有说明业务工作底稿功能的是(　　)。

A. 便于第三方复核

B. 在审计的计划、执行和复核中提供帮助

C. 为审计报告提供主要的证据支持

D. 有助于业务助理人员的专业发展

9. 内部审计师的工作底稿的主要目标是(　　)。

A. 为所开展的业务程序提供计划和执行的书面化记录

B. 可以当作编制财务报表的一种方式

C. 将内部控制中的薄弱环节记录下来,并向管理层提出改进建议

D. 遵守《国际内部审计专业实务框架》

10. 内部审计专业实务标准强调最终审计报告应由(　　)审批。

A. 业务客户或业务客户的上级　　B. 主管内部审计师

C. 首席执行官或其指定代表　　D. 首席财务官

得分	

二、多选题(本大题共 5 小题、每小题 2 分、共 10 分)

1	2	3	4	5

1. 内部审计活动包括(　　)。

A. 保证服务　　B. 咨询服务　　C. 会计服务　　D. 以上都不对

2. 审计按其主体不同,可以分为(　　)。

A. 注册会计师审计　B. 内部审计　　C. 国家审计　　D. 外部审计

3. 以下关于内部审计的说法中,正确的有(　　)。

A. 内部审计是我国审计监督体系中重要的组成部分

B. 内部审计是一种内部审计

C. 内部审计人员可以兼任企业部门主管

D. 内部审计的独立性不如注册会计师审计

4. 以下属于注册会计师审计的特点的有(　　)。

A. 外部审计　　B. 独立审计　　C. 受托审计　　D. 有偿审计

5. 以下说法中,正确的有(　　)。

A. 审计是一个系统的过程

B. 经营审计在某种程度上更像管理咨询

C. 注册会计审计有时又叫民间审计

D. 内部审计是受托审计

得分	

三、判断题(本大题共 5 题、每题 1 分、共 5 分)

1	2	3	4	5

1. 注册会计师审计的审计组织是会计师事务所。(　　)

2. 注册会计师审计的审计形成于 18 世纪的意大利。(　　)

3. 我国第一家会计师事务所是立信会计师事务所。(　　)

4. 内部审计具体准则是依据内部审计基本准则制定的,是内部审计机构和人员在进行内部审计时应当遵循的具体规范。(　　)

5. 内部审计实务指南是根据内部审计基本准则、内部审计具体准则制定的,其为内部审计机构和人员在进行内部审计时提供具有可操作性的指导性意见。(　　)

得分	

四、简答题(本大题共 4 题、第 1 题 16 分、第 2 题 9 分、第 3 题 12 分、第 4 题 13 分、共 50 分)

1. 简述内部审计人员职业道德规范要求。

2. 简述内部审计机构设置的基本原则。

3. 比较内部审计独立性与外部审计独立性。

4. 概括分析性复核的适用前提。

得分	

五、论述题(本大题共 1 题,20 分)

详述内部控制审计、风险管理审计以及公司治理审计,并分析它们之间的关系。

内部审计模拟试题参考答案

模 拟 试 题（一）

一、单项选择题（本大题共 15 小题、每小题 1 分、共 15 分）

1	2	3	4	5	6	7	8	9	10
B	A	D	D	A	B	D	C	B	C

二、多项选择题（本大题共 5 小题、每小题 1 分、共 5 分）

1	2	3	4	5
BD	BD	ABC	ABCD	ABC

三、判断题（本大题共 5 小题、每小题 1 分、共 5 分）

1	2	3	4	5
×	√	√	√	√

四、简答题（本大题共 4 题，每小题 15 分，共 60 分）

1. 注册会计师审计与政府审计的关系如下：

两者之间的共同点：它们都是外部审计，具有较强的独立性。

两者之间的区别：①目标不同；②审计标准不同；③经费和收入来源不同；④取证权限不同；⑤对发现问题的处理方式不同。

2. 内部审计主要审查以下三个方面的内容：

(1) 审查单位各种业务活动的合法性和合规性。

(2) 审查单位内部各种业务经济活动的有效性和经济性。

(3) 审查体现经济活动的真实性和可靠性。

3. 内部审计的任务有：

(1) 对公司单位的高层管理者负责，当好管理者决策行为的参谋。

(2) 协助管理者检查本公司的财务收入是否合法、会计资料是否真实。

(3) 协助管理者确定本公司的经营方针、决策以及计划是否合理、可行。

(4) 协助管理者确定本公司战略决策和计划是否完善并得以认真贯彻和实施。

(5) 协助管理者评价单位内部控制制度是否完善并得以遵照执行。

(6) 及时发现管理上的薄弱环节，积极提出建议和改进工作的措施，促使企业的管理者和职工增强管理意识和效益意识，从而促进企业提高经济效益。

4. 内部审计外包的好处,包括以下几个方面:

(1) 管理层集中关心核心竞争力和战略计划。

(2) 外部人员可以避免内部部门之间的矛盾,其更独立。

(3) 规模经济相应增加。

(4) 同一事务所提供外审服务产生协同效应,节省审计收费。

(5) 会计师事务所可以通过责任保险保证质量。

(6) 可以利用先进或专门的审计技术。

(7) 可以获得更前沿的最新实务。

(8) 会计师事务所的声誉可能会改善董事会、管理层、监管部门之间的关系。

五、案例分析(本大题共1题,共15分)

案件中暴露出的管理漏洞有以下几点:(6分)

(1) 由于业务量大及从未出现类似事故的侥幸心理,主观麻痹大意,财务部与销售公司、发货处、保卫科没有建立起紧密结合的防范措施和监控网络,导致管理存在严重漏洞。不能及时沟通、只知道按旧流程办事,给犯罪分子提供了作案的机会。

(2) 印鉴管理失控。财务印鉴与销售印鉴缺少防伪措施,使用、掌管存在漏洞,在加盖印鉴时未能得到有力的监控。

(3) 未建立发票购入,使用,注销的登记制度。

(4) 物流反馈信息系统失灵,对账不及时。若销售、财务、发货能及时对账、集中办公,就会及早发现问题,从而杜绝漏洞。

(5) 销售人员及发货人员增值税专用发票及印章方面的知识缺乏和缺少鉴别能力,提供了骗术得逞的可能。

(6) 交接工作不明晰。在交接工作时就存在个别遗留问题,理应责成其限期查明,否则不得离岗。

(7) 凭证单据检查工作不力。

(8) 经过公安部门介入和初步调查,有内部人员预谋合伙作案的嫌疑。

(9) 发现问题时追查不及时。在事故发生三天后,此事才得到证实。当时,由于人手较少,未能对此进行专项清查。

建立内部控制制度,堵塞管理中的漏洞。出现被骗巨款24万元,究其根本原因在于缺乏一套相互牵制的约束机制,使之侥幸得手,猖狂作案。为此,将内控原则运用于销售业务中,建立完善的内控制度势在必行。(9分)

为使内控能够充分发挥作用,设计各种控制措施必须遵循以下原则:

(1) 职责分工原则:每项经济业务的处理必须有明确的职责分工,即企业内部必须实行部门责任制和岗位责任制,明确各自的职责范围和处理业务的权限、政策界限以及纪律规定。

(2) 相互牵制原则:其目的在于利用不相容职务的分离和每项业务由多部门、多人员处理所形成的相互牵制关系,实现内部的自动控制。例如,出纳职务与编制银行余额调节表的职务分离;钱账分管;财务分管等。

(3) 凭证制度原则:

① 必须设计合适的凭证格式及其传递程序,凭证则作为反映业务过程的法律事实;

② 对所有凭证应预先编码，以防丢失；

③ 对所有凭证在入账装订前必须经过严格的审核，以保证其账务处理的正确性、真实性以及合规性；

④ 为防止个别人乘虚而入，应建立及时沟通制度。

核对检查原则：销售开票、财务收款开票、发货、出口应实行集中办公。除凭证的审核外，还要对证账，账账、账表、账卡、账实的核对检查。

模拟试题(二)

一、单项选择题(本大题共 10 小题、每小题 1.5 分、共 15 分)

1	2	3	4	5	6	7	8	9	10
D	D	C	C	C	B	D	D	A	C

二、多项选择题(本大题共 5 小题、每小题 2 分、共 10 分)

1	2	3	4	5
AB	ABC	AB	ABCD	ABC

三、判断题(本大题共 5 小题、每小题 1 分、共 5 分)

1	2	3	4	5
√	×	×	√	√

四、简答题(本大题共 4 题、第 1 题 16 分、第 2 题 9 分、第 3 题 12 分、第 4 题 13 分、共 50 分)

1. (1)诚信。内部审计师的诚信确立信用，为信任其判断提供基础。(4 分)

(2) 客观。内部审计师在收集、评价、沟通有关被检查活动或过程的信息时，要显示出最高限度的职业客观性。在作出判断时，不受其个人喜好或他人的不适当影响，对所有相关环节作出公正评价。(4 分)

(3) 保密。内部审计师尊重所获取信息的价值和所有权，没有适当授权不得披露信息，除非是在有法律、职业义务的情形之外。(4 分)

(4) 胜任。内部审计师在执行在内部审计业务时能够使用所需要的知识、技能以及经验。(4 分)

2. (1)独立性原则。独立性可以使内部审计师作出公正的、不偏不倚的判断，独立性与客观性是审计监督区别于其他监督方式的主要特征。(3 分)

(2) 效率性原则。审计监督机制应本着效率性的原则进行设计，以便形成自上而下的有机整体。(3 分)

(3) 灵活性原则。针对企业规模和组织结构，不同的企业组织形式灵活采取不同的内部审计机构设置模式。(3 分)

3.（1）内部审计的独立性主要是指组织上的独立性，“首席审计执行官必须向组织内部能够确保内部审计部门履行职责的层级报告”，即内部审计在组织中层级越高，独立性越强。（5分）

（2）外部审计的独立性包括：①组织上的独立性，即审计机构与被审计单位没有行政管理关系；②经济上的独立性，即审计机构与被审计单位之间不存在经费上的依附关系；③精神上的独立性，即强调审计人员不偏不倚、客观、公正的审计态度。（7分）

4.（1）分析性复核的对象和依据的信息资料之间必须有可能存在某种可以相互印证、互相说明以及互为因果的关系，只有存在某种依存关系的信息资料，才可以成为分析性复核的对象和依据。（5分）

（2）分析对象与依据的信息之间的依存关系必须可以预测，并且这种关系具有一定的稳定性。（4分）

（3）用来作为分析性复核的资料和数据必须具有可靠性。（4分）

五、论述题（本大题共1题，20分）

（1）内部控制审计：是指对内部控制五大构成要素实施的审计，其包括内部环境审计、风险评估审计、控制活动审计、信息与沟通审计以及内部监督审计。

审计的程序有：

① 描述组织内部控制；

② 测试内部控制制度；

③ 评价内部控制；

④ 出具内部控制审计报告。

（2）风险管理审计从工作的第一步开始就要考虑可能影响企业目标实现的风险，并将这种风险意识贯穿于整个审计过程中。

① 风险识别；

② 风险分析与风险评估；

③ 基于风险评估的审计计划；

④ 基于风险矩阵图与风险测试的审计实施。

（3）公司治理审计主要包括内部控制审计、风险管理审计以及战略审计等相关内容。

（4）三者关系：内部控制审计与风险管理审计不是两个截然不同的审计，两者在审计系统框架中有许多相似之处，只是其重点和审计角度在一定程度上有所不同，风险管理审计是内部控制审计的发展和延伸。

公司治理审计 ＝ 内部控制审计 ＋ 风险管理审计 ＋ 战略审计